本书为国家社科基金项目“日本军国主义政治研究与批判”的后续成果

日本武士道史

娄贵书　著

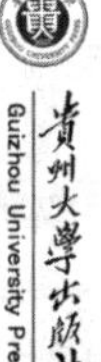

贵州大学出版社
Guizhou University Press

图书在版编目（C I P）数据

日本武士道史 / 娄贵书著. -- 贵阳 : 贵州大学出版社, 2023.7
ISBN 978-7-5691-0760-9

Ⅰ. ①日… Ⅱ. ①娄… Ⅲ. ①武士－道德规范－历史－日本 Ⅳ. ①K313.0

中国国家版本馆CIP数据核字(2023)第112932号

日本武士道史
RIBEN WUSHIDAO SHI

著　　者：娄贵书

出 版 人：闵　军
责任编辑：陈　丽　任苗苗
装帧设计：陈　艺

出版发行：贵州大学出版社有限责任公司
地址：贵阳市花溪区贵州大学北校区出版大楼
邮编：550025　电话：0851-88291180
印　　刷：贵阳精彩数字印刷有限公司
开　　本：710毫米×1000毫米　1/16
印　　张：28.25
字　　数：420千字
版　　次：2023年7月第1版
印　　次：2023年7月第1次印刷

书　　号：ISBN 978-7-5691-0760-9
定　　价：86.00元

前　言

改变日本历史命运的武士，因武力争夺国家土地财富的需要而产生，以杀生为业，以弓矢刀剑为谋生工具，以杀戮技能为生存资本，以战争为财富的源泉和晋升的阶梯。在武士的战争生活中产生的武士道（“兵之道本身就是武士应有的作战能力”）包括战争技能和战争精神，是武士文化（战争文化）的核心内容，反映武士崇尚武力、依靠战争获取功名利禄的生活方式，是武士夺取战争胜利的指导思想和行动准则，鞭策武士在战争中“建功勋、立伟业、获恩赏、扬武名”，体现人生价值。

8 世纪作为私人性武装力量产生的武士，是日本民族的脊梁、日本民众长期效法的楷模，作为幕府时代的统治阶级以独特的方式治理国家近 700 年，使日本成为尚武轻文的国家；进入近代后，士族继续在政界、军界、思想文化界占据主导地位，成为日本近代化和日本军国主义道路的设计者、领导者和推动者。

道德源于生活，有什么样的生活就有什么样的道德。职业道德古已有之，与老师教书育人、医生救死扶伤、商人老幼不欺一样，日本的武士道也是一种职业道德，即以战争为职业者的职业道德（军人的道德规范或称军人精神）。在日本，士农工商都有自己独特的职业道德，如武士的武士道，农民的农人道，町人（手工业者和商人）的町人道。

“武士道是一种作风，而不是一种理论；是一种实践的伦理，而不是一种教义的道德。”它是以战争为业的武士在战争（“武士道之母”）中产生的实践道德，是武士社会通行的风俗习惯，不尚空谈，注重实践，因而德目虽然简单，效果却十分强大。武士道作为武士的职业道德，以忠诚、武勇、名誉、信义、质朴为主要内容，旨在应对战争实践、维持主从关系、保持武士品格和增强武士集团内部的凝聚力，进而煽动侵略扩张，鞭策武士去夺取战争的胜利，确保武士团的兴旺发达。简言之，武士道的德目是一种精神上的力量，目的是夺取侵略扩张战争的胜利和满足自己的利益需要。

有什么样的武士，就有什么样的武士道，武士道以武士的生活方式为转移。武士在历史上经历了几个不同的阶段，各历史阶段所处的地位、履行的职责、生活方式、活动目的大相径庭。例如，在 8 至 12 世纪末，属于私人性的武装力量，处于在野地位；以武为本，依靠侵略掠夺满足利益需要，奉行弱肉强食的丛林法则。在 12 世纪末至 19 世纪中叶，凭借武力成为行使统治大权的统治阶级。镰仓和室町时代的武士生活在战事频频的战乱时代，主要履行战士的职责，依靠战争扩大领地和权力，是职业战士和土地所有者，保有“从者”的独立性；德川时代，“兵甲不兴”，武士既是统治者又是都市生活的消费者，却不再是职业战士和土地所有者，失去了建立军功、增加俸禄的机会，失去了“从者”的独立性。在 19 世纪中后期至 20 世纪中叶，武士不再作为特权阶级而存在，但由于他们在幕府时代所受的教育和训练，特别是在倒幕维新活动中的功勋，因而能够牢牢占据政治舞台的中心位置，并决定近代日本的发展方向和发展方式。一方面，随着士族进入政治、军事、经济、文化教育、新闻媒介等领域，武士传统的价值观念、思维方式等渗透到了社会各阶级之中；另一方面，随着全民皆兵制和《军人敕谕》《教育敕语》等全民武士化政策的推行，武士道也由武士的道德规范扩展为全体国民的道德规范。

武士在各历史阶段所处的地位、面对的形势、履行的职责、承担的使命等不尽相同，因此，各历史阶段的武士道千差万别，不可一概而论。例如，德川时代的武士，既不是职业战士，又不是土地所有者，只是“带刀官僚”和“食禄者”，并不具备武士与生俱来的、作为战士的根本特征。平安、镰仓和室町时代的武士道来源于武士的战争生活，主要是职业战士夺取战争胜利的指导思想和精神力量；德川时代的武士道是幕府、幕臣、藩主和学者出于维护幕藩体制、维护天下太平的需要，为武士——行政官僚（统治者）量身定制的，只是武士身份者——统治者提高道德修养的思想工具，或者说只是幕府通过法律手段为社会各阶级规定的生活方式中的一种。总之，应该以发展的、动态的视角看待武士和武士道。

总体上说，一方面，武士道作为武士的道德规范，和平时代维护武家社会的和谐稳定，维护武士政权以武为本的统治体制；战争时期充当战争教育的思想工具、夺取战争胜利的精神力量，鞭策武士在战场上建功立业，以死于主君马前为理想归宿。另一方面，平安时代只是私人性的道德规范，幕府时代与武家政治相结合，升格为统治阶级的统治思想和社会的伦理道德支柱；近代日本效忠天皇的新武士道，既是天皇制政权意识形态和国民道德的核心内容，又是煽动全体国民积极投身于侵略扩张战争的思想工具，还是军国主义的精神支柱。

武士产生之初是靠武力吃饭的私人武装，后来通过战争发展成为世袭的职业军人。“兵之道”“弓矢之道”，表明他们凭借军事能力——战争技能（骑术、射术、枪术、刀术等）、战争精神（勇猛之心）、战争谋略（智谋、诡计等）夺取战争的胜利，满足和维护自身利益，并最终形成了以武为本、依靠战争的生活方式，以及用集体方式侵略、掠夺满足利益需要的行为方式、思维方式和价值观念。至少武士的社会将这种以集团方式进行的掠夺活动视为天经地义，近代日本则将举国一致的侵略扩张战争视为“圣战”。因此，中世纪的武士已经具有军国主义力行者的本质特征——以武为本、对外侵略。武士道反映和维护武士以武为业、侵略掠夺的生活方式，是军国主义精神支柱。

武士从诞生之日起，就生活在武家社会纵横交错的人际关系之中，如主从关系、军事关系、家族关系、经济关系、权利义务关系等，其中军事性主从关系最为重要。所谓主从关系，就是主君给予从者以土地为核心的物质利益，并为从者提供保护，即“恩惠”(或“恩赏”)；从者效忠和服从主君，平时为主君尽各种义务，战时应主君之召从事战斗，拥有为主君献出生命的觉悟，即“效忠”。主从关系通过施恩与报恩的利益关系，将主君与从者牢牢地捆在一起，并将武士的武力组织构建成一荣俱荣、一损俱损的利益共同体和命运共同体，所有成员的兴衰荣辱、贫富贵贱均与武士团密不可分。

武士作为武士团首领的从者和武士团的一员而存在，具有多重身份，首先是捍卫和扩张领地的战士，其次是武士团首领的从者，最后是武士团的一员。与之相对应，武士的道德规范也包括三个层面的内容：作为战士的道德规范——战争道德，作为从者的道德规范——主从道德，作为武士团（共同体）成员的道德规范——共同体道德。不言而喻，恩赏是获得效忠的关键，主君无恩赏，从者难尽忠。

武士能否获得更多的领地、更高的地位、更大的武名，武士团能否兴旺发达，统统取决于能否夺取战争的胜利，能否将别人的土地等财富变为己方的战利品。武士唯有建立军功才能获得战利品，忠诚也要有效忠的证物，如感状、注文与搜集证物（也就是首级）。武士在战场上立下赫赫功勋，从主君那里得到与之相符的封地和赏赐，既能发家致富、提高武名，又能出人头地、光宗耀祖。主君若是不能对从者的军功给予相应的奖励，那么，他也称不上合格的主君。

是否切实遵循武士道，关系着战争的成败和武士团的兴衰，以及武士现实利益的多寡，这就是武士道具有超契约、超法律的约束力的根源所在，忠诚、武勇、名誉等武士道的德目不过是获取恩赏的手段。

武士的生活方式与武士道的功能

8—12世纪：

经济、政治制度变动和军制瓦解，武士产生；朝廷与武士相互利用，武士武力崛起。

武士的职责：职业战士靠武力吃饭，通过战争效忠主君、博取恩赏、夺取土地和权力。

武士道的功能：煽动侵略扩张，使暴力掠夺正当化。

镰仓时代：

武士政权建立，公武二元政治取代公家一元化统治，武士成为统治阶级；武家对公家处于劣势，将军是天皇的臣子；天皇图谋推翻武家政治，恢复院政实权。

武士的职责：主要充当职业战士，捍卫和扩张武家政治，确保武士的政治、经济权益。

武士道的功能：煽动侵略扩张，鼓吹侵略有理。

室町时代：

重新分配权力和财富，公武对峙、战事频频，武家一元化政治取代公武二元统治。

武士的职责：主要充当职业战士，全面夺取朝廷的政治、经济权力，构建武家一元化统治。

武士道的功能：煽动侵略扩张，以穷兵黩武为荣。

德川时代：

天下太平，武士演变为行政官僚、禄米领有者，失去了作为职业战士的本质特征。

武士的职责：治国理政，“得主人而尽奉公之忠，在天下实现人伦之道”。

武士道的功能：维护幕藩体制，提升武士的综合素养。

近代：

封建危机和民族危机；国家目标：成为与西方列强平起平坐的强国，并与之争夺霸权；实现方式：以中国为主要对象的侵略扩张。

新武士（全体国民）的职责：以国家目标为自己的使命，争当“靖国之神”。

武士道的功能：军国主义精神支柱，煽动侵略扩张，激发战争精神。

现代：

日本战败投降，二战后的国际形势以发展为主流；国家目标：发展经济，实现经济大国化，以及政治和军事大国化。

国民的职责：以国家目标为自己的奋斗目标，投身于经济建设。

武士道的功能：经济现代化的精神动力和政治右倾化的精神支柱。

目录

导　论

武士道因武士的战争生活需要而产生，反映和维护武士以杀人为业、依赖战争获取财富、权力、地位、名誉来出人头地、光宗耀祖的生活方式和以战争促发展的发展方式。

8 世纪中后期产生的武士道，历经一千多年漫长历史岁月的积淀，作为一种道德规范、思维方式、行为方式和价值理想，早已融入日本民族的血液之中。而且，随着明治时代全民皆兵制和《军人敕谕》（以武士道为基础的近代军人精神）《教育敕语》（国民的“军人敕谕”）等全民武士化政策的推行，武士道由约占人口 6% 的武士阶级的道德规范扩展为全体国民的道德规范。因此，在日本学者笔下，武士道精神元素已经与国民性特质融为一体，[①] 或者说国民性特质涵盖了武士道的精神元素。

概言之，要认识日本的前天和昨天，把握日本的今天和明天，不可不研究日本武士和武士道。

所谓“武士” 日本学者认为，过去的日本乃是武士之所赐。他们不仅是国民之花，而且还是其根。[②] 离开武士的伦理观，日本的传统便无从说起；抛开武士，就葬送了我们传统伦理意识的大半。[③] 美国学者沃尔沃认为，武士代

---

① ［日］南博：《日本人论：从明治维新到现代》，邱琡雯译，广西师范大学出版社，2007，第 41-42、43、65 页。

② ［日］新渡户稻造：《武士道》，张俊彦译，商务印书馆，2001，第 89 页。

③ ［日］相良亨：《武士的思想》，ぺりかん社，1984，第 5 页。

表日本文化遗产中最具持久性的价值。[①] 中国学者万峰先生也明确指出，武士、武士治国和武士道，在世界史上都占有独特的地位，影响超过欧洲的骑士和骑士精神。[②] 而且，今天日本人的所作所为中，依然可以清晰地看到武士的影子和武士道的痕迹。

武士产生于8世纪前半期，在12世纪末至19世纪中叶的幕府时代是行使政治权威的统治阶级，明治初年转化为士族，不再作为特权阶级而存在，但却凭借其所受的独特教育和训练，特别是在倒幕维新运动中的杰出贡献，成为日本近代化的主角，继续主宰日本的命运半个多世纪。从诞生到退出历史舞台，武士的历史绵延一千多年，经历了若干不同的历史阶段，各历史阶段的武士面对的形势、任务和所处的地位及其与土地的关系等迥然不同，需要区别对待。

西方有西欧的骑士，东方有日本的武士，两者都产生于8世纪，不过，其产生的动因和肩负的职责却截然不同。西欧骑士是法兰克国家强化国家军事力量的产物，查理·马特通过经济和军事改革组建起一支新的骑兵部队，依靠这支新型的部队打败阿拉伯骑兵，收复被占领土，将阿拉伯人赶回西班牙。查理·马特之孙查理曼依靠这支部队向外扩张，建立起查理曼帝国。日本武士则是土地纷争武力化的产物，作为庄园主保卫和扩大庄园土地的私人武装而产生，充当庄园主侵蚀国有土地、瓦解天皇制国家经济基础的工具。总之，“武士是作为中央权力的反叛者、作为非法者在日本历史上登场的”[③]。平安时代，对抗朝廷、制造祸端的是武士（如平将门、平忠常），朝廷借以平息祸端的也是武士（如平贞盛、藤原秀乡和源赖信）。正是在制造祸端和平息

---

① ［美］马宾·吉·沃尔夫：《日本经济飞跃的秘诀》，胡振平、李国臣、庞玉林译，军事译文出版社，1985，第116-118页。

② 万峰：《台湾学者的日本武士道观：评介林景渊著〈武士道与日本传统精神〉》，《世界历史》1994年第3期。

③ ［日］中本征利：《武士道的考察》，人文书院，2006，第13页。

祸端的战争中，武士迅速崛起。12世纪末，凭借四百余年征战杀伐积蓄的能量，建立起绵延近七百年的武家军事统治，将日本引向以武为本的社会发展方向。

高桥富雄在《武士道的历史》中写道：武士一词较早见于《万叶集·卷三》第四四三首《武士之训》，相当于武士的名词主要有“もののふ”(武士)、“ますらぉ”(大丈夫、男子汉、壮士)。同时，“もののふ”和“ますらぉ”有种种解释，“もののふ”的语义有物部、武士、武人、武者、つゎもの、さむらぃ等，“ますらぉ”又有益荒雄、正荒雄、健男、男子中的男子等诸说。从古代向中世转变期间，武士又被称为“弓马之士”“弓箭之士”[①]，有的以职业特征命名，有的以主要兵器命名。

日本学者对武士的定义众多，如《广辞苑》：“一般泛指习武，以军事为职业者”；《万有百科》：“以武艺为专业者”；《世界大百科》：“以武技、战斗为业者”；《现代百科》：“拥有武力并在农村居住的本地领主”；《小学馆百科》：“凭借武力统治地方而又任职于政府者”。“中世武士的两个方面——战士和领主。一是以参加战斗为主体，二是有自己的领地，……职业战士和领主是中世武士的两个方面。”[②]安田元久概括为社会职能定义和社会本质定义——“职能人论”和“在地领主论”，前者以武士作为战士的社会职能为标准，后者以武士作为在地领主的社会实体为依据。同时，认为这两种定义都不能全面反映武士的实际状况，主张既要考虑中世武士团是以弓射骑兵的战斗技术为特色的武力组织，又要考虑作为在地领主的地方支配者之社会本质。[③]还有的日本学者认为：“所谓武士，即日本中世及近世（中世大约是11至16世纪，近世指德川时代）政权担当者的世袭制的职业战士。从职业战士

① ［日］高桥富雄：《武士道的历史·第1卷》，新人物往来社，1986，第37-40页；［日］下村效编《日本史小百科·武士》，东京堂，1993，第16-17页。

② ［日］关幸彦：《武士的诞生》，日本放送出版协会，1999，第32-33页。

③ ［日］石井进：《日本历史·12·中世武士团》，小学馆，1974，第234-236页。

的角度看，武士与古代、近代征兵制的农民兵、市民兵不同；从世袭制的角度看，官僚又与不过是军事官僚的古代武人和近代职业军人不同。因此，世袭制的职业战士集团是武士的最大特色。”① 武士定义的差异，也表明要对武士身份进行准确界定并非易事。

中国学者代表性的定义，是史学前辈沈仁安先生四项指标的定义：“第一，经济上为领主，既可以是庄园领主，也可以是封建领主；第二，社会上以武艺、战争为职业；第三，政治上以掌握政权为目标；第四，思想上以主从关系为道德准则。作为一个政治集团、社会集团的武士阶级应具备以上四个指标，尤其是第二、三点最基本。这样的定义把武士与一般的职业军人、雇佣军人区别开来，既适用于武士形成期，也适用于武士政权期。当然，在武士形成期这些指标不那么典型，但已具有这些因素。武士政权虽然历经变迁，但不出这些基本点。”② 沈仁安先生的四条标准有其相应的依据，对于总体把握武士确有帮助。不过，武士作为日本社会独特的社会群体，跨越一千多年的历史时空，且不说有平安时代作为封建贵族的“侍”的武士、幕府时代作为统治阶级的武士、明治维新后不再作为一个阶级而存在的武士，即便是幕府时代作为统治阶级的武士，镰仓、室町和织丰时代的中世武士与江户时代的近世武士，其社会角色、社会职责及与土地的关系都不尽相同。显然，四条标准的定义有其局限性。

总体上讲，本书的武士定义，一方面侧重于武士作为职业战士的社会职能；另一方面又要注意每个时代的武士都不尽相同。例如，中世武士主要扮演职业战士的角色，是拥有自己土地的农业经营者，经济上保有相当大的独立性；近世武士则履行官僚的职责，他们退出土地、离开农村，由土地领有者演变为禄米领有者，是城市生活的消费者，丧失了从者的独立性。

---

① ［日］元木泰雄：《武士的成立·序论》，吉川弘文馆，1994，第1页。

② 沈仁安：《德川时代史论》，河北人民出版社，2003，第19页。

武士从产生之日起，就是典型的侵略扩张者、弱肉强食者，以杀戮技能为生存资本，以战争为财富的源泉和发展的动力，将自己的利益置于他人的利益之上。日本学者的研究也认为："武士是战斗和杀人的专门家。"[①]"武士筹于计谋，专于战争"，"斩敌首，折敌颈，立功扬名"。[②]武士的习性是杀人、劫财和强盗行径。[③]"他们是杀人和暗杀的惯犯"，武士具有"黑社会性质"。[④]"武士终究是以杀人、破坏和打仗为职业的集团。"[⑤]本来意义的武士——"弓马之士"，以战斗为天职，在战争中求生存、求发展，是以刀剑为谋生工具，以杀伐技能为生存资本，以战场为活动舞台，依靠战场上的军功发家致富、光宗耀祖的职业杀手。要么杀人，要么被杀，需要在战争中征服、削弱甚至杀死他人，将他人的财富据为己有，才能求得发展壮大，战事越多，发展越快，财富越多，权力越大。只要有高人一等的刀剑功夫，勇于战斗、善于战斗，就能获取名誉、地位和财富。不能上战场者，不是真正意义上的武士。

8世纪至12世纪的武士，处于在野地位，作为军事领主保卫和扩大庄园土地的私人武装，一心追求战场上的胜利，通过战场上的军功获得以土地为核心的恩赏，依靠战争出人头地、升官发财。12世纪末，源赖朝武力创建镰仓幕府，武士开始成为行使政治权威的统治者，也"使日本最终脱离了东亚历史的常规，成为例外的异常存在，即尚武而非尚文的国家"[⑥]。室町幕府始于争乱，终于争乱，"战争如同家常便饭"，武士作为战士高扬武勇精神而

---

① ［日］中本征利：《武士道的考察》，人文书院，2006，第30页。

② ［日］山本七平：《日本资本主义精神》，莽景石译，生活·读书·新知三联书店，1995，第10页。

③ ［日］井上清：《日本历史·上册》，天津市历史研究所译校，天津人民出版社，1974，第227页。

④ ［日］高桥昌明：《日本武士史》，黄霄龙译，社会科学文献出版社，2020，第59页。

⑤ ［日］横田冬彦：《讲谈社·日本的历史·8·天下泰平：江户时代前期》，瞿亮译，文汇出版社，2021，第9页。

⑥ 沈仁安：《德川时代史论》，河北人民出版社，2003，第46-47页。

全面发展，只要有足够的武力，几千石、上万石的恩赏都不在话下，甚至成为称霸一方的大名。德川时代兵甲不兴，武士由职业战士演变为“带刀官僚”和领取固定禄米的“寄生者”，失去了立战功、受恩赏、获武名的机会，一步步走向衰落。

“贯穿整个日本中世纪史上的武士、武士治国和武士道，在世界史上都占有其独特的地位。尽管古代中国和古代朝鲜也曾一度出现过武士，而且古代朝鲜还曾有过与武士道相似的‘花郎道’，而中世纪西欧则涌现骑士和‘骑士道’。但是这些均无法与日本的武士和武士道相匹敌。日本武士作为一个封建统治阶级采取一套独特的统治体制来治理国家前后竟达700年之久，这在世界上也是绝无仅有的。”[①] 不仅如此，如表1所示，明治政权实质上是武士（士族）政权，进入近代社会后武士依然主宰国家和民族的命运。

表1　官吏及士族官吏数（明治九年至十五年，即1876—1882年）

年份	官吏总数（人）	士族官吏数（人）	百分比（%）	区郡吏（人）	士族区郡吏数（人）	百分比（%）
明治九年末（1876年）	23135	17935	77.5	–	–	–
明治十年（1877年）	23694	17529	74.0	–	–	–
明治十一年（1878年）	31894	23976	75.3	2985	1866	62.2
明治十二年（1879年）	31624	23305	73.5	6245	4075	65.3
明治十三年（1880年）	36560	26970	73.8	6658	4295	64.5
明治十四年（1881年）	78328	53032	67.7	11567	6889	59.6
明治十五年（1882年）	96418	59041	61.2	14171	6147	57.2

（资料来源于［日］福地重孝：《士族和士族意识》，春秋社，1956，第333页）

① 万峰：《台湾学者的日本武士道观：评介林景渊著〈武士道与日本传统精神〉》，《世界历史》1994年第3期。

1885 年内阁制度实施后，前三届内阁，即伊藤博文内阁、黑田清隆内阁和山县有朋内阁的内阁成员都是士族。日本政界最上层的元老和军界最上层的元帅，绝大部分是士族，“军部四巨头”——陆军大臣、海军大臣和陆军参谋本部长、海军军令部长均为士族。

以杀戮技能为生存资本、依赖战争手段满足利益需要的生活方式、消灭他人壮大自己的发展方式决定了武士以武为本、崇尚武勇的思维定式和行为方式，养成了武士自私、冷漠、好狠斗勇、穷兵黩武、嗜杀成性等非人性的性格特征。日本学者家永三郎也明确指出，摄关时代的贵族为了满足权力欲望而玩弄各种权术，唯独杀人害命的勾当不干。“武士缺乏尊重人的生命的心情，满不在乎地杀害生灵，具有强烈的非人性的一面。”[①] 因此，不能一味地过高评价武士的伦理道德。不言而喻，崇尚武勇，以战争作为获取权力与财富的源泉，好狠斗勇、穷兵黩武、嗜杀成性等非人性的性格特征，正是武士作为中世纪军国主义力行者的基本特征。

所谓“武士道” 8 世纪武士产生的同时，也产生了武士作为战士的道德规范和行为准则，即武士道。12 世纪末，武士成为行使统治大权的统治阶级，武士道也成了武家统治的政治思想、社会伦理道德的支柱。明治维新后，经过扬弃、继承和改造，封建武士效忠主君的武士道演变成近代日本全体国民效忠天皇的新武士道，以及近代天皇制国家政治意识形态的核心内容和国民的道德规范，直到 1945 年日本战败投降。从 11 世纪至 20 世纪中叶，武士道占据日本社会伦理道德支柱的位置近千年，对社会各阶层人士都有着广泛的影响。在今天日本人的所作所为中，依然可以看到武士道的烙印。

关于武士道有各式各样的说法，就像武士在产生之初有多种称呼一样，武士道在形成之初也有种种称谓，武士道一词的出现和广泛使用则比较晚。

桥本实在《日本武士道史》一书中介绍道：“弓箭之道”“弓矢之道”“武

① ［日］家永三郎：《日本文化史》，刘绩生译，商务印书馆，1992，第 88-89 页。

道”“武之道”“兵之道”“弓马之道”及“军之道”等名称，“弓箭之道”最为盛行，其次是“武道”“兵之道”“弓马之道”“军之道”等。“中世主要称‘弓箭之道’‘武道’，近世则称为‘武士道’‘士道’等。”[①]高桥富雄说，武士道也称为“もののふ之道”“ますらぉ之道”“っゎもの之道”“さむらぃ之道”“弓马之道”“弓箭之道”“武道”“武士道”“武者之习”“士道”。[②]此外，还有“坂东武者之习”“兵之道”等。早期的称谓强调武士作为战士的军事职能，突出其作为战士的职业道德。

井上哲次郎认为，大体上讲，武士道的名称出现于战国时代，德川时代开始广泛使用。山鹿素行在士道的名称下论述武士道，素行的门人大道寺友山则以武道为其著作的标题。《甲阳军鉴》第四十七之中有“万世流转，第一即是义理，就此则不得不参照武士道”的记载。宽永十九年（1642年）刊行的《可笑记》中多次使用“武士道”。另外，加藤清正的《壁书》、大道寺友山的《武道初心集》等也使用过“武士道”。明治维新后，则统一使用武士道至今。

直到中日甲午战争后的“明治三十二年（1899年），新渡户稻造用英文写作《武士道》前后，大肆宣扬日本人的精神性时，武士道一词才频繁使用”[③]。“武士道一语在明治时代频频出现，同时，武士阶级的道德或者在武士中间产生的道义，也逐渐转变为国民的道德。”[④]名称虽然不同，但都是武士的道德规范，都共同指向武士的职业特征和生活方式，反映了武士道与战争的互动关系。

关于武士道的定义，新渡户稻造在《武士道》第一章《作为道德体系的武士道》中介绍道：武士道在字义上意味着武士在其职业上和日常生活中所

① ［日］桥本实：《日本武士道史》，地人书馆，1940，第9-11页。

② ［日］高桥富雄：《武士道的历史·第1卷》，新人物往来社，1986，第37-40页。

③ ［日］丸山敏秋：《道德力》，风云舍，1999，第163页。

④ ［日］西国直二郎：《日本的武士道》，岩波书店，1934，第48页。

必须遵守之道。用一句话来说，即“武士的训条”，也就是随着武士阶层的身份而来的义务，乃是要求武士遵守的或指示其遵守的道德原则的规章。它并不是成文法典。既不是某个人的头脑（不论其如何多才多艺）创造出来的，更不是基于某一个人的生平（不论其如何显赫有名）的产物，而是经过数十年、数百年的武士生活有机发展的。武士道在道德史上所占有的地位，恐怕和英国宪法在政治史上所占有的地位一样。

井上哲次郎在受陆军教育总监部委托所作的讲演《谈谈武士道》中给出的定义是：武士道是我邦武士始终实行之道德，即武士的实践伦理。武士道绝不仅仅是肉体上的力量，更主要是精神上的力量。如果说只有武勇，那就是蛮勇，是暴力而不是武士道，暴力绝不是道。武士道是日本民族精神的主干，是日本民族的精神。[①] 此后，井上哲次郎又在《武士道总论》中强调：如果从广义的日本精神讲，即日本精神在战斗方面的表现，武士道是臣民遵奉天皇陛下之大诏的御精神在战斗方面的实行之道。[②] 可见，与新渡户稻造一样，井上哲次郎也是日本武士道的吹鼓手。

《日本国语大词典（17）》（小学馆，1975 年）中“武士道”词条的定义是：中世以降我国武士阶级中间发展起来的独有的伦理，以禅宗和儒教为据，大成于江户时代，分为两种观念，一是《叶隐》提倡的不问善恶是非、睹命效忠主君；一种是山鹿素行提倡的主君和家人都应该遵守儒教伦理而行动。

《日本史小百科——武士》（东京堂，1993 年）中“武士道”的定义为：武士产生的同时，也产生了所谓“武者之习”和“武士之道”的主从间的忠义和武勇等规范，即武士应该遵守之道，并且随着时代的变化而变化。进入江户时代那样“元和偃武”的和平时代后，武士应该遵守之道呈现两个方面。一是以山鹿素行为代表的儒教立场的士道论，一是以山本常朝为代表的旧武

① ［日］井上哲次郎监修《武士道集·上卷》，春阳堂，1934，第 2-3 页。

② ［日］井上哲次郎监修《武士道全书·第 1 卷》，国书刊行会，1998，第 26-27 页。

士道系统的“所谓武士道，就是觉悟死”。

《广辞苑》（第5版，岩波书店，1999年）中“武士道”词条的定义是：在我国武士阶层中发展起来的道德。镰仓时代开始发育成长，到江户时代以儒教思想为根据而至于大成，成为封建支配体制的观念支柱。重视忠诚、牺牲、信义、廉耻、礼仪、洁白、质素、俭约、尚武、名誉、情爱等。《叶隐》中说：“所谓武士道，唯死而已。”有日本学者认为，自古以来，武者之道就是“杀生之道”。讨厌武的行为者不是武者，不能战斗者不是武者，而是丧失武者资格的胆怯、臆病。武士终其一生，这种杀生道作为武士道的根本没有多大变化。[①]不言而喻，武士道源于武士的战争生活实践，以战争为母体，为战争服务。

在中国，代表性的武士道定义主要有：《辞海》（上海辞书出版社，1979年）和《世界历史辞典》（上海辞书出版社，1985年）中“武士道”词条的定义，武士道是日本武士遵守的封建道德，始于镰仓幕府时期，内容有忠君、节义、廉耻、勇武、坚忍等，目的在于使武士忠实地为封建统治者服务。

万峰先生对“武士道”的定义为：所谓“武士道”，本是封建武士的道德规范。早自10世纪武士领主（大军事农奴主）不断兴起以来，在武士集团内部就形成一套武士的道德规范。12世纪末封建幕府建立后，成为统治阶级的封建武士领主，更进一步制定各种式目（法规条款），用法律形式将封建武士的思想作风和行动准则固定下来，沿袭了几百年之久。武士道的内容，主要有以下几条：第一，强调主从关系的所谓“忠节”。封建武士必须无条件地效忠自己的主君，为主君坚持封建的节操。第二，强调武勇。封建武士必须磨炼武功、武艺，以杀伐为荣，勇于为主君卖命。第三，强调崇拜日本刀，把日本刀看作是武士道精神的一种物质表现。第四，强调宗教迷信。封建武士必须敬神崇佛，1232年制定的一个叫《贞永式目》的武士法规，头一条就强调武士必须敬神、保护神社和重视祭祀。第五，强调礼仪。按照封建武士集

① ［日］《别册历史读本30号·武士道——侍的志气和魂》，新人物往来社，1995，第18页。

团内部的等级制度，搞出许多清规戒律的“礼法”加以约束。日本封建武士道的主从关系，本是效忠封建武士的首领的。明治政府建立后，将这种主从关系改为效忠天皇，在军队内外大力宣扬这种武士道精神，并且百般美化，冒充为日本民族的固有精神，强加给广大的士兵和人民。随着时代的变迁，后来的日本统治集团将法西斯主义同武士道精神糅合起来，使之“现代化”，成为法西斯的武士道精神，其反动性、野蛮性和腐朽性达到了无以复加的地步。[①] 万峰先生的定义，也反映了武士的军事职能。

其实，武士道就是武士作为战士的职业道德。本来意义的或在战争生活中形成的武士道或武士精神，是武士作为战士在战场上履行征战杀伐的社会职责的生存方式，或者武士在战争生活中约定俗成的行动基准和理想追求，旨在驱使武士征战杀伐、“以生命作为侍奉主君的手段”。江户幕府时期，经山鹿素行等武士道理论家以儒家思想人为加工的“近世武士道”，适应和平时代维护现存统治秩序的需要，是武士作为“为政者”在榻榻米上治理天下的道德规范。近代武士道或者“皇道的武士道”，则是适应国家“欲开拓万里波涛，布国威于四方”的需要，由以山县有朋、明治天皇等为代表的国家权力者运用国家权力和传统精神权威人为加工的武士道，旨在要求全体国民绝对效忠天皇，以“布国威于四方”为自己的神圣使命，甘愿在侵略扩张战争中战死海外。

关于武士道的德目，林子平在《学则》中明确指出，孝、悌、忠、信、勇、义、廉、耻八字铭记于心。新渡户稻造在《武士道》中列举的德目有：义、勇、仁、诚、名誉、忠义、克己。井上哲次郎在《武士道全书·总论》说：忠孝、节义、勇武、廉耻是早在封建时代就被承认的道德，尤以忠孝为最。忠比孝大，忠与孝对立时，便舍孝取忠，忠君与爱国全然一致。虽然可以举出武士道的种种德目，但归根结底为忠君二字。明治十五年（1882 年）

① 万峰：《日本近代史》，中国社会科学出版社，1978，第 95-97 页。

1月4日发布的《军人敕谕》，规定军人必须遵守五条——尽忠节、正礼仪、尚武勇、重信义、以质素为旨，此五条精神中最重要的是诚心，以诚心为实行之精神。《教育敕语》中“一旦有缓急，则应义勇奉公，以辅佐天壤无穷之皇运”，作为非常时期的道德，在实行时也要以诚心为基础，其与武士道精神并无二致。此清明心，此真心、此诚心，在道德上是一贯的，完全符合日本的国体。[①] 此外，井上哲次郎还在《武士道全书·序言》中强调，骑士道与武士道也不是完全没有共同点，但是，性质却完全不同。并举例说“骑士道崇拜女性”，“武士道的固有精神是抑强助弱”，两者不可同日而语。要纠正的是，武士道的固有精神是弱肉强食，而非抑强助弱。

以明治天皇的名义颁布的《军人敕谕》和《教育敕语》，乃是近代武士道——“皇道的武士道”形成的标志和经典。《军人敕谕》规定了五条军人精神，并强调以“诚心”为基础。《教育敕语》要求国民克忠尽孝、恭俭持己、义勇奉公，最终走向战场，“辅佐天壤无穷之皇运”。武士道由武士的道德扩展为军人的道德和全民的道德，全体国民都要效忠天皇，将“布国威于四方”作为自己神圣使命。

武士道的类别，大致可以参见表2的相关内容。

表2 武士道的类别

划分标准	类别（内容）
武士道的作用功能	战斗者（战士）之道和为政者（官僚）之道；战争时期煽动侵略扩张，和平时代维护统治秩序
武士道的作用特点	实践的武士道、制度的武士道、理论（信仰）的武士道
武士道的形成特点	自然形成的武士道和人为加工的武士道、理论加工的武士道和权力加工的武士道
武士道的构成内容	战争层面的“武道”和道德层面的“武士道”

① ［日］井上哲次郎监修《武士道全书·第1卷》，国书刊行会，1998，第27-31页。

续表

划分标准	类别（内容）
武士道的承担者	封建武士的武士道和近现代全体国民的武士道
武士道的作用场所	战场上的武士道和政坛上的武士道
武士道的效忠对象	效忠封建主君的武士道和效忠天皇的武士道
武士道的思想渊源	神道的武士道、禅道的武士道、儒道的武士道

中国学者宋成有教授认为："武士道论作为近世兵学的重要组成部分，在和平时期是维护统治体制的道德规范，在战争时期则是煽动武勇狠斗精神的思想工具。山鹿素行的武士道论和吉田松荫的武士道论，分别为适应这两种需要的武士道论的典型论说。"[①] 不言而喻，在武士道的发展史上，中世和近代武士道主要充当煽动武勇狠斗、对外扩张的思想工具，近世武士道则主要是维护幕藩体制的道德规范。

关于武士道的起源，日本学者主要持两种观点："神话传说起源论"和"战争生活起源论"。

"神话传说起源论"以井上哲次郎、佐伯有义等为代表，战后的学者普遍持"战争生活起源说"，如樱井庄太郎的《名誉与耻辱》、河合正治的《中世武家社会的研究》和家永三郎的《日本道德思想史》。中国学者的武士道研究，以武士为武士道的物质载体，源自武士以战争为职业的生活方式。正如李威周先生所说："在作为武士道主体的武士尚未产生的情况下，怎么会有什么无主体承担者的武士道呢？"[②] 显然，"神话传说起源论"是站不住脚的、缺乏事实依据的、穿凿附会的。

关于武士道史的分期，日本学者井上哲次郎的《武士道总论》分为：（1）神

① 唐利国：《武士道与日本的近代化转型·序》，北京师范大学出版社，2010，第 5 页。

② 李威周：《中日哲学思想论集》，齐鲁书社，1992，第 274 页。

武天皇至佛教的传入，（2）佛教的传入至镰仓时代，（3）镰仓时代至德川时代，（4）德川时代，（5）王政维新至现在（即监修《武士道全书》和发表《武士道总论》的1942—1944年）。佐伯有义的《武士道史》分为：（1）天皇御亲征至大化改新，（2）从大化改新至源平盛衰，（3）从镰仓幕府至室町幕府，（4）从织田信长、丰臣秀吉至德川幕府，（5）明治维新至现在（即在《武士道全书》第12卷上发表《武士道史》的1943年）。显然，井上哲次郎和佐伯有义主张的是“神话传说起源论”的分期。

小泽富夫的《作为历史的武士道》分为：（1）武士登场和“武士道”的诞生，（2）镰仓武士道，（3）室町武士道，（4）战国武士道，（5）江户武士道，（6）明治以降的武士道。

上述三位日本学者的分期，都认为武士道并未随着封建制度的灭亡和武士身份的废除而画上终止符，经过明治政府的继承和改造，武士道由武士的道德规范发展为全民的道德规范。

中国学者武士道史的分期以万峰先生的分期为代表，万峰先生在《台湾学者的日本武士道观：评介林景渊著〈武士道与日本传统精神〉》一文中，按社会形态将武士道史分为四大阶段。即：（1）“中世纪的武士道”，从平安朝后期至江户幕府被推翻，前后历时约7个世纪；（2）“近代武士道”，从明治维新至20世纪二三十年代，中世纪的武士道经过继承和改造迅速渗透到社会各个阶层之中；（3）“现代武士道”，从20世纪二三十年代至第二次世界日本战败投降为止，其实质是军国主义法西斯武士道，这是武士道发展、演变漫长历史上最不光彩、臭名昭著的时期。（4）“当代武士道”，二战结束后直至今天，法西斯武士道已不复存在，作为一份伦理文化遗产，作为日本民族精神、文化传统要素的武士道诸德目，在二战后日本国民经济复兴及高度成长、实现日本现代化中又不断发扬光大。

本来，武士道的分期就有多种划分标准，既可按社会形态和历史时代划分，又可按时代特征和武士道功能的侧重点加以划分，即按武士的社会角色、社会职责和人生舞台划分。在武士道形成、发展和演变的一千多年的漫长历史中，其功能始终与武士的社会角色、社会职责和人生舞台相一致，武士道时而主要充当战斗者的“战争之道”，如中世的武士道、近代的武士道，即战争时代的武士道，主要用于驱使武士征战杀伐；时而主要充当行政官吏的“治者之道”，如近世德川时代“偃武兴文”的武士道，即和平时代的武士道，主要用于维护统治体制和提高为政者的自身修养。

按武士道的历史地位可分为：（1）平安时代的武士道，（2）幕府时代的武士道，（3）天皇的武士道，即“贵族之侍”的武士道—统治阶级的武士道—天皇的武士道或全体国民的武士道。还可以分为封建时代的武士道和资本主义时代的武士道。

必须说明的是，从8世纪至20世纪中叶，在武士道产生、发展和演变的一千多年的漫长岁月中，江户时代260余年的“为政者之道”不足四分之一，其余时间武士道都是作为“战斗者之道”而存在的。

关于武士道影响，在众多日本学者的武士道论述中，武士道就是日本精神和民族传统的代名词。明治维新以后，在政界，掌握资产阶级政权的大久保利通、木户孝允、西乡隆盛和伊藤博文、山县有朋等武士军人政治家，运用国家权力，强制推行“武士道德国民化，全体国民武士化”政策，先是通过《军人精神基本》《军人训诫》和《军人敕谕》，以武士道构建近代军人精神；继之又通过征兵制、《军人敕谕》和《教育敕语》，将武士道扩展为国民道德，揭开了武士道发展史上的崭新一页，封建的武士道摇身一变成了资本主义时代的武士道和“皇道的武士道”。在民间，思想家或是参与起草构成“皇道的武士道”形成标志的《军人敕谕》和《教育敕语》，如被世人誉为“日本近代哲学之父”的西周、明治天皇的侍读元田永孚；或是与政府相呼应，不遗余力地宣传武士道，如在国际和国内宣扬、鼓吹武士道的两大旗手新渡户稻造和井上哲次郎，在其著作中将武士精神看作是日本精神，并大力倡导继承和弘扬武士道精神。

1899年，日本取得甲午战争胜利后的第4年，以及对俄扩军备战之际，新渡户稻造用英文写作的《武士道：日本之魂》在美国出版，“将武士道奉为大和魂，并将它作为日本民族精神向全世界加以介绍”，迅速引起外国读者的极大兴趣，被译成波兰、德国、匈牙利、俄国、意大利、挪威、西班牙等语言，并且随着日本在对外侵略战争中的胜利而名播海外。

1901年，井上哲次郎在《谈谈武士道》的演讲中称：“武士道是日本民族精神的主干。”[①]1942年，又在《武士道总论》中强调，从广义的日本精神讲，武士道即日本精神在战斗方面的表现。武士道是臣民遵奉天皇陛下之大诏的御精神在战斗方面的实行之道。

1917年，芳贺矢一博士在伦敦日本协会的演讲中声称：“武士道是日本道德的最高形式。”[②]1932年，田中义能的《武士道概说》写道：“武士道是构成日本国民行动的有力根基。”[③]1933年，平泉澄在《武士道的复活》指出：“武士道虽非日本精神的全部，然而，武士道却是日本精神之精华。”[④]1935年，桥本实甚至在《日本武士道史·序》中写道：“武士道精神处于人类精神之最高境界”，“武士道精神乃日本精神之中核，日本性格之骨髓”。[⑤]1941年，日本武士道学会编辑出版的《武士道入门》中写道，樱花是日本人最爱的花，武士最充分地发挥日本人之特性。因此，以樱花为国家之光辉，以武士道为日本精神之精粹。[⑥]1984年，相良亨教授在《武士的思想》中指出，平安末期登场的武士在日本历史上最先明确提出伦理思想，此后又长期占据社会精英的位置，成为人们效法的对象。除武士的伦理观外，日本的传统便无从说；

---

① ［日］井上哲次郎监修《武士道集·上卷》，春阳堂，1934，第3页。

② ［日］山风铁舟口述，胜海舟评论，服部真长编《新版武士道——文武两道的思想》，大东出版社，1997，第169页。

③ ［日］田中义能：《武士道概说》，日本学术研究会，1932，第15页。

④ ［日］平泉澄：《武士道的复活》，至文堂，1943，第6页。

⑤ ［日］桥本实：《日本武士道史·序》，地人书馆，1940，第1-2页。

⑥ ［日］武士道学会编《武士道入门》，ふたら书房，1941，第28-29、90、130、150页。

抛开武士，就葬送了我们传统伦理意识的大半。

有的美国学者认为，12世纪末叶，武士已成为日本较高文化的主要代表，日本文化正在越来越多地受到这个新兴武士阶级的兴趣和价值标准的影响。[①]“武士道，它对于探究德川时代或现代日本的价值与伦理有着特别重要的意义。这是因为武士体现了或应该体现了日本的中心价值，事实上武士道的伦理在德川时代及近代已成了国家伦理，至少占有了国家伦理的大部分。”[②]武士代表日本文化遗产中最具持久性的价值，在身着西服掌握现代科学技术的日本人精神里，封建的武士精神仍在起作用。[③]

中国学者宋成有教授在《江户、明治武士道异同刍议》中说道，明治武士道是“对外侵略的军国主义精神支柱”。“自明治政府确定‘与万国对峙’的近代化最高目标后，在扩张国权、宣扬国威的喧嚣声中，军国主义的狂潮逐渐掀起。武士道遂被纳入军国主义的轨道。”“明治时代的武士道不仅具有江户武士道内省自励的功能，而且循着‘与万国对峙’的路线，具有强烈的对外扩张性质，成为军国主义侵略的精神工具，浸渗了血腥味。”[④]日本确立了“与万国对峙”的最高目标，走上了军国主义的轨道，武士道成了军国主义的精神工具。继之，他又在《武士道精神与明治时期的日本现代化》一文中阐述了武士道精神在明治时期日本现代化中的作用。“自幕末开国至今一个半世纪中，日本现代化由启动学步而全面展开，由遭受挫折而重建、再出发，由模仿追随而树立东亚资本主义模式，历程曲折，变化剧烈。在这一过程中，

---

① ［美］约翰·惠特尼·霍尔：《日本——从史前到现代》，邓懿、周一良译，商务印书馆，1997，第74页。

② ［美］贝拉：《德川宗教：现在日本的文化渊源》，王晓山、戴茸译，生活·读书·新知三联书店，1998，第111页。

③ ［美］马宾·吉·沃尔夫：《日本经济飞跃的秘诀》，胡振平、李国臣、庞玉林译，军事译文出版社，1985，第116-117页。

④ 宋成有：《江户、明治武士道异同刍议》，载《周一良先生八十生日纪念论文集》编委会编《周一良先生八十生日纪念论文集》，中国社会科学出版社，1993，第243-254页。

明治时代（1868—1912年）的现代化创业是至关重要的一大阶段。通过明治创业，日本从封建社会转入资本主义社会，从半独立的落后国家变为帝国主义强国。通过明治创业，形成有日本特色的资本主义产业构成、运营战略，培养出日本企业家独特的素质和精神面貌，其影响深远而持久。在上述转变过程中，武士道精神发挥了不容忽视的巨大作用。""在战前日本，民族主义、大亚洲主义、脱亚论、兴亚论、军国主义、武士道精神等不同层次的精神信条、理论观点等，都曾被日本政府当作国民精神总动员的工具而大加宣扬。但作为日本国民的道德规范或行为准则的武士道，却在日本人精神深层发挥着其他精神工具难以企及的作用。因此，中外学者不约而同地以武士道精神来概括战前日本现代化的精神因素，也的确抓住了问题的关键。"[①] 总之，武士道与战前日本的一系列重大转变过程有着密不可分的关系，是现代化最重要的精神因素。

万峰先生明确指出："翻开历史，我们看到自中世纪以来早已融入日本民族精神、民族文化（尤其是伦理文化）传统之中的武士道诸德目，继在明治维新后实现资本主义近代化，建立近代资本主义社会的历程中发挥应有的积极作用后，在二次大战后日本国民经济复兴及高度成长、实现日本现代化中又不断发扬光大。"不过，"以武士道而言，其要害在于军国主义。在武士道产生、发展和演变的漫长历史中，人们清楚地看到从中世纪武士道产生到二次大战日本战败为止，贯穿其中的一条黑线就是军国主义，确切地说，是在军国主义意识形态支配下为军国主义服务。""由于日本武家社会绵亘700载，武士政权长期统治，为战争服务、崇尚杀伐征战、穷兵黩武的军国主义从一开始就如影随形，伴随着武士及其精神——武士道，赶也赶不掉，驱也驱不散。中世纪武士道如此，近代武士道也未能摆脱军国主义，反而更不断地向

① 宋成有：《武士道精神与明治时期的日本现代化》，载罗荣渠主编《各国现代化比较研究》，陕西人民出版社，1993，第90-114页。

军国主义倾斜。""到了本世纪二三十年代的军国主义法西斯猖獗时期，武士道则被军国主义法西斯所利用，使之为后者效力。""武士道至今依然对日本民族精神、民族文化有着不容忽视的影响和作用。"[①] 万峰先生既客观评价武士道的积极因素，又揭示其军国主义要害。

近代以来，日本社会的武士道研究和武士道热，大致可以分为战前和战后两个阶段。

战前，从明治时代开始一步步升温，至20世纪三四十年代盛极一时。不过，战前的武士热乃是日本"与万国对峙"基本国策的需要。在"明治、大正、昭和时代，日本政府出于国策的需要鼓吹武士道精神，广泛进行战争教育。"[②] "《教育敕语》颁布后，'武士道教育''尚武主义'和'武道教育论'在我国教育界再度复兴。""在甲午战争爆发之际，进一步向国民大众宣称武士道是我国自古以来的民族精神。"[③] 中国学者李威周教授也指出了战前武士道热与侵略战争的关系，"这种转化为近代军人精神的武士道与日本不断对外侵略互为因果，同步发展，既利用对外侵略的'赫赫战功'以宣扬武士道，又利用武士道来煽动对外侵略。"[④] 军国主义越是强烈，就越是狂热地鼓吹"天皇的武士道"精神，侵略战争变成了举国一心的行动，千千万万的民众将侵略战争视为自己的神圣使命。

战前，最具影响力武士道论著，大概要数新渡户稻造的《武士道》，以及井上哲次郎的一系列著述。

日本学者南博在《日本人论》中说："明治政府强调富国强兵及扩大军事力量，仍有必要强化武士道精神，对武士道予以重新评价。""明治之后，只

① 万峰：《台湾学者的日本武士道观：评介林景渊著〈武士道与日本传统精神〉》，《世界历史》1994年第3期。

② ［日］风间健：《武士道教育总论》，壮神社，2002，第218页。

③ ［日］坂口茂：《近代日本的爱国思想教育・上卷》，星云社，1999，第777-778页。

④ 李威周：《中日哲学思想论集》，齐鲁书社，1992，第285页。

限于军队对天皇一元化的效忠。对应这个局势，产生了武士道论及大和魂论的新诠释，这些论点又与军国主义、日本精神主义相结合。”新渡户稻造等的“日本人论是以大和魂和武士道精神为基础，展现日本国民性的某个层面，战争时期的这些作品多以提高战争士气、效忠天皇为目的，具有鼓吹军国主义的强烈企图。”[①]南博准确把握了军国主义的时代需要与新渡户稻造的写作动机，指出了《武士道》“具有鼓吹军国主义的强烈企图”。

井上哲次郎的《武士道》和《武士道的本质》，将日本对外侵略战争的性质歪曲为正义的战争，并且认为战争胜利的原因之一便是日本人“发扬了武士道精神”。井上哲次郎在《武士道全书·序言》中写道：“支那事变持续了4年半以上，接着又是大东亚战争，战争规模前所未有地扩大……时代愈来愈需要武士道研究。”“我日本今后不仅要研究和发扬武士道的精神，在将来的世界维持皇国之权威，而且，还必须充分培育武士道精神并使之传给子孙后代。”

1905年，井上哲次郎和有马佑政编著的《武士道丛书》（3卷）问世；1942年，井上哲次郎监修、佐伯有义等编著的《武士道全书》（13卷）出版。这些不仅为研究和宣传武士道提供了大量资料，还为日本的武士道热推波助澜。

战后，“九一八”事变至1945年的“军国主义法西斯武士道”，因扮演了武士道历史上最不光彩、最臭名昭著的丑恶角色而遭到人们的唾弃。然而，战后数十年，日本从一个战败国发展成为世界上屈指可数的经济强国，日本政府一直回避和掩盖战争责任。1996年7月29日，桥本龙太郎首相以总理身份参拜靖国神社。2000年，森喜朗首相公开鼓吹战时被日本军国主义利用的“神之国”。2001年，小泉纯一郎就任首相后，公开表示要在任职期间修改《日本国宪法》，重新解释集团自卫权，制定《有事法案》，并在“终战纪念日”

---

① ［日］南博：《日本人论：从明治维新到现代》，邱琡雯译，广西师范大学出版社，2007，第148、151页。

这一天参拜靖国神社。日本政府的战争责任政策进一步向“右”迈进。

在这种经济和政治形势下，日本社会又出现了“武士道热”，涌现出一大批武士道著作，企图重振武士道精神。由于“在今天，谈到武士道，新渡户稻造的《武士道》(1899 年初版）最为著名，即使是对 1945 年以降的战后的编者来说，武士道之深入浅出的解说，也不出新渡户的作品。”① 因此，新渡户稻造的《武士道》一书，被誉为“塑造日本人骨格”的“圣书”，成为日本图书市场上的畅销书。“岩波文库收藏、矢内忠雄翻译的新渡户稻造的《武士道》，自 1938 年初版以来，已经出版了超过 50 版。”②2000 年 1 月，为纪念新渡户稻造的《武士道》出版 100 年，又由《新渡户稻造全集》的出版社教文馆出版佐藤全弘的译本，佐藤全弘在序言中宣称：“本书虽历经百年，但意义却丝毫未减。”③ 而且，就连翻译、解说新渡户稻造《武士道》的著作，也极受欢迎。奈良本辰也翻译、解说的《武士道》，自 1997 年 7 月新装版第 1 版发行以来，到 2008 年 2 月，已连续印刷了 53 次。④1998 年，日本国书刊行会还重新出版了井上哲次郎、佐伯有义等人在 1942 年配合战争形势专门编著的《武士道全书》(13 卷)。《武士道全书·第 1 卷》卷首的《刊行寄语》中写道：“现代社会堕入非道的地狱，忘却了正义和耻，乃是忘记了武士精神而受到的处罚，必须加以自省。在此混浊的社会之中，《武士道全书》的复刻刊行，恰似黑夜之中的明灯。”⑤ 数学教授藤原正彦 2005 年撰写的《国家的品格》，是一部倡导通过效法武士和弘扬武士精神、提升国家品格的著作，短短一年时间竟然连续印刷 25 版，发行量超过 250 万册，2006 年还被评为日本最流行的

---

① ［日］多田显著，永安正幸解说《武士道的伦理·山鹿素行的场合》，丽泽大学出版会，2006，第 198 页。

② ［日］小泽富夫：《作为历史的武士道》，ぺりかん社，2005，第 245 页。

③ ［日］新渡户稻造著，佐藤全弘翻译《武士道》，教文馆，2000，第 6 页。

④ ［日］新渡户稻造著，奈良本辰也翻译、解说《武士道》，三笠书房，2008。

⑤ ［日］井上哲次郎监修《武士道全书·第 1 卷》，国书刊行会，1998，刊行寄语。

畅销书，在日本和不少国家引起巨大反响。[①]21世纪日本社会的“武士道热”，由此可见一斑。

总之，武士是世袭制职业战士，崇尚武力，将以战争手段获取财富视为天经地义；武士道维护武士崇尚武力、依赖战争的生活方式，煽动侵略扩张战争，鞭策武士在战争中夺取财富、权力和武名。

本书的研究重点不在于论述武士道是什么？而在于通过武士的生活方式——靠什么满足生存需要、升官发财、武名远扬、出人头地、光宗耀祖等来阐明武士道为什么是这样。

武士道适应武士作为战士的战争生活需要而产生，以武士的生活方式为转移。武士生活的各历史时代迥然不同，武士面对的形势、承担的任务、活动的目的等也各不相同，因此，武士的生活方式也大相径庭。即使是中世纪武士生活的上千年间，和平时代也只有不足270年，也就是说武士作为官僚的时间不足四分之一，其余时间武士都是作为职业战士，履行征战杀伐的职责。概言之，中世纪武士的生活方式可分为：职业战士依靠战争能力的生活方式，行政官僚依靠管理能力和知识水平的生活方式。与生活方式相适应，中世纪武士道也可分为：战争时期煽动侵略扩张的武士道，和平时期维护统治制度的武士道。

中世纪效忠主君的武士道仅仅只是武士一个阶级的道德规范，武士世世代代终身接受武士道的严格训练，近代效忠天皇的新武士道是全体国民的道德规范。中世纪时间长，仅限于武士；近代时间短，范围广——全体国民。

虽然都称为武士，但武士在漫长历史岁月中，经历了几个不同的发展阶段，武士道也随着武士生活方式的变化而变化。总之，武士道是发展变化的、动态的，而非一成不变的、静态的，需要区别对待。

① ［日］时野佐一郎：《真实的武士道》，光人社，2008，第9-13页。

第一章　弱肉强食的平安武士道

土地之争是封建时代的动乱之源，也是武士和武士道产生的经济根源。

8世纪初，日本社会剧烈变动。经济上，土地国有的班田制向土地私有的庄园制转变，一些庄园还取得“不输”“不入”权；政治上，天皇大权旁落，藤原氏外戚专权；军事上，军制瓦解，军备废弛。于是，武力成为经济和政治斗争的工具。谁的武装力量大，谁就能抢夺到更多的私有土地，并在政治斗争中立于不败之地。为了确保原有领地和扩大新的领地，庄园所有者（领主）率先建立私人武装，武士由此产生。随后，朝廷在地方的国衙官吏也逐渐武士化。

刚刚产生的武士和武士道，可能还不具有典型性，但却奠定了以后发展的基础，形成了一些贯穿武士和武士道发展史的定式。

首先，以利益为纽带的主从关系。武士从产生之日起就是作为武士团的一员而存在着，并与武士团首领结成以利益为纽带的主从关系。所谓主从关系，就是主君给予从者恩赏，从者效忠主君的互惠关系。主君的恩赏，一是以土地为核心的物质利益，二是为从者提供庇护；从者的效忠，主要表现为“一旦有缓急便带着兵器奔驰在主君马前”，即以生命报答主君的御恩，尽忠节。

其次，武力满足利益需要的生活方式。武士以战争为职业，将武士集团的侵略、掠夺视为天经地义，看作尚武精神，具有军国主义以武为本、对外侵略的特征。武士产生后，其活动目标是经济上建立和扩大庄园，政治上获得朝廷的政治权力，实现目标的手段就是武力。武士以杀生为业，依靠武力吃饭，奉行以战争促发展的发展方式。在优胜劣汰的扩张战争中，弱者被兼并、淘汰，唯有强者才能生存下来。通过11世纪的“平忠常之乱”“前九年之役”“后三年之役”，源赖信、源赖义和源义家率先成为武家栋梁。

最后，争夺战争胜利的职业道德。道德的价值在于实践，不在于理论。早期武士产生的同时，也形成了战斗者夺取战争胜利的职业道德——武士精神（军人精神），主要内容是忠诚、武勇、名誉、信义、朴素等。这些武士道德目作为武士必须遵行的实践伦理，反映武士作为职业战士的生活方式，旨在维持主从关系、应对战争实践、强化共同体精神、保持武士品格，一方面维护武士团内部的和谐稳定，另一方面激发武士侵略扩张的好战精神。与武士夺取战争胜利的目标相一致，《今昔物语·卷二五·第七》写道：“‘兵之道’的重点在于保持‘胆大机敏、本领高超、判断力出色’的战斗能力。”“‘兵之道’本来指的是关于战斗的具体能力。”[①] 总之，武士道包括战争技能和战争精神，以穷兵黩武为荣，将战争作为武士的神圣职责，鞭策武士在战争中建功勋、获恩赏、扬武名。

神道作为平安武士道的思想渊源，将效忠主君和忘我战斗作为从者的使命任务，激发武士的敬业精神、牺牲精神，帮助武士树立夺取战争胜利的信心，肯定武士依赖战争（即依赖侵略、掠夺）的生活方式。

武士的权力、地位、领地和名誉等，需要以过人的战争技能、战争精神去夺取，只有打赢战争才能获得。战后论功行赏，甚至按杀敌的数量（人头）来计算。因此，武士好狠斗勇，动辄下死手，“满不在乎地残害生灵，具有强烈的非人性的一面”，毫无罪恶感。

---

① ［日］高桥昌明：《日本武士史》，黄霄龙译，社会科学文献出版社，2020，第168、257页。

武士产生于8世纪前半期，是土地制度从班田制向庄园制演变，皇权旁落，藤原氏外戚专权，以及军事制度从军团制（征兵制）向健儿制（募兵制）演变的产物；是庄园主、地方国司和军事贵族为了扩张土地、夺取权力而培植的私人性武装力量。武士“是杀人和暗杀的惯犯”，带有“黑社会性质”。[①]产生之初，在地方扩张土地、发展势力、制造动乱；10世纪开始充当朝廷的鹰犬，为朝廷平定地方叛乱，并且充当权门贵族政治斗争的武力工具，在合法的外衣下扩张武力、发展壮大。

平安时代［武士大约产生于8世纪前半期，即奈良时代（710—794年）；为方便起见，笔者将镰仓时代前的武士和武士道统称为平安武士、平安武士道，即平安时代（794—1192年）］的武士处于在野地位，征战杀伐纯粹是为了自己的私利——夺取土地和权力。

第一节 以杀生为业的武士

武士适应武力争夺经济资源的需要而产生，以争夺财富和权力的武装斗争为生存土壤，以杀戮技能为生存资本，在战争中发展壮大。福泽谕吉认为：“我国的战争只是武士与武士之间的战争，而不是人民与人民之间的战争，是一家与一家之间的战争，而不是国家与国家之间的战争。”[②]家永三郎指出：“在以保全和扩大所领为最高价值的意识上结成的主从道德，缺乏公共性，不包含公共精神，乃是不争的事实。主从道德的这种性质，使得依存于主从道

① ［日］高桥昌明：《日本武士史》，黄霄龙译，社会科学文献出版社，2020，第59页。

② ［日］福泽谕吉：《文明论概略》，北京编译社译，商务印书馆，1997，第139页。

德而进行的战斗行为，缺乏公共的战争目标，不过是私斗而已。”[①]武士、武士团产生以来，就将自己的利益凌驾于他人的利益之上，奉行弱肉强食的丛林法则，将侵略掠夺视为理所当然。

一、武士产生的动因

武士的产生，有其深刻的经济、政治和军事动因。[②]庄园制的兴起奠定了武士产生的经济基础，各派政治势力争权夺势的政治斗争为武士的产生和发展推波助澜，国家常备兵制瓦解和军事力量虚弱化则为武士提供了武力空间。

7 世纪中叶日本进入封建社会，实行国有的班田制。然而，8 世纪班田制开始瓦解。促使班田制解体和庄园制产生的因素中，最重要的是政府于 723 年、743 年颁布的法令《三世一身法》和《垦田永世私财法》，尤其是《垦田永世私财法》解除了土地私有制的禁令，为庄园制的产生和发展提供了法律依据。

《垦田永世私财法》一经颁布，社会各界竞相垦田，变国有土地为私有土地。贵族、官吏、豪强和寺院、神社等凭借财力、技术和权势，大量开垦，扩大私有地，建立庄园。寺院、神社依恃神权的庇护和其他特殊待遇，垦田规模极大，以至国家不得不规定其垦田的最高限额。749 年的规定：东大寺为 4000 町，元兴寺为 2000 町，大安、药师、兴福、法华四寺和各国分寺各为 1000 町（律令时代，1 町 =10 反 =3600 步）。[③]皇室和政府为摆脱财政危机，也利用国家权力变公有地为私有地，冲击国家的经济基础。而且，9 世纪，不少庄园取得不向国家缴纳租税的权利——“不输”；10 世纪，又取得拒绝国家官吏进入庄园干涉庄园内部事务的权利——“不入”[④]。“不输”“不入”权

① ［日］家永三郎：《日本道德思想史》，岩波书店，1984，第 98-99 页。

② 娄贵书：《日本武士的生存土壤》，《贵州大学学报》（社会科学版）2008 年第 4 期。

③ ［日］坂本太郎：《日本史概说》，汪向荣、武寅、韩铁英译，商务印书馆，1992，第 86 页。

④ 武士府邸享有属于治外法权的“不入”权。

犹如西欧中世纪的特恩权，庄园主拥有庄园土地的行政、财政和司法等大权，集土地所有权和政治统治权于一身。

为了取得“不输”“不入”权，中小土地所有者纷纷将自己的土地“寄进”给地方豪族或中央权贵，每年向他们敬献一定数额的年贡，以之为名义上的土地所有者，自己作为庄园的实际所有者，担任庄官，留在原有土地上，直接经营管理土地，接受寄进者称为“领家”。领家认为自己还不足以同国司等势力相抗衡时，又向更有权势的大贵族敬献年贡，以其为名义上的土地所有者，奉这些有权有势的大贵族为更高一级的领主——本家。当时最大的本家，就是掌握中央实权的摄关家。随着寄进系庄园的发展，土地越发集中在少数权贵手中，尤其是中央的摄关家或皇族。同时，也在庄园所有者间形成庄官、领家、本家等若干等级。12 世纪，庄园领主土地等级所有制确立，各级土地所有者层层瓜分年贡，土地私有的庄园领主制取代庄园公领制，庄园经济成为占主导地位的经济结构。

庄园出现后，围绕着土地和土地上的利润，庄园主之间保卫和扩大庄园土地的矛盾，庄园主与国衙官吏之间侵吞公领和收回公领的矛盾，庄园主与庄民之间分配土地上利润的矛盾，愈演愈烈。特别是庄园主与庄园主、庄园主与国衙官吏的斗争，涉及庄园的生存利益。土地争夺白热化之际，国家又丧失了解决矛盾的权威和力量，于是，各方便转而寻求武力解决土地纷争。随着武力成为扩大私有土地最有效的手段，民间世俗庄园主（地方豪强）首先建立起以自己一族为骨干的私人武装力量，作为保卫和扩大庄园土地的保镖和打手，武士由此产生。神社和寺院也不甘示弱，组建起神人、僧兵等穿袈裟的武装团体。延历寺、东大寺、福兴寺等大寺院，都组织起拥有神人、僧兵数千人之众的军事力量，利用神权和武力加入世俗社会争夺土地财富的行列。

武士产生的政治动因是皇权旁落，武力争夺政治权力的需要。武力争夺国家权力的政治斗争，为武士提供了更为广阔的活动空间。

庄园取得“不输”“不入”权后，庄园主演变为领主，庄园成了摆脱国家控制的私人领地，经济上的土地所有权和生产经营权、政治上的行政统治权和司法警察权都转归庄园主（领主）。与此同时，国家在地方各国实行国司包税制，国司凭借国家赋予的包税权和庄园审批权，促使剩余公领向自己的私人领地转化。平安时代中期，国家又在剩余公领地上推行知行国制，让皇族、朝臣等中央贵族（后来还包括武家栋梁）兼任地方国司。这些受任国司——知行国主，政治上拥有官吏的任免权，经济上自行决定赋税收益。于是，地方各国的政治统治权一分为二，分别落入庄园主和国司手中。

在中央朝廷，藤原氏成功地建立起藤原氏专政，天皇大权旁落。藤原氏是大化改新的主要领导人中臣镰足的后裔。668 年，中大兄皇子登上天皇宝座（天智天皇），授予中臣镰足最高官阶——大织冠位，赐姓藤原，成为最大的权门贵族。经济上，在土地私有化进程中通过种种途径奠定了政治发家的经济基础。藤原氏采取与皇室联姻的方式建立起外戚政治，使天皇的权力转入外戚手中。中臣镰足之子藤原不比等官至右大臣，女儿宫子是文武天皇（697—707 年）的夫人，光明子打破惯例成为圣武天皇（724—748 年）的皇后、孝谦天皇（749—757 年）的生母，构筑起藤原氏家族的权力基础。藤原不比等死后，藤原氏分裂为南家、北家、式家和京家四派势力，最后北家一派得势。

9 世纪，藤原冬嗣（775—826 年）被任命为藏人头，将其女儿顺子送进宫中作为仁明天皇的女御，所生之子成为文德天皇（850—857 年在位），藤原冬嗣成了天皇的外祖父。其子藤原良房（804—872 年）也将女儿送进宫中，并取得清和天皇（858—875 年在位，镰仓幕府的开创者源赖朝之祖）外祖父的身份。842 年（承和九年），藤原良房制造了“承和之变”，立自己的亲外甥道康亲王为皇太子。道康亲王（文德天皇）即天皇位不久，册封藤原良房之女所生的、年仅 9 个月的惟仁亲王为皇太子。857 年，藤原良房成为第一个非皇族身份的太政大臣；858 年皇太子惟仁亲王即天皇位，称清和天皇，藤原良房以太政大臣身份为年幼的小外孙“总摄庶政”。866 年，藤原良房又制造了“应天门事变”，清除了左大臣源信（嵯峨天皇的皇子）、大纳言伴善男等政敌。同年，藤原良房出任摄政，掌握中央的实际权力，开创了藤原氏作为天皇的外戚世袭摄政、关白的惯例。9 世纪中叶到 11 世纪中叶，是日本历史上的“摄关政治”时代，天皇大权旁落，摄政、关白掌握实权。摄关政治是外戚政治的最高发展阶段，天皇年幼时藤原氏以摄政身份代行皇权，天皇成人亲政后藤原氏改任关白，继续掌握朝廷大权。摄政、关白形式上是辅佐天皇，实际上则抢夺了天皇的权力，这两个职务均由外戚藤原氏一家担任，藤原氏家族也被称为“摄关家”。藤原道长（966—1027 年）任左大臣和内览时，接连让自己的 4 个女儿当上天皇的后妃，4 个天皇成了他的女婿，3 个天皇是他的外孙，他也因此在朝廷中取得了史无前例的权力。

不过，自藤原氏建立外戚政治以来，统治集团上层围绕中央最高权力的矛盾斗争也愈演愈烈，皇室一心想从藤原氏手中夺回权力。1068 年，与藤原氏没有姻亲关系的后三条天皇即位后，打击藤原氏。1086 年，白河天皇让位给年仅 8 岁的堀河天皇，自己成为上皇①，并在居住的宫殿内建立院厅继续执政。上皇具有前任天皇和在任天皇父亲的双重身份，“完全根据上皇个人的意志，并以此作为惯例”②。院政的政治基础是摄关时期备受压抑的中小贵族和领主，院政的最高权力机关——院厅中，别当、年预、判官代、主典代和藏人等官职都由上皇的这些近臣担任。上皇颁布的诏令——院宣，效力远在天皇颁布的诏敕之上。经济上，院集中了很多知行国，庄园也以院为领家寄进土地，庄园整理令使庄园源源不断地寄进到院的名下，其中不少是原来尊摄关家为领家的庄园。白河上皇以平氏为近臣，将平氏武士团中提拔起来的

---

① 天皇是日本君主的称号，据《日本书纪》记载，大化元年秋孝德天皇的诏书称：“明神御宇日本天皇诏旨”，“明神”即“现世神”，“明神御宇”意为“现世神治国”，“明神御宇日本天皇”是天皇的全称。天皇退位后称太上天皇，简称上皇；上皇出家后称太上法皇，简称法皇。

② ［日］井上光贞、藤木邦彦编《体系日本史丛书・1・政治史・Ⅰ》，山川出版社，1982，第 203-204 页。

武士安置在该院御所（宫殿）朝北的地方，称为“北面武士”。

藤原氏以源氏武士团为武力支柱，上皇则借助平氏武力打击藤原氏，建立院政。各种社会势力利用武士争权夺势，使武士的用武之地从经济领域延伸到政治领域，从地方扩展到中央，介入国家政治生活，并逐渐成为独立的政治力量。

武士产生的军事动因是军备废弛和军制瓦解，国家军事力量虚弱，无力履行国家政权支柱的职责，武士乘机蚕食国家军事力量的武力空间。

大化改新后，国家实行兵农合一的征兵制，士兵来自班田农民。建立中央集权的常备兵制，废除贵族世袭控制军事的特权，军权收归中央。征兵制下的班田农民一生中要服役 3 年，每 3 至 4 年征发 1 次。应征士兵须自备武器、粮食和服装，官府还常常延长服役时间，给班田农民带来极大负担。班田制的瓦解和中央集权制的衰弱动摇了征兵制的基础，班田农民的分化和逃亡日益加剧，兵员大减，征兵制日趋松弛。

为了提高军队的战斗力，8 世纪末实行军事改革，以健儿制取代征兵制。健儿人数按各国大小和军事地位配置，从 20 人到 200 人不等。健儿来自郡司、豪强和富家子弟，应征健儿也成了贵族阶层的专利。然而，从贵族子弟征募来的士兵，不仅没有达到统治者提高军队战斗力的初衷，反而因为贵族子弟的风流娴雅习气充斥军营，致使军队素质大跌，“武备渐驰”，“兵威日衰”。健儿制名存实亡，军队作为国家政权支柱益发失去维持统治秩序的控制力。10 世纪，地方势力甚至发动武装叛乱，公开与天皇朝廷为敌。

9 世纪后半期，地方各国开始借助武士的力量维持地方治安。10 世纪，国家已衰弱到无力镇压地方叛乱的地步，需要借助私人的武装力量——武士。“国家不能依靠自己的力量来镇压地方叛乱与战争，而土豪的武力则日益强大。”国家军事基础崩溃后，私人的武装力量代之而起。[①] 国家军事力量无力

① ［日］石母田正、松岛荣一：《日本史概说》，吕明译，生活·读书·新知三联书店，1958，第 116-117 页。

履行政权支柱的职能，体制之外的、私人的武装力量——武士乘势蚕食国家军队的武力空间。

庄园制产生、天皇大权旁落和国家军制崩溃，导致社会势力多元化、社会矛盾尖锐化、社会控制虚弱化和社会斗争武力化，形成武力至上的社会环境，有武力者有天下。武力争夺土地财富与政治权力的斗争，为武士的产生和发展创造了条件。9世纪40年代前后，政治权威的行使越来越依赖武力，地方政府和中央朝廷也要招募武士维持统治秩序。地方政府遴选有实力的武士担任检非违使和追捕使维持地方治安，包括皇宫在内的警卫工作都由武士承担。10世纪，朝廷愈发依赖武士的力量平定地方叛乱、讨伐海盗。“11世纪前半期，称为‘武者’‘武士’‘兵’等军事专门家阶层异常活跃，并形成以此为‘家业’的‘武勇之家’‘兵之家’等家系。”“当时的武士都是精于弓马、骑射、刀术的专门家，‘弓马之士’确实体现了武士的特征。”[①]11世纪中叶，武士成为摄关家和上皇争夺中央最高权力的工具。

各派政治势力利用武家争权夺势，“武家则利用贵族之间的斗争，发展壮大自己的势力”[②]。平贞盛因镇压“平将门之乱”有功，被朝廷委以镇守将军之职。源赖信借平定平忠常叛乱之功，取代关东平氏势力。“赖义、义家父子以‘前九年之役’和‘后三年之役’的战功为基础，通过长期的战争……在关东确立起自己的势力，培育起源氏与东国武士之间强固的主从关系。”[③]“摄关政治时期，源家作为藤原氏的爪牙在政界抬头。不久，院政取代摄关政治，源家凋落，平氏兴起。武家作为政权担当者之佣兵而存在，并借机扩展势力。不过最先自己建立政权的，是平氏。平氏借‘保元、平治之乱’的胜利，建

---

① [日]石井进：《镰仓武士的实像》，平凡社，1991，第345页。

② [日]中村吉治编《体系日本史丛书·8·社会史·Ⅰ》，山川出版社，1982，第218页。

③ [日]安田元久：《源赖朝》，吉川弘文馆，1986，第33页；[日]阿部猛：《镰仓武士的世界》，东京堂，1994，第10页。

立起六波罗平氏政权。”[①] 以六波罗平氏政权的建立为标志，武士开始具有了统治者的一面。

二、武士的谱系

“早期武士的出身是多元的，但不管他们来自何处，既为武士，就得为其主子奔走效劳而获利，他们驰驱于矢石之间，出入于生死之门，刚愎剽悍。”[②] 武士的谱系或武士的来源，大体有三：庄园主、地方土著贵族（国司郡司）、中下级军事贵族。

武士产生的经济基础是庄园制。“对初期武士的考察，如果不与庄园制度相结合，则将毫无意义。”[③] 通常认为，在地领主——有些是庄园的所有者，即领主；大多是庄园的管理者，即庄官、庄司（后来将领主的庄园据为己）——出于捍卫自身庄园、侵占他人庄园的需要，最先蓄养专业的打手、保镖，即武士。“在地领主——武士经营农业、牧业，蓄养郎等，鼓励经常进行武艺的训练，频频参加战斗。尽管国衙军制整备，但是，在地方社会，特别是东国，依然是武士活跃的世界，是自力救济的世界。”[④] 直接占有和经营领地的中小土地所有者，即名主（“名”的土地叫“名田”，“名田”的占有者称“名主”）率先铤而走险，选择武力作为捍卫和扩大领地的工具。“武士是从在地富豪即名主层中产生的新兴势力。”[⑤] “边境地区拥有大面积名田的名主，多数出身于郡司、国司等权门，因此应称他们为‘在地领主’。值得注意的是，这一时代

---

① ［日］奥富敬之：《镰仓武士——战争与阴谋》，新人物往来社，1985，第 57 页。

② 严绍汤：《中日禅僧的交往与日本宋学的渊源》，载中国哲学编辑部编《中国哲学·第 3 辑》，生活·读书·新知三联书店，1980，第 223 页。

③ ［日］奥田真启：《武士团和神道》，白扬社，1939，第 15 页。

④ ［日］田口宏雄：《武士道的源流·从骑马民族到武士的黩武系谱·下卷》，新生出版社，2005，第 323 页。

⑤ ［日］家永三郎：《日本文化史》，岩波书店，1993，第 113-114 页。

出现武家的主要母体，就产生于这些名主阶层之中。”[①] 此即武士最早的起源。

武士产生之初，亦兵亦农，以农为主，以武为辅，平时务农，战时出征。10 世纪，经济上，庄园制与班田制的斗争进入白热化时期，各方社会势力越来越依赖武力解决土地纠纷；政治上，争夺政治权力的斗争也愈演愈烈，甚至出现反叛朝廷的“平将门之乱”和“藤原纯友之乱”。庄园主与庄园主、庄园主与国衙官吏、摄关家与皇室、摄关家与贵族、中央贵族与地方贵族的斗争更加激烈，并且都依赖武士打击敌对势力，就连朝廷也要借助武士的力量平定暴乱。于是，武士便发展成了战争专业户。

民间世俗庄园出现武士之际，寺院、神社庄园也出现了僧兵、神人等穿袈裟的武力团体。势力大的寺院、神社拥有数十个、上百个甚至数百个庄园，其武力组织也极为庞大。如延历寺、兴福寺、东大寺等强大的寺院，各自组织起数千人的僧兵、神人武装力量，利用神权和武力，加入世俗社会争夺社会资源的行列，侵占公私田财。“甚至佛教团体也卷入了这种打斗中。僧人们不顾经文所戒，也顶上头盔，投身于氏族间的斗争，在祈祷的间隔中作战，最终导致这些约翰修士的前辈们开始离经叛道。建于比睿山的天台宗延历寺僧人，以及奈良兴福寺僧人都有相当强大的军队。在京都造成恐怖。佛教世界中出现这些穿袈裟持宝剑的奇异高僧形象，是日本一件不小的功绩。”[②] “寺院竟俨然是一个武装集团，连专门习武的武士势力，也要为他们的向背所左右。寺院的世俗化，首先是上层僧侣的贵族化，成了公家社会的延长，最后是全部武装化，成了武家社会的延长。”[③]11 世纪以后，僧兵越来越成为令上皇不得安宁的社会问题。

概言之，平安时代武力的执行者，除武士外，还有佛教和神道教的僧兵、神人。

---

① ［日］坂本太郎：《日本史概说》，汪向荣、武寅、韩铁英译，商务印书馆，1992，第 141 页。

② ［法］雷奈·格来塞：《东方的文明·下》，常任侠、袁音译，中华书局，1999，第 636 页。

③ ［日］坂本太郎：《日本史概说》，汪向荣、武寅、韩铁英译，商务印书馆，1992，第 155 页。

武士产生的第二个谱系是地方各国的国司、郡司，特别是在中央失去发展希望而下到地方任职的中下级贵族，部分人还是皇族，他们在任职期间与地方豪族联姻，任满后留在当地发展势力。他们先是利用职权将国衙土地转化为自己的私有地，继之，培植打手（武士）保卫自己的私有地，侵占、吞并别人的庄园。

藤原氏专权时期，“在中央的政界不得志的藤原氏以外的势力（包括皇族的子孙）以及藤原氏的旁系势力，大多作为国司等地方官下到地方，在当地扎根，成为豪族。武家之栋梁大多是这些人的子孙。”[①]9 世纪，“在中央不得志的王族和贵族，充任地方国司，任满后不回京都，而是继续留在当地，日渐土著化，不少人发展为豪族。他们除具有国司的合法权威外，还有高贵的出身家世，成为地方上众望所归的人物。他们在任职期间因经营公私田地而成为一大领主。为了保护和扩大所有地而不断增强武力。于是，以这些地方有力的豪族为中心的武士的团体成长起来了。有力的武士统率着家子、郎等，家子是家族的子弟和亲属；郎等是来自豪族支配下的田堵——名主构成的从兵。”[②]摄关政治时代，派驻地方的国司中，“日益增多的人于充任国司以后就在驻所留居下来，他们利用权威来组织地方武士集团，走上了历史舞台。”[③]“国司作为基于律令政治的官职，也不断武士化，在各地成立了武士团。”[④]这样，武士也如雨后春笋般地出现在庄园和公领土地上。

国司是有任期的、要被替换的，他们在任期间除利用权力扩大私领外，还与地方豪族相勾结，任命地方豪族为郡司、乡司，让其承包征税任务，于

---

① ［日］依田憙家：《简明日本通史》，卞立强、李天工、雷慧英译，上海远东出版社，2004，第 43 页。

② ［日］坂本太郎：《世界各国史·14·日本史》，山川出版社，1982，第 151 页。

③ ［日］石母田正、松岛荣一：《日本史概说》，吕明译，生活·读书·新知三联书店，1958，第 119 页。

④ ［日］清水正之：《日本思想全史》，王丹译，九州出版社，2020，第 79 页。

是，郡司、乡司逐渐成为当地的统治者和国司的代理人。日本学者的研究指出："对开垦土地特别热心的是国衙的在厅官人和郡司、乡司等地方官，他们扩大私领的方法之一，是利用国衙掌握的权力，将开发之地作为别符或别符名（别名）而私化。……乡的开发者则得到乡司职，确保对乡的权力。""郡司被认为是武士团形成的重要基础。"①"国司、郡司职位虽低，但收入颇丰。他们利用丰厚的财力蓄养一族郎等，在地方培植势力，任期满后不回京都，留在当地，武门由此产生。"②"郡司、乡司和国衙的在厅官人、目代等豪族化，成为武家产生的中心。"③郎从、郎党、家子与国司、郡司结成主从关系，一些实力出众者还受命担任地方国衙的押领使、追捕使和检非违使等要职。

武士产生的第三个谱系是军事贵族的武士化，皇族出身的平氏和源氏是其代表。

平氏的兴起早于源氏，889年桓武平氏之祖高望王被赐姓平氏，出任上总介（国司官分四等：守、介、椽、目，任期4年），下放坂关（关东），期满后继续留在关东，他的8个儿子在担任关东地区各国的官职期间，蓄养私兵，扩张势力。10世纪初，经过三代人约50年的武力扩张，平氏已独霸关东。"平将门之乱"和"平忠常之乱"两次震动日本列岛的政治叛乱，使平氏的发展一度受挫，也为源氏武士团的武力崛起提供了契机。不过，平氏一族毕竟枝繁叶茂，人才辈出，至平正盛时代又东山再起。1086年，院政取代摄关政治。1097年，平正盛投靠白河上皇，成为白河上皇的武力支柱。白河上皇频频赋予平正盛施展武力的机会，让其高扬武名。1107年，令平正盛镇压源义家之子源义亲的叛乱，他斩杀义亲，威名大振，被认为是与源氏并列的武勇之家。1113年，让平正盛平定延历寺僧兵动乱。1119年，令平正盛追捕横行京都的盗贼；同年，又令平正盛讨伐平直澄。平正盛因战功卓著，不断

① ［日］丰田武：《中世的武士团·丰田武著作集·第六卷》，吉川弘文馆，1982，第4-6页。

② ［日］田中义能：《武士道概说》，日本学术研究会，1932，第26页。

③ ［日］中村吉治：《武家和社会》，培风馆，1953，第28页。

升官晋级，还在西国形成平氏武士团。其子平忠盛（1096—1153年）深得鸟羽法皇器重，防卫僧兵和追捕海盗，几乎都是使用平氏武力。上皇的院厅不断为平正盛、平忠盛提供用武之地，平氏武力如鱼得水，越战越勇、越战越强。平忠盛之子平清盛（1118—1181年）更是在空前规模的战争中打败敌对势力，建立起平氏政权，将平氏武士团的发展推向顶峰。

源氏始祖经基（？—961年）是清和天皇第六皇子的长男，961年被赐姓源氏。源氏的发展始于经基之子源满仲（912—997年），通过投靠藤原摄关家，实现源氏军事力量与藤原氏政治权力的结合。在“安和之变”和花山天皇逊位、一条天皇即位等排斥异己、铲除政敌的政治事件中，源满仲以武力支持藤原氏，为巩固摄关政治奔走效劳。藤原氏则让源氏成为京侍，使源氏施展武力师出有名，在合法的外衣下扩张武力。《今昔物语》载：满仲在多田的府邸周围，有400—500名武士日夜警卫，保卫其安全。源满仲出行时，有亲信郎等50余人随行护驾。[①] 源满仲之子源赖信（968—1048年）武力平定“平忠常之乱”，开创了源氏武士团大发展的新时代。源赖信借助平定“平忠常之乱”的战功和武威，在公家社会升官晋级，进一步巩固源氏的京侍地位；在武家社会培育起源氏与关东武士间的主从关系，确立起源氏武家栋梁的地位，平氏数代人在关东苦心经营的地盘也落入源赖信之手。在源赖信的嫡子源赖义（998—1075年）和源赖义之子源义家（1039—1106年）的时代，东北地方规模更大的叛乱——安倍氏和清源氏叛乱，又为源氏提供了更大的机会和动力。“赖义、义家父子以‘前九年之役’和‘后三年之役’的战功为基础，通过长期的战争……在关东确立起自己的势力，培育起源氏与东国武士之间强固的主从关系。”[②] 源氏武力又从关东扩展到东北地方，滚雪球似的不断膨胀。源氏武名大振，源氏武士团成为全国第一大武士团，负责京都的治安

① ［日］安田元久：《源赖朝》，吉川弘文馆，1986，第21页。

② ［日］安田元久：《源赖朝》，吉川弘文馆，1986，第33页。

和皇宫的警卫。源义家以“天下第一勇士”出入朝廷，地方豪族武士纷纷聚集在其麾下。

“‘（平）将门之乱’后，军事贵族站在国家认定的立场上，创造出‘兵之家’‘武之家’，无论是京都还是地方，作为争执（诉讼）、纷争解决者的角色（武力请负人）都给予他们。”“（平）将门之乱”后，从平乱“功臣中产生出中央军事贵族（都之武者），奠定了贞盛流平氏、秀乡流藤原氏、经基流源氏发展的基础。”① 在日本武士一千多年的发展史上，影响最大的就是源氏、平氏和秀乡流藤原氏，特别是源氏，镰仓、室町幕府的将军出自源氏，江户幕府的开创者德川家康也宣称出自源氏。

三、依靠战争的生活方式

武士作为私人的武装力量（武家之私兵）而产生，作为武士团的一员而存在，武家社会不存在没有主君和独立于武士团之外的武士，这也是武士作为在地领主和世袭制职业战士，特别是世袭制职业战士的独特的生活方式的基础。这里所说的武士的生活方式，指的是武士满足生理需求、安全需求、社交需求、尊重需求和自我实现需求的生活方式，即美国社会心理学家马斯洛说的人类从低到高按层次划分的五层次需求。那武士是如何满足这五种需求的呢？

武士的生活方式有：（1）作为世袭制职业战士依赖战争的生活方式，（2）作为从者依赖主君的生活方式，（3）作为共同体成员依赖共同体的生活方式。

武士作为私人的武装力量而产生，是“战斗和杀人的专门家”，以杀伐技能为生存资本，在战争中求生存、求发展，奉行弱肉强食、优胜劣汰的丛林法则。

武士自产生之日起，就与战争、暴力、杀人劫财结下了不解之缘。日本

① ［日］关幸彦：《武士的诞生》，日本放送出版协会，1999，第 118、159 页。

学者的研究认为："武士筹于计谋，专于战争"，"斩敌首，折敌颈，立功扬名"。[①]武士的习性是杀人、劫财和强盗行径。[②]"摄关政治时代的贵族尽管为了满足权势欲而玩弄一切阴谋诡计，但唯独杀人害命的勾当却绝对不干；武士则不同，他们缺乏尊重人的生命的心情，满不在乎残害生灵，具有强烈的非人性的一面。因此，不应该随便拔高武士的人伦道德。"[③]武士以战争为职业，需要通过战争将他人的领地和财富变为战利品（据为己有），以满足自身的生存和发展需要，战事越多，财富越丰，发展越快。

武士以胜利为第一要义[④]，渴望征战，渴望胜利。当然，武士之所以渴望征战疆场和渴望战争的胜利，将战争视为自己的神圣职责或使命，说穿了就是一个"利"字，因为只有战争能给武士带来机会和利益，战争中的战利品是他们发家致富的基础，战争中的军功使他们有机会获得更高的职位和荣誉。恩赏是主君获得家臣武士效忠的关键，《将门记》载：发生战争时，主人往往"以恩赏作诱饵钓取忠义"。"承平、天庆之乱时，平良兼欲讨灭敌人平将门，即向属下郎等表示，'要积米谷以增勇，分衣物以拟赏'。"[⑤]源义家在平定清原氏的"后三年之役"后，将战利品，甚至自己的私产拿来分赏给有功将士。平安时代，武士通过频繁的战争，使弱小势力的土地成为自己的战利品，使国家的土地、贵族的土地变为自己的军事领地。幕府时代，武士又通过战争，使天下土地和权力尽为己有。有史为证，武士所进行的战争，几乎都是"武力争夺生产手段（土地）和生产物"的战争。

---

① ［日］山本七平：《日本资本主义精神》，莽景石译，生活·读书·新知三联书店，1995，第10页。

② ［日］井上清：《日本历史·上册》，天津市历史研究所译校，天津人民出版社，1974，第227页。

③ ［日］家永三郎：《日本文化史》，刘绩生译，商务印书馆，1992，第88-89页。

④ ［日］石井进：《日本历史·12·中世武士团》，小学馆，1974，第335页。

⑤ ［日］家永三郎：《日本道德思想史》，岩波书店，1984，第90、98-99页。

武士团首领需要战场上的胜利来吞并战败者的土地和武装力量，扩大自身的经济利益和军事实力，换取家臣武士的忠义；家臣武士需要战场上的胜利来捍卫既得利益，获得主君的土地封赏、职位提拔和价值认定。战争既是武士的生存土壤，又是武士的发展动力，战事越多，武士的权力越大、财富越多、发展越快。室町幕府统治的240年间，特别是战国时代绵延上百年的社会动乱，武士得以在混战中充分发挥其战斗者征战杀伐的社会职责，奸雄、枭雄和英雄粉墨登场，各领风骚数十年，迎来了武士全面发展的鼎盛时代。在德川幕府统治的200多年间，武士失去了参加战斗的机会——发展动力。没有战争，武士失去了用武之地，战斗者的社会角色趋于空洞化，从而不可避免地走向虚弱化，以至“大阪商人一怒，天下大名都为之震恐”。

武士崇尚武力，一生都在磨炼杀伐技能。对武士来说，是生是死、是荣是辱，全凭“三尺刀剑、一张劲弓”。每一次战争，都是实力的对决，都是生与死的较量。只有具备过人的武功，才能在战场上的生死搏杀中将生的希望留给自己，才能建立战功、获得封赏。武功越高强，生的希望和立功的概率越大，赢得主君的封赏也越多。为了守护和扩大祖上传下来的家业，并将家业、家名传之子孙后代，一代又一代武士都将练就高超武艺作为毕生追求。为了练就过人的精湛武技，保持强大的战斗力，他们平时在领地内的武士馆中进行弓马骑射、刀术、剑术和相扑等各种军事技能的训练，娱乐活动也是充满军事性质的狩猎、流镝马、笠悬、犬追物等。

武士子弟作为未来的战斗者，肩负着武力守护和扩大家业、家名的重任，从少年时代就接受超“斯巴达式”的战争教育和战争训练，终日玩刀弄枪，冬练三九、夏练三伏，磨砺一击必杀的战争技能。而且，还要教导他们如何按武士的规矩用腰间小剑切腹自杀，舍弃生命。

不言而喻，武士在扩张领地和争夺权力的战争生活实践中产生的道德规范，首先是增强战争能力、夺取战争胜利的杀伐之道、扩张之道。

武士从产生以来，自始至终都生活在主从关系之中。一经托身主人，就意味着将自己的命运寄托在主君身上，主从关系就是他的世界，他的一切都被置于主从关系的束缚之下，为主君献身成了义不容辞的天职。没有单个的、独立的武士，所有武士都只有依附于某一特定的武士团，才能求得生存与发展。离开主君，武士将一无所有，生命财产也没有了保障。

“主从关系的原理是与武士及武士团的成立一起培育出来的。”[①] 主从关系出于扩大主从双方的实力而结成，是维系武士集团的纽带，是武士上与主君、下与家臣的人际关系，主从双方终身乃至世世代代均生活在这种关系之中。以栋梁级武士团为例，栋梁级武士团主君（首领）—豪族级武士团主君（首领）—庄官级武士团主君（首领）—从者，豪族级武士团首领既是栋梁级武士团首领的从者，又是庄官级武士团首领的主君；庄官级武士团首领也是如此，对上是从者，对下是主君。

西欧骑士社会也存在封主与封臣的主从关系，不过骑士可以从多个主君处获得恩赏，也就是说骑士可以拥有多个主君，并向他们宣誓效忠，因此从者——封臣的义务往往容易流于形式。日本的武士社会，家臣武士世世代代只能隶属于一个武士团，从一个主君手中得到恩赏，为一个主君效忠，武士社会的军事主从链条环环相扣，主君对从者的控制力非常强大，军事义务直接落实到具体的每一个武士身上。

主从结合是利益的结合，“平安武士的关系，基于土地的、经济的关系，即基于生活的关系”[②]。必须指出的是，“主仆契约的缔结只是为了维护和扩大彼此间的社会利益，并不包含超出这一目的的广泛的社会意识”[③]。事实证明，恩赏是获得武士效忠的关键所在，源赖朝在源平大战中的胜利就在于他恩赏家臣的能力。总之，主从关系，即武士集团内部主君与从者之间施恩与报恩的交换关系，既是武士集团内部居支配地位的社会经济关系，又是

---

① ［日］安田元久：《源赖朝》，吉川弘文馆，1986，第 33 页。

② ［日］奥田真启：《武士团和神道》，白扬社，1939，第 23 页。

③ ［日］家永三郎：《日本文化史》，刘绩生译，商务印书馆，1992，第 88 页。

构建武士团的基本要素。

“主从关系是双务关系，家臣对主君是奉公义务，主君对家臣是保证其所领。”[①] 主君的恩赏：一是给予从者以土地为核心的物质利益，二是保障从者的生命和财产安全。幕府时代的恩赏，除经济利益外还有政治权力，如镰仓时代的地头职。也就是说，主君要保障家臣武士（从者）的经济利益、政治权力和生命财产安全。日本学者樱井庄太郎将从者对主君的效忠表述为：“主君以自己所有的土地的一部分（近世是米和货币）给予从者，反过来，从者要以服军役及其他奉仕报答主君，必要时还需舍弃生命。也就是说主君用其财产的一部分与从者的生命相交换，从者为主君付出了巨大的牺牲。”[②] 不过，“武士社会称为主从制的主从契约，臣下以生命对主君的御恩竭尽忠诚，是双方认可的。”[③] 从者如果离开主君，不仅要丧失武士身份，还意味着自己及其家族的经济来源、生命财产都失去了保障。因此，主从关系超越父子关系、夫妇关系，武家社会甚至有“父母一世，夫妇二世，主从三世”的传统习俗。而且，“武人之道的报恩，要报答主君过去、现在和将来的三世之恩。”[④] 不过，若是主君不给恩赏，从者也会拒绝履行义务。17 世纪后期，“诸侯不给家臣以全禄，武士恨主如仇”，乃是众所周知的事实。

主从关系牢固与否的原因在于：（1）主君对从君的恩赏，（2）主从双方同生共死的战争生活。关东源氏武士团的主从关系之所以比西国平氏武士团更牢固、战斗力更强大，正在于此。源赖义、源义家即使用自己的私产也要保证从者的恩赏，“赖义、义家父子以‘前九年之役’和‘后三年之役’的战功为基础，通过长期的战争，……在关东确立起自己的势力，培育起源氏与

① ［日］中村吉治：《日本封建制的源流·下·身份和封建》，刀水书房，1984，第 132 页。

② ［日］樱井庄太郎：《名誉与耻辱》，政法大学出版局，1971，第 322 页。

③ ［日］藤井让治：《日本的近世·3·统治体制》，中央公论社，1991，第 63 页。

④ ［日］西国直二郎：《日本的武士道》，岩波书店，1934，第 29 页。

东国武士之间强固的主从关系。”① 西国平氏武士团的主从关系，则没有经历过战场上的共苦和胜利后的同甘，因而相当脆弱，杀伐之心也不够强烈。

家永三郎认为：“主从道德是基于私人性个人结合的结果，主从道德与国家道德完全无缘。将武士道说成是忠君爱国的道德，产生于混淆国民道德的时代。”② 从主从关系内部发展起来的道德规范，强调从者对集团主君的忠诚之道、献身之道。

武士自始至终都不是单打独斗的侠客、勇士，而是作为武士团的一员而存在。一个武士团就是一个一致对外的战斗集团，一个有着共同利益和共同目标的命运共同体，所有武士都必须融入群体之中与群体协调一致，同呼吸、共命运，依靠共同体“大家”的力量，增强个体“小家”的生存能力和抗风险能力。武士以战争为职业，集团是武士取得战争胜利的基础。

武家社会最重要的社会经济关系——主从关系，以利益为纽带，将武士的武力组织——武士团构建成为一荣俱荣、一损俱损的命运共同体和利益共同体，所有成员的兴衰荣辱、贫富贵贱，均与武士团密不可分。个人的荣誉、权力、地位和财富，统统取决于武士团的兴旺发达。武家社会认为个人微不足道，群体至高无上。武士团是武士共同生活的“大家”，武士个人的“家”只是武士团大家中的“小家”，武士团“大家”的利益高于武士“小家”的利益，个人从属于家庭，“小家”从属于“大家”，所有成员共同对武士团的存续负责任。“大家”兴旺发达，“小家”生机勃勃；“小家”的前途和命运取决于“大家”的健康发展，没有“大家”自然也就没有“小家”。

与主从道德一样，共同体道德也是以“御恩”与“奉公”为基础的。武士团为所有成员的生命和财产安全提供武力保障和精神支持，即满足武士团成员的安全需要和精神需要；所有成员都要报答武士团的恩惠，为武士团的

① ［日］安田元久：《源赖朝》，吉川弘文馆，1986，第 33 页。

② ［日］家永三郎：《日本道德思想史》，岩波书店，1984，第 97 页。

兴旺发达贡献自己的一切，共同谋求武士团的存续和发展壮大。

武士是世袭制的职业战士，以战争为财富的源泉，只有战争的胜利才能扩大领地和权力。在武家社会的历史上，战争从来就不是个人与个人的战争，而是武士团与武士团之间的战争。要获得战争的胜利，必须服从命令、听从首领的统一指挥，与共同体的其他成员统一行动、团结协作。为了战争的胜利，武士必须克制自己，牺牲自己的个人利益。事实上，武士的一生，就是为了群体、家庭和子孙后代而战斗直至牺牲的一生。共同体是武士的靠山，是武士利益的维护者，也是武士的生命财产安全的守护者。一个武士，即便是武功独步天下的武士，离开了共同体也将微不足道。武士如若脱离主君、脱离共同体，则意味着被主君和共同体所抛弃，意味着失去了靠山和后盾，意味着个人和家庭的生命财产失去了保障。

主君作为武士团的首领、武士大家族的族长，是整个武士团或武士大家族利益的代表者，不仅要给予从者以领地为核心的恩赏，还要保护从者的生命财产安全。“在武家社会，守主从之义而求保护，或有委托，当全力以赴而不负所望，为了郎从和委托者而不惜牺牲骨肉之情。”“在士道之誉、主从义理面前，生命和父子、夫妇之亲，都失去了意义。”[①] 这些都表明主从关系高于血缘关系，共同体的和谐稳定高于骨肉之情。

不言而喻，在命运共同体内部产生的道德规范，是共同体成员以共同体为皈依的道德规范。命运共同体的生活方式养成了武家社会生死与共、上下一心、共同行动的思维方式和行为方式，养成了武士独特的共同体道德规范和行为准则，以及强烈的群体归属感、责任感、使命感和敬业精神、牺牲精神。

概而言之，武士的上述三种生活方式，分别培育了武士针对外部世界的战争道德，以及武士集团内部的主从道德和共同体道德，这也是武士道的主要内容。

---

① ［日］川上多助：《武士的勃兴》，岩波书店，1934，第48、53页。

武士以战争为职业，生活就是战斗，战斗就是生活。武士的权力、财富、名誉等都在战场，谁能获得战争的胜利，谁就拥有更多的领地、更大的权力、更高的名誉。

武士的领地不是一般意义的领地，而是负有军事义务的军事领地。武士团首领的领地，一部分是满足一家老小日常生活的经费，一部分是蓄养私兵、扩大军事实力的军费。主君给予家臣的恩赏，也带有军费的性质，除维持正常的经济生活外，还要购置必要的武器装备，平时对主君尽种种军事和非军事的义务，战时遵照主君的指令奔赴疆场。

9 世纪末 10 世纪初，称霸一方的武士团首领已在自己的根据地建立起军事性质的堡垒——武士馆，或称武士府邸（军事基地和弓马骑射等武艺的训练场）。武士馆指一定的地域，包括周边的农田山林和耕作者农民，还包括从河流沼泽到港湾，即包括武士的居所和势力范围，以馆为中心，周边是直营田，外围是征税范围。武士馆大多建在交通要道和地势险要之处，四周挖有沟壕，砌有围墙或围以栅栏，称为崛、崛内等。武士馆大同小异，不过，武士的值勤室、武器库、瞭望台、箭楼、马厩、弓场、马场都是必不可少的。首领的府邸建在馆的核心部位，四周是直属武士的小宅，外围是一般武士的居所。

平将门自己的武士有上千人，不仅在自己的根据地下总国丰田庄建有军事据点，还在下总国猿岛郡的石井乡建有军事堡垒。将门的武士馆在主人之馆周边，有与力（从类）的小宅，再往外是伴类的舍宅，它们广泛地分散在郡内。[①] 再如，“国香、源护一族势力圈的中核，第一是 4 所宅，第二是周边部分与力的小宅，第三是分散在郡内的伴类的舍宅 500 余家。可以说宅、小宅和舍宅三重构造，是豪族势力圈的基本形态。”[②] “武士府邸（或武士馆）享

① ［日］关幸彦：《武士的诞生》，日本放送出版协会，1999，第 112 页。

② ［日］石井进：《日本历史・12・中世武士团》，小学馆，1974，第 130-131 页。

有属于治外法权的不入权，武士有权拒绝公权力介入府邸。武士府邸有一套自成体系的成规和秩序，一家之主基于家长制统治子弟、郎党、下人、随从。在《今昔物语》中源满仲有言：‘如有违我心者，则像碾死虫子一样杀掉。若罪行较轻，则断手足’。”①值得注意的是：（1）武士府邸的那一套“自成体系的成规和秩序”，就是武士道的重要内容；（2）满仲依靠死刑、断手足等严酷的军纪维护内部秩序，应是武士团的普遍现象。

武士们凭借武力开发土地，平安时代中期以降已经作为开发领主成长起来，有先祖家传的本领地——本来的领地。本领地也是武士的苗字——姓的基本来源，苗字的所在地，往往就是武士的姓，如武田庄的武田、足利庄的足利、新田庄的新田、佐佐木庄的佐佐木等。武士馆就是建在这些本领地上，武士馆作为武士团的象征，也是武士团的势力范围与生活空间。那里有武士团成员共同的墓地——父祖的灵魂寄生之地，以及守护一族的氏神、氏寺。

构建武士团的基本原理除前述主从关系外，还有家族关系，主从关系和家族关系构成武士团的两大支柱。平安时代的武士团是以同族关系为核心结合而成的，武士社会的所谓“一族”“一门”是广义的同族。一族、一门之长称“家督”，继任者称“嫡子”。“一族之长称家督，家督由嫡子继承。家督统率族人，主持祭祀和管理先祖的墓地，承担军务。”“一族以共祭、共墓为基本条件，包括非血缘的姻亲。”②一族的成员既包括血缘关系（宗族关系）的祖父母、父母、子孙、兄弟姐妹、伯父叔父、甥侄、从父兄弟，又包括没有血缘关系（宗族关系）的养父母、养子孙和其他非宗族子弟等。也就是说，武家社会的家族关系又具有超越血缘关系的特征。

以一族、一门为核心形成的武士团中，家族制度与主从制度相互交织，本家为主，分家为从。武士团首领为本家和族长，称“总领”（即总领先祖开

---

① ［日］下向井龙彦：《讲谈社·日本的历史·4·武士的成长与院政：平安时代后期》，杜小军译，文汇出版社，2021，第134页。

② ［日］丰田武：《武士团和村落》，吉川弘文馆，1963，第18-19页。

发的本领）；其余为分家，称“庶子”，包括嫡子之外的兄弟姐妹和甥、侄、从兄弟。分家奉本家为首领，听其号令。武士团内部的主从制阶层等级，也表现为家族制的嫡庶（本家、分家）系列，本家高于分家。

以同族关系为核心的武士团是家族式军事团体，家族首领——总领就是军事统帅，他所统率的军事力量包括家子和郎党、郎从，构成一个战斗组织。总领之下的分家家长和分家，是下一级军事首领和战斗小组。同时，武士是世袭的职业军人，子承父业是武家社会的传统原则，父子同属一个武士团，为一个主君效力。因此，在武士团中有不少“谱代家臣”（累代家臣），如源义家、源义朝、源赖朝的家臣队伍，存在着许多赖信、赖义、义家、义朝的从者。此外，在武士团中，父亲又与儿子构成主从关系，组成一级小军事团体。

武士以武艺为家职，武家继承人的选择以军事资质为基本条件。在武家社会，各级武家首领——总领，对内统帅庶子、祭祀一族祖神，分配领地和赋役；对外代表全族向上一级军事首领服役，战时作为一级军事统帅率领一族征战。“总领具有所领统治权、公事支配权、军事统率权、宗教祭祀权。”“总领代表一族，祭祀根本所领的祖先神或镇守之神，以此作为族的结合中心。”[①] 因此，总领人选十分重要，武家嫡子的首要条件是拥有超人的骑射武艺和武士气质。嫡子无此资质，便从次子中选择；如果次子也不具充当首领的条件，则采用养子的办法。特别是武家栋梁的源氏和平氏，嫡子的选择更是严格，既要具备“武”的资质，又要拥有特定的血统。为了便于嫡子的选择和教育，大多采取与其他武门通婚的方式。如平直方将女儿嫁给源赖信之子源赖义，源赖义与直方之女生下被誉为“武士之长者”的义家。义家诸子没有继承其武名之人，便以孙子源为义为养子继承家业。

总领制是对古代氏姓制的继承和创新，有人称为古代氏姓制的复活。氏姓制是大和时代的统治体制，“氏”是以血缘为基础而又超血缘的包括血缘集

---

① ［日］丰田武：《中世的武士团・丰田武著作集・第六卷》，吉川弘文馆，1982，第149页。

团、同族集团的政治性团体，其首领称“氏上”，一般成员称“氏人”（自由民）。氏上是氏的首长，对内主持氏神的祭祀、裁决氏内的纷争；对外代表氏与他氏交涉，代表氏参与朝政。“姓”表示氏的尊卑，臣姓地位最高，连姓次之，受姓的氏上称为氏姓贵族。“氏上是氏人生活的中心，氏神是信仰的中心。氏上作为氏神与氏人之间的中介者也是进行氏祭的人。因此，氏上是氏的生活和宗教的中心者，可见，氏中也进行小规模的祭政一致。从纯政治上看，各氏上率领氏人服属天皇。天皇既是直属天皇的氏（天皇氏）的氏上，也是各氏上的首长，含有双重意义和位置。”① 总之，总领制并非无源之水，平安时代的武士道同样也吸收了前一时代道德规范的某些元素。

大和时代的文化创造以氏为单位，平安时代武士文化特别是武士道的创造以武士团为单位。

四、战争与武士团的演进

武士以杀生为业②，靠战争起家，奉行弱肉强食的生存法则，通过侵占、掠夺、吞并他人的土地等财富满足自己的发展需要，武士生活和战斗的军事集团——武士团之间充满了激烈的生死竞争。一部武士、武士团的发展史，就是一部血腥的战争史。8 世纪，以庄园为单位的庄官级武士团产生；10 世纪，若干庄官级武士团合并成为一个地区性的、以地方豪族为首领的武士团——豪族级武士团；11 世纪，若干豪族级武士团形成跨地区的、以武家栋梁为首领的栋梁级武士团，即源氏的东国武士团和平氏的西国武士团；12 世纪末，形成以幕府将军为首领的、全国唯一的武士团。概言之，消灭他人、壮大自己的侵略扩张战争，推动武士团从庄官级武士团发展为豪族级武士团，进而发展为栋梁级武士团，最后建立起全国唯一的武士团——幕府。与此同

① ［日］日本图书センター编《日本精神文化大系·第 2 卷·时代概说》，日本图书センター，2001，第 3 页。

② ［日］小泽富夫编集、校订《武家家训、遗训集成》，ぺりかん社，1998，第 317 页。

时，武士由在野地位的私人武装发展为掌握国家政权的统治阶级。

武士从诞生之日起就是作为武士团的一员而存在。“庄园产生后，为了确保对庄园土地的支配权，进而扩张势力，便纷纷蓄积自己的武力。于是，在这些领主层中，一族首长与一族的子弟和支配下的名主百姓等结成主从关系，形成一个战斗团体。此即武士团的雏形。”① 在这些早期的武士团中，“庄官占据主将的位置，支配郎从、若党、仲间、所从等武士团的成员”②。宗族子弟称“家子”，相当于后来所称的“亲藩”家臣，构成武士团的核心；非宗族子弟称“郎党”“郎从”，是武士团的基本力量。当然，郎党、郎从因臣属于首领的时间有先后，在武士团的地位和受重视的程度也不尽相同。

庄官级武士团的构成原理：一是家族关系，一是主从关系。在家族关系中，庄官为本家和一族的族长，称为总领，其余为分家（庶子）。将家结构中的父—子—孙和家族结构中的本家—分家—孙分家，移植到武士的战斗组织之中，使武士团的结合极为牢固。在主从关系中，本家是主人（主君）和上级，分家是从者和下级，从者包括宗族子弟（家子）和非宗族子弟（郎党、郎从）。主人给予从者土地并予以庇护，从者在战时和平时须对主人尽军事和其他义务，绝对效忠主人。主从原理和家族原理将武士社会编织成一张以主从关系为经、以家族关系为纬的纵横交错的巨大网络，强化内部的协调与统一，提升对外征战的战斗力。主君拥有武士团首领和大家族族长的双重身份和权威，从而增强了武士团内部以主君为轴心的凝聚力，对属下武士的支配力、控制力也进一步加强了。

早期武士作为庄园主的私兵，在庄官的统一组织和领导下，对内管理庄园的农业生产、镇压庄民的反抗，对外武力扩展庄园土地。进入9世纪后，土地争夺战愈演愈烈，一些武士也从以农为主、以武为辅转为以武为主、以

① ［日］安田元久：《源赖朝》，吉川弘文馆，1986，第6页。

② ［日］奥田真启：《武士团和神道》，白扬社，1939，第40页。

农为辅，并且在日益频繁和激烈的战斗中发展成为不容忽视的武装力量，实力强大的武士团首领开始向占地为王、割据一方的方向发展。随着庄园和庄园武装的建立，不仅庄园主之间围绕土地的武装冲突事件越来越频繁，而且庄园主武力侵占公领、对抗国司的暴力活动也不断增多，社会秩序混乱、社会治安恶化。于是，国家在9世纪初设置检非违使。9世纪40年代，武士团的武力已开始得到官方承认，地方政府遴选有实力的武士团首领充任检非违使、追捕使，委之以军事、警察之权，维持地方统治秩序。

平安时代庄官级武士团是以夺取战争胜利为目的的、以共同利益为基础的军事组织、军事制度，所有成员同舟共济，风险共担，利益共享，分散了单个武士的风险，实现了武士之间武力的结合，将武士团成员的武力汇聚成一致对外的集团战斗力，依靠集团的力量共同生活、共同战斗，提升了武士团及其成员的武力。这种有着共同利益和共同目标的军事组织，个人微不足道，群体至高无上，大家都必须为集团的兴旺发达贡献自己的一切，包括生命。庄官级武士团已经创造性地构建起武家社会荣辱与共、生死相依的组织形式，形成以集团为中心、以集团利益为最高利益的价值观念、生活方式和文化样式，以及以共同的经济利益为纽带的相对稳定的内部关系，为武士提供了一种新的信仰和效忠对象。随着武士团的扩大和武士成为政治上的统治阶级，武士团及其特有的团队意识、团队价值观念和生活方式在社会生活中的作用也愈来愈大。日本式现代企业制度和企业文化，日本企业强大的国际竞争力和日本人强烈的群体归属感，都可以从武士团这种组织形式中找到久远的根源和得到相当可靠的解释。

武士团首领蓄养的职业打手——武士越多，他的权力和势力也就越大；要多养武士，就得多侵占他人的庄园土地。在优胜劣汰的武力竞争中，实力弱的武士团被兼并，武士团的数量越来越少，实力却越来越强，如关东的平氏武士团。

10至11世纪的平安时代中期，既是领地之争和权力之争白热化的时代，也是武士迅速崛起的时代。10世纪武士的最大特征有：一是已经发展成为战争专业户；二庄官级武士团发展成为以地方豪族为首领的、超越庄园范围的豪族级武士团；三是随着经济和军事实力的增强，越来越多地成为政治斗争的工具和国家平定地方叛乱的军事力量；四是武士团首领大多拥有地方政府的行政或军事官衔，或为地方各国的国司，或为镇守府将军，他们中的佼佼者甚至与中央权贵相勾结。

在豪族级武士团中，最典型和最强大的几乎都出自关东，如关东的“坂东八平氏”和“武藏七党”，河内的多田源满仲在其子赖信一代也开始向关东发展，并在赖义和义家时代，成为关东和全国首屈一指的武士团。因此，日本学者笔下的豪族级武士团，主要叙述的就是关东武士团。

经过约200年的争战后，几个早期的小武士团——庄官级武士团又以实力强大的地方豪族为中心，形成较大的武士团——豪族级武士团，小武士团的首领成为强大主君的从者。“关东八平氏的千叶氏、上总氏、三浦氏、中村氏、秩父氏、大庭氏、梶原氏、长尾氏诸氏，下野押领使藤原秀乡流的大友氏、小山氏等，都是支配数郡到一国的武士团，应该称之为豪族的武士团。”①豪族级武士团下辖若干个庄官级武士团，豪族级武士、豪族级武士团首领统率庄官级武士、庄官级武士团首领，庄官级武士统率名主田堵级武士。各庄官级武士团相互独立，不存在隶属关系，基本上不发生横向联系。

豪族级武士团是以地方豪族为首领的地区性武士团。以“坂东八平氏”为代表的豪族级武士大多出身显赫，有的来自中央贵族，有的甚至来自皇族，其先辈作为国司到地方赴任，任满后留在当地，逐渐土著化，通过与当地豪族联姻，扩张其经济、政治和军事实力。他们拥有贵族的权威、国家政治机构的权力和雄厚的财力，因而发展势头迅猛。其子孙以后照样进入国衙官厅，并发展为豪族级武士，支配当地弱小的在地领主阶层。通过充当朝廷的检非

① ［日］安田元久：《源赖朝》，吉川弘文馆，1986，第8页。

违使、追捕使和押领使等，先是为自己培养“武”的力量，继之又组织起自己的武士团。

豪族级武士团已经开始割据称雄，10世纪的关东除平氏外，分别被前常陆大掾源护、常陆的藤原玄明、武藏足立郡司武藏武之、下野押领使藤原秀乡等豪族割据。关东大大小小的各类豪族，又按照自己的利益关系团结起来，集结在强有力的人物之下，从而产生了以平将门、藤原秀乡为代表的大豪族。豪族级武士团的武力日益受到中央朝廷的重视，其军事活动已突破经济领域的局限，在作为中央权门贵族政治斗争工具的同时，逐渐向政治领域伸展势力，成功地在数郡乃至一国确立起自己新的权力，又通过充当地方和中央政府维持社会治安的武装力量，介入国家政治生活。

最引人注目的豪族级武士团，一是平氏武士团，一是源氏武士团，这两个皇族出身的武士大家族，在武士的历史上乃至日本的历史上都占有不可替代的独特地位。平氏率先在12世纪中叶建立起半公家半武家的平氏政权，源氏后裔源赖朝缔造镰仓幕府，源氏一族的足利尊氏建立室町幕府，江户幕府的将军德川氏也自称出自源氏。

最早在关东建立武士团的未必是平氏，不过，平氏是最先在关东形成豪族级武士团。“延喜以后至承平、天庆之乱的东国，势力最盛的是平氏。因为高望王是上总介的关系，以上总、下总为根据地，并扩展到邻国常陆。其子国香、良持、良兼、良正、良文，都是蓄有众多郎等的有名豪族。”[①]10世纪初的“平将门之乱”表明，平氏不仅在关东称王称霸，而且已经积蓄起对抗朝廷的实力。

平氏是桓武天皇的曾孙高望王的后裔。889年，高望王接受平姓（桓武平氏），降入臣籍，充任上总介（上总，今千叶县），下放到镇护虾夷人的前沿阵地——关东，任期满后定居关东，奠定起平氏的基础。高望王的“子孙

---

① ［日］川上多助：《武士的勃兴》，岩波书店，1934，第34页。

在关东扩展势力，成为各地的开发领主，形成武士团。出自高望王血脉的千叶氏、上总氏、三浦氏、中村氏、秩父氏、大庭氏、梶原氏、长尾氏的八氏，称为‘坂东八平氏’。”[①]“坂东八平氏”又进一步繁衍，衍生出许多分支。

高望王的长子国香、三子良将和四子良孙任镇守府将军，同时，国香任常陆大椽、二子良兼任下总介、四子良孙和七子良持任上总介、八子良茂任常陆少椽。子辈利用皇族的权威、国司的权力和雄厚的财力，在关东的上总、下总、常陆各国蓄养武士，扩张势力。孙辈也不示弱，良茂之子良正任下野介、良将之子将文任相模守、良兼之子公雅任武藏守、国香之子贞盛、繁盛任陆奥守，将平氏武力扩展到关东的下野、相模、武藏和陆奥等地。10世纪初，已成长为关东第一大豪族级武士团。

10世纪和11世纪，平氏一族中的平将门和平忠常相继制造了震动朝野的地方叛乱，即武士发展史上影响深远的“平将门之乱”和“平忠常之乱”。

平将门（？—940年）是高望王的第三子良将之子，住在常陆、下总地方，在下总国建有两处军事据点，一处在丰田庄，一处在猿岛郡的石井乡，前者为将门的常驻之地，后者作为其出巡休憩、往来人马的住所和储藏兵器的仓库、堡垒。将门自己的武装力量主要是在关东荒野上训练出来的军队，人数在1000人左右，称为“驱使”（可能是亲兵）、“从类”；此外，将门还能动员、指挥其他地方豪族大约8000人的兵力，称为“伴类”（相当于同盟军）。

“平将门之乱”始于平氏一门的私斗。931年，将门与伯父良兼（亦是其岳父）开战，935年将门又与常陆掾源护及其伯父国香交战，并斩杀源护之子和伯父国香，继而又与国香之子贞盛开战。937年，将门再度与其伯父良兼交战，并占领良兼的领地，不久又将势力扩展到常陆国。938年，乘武藏国地方豪族内讧之机，将势力推进到武藏国、相模国等地。939年（阴）11月21日，平将门纠集上万名关东武士，袭击常陆国府，夺取象征国司公权力

---

① ［日］下村效编《日本史小百科·武士》，东京堂，1993，第36页。

的国印和仓库钥匙。12月11日占领下野国府并夺印绶，15日驱逐上野国守并占领该国府。12月19日，在上野国府自立为“新皇”，任命文武百官和关东八国国司，宣布关东八国独立。“开（天）辟（地）以来，本朝之间，叛逆之甚，未有此比。”[①]940年2月，朝廷的征讨军到达关东时，平贞盛（与将门有杀父之仇）和藤原秀乡的联军已经击败平将门。

平将门在东部反叛朝廷之际，伊豫国掾（地方国司中的三等官）藤原纯友（？—941年）率领千余艘船只在西部发动叛乱，袭击淡路、赞岐两国国府，最后侵入九州太宰府，夺走历年积存的财物后纵火烧毁。941年，被源经基等率领的朝廷追讨军平息。

前所未有的社会大动乱，使武士获得前所未有的大发展。“‘（平）将门之乱’后，军事贵族在国家认定的立场上，创造出‘兵之家’‘武者之家’，充当京都和地方争执（诉讼）、纷争解决者的角色（武力请负人），让他们解决纷争、平定动乱。”而且，“从平乱功臣中产生出中央军事贵族（都之武者），奠定了贞盛流平氏、秀乡流藤原氏、经基流源氏发展的基础。”[②]“平将门之乱”后不到百年，下总权介平忠常（967—1031年）发动规模更大、持续时间更长的叛乱，史称“平忠常之乱”。平忠常是高望王之子平良文的孙辈，继承父祖的遗产，并且曾任武藏国押领使、上总介、下总权介等职，以上总国为根据地，成长为关东东部赫赫有名的武士之雄，在上总、下总之间为所欲为。1028年6月，杀安房国守藤原惟忠，武力占领安房国，公开叛乱，与朝廷追讨军转战2年，屡次打败平直方（平贞盛之子）率领的朝廷追讨军。“平忠常前后历时3年，在房总地方（上总、下总、安房三国）确立起新的权力，依靠武力成功地排除了国家权力。”[③]1030年，朝廷改派清和一族的源赖信（968—1048年）为追讨使，平忠常之乱才被平息。

---

① ［日］高桥富雄：《武士道的历史·第1卷》，新人物往来社，1986，第84页。

② ［日］关幸彦：《武士的诞生》，日本放送出版协会，1999，第118、159页。

③ ［日］安田元久：《源赖朝》，吉川弘文馆，1986，第30页。

“平忠常之乱”创造了清河源氏显示武威和入主关东的机会，源赖信凭借平定“平忠常之乱”的武功，奠定起源氏成为关东军事霸主的基础，源氏武士团进入划时代的发展时期，取代平氏成为第一大武士团。关东武士的发展史，从平氏时代转入源氏时代。

源氏始祖经基是清河天皇第六皇子贞纯亲王的长子，961年被赐姓源氏，是为清河源氏之始。“‘平将门之乱’时，经基任武藏介，因惧怕将门的武力逃回京都，密告武藏权守兴世王和将门谋反，由于密告将门叛乱之功，升至从五位下。时人认为‘介经基兵道未练’，嘲笑他卑怯。”[①]不久，经基参加平定“藤原纯友之乱”。

源氏武士团迅猛发展的原因有：一是投靠中央权门贵族藤原氏，二是为朝廷镇压地方叛乱。

经基的三个儿子满仲（913—997年）、满政、满季作为武人仕奉朝廷，很有政治才能。“满仲运用政治手腕建立起与藤原氏中心势力的关系，凌驾于秀乡、贞盛的子孙之上，奠定起后来清和源氏兴盛的基础。满仲之子赖光、赖亲和赖信通过追随兼家、道长一门谋求源氏的发展。”“源氏武力本来劣于平氏和藤原氏，但满仲以来反而明显超过他们。”[②]满仲投靠藤原氏，在藤原氏策划的“安和之变”和花山天皇逊位、一条天皇即位等排斥异己、铲除政敌的政治事件中，武力支持藤原氏，为巩固摄关政治立下了汗马功劳。藤原氏则让源氏成为京侍，使源氏在合法的外衣下扩张武力。满仲历任常陆介、武藏守、摄津守、越前守、伊势守、陆奥守和镇守府将军，任摄津守期间，以其住地多田为根据地，蓄养私兵，世称“多田满仲”。“满仲在多田的府邸，有四五百名武士日夜警卫。”“满仲出行时，有亲信郎等50余人跟随。在满仲的郎党中，包含畿内近国成长起来的小武士团首长。”[③]可见，源氏在经基的子

---

① ［日］安田元久：《源赖朝》，吉川弘文馆，1986，第13页。

② ［日］川上多助：《武士的勃兴》，岩波书店，1934，第36-37页。

③ ［日］安田元久：《源赖朝》，吉川弘文馆，1986，第19-20、27页。

辈时已形成豪族级武士团。

满仲的长子赖光继承摄津源氏，次子赖亲成为大和源氏之祖，三子赖信创河内源氏。兄弟三人继续追随摄关家，出任诸国的遥任国司，蓄积财力。其后裔也兴旺发达，特别是赖信之子赖义一脉。长子义家的后人开创了武家政治的源赖朝，并繁衍出武家历史上影响深远的足利氏、新田氏；三子新罗三郎义光的后人则繁衍出佐竹氏、武田氏、小笠原氏。

1028 年，平忠常叛乱。1030 年 9 月，朝廷改任新任甲斐守源赖信为追讨使，于是，“历来崇尚武勇的东国人仰慕赖信武名赫赫的威风，纷纷与之结成主从之义。赖义成为相模守赴东国以后，坂东弓马之士大半成为其门客。源氏的东国经营由此开始，结果是前九年和后三年两役后，源氏势力达到极盛。”[①] 因平乱有功，赖信升至四位，任美浓太守；赖义任陆奥太守、镇守府将军。

赖信之子赖义与平直方之女的婚姻，也对源氏武士团的发展和源氏在关东的霸权具有重要意义。《陆奥话记》载：“在讨伐关东奸雄平忠常时，赖义随父出征，勇决群雄，才气盖世，关东武者多乐为其从者。”[②] 为此，平直方视之为替自己挽回名誉的理想人选，以之为婿。日本学者评论道：“直方看到了在坂东大振武威使平忠常降服的赖信之嫡子赖义的武的资质，让赖义娶自己的女儿”，并且“将镰仓府邸让给赖义，包括将直方血统的权威及其直方在相模国内的从者让给赖义”，进而“构筑起赖义与直方之女生的义家作为‘武士长者’的一个条件”。“因此，在武士的历史上，这是一场划时代意义的婚姻。”赖义与直方之女的婚姻，“使义家在血统上成为新兴源氏和传统的贞盛流平氏嫡流的结晶，成为‘武士的长者’”。“义家继承了父亲方面东国最强大的军事实力，母亲方面坂东传统的军事地位。”“义家集源平两门精华的英才教育，

① ［日］川上多助：《武士的勃兴》，岩波书店，1934，第 42-43 页。

② ［日］日本图书センター编《日本精神文化大系・第 3 卷・平安时代编》，日本图书センター，2001，第 319 页。

骁勇绝伦、骑射如神。”[①] 而且，直方让给赖义的镰仓馆，“从某种意义上说是东国的霸权象征”[②]。赖义与直方之女的婚姻，一方面构筑起义家作为“武士之长者”——氏之长者或职能集团长者的条件，另一方面又在关东确立起源氏的霸主地位。

在武家社会，武门栋梁的首要条件是弓马骑射之艺超群。赖义（998—1075 年）和义家（1039—1106 年）既会用兵，又善带兵。11 世纪后半期的两次叛乱，为他们展露武威、扩张武力提供了机会。陆奥地区的豪族“安倍氏领有陆奥六郡，祖上安倍忠赖就是东夷酋长，大振威风，村落皆服，横行六郡、劫掠人民，子孙尤甚。不纳贡武，不服徭役，世代骄奢，谁也奈何不得。”[③]1051 年，朝廷任赖义为陆奥太守镇抚。赖义及其子义家、义纲率领东国武士苦战 12 年，终于在 1062 年平定“安倍氏之乱”(史称“前九年之役”)。1063 年，义家因战功被任命为出羽守。

义家（1039—1106 年）生于战乱，长于战乱。自幼接受战争教育，9 岁在京都的石清水八幡宫元服，称“八幡太郎”。1051 年，13 岁开始随父出征，参加平定安倍氏的“前九年之役”。在赖义率领的官军陷入危机，苦战之际，“将军的长子义家骁勇绝伦，骑射如神”。1075 年，赖义死后，义家成为源氏栋梁，侍奉朝廷。

1083 年，义家任陆奥守、镇守府将军之际，出羽豪族、俘囚之长清源氏一族内讧；1085 年，内讧引发“奥羽大乱”(史称“后三年之役”)。东国的陆奥、出羽两国是盛产名马、铁、海豹皮、鹫羽等武士之必需品的宝库，义家早就想将其收入囊中。因此，即使朝廷不发“追讨官符”，不给恩赏，义家也毅然率领关东武士乘机介入。“与‘前九年之役’一样，‘后三年之役’也

---

① ［日］野口实：《源氏和坂东武士》，中央公论社，1994，第 44-45、97-98、141、142 页。

② ［日］奥富敬之：《镰仓北条氏的兴亡》，吉川弘文馆，2003，第 6-7 页。

③ ［日］日本图书センター编《日本精神文化大系·第 3 卷·平安时代编》，日本图书センター，2001，第 319 页。

再次面临天寒、缺粮，伤亡惨重。义家在军中来回慰问一个个受冻士兵。朝廷不承认‘后三年之役’，不予恩赏。于是，义家不惜将自己的私产拿出来赏赐给将士。……奠定起源氏和东国武士之间的坚实基础，从义家至赖朝四代依靠东国兵士，终于开创镰仓幕府。”①幕府将军均出自义家的后裔。

“前九年之役”和“后三之役”，是赖义、义家父子率领关东武士，与日本最擅长弓马骑射的陆奥、出羽俘囚集团的战争。“在这两役中，将士生死与共、同受饥寒，主从关系益发经受锻炼，益发培植起主将思郎等之情、郎等对主将的忠诚。‘前九年之役’中，赖义在军中慰问受伤者，战士为感激将军誓死战斗。‘后三年之役’中，义家或用自己的身体温暖冻伤的士兵，或烧假舍暖和士兵冻伤的手。于是，将士益发奋勇战斗，郎从对主将的忠义更为强烈。”②主从之间生死与共的战争经历，“培育起源氏与东国武士之间强固的主从关系”。“赖义、义家二代经过奥羽战乱，提高了源氏武威，确立起源氏作为武家栋梁的地位，并且使源氏武士团的组织更加巩固。”③义家之后，源氏的发展陷于停滞状态。屡屡受挫的平氏却因投靠上皇，迅速在中央恢复了势力，12世纪中叶成为第一大武士团。不过，平氏主君与从者之间没有经历过生死与共的战争考验，主从关系不如源氏牢固。

藤原氏重用源氏，上皇则以平氏为武力支柱。11世纪末，平氏一族中以伊贺、伊势为基地的一脉，吸取先辈失败的教训，改而投靠权门。1097年，平正盛（平国香之子平贞盛的后裔）与法皇建立起经济上的从属关系，先后被任命为隐岐、若狭和因幡等国国司。上皇还将平氏安置在院的御所（宫殿）朝北的地方，警卫太上皇宫院，称为“北面武士”，即“守护院的御所的武士，从后鸟羽院开始，又在院的西面设置西面武士，与北面武士一起守护院

① ［日］《图说学习日本历史之六·人物事典·古代至安土桃山时代》，旺文社，1979，第140页。

② ［日］川上多助：《武士的勃兴》，岩波书店，1934，第45-46页。

③ ［日］安田元久：《源赖朝》，吉川弘文馆，1986，第33、43页。

的御所。”[1]到12世纪中叶平忠盛（1096—1156年）一代时，无论是防卫僧兵，还是追捕海盗，几乎都是使用平氏的武力，平氏不到半个世纪就在西国地区形成自己的武士团，蓄积起强大的武力，在中央朝廷取得越来越大的发言权，为平氏掌握政治实权奠定了基础。

忠盛之子清盛（1118—1181年），更是在争夺中央最高权力的战争中打败敌对势力，建立起平氏政权，将平氏武士团的发展推向顶峰。

12世纪中叶，以皇位继承问题为诱因引发了两次大混战，即保元元年（1156年）的“保元之乱”和平治元年（1159年）的“平治之乱”。在以往的社会动乱中，武士既是动乱的制造者，又是动乱的平定者。此外，以往的动乱仅仅只是地方性武装叛乱。“保元、平治之乱”因皇位继承问题而起，斗争的双方是中央权门贵族和皇族，以中央朝廷为舞台，以争夺国家最高权力为目的，武士只是斗争双方的代理人。

1156年7月1日，鸟羽法皇病故，后白河天皇和崇德上皇之间的矛盾因皇位继承问题终于激化；与此同时，藤原氏内部的矛盾也因此白热化，藤原忠实与其子关白藤原忠通不和，藤原忠实欲以藤原忠通之弟藤原赖长取代藤原忠通。于是，崇德上皇与藤原忠实、藤原赖长（左大臣）结成一派，后白河天皇和藤原忠通结成一方。双方都企图借武士之手打击对方，武士也由此形成两大派别，一派是源为义、源为朝父子及平忠正，一派是源为义之子源义朝和平清盛。1156年7月11日，由武士代理的中央政权两大敌对阵营的决战爆发，后白河天皇、藤原忠通一派借助源义朝和平清盛的兵力，击败崇德上皇和藤原忠实、藤原赖长父子一方。崇德上皇被流放到赞岐国，藤原赖长战死，源为义被源义朝所杀，源为朝遭流放。

---

① ［日］日本图书センター编《日本精神文化大系·第4卷·镰仓时代编》，日本图书センター，2001，第69页。

“保元之乱”后，后白河天皇颁布了以整顿庄园为主要内容的《保元新制》(7 条)，进一步加剧了贵族政权内部的矛盾。同时，后白河天皇行赏不公，立有大功的源义朝官位反在平清盛之下，平清盛扶摇直上、权力日张，源义朝大为不满，从而埋下了平治之乱的祸根。1159 年 12 月 9 日“平治之乱”爆发，源义朝与不满平清盛的藤原信赖联手，乘平清盛赴熊野山参拜之机，在京城发动政变，囚禁天皇和上皇，迫使《保元新制》的策划者、权势如日中天的藤原通宪自尽。平清盛得报后迅速回京，27 日两军决战，平清盛打败政变军队，源义朝、藤原信赖及其子被杀，只有义朝 13 岁的儿子源赖朝得以幸免，被流放到伊豆半岛。平清盛因镇压“平治之乱”的战功，升任正三位、参议，登上公卿之位。武士的栋梁取得正式的发言权，政治地位急剧上升。

争夺中央最高权力的“保元、平治之乱”，推动公家政治向中世武家政治转换，平氏借“保元、平治之乱”的胜利，建立起六波罗平氏政权。1167 年，平清盛取得太政大臣之职，在京都的六波罗地方建立平氏政权。平氏一族因平清盛而飞黄腾达，平氏“一门之中有公卿 16 人，殿上人 30 余人，诸国的受领、衙府、诸司、都合 60 余人”。《平家物语》载：“日本国六十六国中，平家知行国有三十余国，几占半数。”[①] 政治上，其子平重盛（1138—1179 年）任内大臣、左大将，次子平宗盛（1147—1185 年）为中纳言、左大将，三子平知盛（1151—1185 年）为权中纳言。平清盛的兄弟经盛为参议、教盛为权中纳言、赖盛任权大纳言。平氏家族中还有公卿 16 人、贵族 30 余人。在地方，有 11 名家族成员任国守、5 人为知行国主。其亲信所控制的知行国多达 30 国，占全国地方政权的一半。经济上，不仅拥有庄园 500 余所和 30 余个知行国，还垄断了日本对中国的贸易。平清盛甚至效法藤原氏，通过将女儿德子嫁给高德天皇以控制皇室，朝廷已无势力可与平氏抗衡。1177 年和 1179

① ［日］《源平盛衰记》，转引自福田以久生：《骏河相模的武家社会》，清文堂，2007，第 131 页。

年，平清盛两次粉碎中央权贵中的反平氏势力，幽禁法皇，流放关白等朝廷高官42名。

概而言之，历经300余年的战争，作为带有黑社会性质的职业打手的武士成了在地领主，平清盛还建立了半公家半武家的平氏政权（贵族化的武家政权），武士已经站在从在野到在朝的门槛上了。

第二节　鼓吹对外扩张的“兵之道”

武士道最初称为“武者之习”“武士之道”“兵之道”“弓矢之道”，江户时代才出现“武士道”的称谓。不过，江户时代作为官僚的近世武士，并非作为战士的中世武士；江户时代维护幕藩体制的儒学化近世武士道，也非煽动侵略扩张的中世武士道。

武士以杀生为业，依靠对外战争获取财富、权力和武名。与之相适应，平安武士道鼓吹侵略扩张战争，一方面肯定武士依赖战争的生活方式，一方面提升武士夺取战争胜利的杀伐能力。

一、所谓“武者之习”

“随着武士的出现，同时产生了称为‘武者之习’‘武士之道’的规范，如由施恩和效劳的契约所形成的主从关系、血缘地缘的结合，以及战斗中表现的忠义勇武等。”[①]即产生了以施恩和报恩为前提的主从道德，以及应对战争实践的忠义勇武等。再如，平安时代的“坂东武者之习，父亲死了也罢，

① ［日］竹内理三等编《日本历史辞典》，沈仁安、马斌等译，天津人民出版，1988，第138页。

儿子死了也罢，飞马越过继续拼杀”[①]。这一时代的“（‘武者之习’或）‘兵之道’……是指作为职业身份的武士应有的能力，即掌握、实践作为艺能的‘武’的过程，或者说所习得的方法和技术（力量）。与中世的其他‘道’一样，‘兵之道’不包含精神和伦理层面的含义。重点在于保持‘胆大机敏，本领记超，判断力出色’的战斗能力。”当然，“武士既然身为战士，在战场上必然与死亡相伴。既要去杀人，也不可避免自己被杀。所以，对死亡的觉悟是武士的自我历练中很重要的一部分。于是，‘持弓箭之身的习俗’的终极理想在于，在大将军面前义无反顾地战斗，就算父母战死、孩子被杀，也要继续战斗。”“‘兵之家’本来指的是关于战斗的具体能力。”[②]必须指出的是，“‘兵之道’不包含精神和伦理层面的含义”值得商榷，战争精神也是战争能力的一部分。

事实上，从武士、武士团产生之日起，就产生了武士作为战士和从者、共同体成员的道德规范和行为准则，即武士道，尽管只是武士道的雏形。

武士作为武士团的一员而产生和存在，一个武士团就是一个同舟共济的利益共同体、命运共同体，也是一个武士文化的创建单位。武士道就是武士作为战士应对战争实践；作为从者维系主从关系；作为共同体成员维护集团利益；作为武士保持武士品格的道德规范和行为准则，包括在主君与从者、群体与个体关系中应承担的责任和享受的权利。

关于武士道的起源和主要内容，万峰先生说得好：“所谓‘武士道’，本是封建武士的道德规范。早自10世纪武士领主（大军事农奴主）不断兴起以来，在武士集团内部就逐渐形成了一套武士的道德规范。这些大军事农奴主的手下，都拥有庞大的家臣家兵（武士集团），上尊下卑，等级森严。为了巩固内部的等级制度和秩序、加强战斗力，他们不断搞出一些家规、家法

---

① ［日］下村效编《日本史小百科·武士》，东京堂，1993，第72-73页。

② ［日］高桥昌明：《日本武士史》，黄霄龙译，社会科学文献出版社，2020，第167-168、257页。

来管教武士。这就是武士道的起源。12世纪末封建幕府创立后，成为全国统治阶级的封建武士领主，更进一步制定各种式目（法规条款），用法律形式将封建武士的思想作风和行动准则固定下来，沿袭几百年之久。”“武士道的内容，主要的有这么几条：第一，强调主从关系中的所谓忠节。第二，强调‘武勇’。……勇于为主君卖命。……勇于拔刀切腹。第三，强调崇拜日本刀，把日本刀看作是武士道精神的一个标志。第四，强调宗教迷信。封建武士必须敬神信佛。第五，强调‘礼仪’。……强调黑帮式的纪律。”[①] 雷奈·格鲁塞在《东方的文明》中阐析藤原时代（摄关时代）时也指出：“在封建战争中，……大贵族的武士们即侍卫们便形成一种传统献身职责所规定的骑士精神。其法则是武士道，武士最普遍的美德是要有奋不顾身的勇敢，绝对蔑视困苦与危险，完全效忠于主家。在遵守誓约时，他一定要至死保卫其氏族的荣誉，用血来消除他所效忠的家庭在武力上的耻辱……”“事实上，全日本上自皇族亲王，下至浪人（即强盗骑士），从尘世的公侯至巨刹的方丈，此时都仅有一种宗教——武士道。”[②] 8世纪，随着武士和庄官级武士的形成，武士团内部也形成了全体成员认同和遵循的家法、家规，即武士道。各武士团的武士道大同小异，主要是提高战斗力、夺取战争胜利、明确主从双方的权利义务关系、制定战利品的分配原则等。进入10世纪后，若干个庄官级武士团形成一个以地方豪族为首领的豪族级武士团，在庄官级武士团武士道的基础上，又形成豪族级武士团的武士道。11世纪，若干豪族级武士团又发展为以一个以武家栋梁为首领的武士团，即栋梁级武士团，如源氏的关东武士团和平氏的西国武士团，形成源氏的东国武士道和平氏的西国武士道。

武士道在武士的生活实践中产生，武士的生活实践：一是作为世袭制职业战士的战争生活，二是作为主君或从者的主从生活，三是作为共同体一员

---

① 万峰：《日本近代史》，中国社会科学出版社，1978，第95-96页。

② ［法］雷奈·格鲁塞：《东方的文明·下》，常任侠、袁音译，中华书局，1999，第635-636页。

的共同体生活。“武士道在武士的战争生活实践中产生”[①]，台湾学者洪炎秋将“战争视为武士道的母体”[②]。崇尚武勇，以征战杀伐为荣、以侵略掠夺为天经地义的战争道德，或者说夺取战争胜利的战争道德。武士道产生于武士群体的主从关系内部，以武士团首领为核心。“武者之习正是以这些武者之家为中心酿成的。”[③]不言而喻，“在武家主从关系内部发展起来的新道德，是作为武士道而产生的”[④]。主君给予从者恩惠、从者以生命报答主君恩惠的主从道德，或者说主君获得从者效忠、从者获得主君恩赏的主从道德，以及个人微不足道、共同体至高无上，全体成员生死与共的共同体道德。与战争道德一样，主从道德和共同体道德，也是为了夺取战争胜利、扩大主从双方社会利益的道德。总而言之，武士道反映武士作为战斗者、主君或从者、共同体成员，以战争为财富源泉和发展动力的生活方式；武士道是实践道德，其本身也是一种战斗力。

平安时代产生的“兵之道”“武者之习”作为武士道的源头、雏形，包括增强战斗力、夺取战争胜利的战争之道，获取效忠或恩赏的主从之道，以及处理个人与共同体关系的共同体之道。既有军事技能层面的内容，又有伦理道德层面的思想，对外采取杀戮之道，对内强调忠诚之道。

武士是以战争为职业的战士，武士道首先是战争之道，即武士作为职业战士必备的基本军事技能、“武士应有的能力”，既是武士消灭他人、保存自己的搏杀能力，也是夺取战争胜利、建立军功获得恩赏的军事能力，还是武士团兴旺发达的基础。武士团首领肩负着率领武士集团夺取战争胜利的重任，

① ［日］樱井庄太郎：《名誉与耻辱》，政法大学出版局，1971，第325页。

② 洪炎秋：《日本的武士道》，载《中日文化论集·2》，中华文化出版事业委员会，1955，第8页。

③ ［日］河合正治：《中世武家社会研究》，吉川弘文馆，1973，第24页。

④ ［日］中村吉治：《日本封建制的源流·下·身份和封建》，也水书房，1984，第227-228页。

最重要的就是有出类拔萃的军事技能。“武家栋梁的首要条件，就是武艺（弓马之艺）卓越出色。”具体说来，战争之道一是夺取战争胜利的军事能力，二是勇于战斗的杀伐之心、好胜之心。

平安时代的武士是私人性的职业战士，处于在野地位，作战、备战就是他们的生活。这时，“武士的武器是弓和刀，尤其是弓。武士的理想状态以射艺为中心，可以认为是继承了狩猎民的传统。”[①]“至少在南北朝时代前的中世前期，战斗武器的主体是弓箭，最为重视马上的弓射、骑射（弓马之技）。”“中世武士的标识或象征是弓箭、弓马，对武士而言，首先表现为‘弓箭取’‘弓马之士’等，武士和武器的关系表现为弓箭和弓马。”[②]武器主要是弓矢、弓马，因此，武士称为“执弓矢者”“弓马之士”等，武士道称为“弓马之道”等。他们身上的佩刀，是“近距离战斗扭成一团的肉搏战中的武器，或用以割敌头颅，或用以自杀”[③]。显然，这也是冷兵器时代的首选兵器。

武士作为职业战士的军事技能或武艺，主要是弓术、马术和剑术、刀术，特别是弓术和马术。“对以武艺、军事为职业的武士来说，最重要的素养、技术是以‘骑乘骑射’为代表的战斗技术。所谓骑乘骑射，即骑在奔驰的马上张弓射矢。这一技术在枪炮传入前，一直是最卓越的战斗技术。”[④]因此，“武士平时勤练骑射弓矢，特别是被称为‘骑射三物’的笠悬、犬追物、流镝马和狩猎。”[⑤]为了便于“骑射三物”的训练，武士在修建自己的居馆——武士馆时，还专门修建有笠悬马场。“在武士馆的周边，还有作为武士的本分——武艺的锻炼场。”“东国武士的让状——让与证书里，也频频出现笠悬马场的记

① ［日］阿部猛：《镰仓武士的世界》，东京堂，1994，第4页。

② ［日］近藤好和：《弓矢和刀剑·中世武士合战的实像》，吉川弘文馆，1997，第6页。

③ ［日］近藤好和：《中世武具的成立和武士》，吉川弘文馆，2000，第60页。

④ ［日］田口宏雄：《武士道的源流·从骑马民族到武士的黩武系谱·下卷》，新生出版社，2005，第323页。

⑤ ［日］下村效编《日本史小百科·武士》，东京堂，1993，第72页。

载。”[1]这也体现了平安时代武士开始作为职业战士的身份特征。

笠悬，也称笠挂，先用木头制成一圆形靶，圆心上加一层棉花，再覆以白色兽皮，其状或如武士战斗时使用的头盔，或如人们遮雨所戴的斗笠，背面系上绳纽，悬挂在马场之中。然后，武士以此为靶，骑在快速奔跑的马上，在二三十米外的地方射箭。笠悬比赛，看谁射中的数量多。流镝马也是一种骑射活动。在马场上设三个正方形箭靶，参加的武士有5—16个，依次在飞奔的马上射靶。犬追物，也称犬追物射或追物射，顾名思义，即“骑在马上一边追猎物一边射矢，是狩猎的骑射术”[2]。先用绳索或其他材料围成一个圆圈，参加的36名射手分成三队，每队再分为三组，每组4人。射手骑马进入圈中后，用箭去射放出来的狗。由于靶子——狗是不断奔跑的，因而对射手的骑马和射箭技术要求极高。追物射除犬追物外，还有牛追物，原理与犬追物相同。狩猎，也称卷狩，是人与鹿、野猪、熊等动物的战争，是种实战性很强的军事训练，具有综合性军事训练功能，有助于演练战术、协同作战、把握战机、增强作战能力，对提高机敏、灵活、勇敢的战斗意识和增强人马一体的骑乘驾驭技能等都有帮助。

不言而喻，战争的胜负既取决于军事实力的强弱，也取决于是否有敢于拼命、不畏强敌的杀伐之心、拼命之心，狭路相逢勇者胜。俗话说，胆小的怕胆大的，要命的怕亡命的。

平安武士的战争称为合战，“合战的样式是骑马战、弓矢战、刀的格斗战。”“‘前九年之役’……依然是采取个人战的形式。”“‘保元、平治之乱’的合战样式等，还是个人战的样式和武具，与从前相同。”[3]“正规的战斗是一对一的一骑单打。”[4]主体是个人战，由敌我双方一对一的打斗定胜负，即双方

---

① ［日］斋藤慎一：《中世武士之城》，吉川弘文馆，2006，第83-85页。

② ［日］近藤好和：《中世武具的成立和武士》，吉川弘文馆，2000，第219页。

③ ［日］中村吉治：《武家和社会》，培风馆，1953，第80-84、102-103页。

④ ［日］高桥昌明：《武士的成立、武士像的创出》，东京大学出版会，1999，第177页。

选代表决定胜负。“一对一的打斗是当时战争的规则和武门名誉的行为。”“先是双方派出的战将进行骑在马上的弓矢战，矢射完后又拿大刀交战，若是还不能定胜负，便在马揪打，最后是跌落在地上揪打。”[①]合战有一定的规则，“10—11世纪形成的战斗规则主要包括：一是选定合战日期和场所，二是保障军使性命，三是战斗参加者的姓名，四是一骑单打的原则，五是不杀降者和非战斗员。”[②]此外，战争程序还有语言战。合战之前，交战双方大声自我介绍，述说自己的居住国、姓名、先祖以来的系谱和功勋，以先祖的功勋威吓对方和强调自己的存在价值，即夸耀祖先系谱和勋功的“氏文读”。

源平大战时，合战规则逐渐发生变化。“源平大战时代，是从古典的个人骑马战向集团战转化的过渡时期。”“第一个冲入敌阵作为大战功而受到重视。”[③]“源氏方面军在合战中出现的争头阵、争功名等，说明‘兵之道’发生了变化。”[④]当然，源氏方面军合战规则的变化，与源赖朝的军功奖励密切相关。

平安时代武士道的伦理道德，主要有忠诚、武勇、名誉、信义等，是为了满足武士建立军功、获得恩赏这种独特的现实生活的需要。

军人最强调对上级的绝对忠诚和服从，以及战场上敢于拼命的武勇精神，原因在于它是军人夺取战争胜利的根本保证。平安时代的武士在频繁而激烈的战争生活中，逐渐形成了对外夺取战争胜利、对内强调忠诚献身的军事型道德规范——武士道，即日本版的军人精神。

忠诚是最早产生的武士道德目之一，核心是主从之忠，旨在调整、规范

---

① ［日］笹间良彦：《图说日本战阵作法事典》，柏书房，2000，第206-207页。

② ［日］下村效编《日本史小百科・武士》，东京堂，1993，第73页。

③ ［日］石井进著作集刊行会编《石井进的世界・1・镰仓幕府》，山川出版社，2005，第100-101页。

④ ［日］下村效编《日本史小百科・武士》，东京堂，1993，第73页；［日］野口实：《武家栋梁的条件》，中央公论社，1994，第80页。

武家社会内部主君与从者之间、个人与群体之间的关系，是武士融入武家社会的必备条件。忠诚是对内的道德，包括“忠”和“诚”两层含义。“忠”要求武士绝对忠于自己的主君和自己所属的集团，甘愿为主君、集团献出自己的生命；“诚”要求武士团的所有成员以诚相待，主从之间、个人与群体之间相互信赖，所有成员均须以群体利益为最高利益，各尽其责，共同维护群体利益。主君作为整个武士团——利益共同体的代表者，须坚守主从之义，切实保障从者的利益和生命财产安全，从者则应绝对效忠和服从主君。

忠诚之所以成为平安武士道的基本内容，一是基于武家社会内部的社会经济关系——主从关系。武家社会是以主从关系为轴心构建起来的，即以主君之“御恩”与从者之“奉公”的双务关系、互惠关系或交换关系为基础，主君之恩赏要求从者用绝对的忠诚和服从来换取。因此，“在武者之习中，主从意识居最重要的地位。……以从者对主人忘我的献身精神为核心。”[①] 主君对从者施恩，当然希望从者报恩。在武家社会，事亲之孝、待妻之义、抚子之慈，统统从属于侍主之忠，因为都是依赖主君的生活。武士团以主君为首领，由众多武士构成，既是武士共同战斗的军事组织，又是武士共同生活的利益共同体。武士所进行的战斗——合战不是个人与个人的战斗，而是武士团之间的战斗，如果主君之下的武士对主君不忠、对群体不诚，那么，既不可能有效地组织起武士团的作战行动，也不可能取得战斗的胜利。没有战争的胜利，就意味着没有战利品，也就没有发家致富的希望。

“坂东武者之习”的“忠”，体现为从者在战场上以生命报答主君，甘为主君战斗至死，即“为了主君视生命如鸿毛的牺牲精神”。强调“一旦有缓急，立即带着兵器奔驰在主君马前”，“以生命报答主君之御恩”。[②] 自平安时代开始，忠诚与服从直接关系从者的所领（领地）、地位、名誉和权力等切身

① ［日］河合正治：《中世武家社会研究》，吉川弘文馆，1973，第25页。

② ［日］桥本实：《日本武士道史》，地人书馆，1940，第61-62页。

利益，因而具有巨大的约束力。武士以生命报答主君的“御恩”，无非是想以自己的生命换取家和子孙的昌盛。

必须强调的是，日本武士社会的游戏规则，“我的主君的主君不是我的主君”，这有些类似于西欧的骑士社会，“我的封臣的封臣不是我的封臣”。也就是说，从者效忠的对象是给予他恩赏的直接主君。“在早期的武士社会里面，君臣主从的利害关系，非常密切。因为他们不断共同从事战争，一旦走上战场，是生死相托、运命与共的；主君处处要依靠他的臣下，所以爱抚至深；而臣下感激他的意气，更不惜把自己的性命贡献给他；况且他们的关系，都是代代相传，自然尽忠报主的情操，特别发达。后来武人专政，封建制度更加确立，阶级重叠，所有的武士，除了最高的大将军和最低的足轻以外，都是一面当主君，一面当臣下；既然希望臣下对自己尽忠，那么就非先对自己的主君尽忠不可了，所以在武士道里面，对于‘忠’这一个字，看得特别重要。”①这也可以理解，毕竟从者一生的生活以及生命财产安全都要依赖他的主君。戴季陶剖析说：“‘武士道’这一种主义要是用今天我们的思想来批评，他的最初的事实不用说只是一种‘奴道’，武士道的观念就是封建制度下来的食禄报恩主义。”“武士的责任，第一是拥护他们主人的家，第二就是拥护他们自己的家和他自己的生存。所以武士们自己认定自己的主要目的就是‘为主家’。这句话的意思，就是为主人和自己的家系家名而奋斗。”②也就是说，效忠对象之所以是从者的直接主君，根源在于从者最基本的生存需要来自他的主君。

当然，从者对主君的忠诚也含有一定程度的感情色彩。原因在于：一方面，主君和从者一起亲历战场上生死与共的战争生活，双方容易结成生死之交，产生深厚感情；另一方面，主从关系一代一代地延续下去，主从间的情

---

① 洪炎秋：《日本的武士道》，载《中日文化论集·2》，中华文化出版事业委员会，1955，第10-11页。

② 戴季陶：《日本论》，海南出版社，1994，第27-28、42页。

谊自然也越来越浓厚。

忠诚与武勇既是武士夺取战争胜利的必备条件，也是武士建立军功、获得战利品的前提条件，构成武士道的两大支柱和基本特色。

武勇包含“武”和“勇”，前者是夺取战争胜利的军事技能，主要是“用兵和作战等合战的技术”①；后者主要是无所畏惧的勇气和穷兵黩武的杀伐之心。对武士来说，武勇既是必备的基本条件，又是武家社会对其进行价值评价的重要标准之一。源氏始祖经基在“平将门之乱”时任武藏介，到武藏后因惧怕将门的威名又返回京城，虽因告密将门反叛有功被授予从五位下，但却被人嘲讽“兵道未练”“卑怯”，意即武艺不精、胆小无能，缺乏武勇精神，这在武家社会已经是非常低的评价了。不过，经基的后裔却获得了武家社会的最高评价。例如，源赖义在随父赖信平定“平忠常之乱”的战争中，武功超群、百发百中，令众多关东武士佩服得五体投地，主动与之结成主从关系。又如，赖义之子义家更是武勇过人，被武家社会神化为“军神”，关东武士皆以充当义家的家臣为荣。

武勇是武士作为战斗者的职业需要，武士靠武力吃饭，以之建立军功、获得恩赏。武士从事以生命为代价的职业——战争，要么杀人，要么被杀，每一次战斗都是生与死的血腥较量。只有具备强大的军事实力——敢于战斗的武勇精神、夺取胜利的武功武技、善于战斗的军事谋略，才能保全自身的生命，并为自己赢得战利品和武名。武勇是武士作为战斗者的生活方式，主从关系说到底无非是“御恩”与“奉公”的互惠关系、交换关系，“对东国武士来说，要得到称为‘拼命之地’的所领安堵和新所领等恩赏，无论如何也必须在战场上建立战功。”②战争既是武士的财富源泉和发展动力，又是武士发家致富、出人头地、光宗耀祖的唯一途径，因此，武士集团内部充满浓厚的

---

① ［日］高桥昌明：《武士的成立、武士像的创出》，东京大学出版会，1999，第 173 页。

② ［日］下村效编《日本史小百科·武士》，东京堂，1993，第 73 页。

好战氛围。一般武士可以通过战争中的军功博取武名，赢得土地利益（武士成为在地领主的途径），受到主君的恩赏和提拔；集团首领通过战争的胜利建立更大的领国，获取更大的利益。

总之，武勇既是武家社会的价值评判，也是武士的生存和发展需要。武家首领关心战争的胜利，家臣武士关心自己的恩赏（战利品）。

名誉，即名、体面、名声、荣誉、人格，在武士社会里名誉比生命更重要。与忠诚、武勇一样，名誉也是平安武士道的重要内容之一。"'兵之道'里最重要的是作为武士的名誉，武士不惜赌生命以守名誉。"① "《将门记》中可以明确地看到名的意识，……兵以名为先，将门欲扬兵名于后代。""惜名不惜死"，"人死留名，虎死留皮"，"惜名的意识自然是基于主从关系之上，因为从者得到名就意味着接近主君给予恩赏的机会，失去名则意味着远离和失去恩赏。""功名是与恩赏直接关联的亲兄弟，是当代武士一切行动的基础。"② "生于'弓马之家'，惜名不惜死。"(《太平记》）与生命相比，名誉更重要。"生于武士之家者，名誉胜于生命，否则，会遭到世人的耻笑和蔑视。"③在相互对立的战争世界中，牵动武士之心的首先是武勇之名。④平安时代的合战中，战前的语言战，先祖的名誉还具有压倒敌方士气的作用。武勇是建立军功，获得战利品的首要条件，因而"武勇的名誉"也成为武士孜孜不倦的价值追求。

"武名是武士的一切。为了维护武名，武士必须要有'人若犯我，我必犯人'的复仇观。武士认为复仇是一个'义'，因此他们常常会帮助想要复仇的其他武士。'平将门之乱'的导火索是平将门帮助藤原玄明复仇，'藤原纯友之乱'同样是以藤原纯友帮助藤原文元复仇为发端。""为竞逐武名而进行

① ［日］川上多助：《武士的勃兴》，岩波书店，1934，第 51 页。

② ［日］樱井庄太郎：《名誉与耻辱》，法政大学出版局，1971，第 4-5、21 页。

③ ［日］家永三郎：《日本道德思想史》，岩波书店，1984，第 95 页。

④ ［日］石井进：《日本历史・12・中世武士团》，小学馆，1974，第 119 页。

决斗、复仇的特殊行为，随武士诞生而登上了日本历史的舞台。”“失去颜面，就意味着失去身为武士的资格。”[①]平安时代武名最大、最响的，当数源赖信、源赖义和源义家祖孙三人。“平忠常之乱”时，追讨使平直方与平忠常转战两年，屡战屡败。朝廷改派赖信为追讨使后，平忠常主动降伏，历来崇尚武勇的东国人因仰慕赖信武名赫赫的威风，纷纷与之结成主从之义。“此时将名簿奉于源赖信、结成主从关系的有平忠常的子孙千叶氏、上总氏等以及藤原兼光的子孙藤原足利氏、小山氏等。”他们在“源平合战中，作为源氏世代家臣而大放异彩。”不言而喻，“维系源赖信与坂东武士的，是前者对于后者的庇护、后者对于前者的崇拜。因此这是一种情感上的主从关系，而非以俸禄为媒介的封建主从关系。”[②]《陆奥话记》载：赖义、义家父子率军征讨奥羽俘囚集团安倍氏时，“坂东猛士云集雨来，步骑数万，辎重战具，重叠蔽野，国内震惧，莫不响应。”平直方因追讨失败，武门（军事贵族）名誉顿时崩溃。为了挽回名誉，以赖信之子赖义为婿，还将自己的镰仓馆——东国的霸权让给赖义，赖义、义家父子不负所托，以“前九年之役”和“后三年之役”的胜利为其挣回了名誉。

武士道的名誉德目，是武家社会对合格武士的行为期待，主君和从者都有自己的名誉意识，并主要以战场作为实现名誉和检验名誉的途径。主君的名誉主要表现为：（1）是否具有足够强大的武名和军事实力，即率领武士团夺取战争胜利的能力；（2）是否能在物质上和精神上满足从者的需求，并保障从者的利益不受侵犯。从者的名誉主要表现为：（1）是否绝对效忠和服从主君，甘为主君献出生命；（2）是否具备足够的军事实力，并且敢于在战场上战斗至最后一刻，不惜牺牲自己的生命。

① ［日］下向龙井彦：《讲谈社·日本的历史·4·武士的成长与院政：平安时代后期》，杜小军译，文汇出版社，2021，第110-111页。

② ［日］下向龙井彦：《讲谈社·日本的历史·4·武士的成长与院政：平安时代后期》，杜小军译，文汇出版社，2021，第170页。

在武家社会，名誉的优劣，直接影响武士的现实利益及其在武家社会的权力和地位，影响武士的家庭及其子孙后代。好的名誉可以惠及子孙后代，坏的名誉则会累及家庭和子孙后代。因此，武士的一举一动都在求名、惜名，一生都为名所累；要么被求名的冲动所激励，要么被惜名的心情所控制。

平安时代的武士道德目还有信义，“践行己言谓之信，竭尽己分谓之义”。在武士的俚谚中也有武士重信义的内容，如：“武士无二言”，即一言既出、驷马难追；“武士之命比义轻”，即武士为了义可以舍弃生命；“武士三忘”，即武士临上战场之际，必须忘记家庭，忘记妻儿等亲人，忘记自身生命。

最重要的信义是主从双方遵循主从契约，主君给从者恩惠，从者以生命效忠主君。“1091年，源义家的从者藤原实清，与其弟源义纲的从者清原则清争夺河内国所领，两人分别向义家、义纲求助，结果实清、则清之争演变为义家、义纲的兄弟之战。”[①] 从者的纷争之所以会演变为主君之间的纷争，根源在于主君有保护从者生命财产安全的义务，这是主从契约的当然内容。“前九年之役”的生死关头，赖义属下的武士甘愿为之舍命。赖义的“武士之道，是为主君而死，死而无憾地献身奉公”[②]。从者之所以在关键时刻为主君献出生命，原因是“在主人和从者之间，从者有为主人献身的勤务，特别是军事勤务的忠诚关系”[③]。当然，从者为主君献身也是主从契约的内容。

主君保护从者，从者以生命效忠主君，即主从之间的信义。对武士团来说，主从之间的相互信赖是最基本、最重要的。在平安时代，主从之间共同从事战争，一旦走上战场，主从之间相互依赖、生死相托、命运与共。就像“前九年之役”一样，战争的胜利乃至主君的性命，都依赖于从者的效忠。武士团兴旺发达的关键，就在于主从之间的相互信赖、相互依靠。

---

① ［日］川上多助：《武士的勃兴》，岩波书店，1934，第49页；［日］元木泰雄：《武士的成立》，吉川弘文馆，1994，第101页。

② ［日］小泽富夫：《作为历史的武士道》，ぺりかん社，2005，第25页。

③ ［日］石井良助编《体系日本史丛书·4·法制史》，山川出版社，1982，第110-111页。

平安武士道的主要德目忠诚、武勇、名誉、信义等，作为平安武士应对战争生活、主从生活和共同体生活的指导思想，整合武士团成员的思想和行动，使武士团成为有着共同利益和共同目标的军事组织，将武士团成员个人的武力汇集成一致对外的战斗力，最大限度地激发武士的牺牲精神、武勇精神和发挥集团战斗力，为领地争夺战争的胜利奠定基础，谋求武士团的兴旺发达。极言之，武士道的上述种种观念，为战争服务，崇尚杀伐征战，以穷兵黩武为荣，将侵占、吞并弱小武士集团的领地视为天经地义，鞭策武士将领地扩张战争视为自己的神圣使命。

二、源、平武士道

随着武士的诞生也产生了武士的道德规范，即武士道（或称“兵之道”）。10 世纪以前，各庄官级武士团都有自己的武士道。10 世纪以后，豪族级武士团取代庄官级武士团，若干庄官级武士团的武士道被整合为一个豪族级武士团的武士道。进入 11 世纪后，以武家栋梁为首领的栋梁级武士团取代以地方豪族为首领的豪族级武士团——东国的源氏武士团和西国的平氏武士团，在豪族级武士团武士道的基础上形成栋梁级武士团的武士道。《平家物语》《源平盛衰记》和《今昔物语》载，平安时代的武士道有所谓“平氏的‘贵族的武士道’和源氏的‘坂东武士道’”，或平氏“都城兵家之道的武士道”和源氏“东国猛士之道的东国武士道”。[①] 简言之，即源氏的东国武士道和平氏的西国武士道。

东国武士道和西国武士道虽然都以忠诚、武勇为核心德目，但是两者对忠诚、武勇等武士道德目的认知和标准则相距甚远。原因主要有：

（1）地理环境、发展水平不同。西国是农耕社会和贵族主导的政治、经

① ［日］小泽富夫：《作为历史的武士道》，ぺりかん社，2005，第 37 页；［日］高桥富雄：《武士道的历史・第 1 卷》，新人物往来社，1986，第 113 页。

济、文化中心，东国是游牧狩猎和骑射文化的基地，从大陆传入日本的先进文化和生产技术，先进入西国，再经由西国传播到东国。总之，西国是日本的先进地区和朝廷统治的重点地区；东国是落后地区，朝廷的统治力不及西国。因此，武士、武士道、武家政权最先产生于东国，势力雄厚的武士团最先出现在东国，最先反叛朝廷的是东国武士，平定叛乱的也是东国武士，影响深远的几次战争都发生在东国。西国既未出现强大的武士团，也未发生频繁而激烈的战争。

（2）价值取向、日常生活不同。“西国是基于德治、文治主义这种理性的官僚制组织（系统）……，东国是以狩猎世界为基础的社会，不忌血的污秽。”①东国自古尚武风气盛行，以背向敌人为耻辱。“在西国，特别是在京的平氏，平日喜爱诗歌、管弦，附庸风雅，这种习俗已经日常化。”“坂东武者平时进行流镝马、笠悬、犬物追等弓矢和骑马的训练，在山中骑马狩猎，过着实战性的日常生活。”②西国是朝廷所在地和贵族的天下，贵族文化、宫廷文化发达。

（3）主从关系、发展路途不同。源氏武名和实力是在战争中打出来的，11世纪的三场战争，即“平忠常之乱”“前九年之役”和“后三年之役”，源赖信、源赖义、源义家祖孙三代以王朝国家的军事指挥权为媒介，在战争中与东国武士建立起军事主从关系，被后世尊称为“武家栋梁”。源氏与坂东武士的主从关系，在赖信时代是赖信对坂东武士的庇护、坂东武士对赖信的信任。当然，这主要是情感上的主从关系。赖义、义家与坂东武士的关从关系，一是源氏的赖义、义家与坂东武士共同经历惨烈、艰难的“前九年之役”和“后三年之役”，君臣主从生死相依；二是赖义和义家切实维护从者的利益，给予恩赏。赖义在“前九年之役”后进京多方奔走，为其郎党讨赏，最后，

① ［日］野口实：《武家栋梁的条件》，中央公论社，1994，第150页。

② ［日］福田以久生：《武者之世・东和西》，吉川弘文馆，1995，第36-37页。

“将近20名郎党获得叙位任官”。[①] 朝廷认定“后三年之役”是私战，不予恩赏，爱兵如子的义家将自己的私产赏赐给有功将士。

西国的平氏则不同。白河院、后鸟羽院出于打击藤原氏的目的压制源氏，一直想找机会将势力范围仅限于伊势、伊贺的弱小在京武士平氏培植成忠于院的武家栋梁。11世纪末，平氏与白河院搭上关系。12世纪初，白河院将原来由源义家、源义纲承担的防御寺社强诉的任务，转交给平正盛、平忠盛。不过，真正让正盛、忠盛成为比肩源氏的武家栋梁的契机，是白河院、鸟羽院让二人追讨海盗的行动。1135年，在鸟羽院的示意下，忠盛被任命为海盗追讨使，抓捕了26名海盗后凯旋。不久，忠盛的长子清盛获封了从四位下。“鸟羽院的目的在于通过凯旋游行宣扬忠盛的武家栋梁地位，令其升迁并吸收西国武士为郎党；同时切断有实力的寺社通过港湾庄园和神人控制的海运通道，并利用平氏掌握濑户内海。就这样，受追讨使的军事指挥权动员，许多西国武士成了平正盛、平忠盛的郎党。但是，……终究没有发生过战斗。”“从未带头参战的正盛、忠盛、清盛与只因不想被视为海盗才臣服的西国武士之间，不可能产生源氏与东国武士那样的情谊。”“虽然都是以追讨使军事指挥权为媒介形成主从关系，但一方是同在战场上出生入死多年，将历史记忆化作为情感纽带的源氏武士团，一方是从未参与过真正战斗，仅仅为保全自己的领地而成为平氏家臣的西国武士。”“平氏确实与西国武士间形成了主从关系”，但是，“平氏主从制没有经历过生死与共的实战洗礼，……远不如源氏稳固”。更重要的是，“成为平氏家臣并不意味着其领地就会切实得到保护”，“大多数新成为平氏家臣的人都不觉得平氏有恩于自己”。[②] 总之，平氏的主从关系、武家栋梁的地位，基础并不坚固。

---

① ［日］下向龙井彦：《讲谈社・日本的历史・4・武士的成长与院政：平安时代后期》，杜小军译，文汇出版社，2021，第191页。

② ［日］下向龙井彦：《讲谈社・日本的历史・4・武士的成长与院政：平安时代后期》，杜小军译，文汇出版社，2021，第280-281、309-310、335页。

据《平家物语·卷五·富士川》记载，富士川会战前夕，平氏东征军主将平维盛（平重盛之子）与东国培育出来的老兵斋藤别当实盛曾对东国武士和西国武士进行过颇为详细的比较。

维盛问："实盛，像你这样善射的人，东国能有多少？"实盛说："看来，主公是把实盛看成能射长箭的人了，我只能射13束（1束为1个拳头的宽度）的箭。实盛这样的射手，东国是不计其数的，他们的长箭，没有下于15束的；弓也很硬，要五六个壮汉才能拉开。这样的硬弓射手，可以轻易射透二三层铠甲。每一个大名（地方豪强，武士团首领），军兵再少，也不下500骑；人一上了马也不会掉下来，马走过险处也不会跌倒；打起仗来，父亲死了也罢，儿子死了也罢，飞马越过继续拼杀。西国人打仗，父亲死了要守灵供养，忌期满了才能出征。儿子死了，心痛得不能再打仗。军粮不足，就春天种田，秋天收割，然后再去打仗。夏天嫌热，秋天嫌冷，不愿作战。"①源氏武士与平氏武士的武勇精神，特别是杀伐之心的差异由此可见。换言之，东国武士已经成了跨越生死之界的杀戮工具。

《陆奥话记》载：坂东弓马之士，大半成为赖义的门客。赖义麾下精兵，在战场上不怕死，愿为将军舍命。②与赖义的东国武士在战场上不怕死相比，平氏的"西国武士则以保全生命为第一要义"③。东国武士的效忠以舍弃生命为标准，西国武士以保命为前提。

三、神道的武士道

"日本历史的特征之一，在于政治体制的二重构造，由几种意识形态加以

① ［日］佚名：《平家物语》，周启明、申非译，人民文学出版社，1984，第218-219页。

② ［日］日本图书センター编《日本精神文化大系·第3卷·平安时代编》，日本图书センター，2001，第322-324页。

③ ［日］石井进著作集刊行会编《石井进的世界·1·镰仓幕府》，山川出版社，2005，第104页。

支撑的现象。第一级是神道神孙为君的大王观，第二级一边是佛教十善为君的王者观、一边是儒教有德为君的天子观。三教的意识形态联合及分别发挥作用，维护日本的古代帝国和古代天皇。”[①] 神道的特质之一是宣扬神国思想，鼓吹日本天皇“万世一系”“日本民族优越论”和“圣战”“八纮一宇”，将用武力征服并统治全世界作为日本民族的神圣使命，充当日本对外侵略扩张的思想依据。井上哲次郎的《敕语衍义》对《教育敕语》第一句话“朕唯吾皇祖皇宗，肇国宏远，树德深远”的解释中阐述了“日本大肇国观念”——所谓日本天皇为“天孙降临”，乃“万世一系”；所谓日本国民，为“天孙民族”，乃“八纮一宇”，故而，日本乃“神国”，为“超然万国而独秀也”。[②] 武士道以神道教、禅宗佛教和儒学为思想渊源，而神道教正是武士道思想渊源的第一块奠基石。

武士道的思想渊源，旨在为武士排忧解难，或是为武士的生活方式和价值观念等提供合理性，或是帮助武士临上战场之际放下包袱、轻装上阵，或是肯定武士将侵略掠夺视为天经地义的生存法则，或是满足武士夺取战争胜利的心理需要，等等。极言之，武士道的思想渊源旨在满足武士的现实需要，为武士的道德规范提供思想依据，并确保其合理性和正当性。

具体说来，神道教作为平安武士道的思想渊源，主要是承认武士以侵略、掠夺为天经地义的极端利己主义生存逻辑，激发武士舍命效忠主君的献身精神，将对外侵略扩张视为自己的神圣使命。

8—12 世纪的平安武士道，以日本的民族宗教——神道教为思想渊源，因而也称之为“神道的武士道”。此时，尚无幕府时代才流行开来的禅宗佛教，自然也没有随着中日禅僧的足迹而传入日本的儒家朱子学。与武士作为

① ［日］石田一良：《日本文化史——日本的心和形》，东海大学出版社，1989，第 47-49、399 页。

② ［日］井上哲次郎著，刘岳兵主编《儒教中国与日本》，付慧琴、唐小立等译，中国社会科学出版社，2021，第 21 页。

战斗者所扮演的社会角色和履行的社会职责相吻合，神道教从一开始就是为武士道“战斗者之道”提供思想渊源的，认可武士通过侵略掠夺满足利益需要的生存方式和武士以战争促发展的发展方式。

与武士道一样，神道教也是注重实践的实践道德。神道是日本民族文化的源头和民族信仰，以及日本民族的价值体系和行为规范、生活方式，早已融入日本民族的生活实践。而且，神道的实践伦理与武士的实践伦理存在相通之处，如“清明正真”“真心诚意”“勤务追进”等“神道伦理的基本精神”，要求“努力地践行崇祖敬神、报恩感谢、忠孝、诚实、正直、清净洁白、勇壮、快活、中庸、温和朴素、宽仁、亲和、和谐、爱国、和平等神道德目”。[①] 两者都注意发挥人的积极性和主动性，强调人的使命感、责任感，每一个人都要尽自己的责任，为共同体的兴旺发达奉献自己的一切。

685年，天武天皇将“明、净、正、直、勤、务、追、进”八个字作为冠位的名称。后来，“勤务追进”被用来表示神道精神和神道的道德生活规范，意即努力进行以“真心诚意”“诚心”等至诚之念为基础的神道的道德活动和道德修养。进而言之，“勤务追进”是“真心诚意”的发动。“务”即今日的工作今日做，自己的事情自己做；“勤”即明天的工作也于今日完成，并且不只是为自己，还要为他人和社会尽力；“追”就是不打算落后于他人、落后于时代，而积极努力地修养；“进”即敢为他人先，敢为时代先。[②] 因为神道发自于明净正直之心——真心，所以具有伦理实践的意义。

神道哲理的中心观念是“神人一致”，神与人之间具有一种一体化的关系，即相互依存的关系。这种“神人一致”的一体化理论，可以导出积极和消极两种截然相反的结果。积极的结果是，人类社会的一切结果，都可以被视作为由于人本身的努力和神护佑的一体化的结果。人的生命本来就是神圣

① 王守华、王蓉：《神道与中日文化交流》，河北人民出版社，2010，第239页。

② 王守华、王蓉：《神道与中日文化交流》，河北人民出版社，2010，第239页。

的，人生到世界上即具有神圣使命，即具有本身的自觉。因而人要努力显现其本来姿态，每一个人要尽自己的责任，即强调主体的积极性和进取精神，使共同体运营发展。这种强烈的共同体意识（集团意识）被视为日本民族精神之一，在近现代被作为日本经济成功的原因之一。消极的结果认为，人的生命是神授的，天皇是现身神，皇统即神统；日本国是神国，日本民族是神的后代，天皇是族父；神、国家、天皇三位一体，服从天皇就是敬神崇祖，就是爱国，“圣战”和“八纮一宇”，即用武力征服并统治全世界是日本民族的神圣使命。[①] 这种理论成为日本军国主义对内从精神上控制国民、对外扩张侵略的理论工具。

除神道伦理德目与武士道德目有相近、相通之处外，神道伦理也强调实践，强调最大限度地发挥人的主观能动性，鼓“吹日本优越论”，将征服世界视为日本人的神圣使命。武士道是实践道德，要求以生命效忠主君、效忠集团，将本集团的利益凌驾于其他集团的利益之上，将领地扩张战争视为自己的神圣使命，以弱肉强食为天经地义。也就是说，两者具有契合之处，神道伦理强化和提升了武士的实践道德。总之，神道伦理激发了武士的使命感、责任感、敬业精神、牺牲精神，使武士心安理得地侵略掠夺、弱肉强食，解决了武士不惜一切夺取战争胜利的心理需要。

17 世纪前的武士以战争为职业，对武士来说，战场既是生命终结的坟墓，又是获取财富、权力和地位的源泉。以战争为职业的生存方式，决定了他们孜孜以求、魂牵梦绕的始终是战争的胜利，以“武神崇拜”支撑武士祈求战争胜利、“武命长久”的心理需要。由于八幡神、鹿岛、香取、诹访神、妙见菩萨等具有武神意义，因此，深得众多武士的崇敬。

武士产生后，为了祈求神灵加护，武士团首领便以某一神灵作为自己的氏神（祖先神），向其寻求帮助。“领主级武士团与神联系的著名例证，就是

---

① 王守华、王蓉：《神道与中日文化交流》，河北人民出版社，2010，第 228-229 页。

平家与严岛、源家与八幡宫。”[①] 鹤冈八幡宫是赖义 1063 年 8 月劝请至由比乡，1081 年 2 月义家加以修复。源氏在“赖信、赖义和义家的时代，成功地使八幡神氏神化”，“以国家层次上的守护神作为自己的氏神”。“《将门记》中作为国家武神而登场的八幡神，在这个时期转变成为源氏的氏神”[②]，祈求八幡神保佑源氏“武运长久”。源平大战中，赖朝多次到神社祈求神灵保佑源氏武命长久。在《别册历史读本 78 号・日本武将列传》一书中，平氏总帅平清盛的画像，也是手持经书祈求平氏一门“武运长久”的坐像。

武家宪法《贞永式目》第 1 条，即“可修理神社专行祭祀之事”条中，也宣扬“神者依人之敬增威，人者依神之德添运”的互动关系。

借助所谓“神”的旨意命令家臣武士服从主君，强化武家社会内部等级秩序的基础——主从关系。

主从关系是武家社会最重要的社会经济关系和人际关系，也是构建武士集团的支柱和保持军事实力的基础，因此，武家首领始终将强化主从关系作为当务之急。其主要措施有：一是武力强迫，以武力迫使从者报答主君的恩惠，对主君尽奉公效忠的义务；二是家族关系，赋予武士团首领家族族长的身份和权威；三是武士道精神德目，武家社会的规则；四是武家法律，武家社会的法律制度；五是“神”的旨意，服从主君就是服从神，而所谓“神”的旨意，就是来源于神道教。

“镰仓殿对御家人的支配不只是物质层面的，还包括观念形态。支配御家人观念形态的主干，就是幕府的守护神——鹤冈八幡宫”，“使源氏的氏神成为御家人的守护神，进而又升华为幕府的守护神”。[③] 将八幡神作为源氏与东国御家人的精神纽带，“通过对武神鹤冈八幡宫的信仰，巩固其对武士阶级的

① ［日］奥田真启：《武士团与神道》，白扬社，1939，第 116 页。

② ［日］关幸彦：《武士的诞生》，日本放送出版协会，1999，第 187 页。

③ ［日］冈田清一：《镰仓幕府和东国》，续群书类从完成会，2006，第 87 页。

统治”[①]。早在赖义时代，源氏武士团就已形成信仰源氏的氏祖“鹤冈八幡”与忠于源氏合二为一的思想意识，使源氏的“武威”与武神的“神威”结合在一起。镰仓武家政权建立后，赖朝以源氏氏神“鹤冈八幡”为顶点，加上其下的三岛社的“二所”，进而包括各国一宫的有力寺社，形成镰仓的寺社体制。通过赋予源氏氏神“鹤冈八幡”至高无上的地位，确保了赖朝统治地位的神圣性和权威性。镰仓幕府祭祀的诸神中，“鹤冈八幡”位列首席，除每年正月初一前往参拜外，凡遇重大事项将军都要亲自前往参拜。“鹤冈八幡”作为最高武家神和“武士的世界观的理念对象”，在武家神道和镰仓武士道中都占有独特的地位，既是武家神道中宗教信仰的武神，又在伦理规范意义上充当武士道的崇敬对象，对维护以赖朝为顶点的主从关系发挥了极其重要的作用。

在武士的理想中，护国精神与对护国之神八幡神的信仰合而为一。日本学者奥田真启解释说：“这种思想不单单是八幡神的神格观与护国思想、氏神关系，也与将军的主从关系相一致，据此强化以八幡神之神意而运行的世界观。”“因为八幡是护国神，武士的理想是护国，武士为了实现自己的理想而借助八幡的力量，感受八幡的神威。在此思想基础上，产生出对将军的忠诚和对将军的神的崇敬相一致的忠诚的伦理性。”[②]一方面，通过对源氏氏神——八幡神的信仰，将赖朝与御家人的主从关系追溯到赖义、义家与御家人祖先之间的主从关系，即以源氏与御家人之间的累代主从关系，强化赖朝作为源氏武士团主君的权威性、合法性。另一方面，又通过源氏与御家人之间自赖义、义家以来的谱代意识，使御家人相信“崇敬将军就是崇敬八幡神”，服从赖朝（幕府）就是服从神意和崇敬祖先，对赖朝不忠，就是不遵神意和对祖先的背叛。

---

① ［日］桥本实：《日本武士道史》，地人书馆，1940，第149-150页。

② ［日］奥田真启：《武士团与神道》，白扬社，1939，第118、124页。

极言之，神道为武家社会从者对主君的忠诚和服从披上了民族宗教的外衣。

武士以武勇为生存资本，武家政权以武力为立国之基和治国之本，武家统治者以武力作为“治国平天下之要法”。源赖朝创造性地将武神信仰与尚武精神结合起来，“通过对鹤冈八幡宫的信仰，强调武家主义”[①]，以武神信仰激发尚武精神。

如前所述，武士产生后，武士团首领随即以某一神灵作为自己的氏神（祖先神），企图通过武神崇拜求得神灵的庇护，增强武士团的武力，最大限度地发挥武士团的武威，从而取得战争的胜利。由于“八幡又是武士道里最灵验的神”，因此成为武神信仰的核心。“武神的意义在于支撑构成武士道主干的武勇精神。”“在武士的生活中，兵法乃至武士的做法和合战的心得等都渗透着神道的基础性影响。”[②]不言而喻，武士之所以崇拜、迷信武神，无非是武神崇拜赋予了武勇精神宗教性或神性。正是在武神信仰、武神崇拜的宗教支持下，武勇精神被发挥到极致，甚至扭曲和滥用，穷兵黩武也成了武士的理想追求。

总之，神道支持平安武士作为职业战士依靠战争的生活方式和道德规范。

在此，顺便说说武士道教育。武士教育是军人教育，主要教导军事技能和军人精神，即弓马骑射的职业技能教育和效忠主君、崇尚武勇等武士道精神——思想品德教育。“选择武士之道的源经基、平贞盛、藤原秀乡等人特别注重将自己在实战中磨炼出来的武艺传给后人，其子孙则以成为武士、不辱英雄始祖之名为目标，日夜磨炼再磨炼，刻苦钻研。”[③]也就是说，平安时代的武士教育，主要由家庭承担，大多采取父兄言传身教的形式。当然，也不否认各武士集团在武士馆中相互交流、集体训练的情况。

---

① ［日］桥本实：《日本武士道史》，地人书馆，1940，第148-149页。

② ［日］奥田真启：《武士团与神道》，白扬社，1939，第274、277页。

③ ［日］下向井龙彦：《讲谈社·日本的历史·4·武士的成长与院政：平安时代后期》，杜小军译，文汇出版社，2021，第106页。

第二章　扩张武家政治的镰仓武士道

与平安时代的武士和武士道相比，镰仓时代的武士及武士道所处的时代和地位及其任务迥然不同。以镰仓幕府的建立为界，武士和武士道进入划时代的发展时期，武士成为经济上的土地所有者和政治上的统治者，武士道成了统治阶级的统治思想和社会的伦理道德支柱，日本由此走上了“尚武”的发展道路。

镰仓幕府建立后，公武二元政治正式确立，幕府的守护、地头与朝廷的国司、郡司同时并存，公武两家划界并分权而治。幕府主要统治东国，掌管大部分地区的军警事务和税收，统治赖朝的御家人及御家人控制下的农民；朝廷主要统治西国，掌握行政和司法权，双方均可在对方范围内行使自己的权力。也就是说，幕府主要是东国政权和全国武士的政权，还不是全国性的政权，对朝廷处于从属地位。幕府虽然掌握全国的军事力量，但天皇是权力合法性的源泉，征夷大将军由天皇任命，是天皇的臣子。

武家政治的建立，以削弱朝廷的经济利益和政治权力为代价，后白河天皇（1127—1192 年、1155—1158 年在位）、后鸟羽天皇（1180—1239 年，1183—1198 年在位）、后醍醐天皇（1288—1339 年，1318—1339 年在位），特别是后鸟羽天皇和后醍醐天皇，试图在武家政治立足未稳之际，打倒武家政治，收回院政权利。因此，镰仓武士的首要任务是捍卫和扩张武家政治，与天皇和朝廷争夺政治主导权。除朝幕对立之外，幕府内部北条氏与有力御家人之间也是纷争不断。武士虽然是政治统治者，但却主要履行职业战士的职责。

与武士履行战士的职责、活动目标相一致，镰仓武士道主要是巩固和扩张武家政治的道德规范。镰仓武家政权主要是关东武士的政权，镰仓武士道主要由“坂东武者之习”发展而来，在精神层面起支配作用的观念主要是忠节、武勇、名誉、信义、朴素、礼仪、廉洁等武士道德目，以忠节和武勇为两大特征。显然，修养这些武士道德目的目标主要在于：效忠主君，特别是御家人要绝对效忠和服从将军；崇尚武勇，随时准备奉召奔赴战场；保持武士品格，维护武家政治。

由于武家政权根基不深，朝廷又图谋推翻武家政治，为此，源赖朝尤其重视培育武士的勇猛之心、杀伐之心，要求武士随时做好战争准备。1221年（承久元年），后鸟羽上皇（1198年，后鸟羽天皇禅位给土御门天皇，成为上皇）发动倒幕战争“承久之乱”。北条氏领导武士平定叛乱后，通过没收叛乱者的3000余所庄园和任命新地头，武士的经济基础空前增强，武家政治推广到全国各个角落，武士取代公家贵族占据政治上的主导地位，迎来了镰仓幕府持续半个世纪的极盛时期。

1232年（贞永元年），幕府执权北条泰时主持制定了第一部武家法典《贞永式目》，将武士在数百年战争生活实践中形成的“武者之习”规范化，并赋予其制度价值和法律价值，强化主君与从者的主从关系。

镰仓武士道的思想渊源除神道外，还有12世纪末传入日本的禅宗佛教。禅宗“生不可喜”“死不可悲”的生死观，使以战场为人生舞台的武士（战士）摆脱了生死羁绊，成为不要命的杀人工具。总之，神道教将对外扩张战争作为武士的神圣使命，禅宗佛教则帮助武士解决了对死亡的恐惧，以“忘我”“忘亲”“忘家”的心态奔赴战场。

1192年，天皇任命源赖朝为征夷大将军，为源赖朝在源平大战中建立的东国武士政权赋予了合法性。以天皇对将军的“大政委任”为标志，武士成了主宰国家命运的统治阶级，日本由贵族政治时代转入武家政治时代，成了尚武而非尚文国家。同时，武士社会私人性的内部关系和“武者之习”等，也兼有了“公”的一面。例如，将军与御家人私人性的军事主从关系成了武士政权的政治关系和基本的政治制度。再如，“武者之习”不仅是武士社会主君与从者、个人与群体的道德规范，以及武士应对战争实践、夺取战争胜利的思想观念，而且，升格为武士政权的统治思想、意识形态和奖惩机制、法律制度。

镰仓幕府的建立，标志着日本社会正式进入了武士和皇室、贵族势力对抗的时代。虽然镰仓幕府只是东国范围内的武士政权，大部分权力和土地仍然掌控在皇室和贵族手中，武家政治并不占优势。而且，以后白河天皇、后鸟羽天皇为代表的皇室和贵族势力，一心要夺回失去的权力和财富，推翻武士政权。极言之，镰仓幕府建立后，武士又开始了与皇室和贵族势力争夺政治权力、土地财富的斗争，因此，武士的全部生活依然以作战、备战为中心，战士的一面依然是武士的主要特征。

镰仓武士生于战争、死于战争，以武力夺取朝廷的政治权力和贵族的土地财富为战争目标。镰仓武士道反映镰仓武士的生活方式，服务于镰仓武士的战争生活和战争目标，只能是战斗者的征战杀伐之道。

第一节　征战杀伐的统治阶级

镰仓时代的武士，政治上是行使政治权威的统治者，经济上是拥有领地的在地领主，社会上是以战争为职业的战斗者，思想上以武士道为道德准则，战斗者的职业特征最具代表性、典型性。

源赖朝将源氏祖先赖义、义家以来源氏与关东豪族武士的主从关系，扩大到全国大约2000余个武士家族的首领，即给予这些武士团首领恩赏，从而建立起御家人制度，继而通过这些御家人将其控制下的家臣组织起来，形成武士社会将军—御家人—家子、郎党、郎从的等级秩序，形成将军—侍所—守护地头的权力结构，形成有着共同经济利益、政治立场、活动目标和思想意识的阶级。

一、改变历史走向的镰仓武士

与平安时代处于在野地位的武士相比，镰仓时代的武士是处于在朝地位的统治阶级，幕府是武士阶级的政权，武士的土地所有权和其他权益获得了合法性，有了国家政权和制度上的保障。《吾妻镜·文治五年九月四日条》载，参加攻打奥州藤原氏的“军士达二十八万四千骑”。[①] 另据《吾妻镜·承久三年五月条》记载，1221年皇室发动倒幕战争——“承久之乱”时，镰仓幕府方面分东海、东山、北陆三路大军进逼京都，军士共19万骑。[②] 也就是说，镰仓时代的武士应有20余万人。

1. 源平大战与镰仓幕府

镰仓幕府是源氏武士在与平氏政权的战争中建立起来的，而不是在与天皇朝廷的战争中建立起来的。

1167年，平氏武士团首领平清盛任太政大臣——辅佐天皇的最高官职，获得任官叙位的决定性发言权，官邸设在京都的六波罗地方，在此发号施令，平氏政权因而也称“六波罗政权”。不过，严格说来，“平氏政权是平清盛与后白河院的联合政权”，“并未脱离王朝国家体制的框架，而不过是把太

① ［日］《新订增补国史大系·第32卷》，吉川弘文馆，2000，第347页。

② ［日］《新订增补国史大系·第32卷》，吉川弘文馆，2000，第769页。

政大臣制（律令体制）、摄关外戚政治、院政三种形式集于一身”，“是王朝国家体制的变异形态”。总之，“无论从平氏政权的性质、形态和基础看，都不能说是独立的武家政权。”1179年平清盛发动政变，“停止后白河院政，平氏权力达到顶点，这时真正可以称为平氏政权。但正是在这时各种矛盾一齐爆发，各种反平氏力量纷纷起事。”平氏政权的脆弱性说明“平氏政权仅仅充当了由王朝国家向武士国家过渡的角色”①。平清盛官至太政大臣，掌握中央政治实权，安插亲信，控制权力中枢。“平氏一门有公卿16人，殿上人30余人，还有各国的国守，以及卫府和各省司担任官职的一共60余人，似乎政界里再没有别家的人了。”“一个女儿立为皇后，所生皇子为太子，后来即位。”日本“共分66国，其中归平家管领的凡30余国，已经超过国土的一半了，其他庄园田地不计其数。”②经济上，平清盛拥有庄园500余所。任命手下武士担任一部分贵族庄园的地头（赖朝地头制的先驱），令其管理。平氏独裁政权，引起了各方的普遍不满。1180年（阴）4月，源氏一族的朝廷武士源赖政，企图拥立后白河上皇的第二子以仁王为天皇，推翻平氏政权，并向全国以源氏为核心的武士发布讨伐平氏的檄文——《以仁王令旨》。以仁王和源赖政虽然在京都失败被杀，但是，《以仁王令旨》却为推翻平氏政权赋予了绝对的权威性，揭开了源平大战的序幕。

1180年4月，《以仁王令旨》传到关东。8月，源赖朝正式举起讨伐平氏的旗帜，投靠赖朝者，大部分是基于《以仁王令旨》和父祖以来与源氏的主从关系。9月，赖朝的从兄弟源义仲（源为义之孙、源义贤之子，1154—1184年）在信浓的木曾地方起兵，响应《以仁王令旨》。

为了将关东武士动员和组织起来，赖朝充分施展其政治谋略。据《吾妻镜》记载，赖朝将工藤介茂光、土肥次郎实平、冈崎四郎义实、宇佐美三郎

① 沈仁安：《德川时代史论》，河北人民出版社，2003，第36-39页。

② [日] 无名氏：《平家物语图典》，申非译，上海三联书店，2005，第12-13页。

助茂、天野藤内远景、佐佐木三郎盛纲、加藤次景廉等强有力的伊豆和西相模国武士，一个一个地叫到家中单独谈心。分别对他们说：“这个秘密我只给你一个人讲”，“你是我最信任的人”，“这次就拜托你啦”。“众人大喜，皆以为独得赖朝器重，益发欲以武勇相报。”① 赖朝还宣称，以仁王、源赖政树立的新政权依然存在，并将整个东国的统治权委任给我，灭掉平清盛任命的伊豆国目代山木兼隆后，我将保护你的全部领地安全。于是，这些自认最得赖朝信任和器重的武士，纷纷向赖朝宣誓效忠，将全力攻击山木兼隆。②8 月 17 日，消灭山木兼隆，赖朝成功掌握了伊豆的国衙实权；19 日，宣布废除山木兼隆的恶政。

其实，赖朝作为武家之主最有影响力的政治才能，在于通过恩赏制成为全国军事家族首领的最高主君，进而通过这些军事首领掌控全国武士。

8 月 23 日，赖朝率领伊豆、西相模地方的 300 余骑武士抵达相模国的石桥山，被以大庭景亲为总大将的 3000 余骑平氏军队击败。石桥山一战虽然失败，不过，“上总介广常、千叶介常胤、小山朝政、下河边行平和江户、葛西、丰岛、熊谷、涩谷、川越各氏，即东国的安房、上总、下总、武藏、上野、下野的豪族层纷纷聚集在赖朝幕下，确立起赖朝军的实力。其势力迅速扩大，有 27000 余骑。一度参加大庭军的梶原、畠山、秩父、海老名、波多野等将士也转而成为赖朝的御家人。”③9 月，又通过北条时政争取到甲斐源氏的一条忠顺、武田信义等，赖朝的势力急剧增长。

10 月 6 日，赖朝在关东武士的支持下，成功地攻占了相模的镰仓，并在镰仓创建以恩赏制为基础的御家人制度。据《吾妻镜》介绍，赖朝明确宣布：凡是拥护《以仁王令旨》，服从他指挥的武士，“私领本宅、领掌如故”。（《吾

① ［日］《新订增补国史大系·第 32 卷》，吉川弘文馆，2000，第 32 页。

② ［日］石井进著作集刊行会编《石井进的世界·1·镰仓幕府》，山川出版社，2005，第 15-16 页。

③ ［日］福田以久生：《骏河相模的武家社会》，清文堂，2007，第 8 页。

妻镜·寿永三年二月十四日条》）此外，还保护其一切经济权益，有功者还授予“新恩地”。政治上，宣布各级武士原来所任职务，执行如故。(《吾妻镜·治承三年二月十四日条、四年十二月十四日条》）以利益的纽带将各自为政的关东各武士团统一起来，形成有着共同利益、共同目标的利益共同体，随着关东各武士团首领成为赖朝的家人——御家人，赖朝也成了关东武士的最高主君和统帅；御家人制扩展到全国后，赖朝成了全国武士的最高主君和统帅。

10月16日赖朝亲率大军从镰仓出发，18日源、平两军在富士川展开激战。富士川大捷后，赖朝返回镰仓途中，“在相模府论功行赏，北条殿、及信义、义定、常胤、广常、义盛、实平、盛长、宗远、义实、亲光、定纲、经高、盛纲、高纲、景光、远景、景义、祐茂、行房、景员入道、实政、家秀、家义以下，或安堵本领，或令浴新恩。义澄为三浦介，行平如元可为下河边庄司。”[①] 赖朝“擅自将庄园领主和朝廷的庄园、公领给予武士——‘新恩给予’，或者给予保证其所领所有权的本领安堵，缔结起以所领为媒介的主从关系。”[②] 论功行赏的同时，也给予降将大庭景亲等相应的处分。

11月17日，赖朝在镰仓补任著名武将和田义盛为侍所别当，加强对御家人的控制。“侍所以统制御家人为根本要务”，“侍所的设立，表明了赖朝以源氏一族和东国武士团（首长）作为家人加以统治的意向，强调自己作为主君的地位”。[③]12月12日，赖朝的镰仓府邸建造完成，举行迁居仪式，“供职的311个御家人，拥戴赖朝为‘镰仓之王’”[④]。此后，赖朝将实质性的战斗行为委之以两个同父异母的弟弟义经（1159—1189年）、范赖（？—1193年），自己坚守镰仓。

---

① ［日］《新订增补国史大系·第32卷》，吉川弘文馆，2000，第54页。

② ［日］上横手雅敬、元木泰雄、腾山清次：《院政、平氏和镰仓政权》，中央公论社，2002，第124页。

③ ［日］冈田清一：《镰仓幕府和东国》，续群书类从完成会，2006，第77、80页。

④ ［日］《新订增补国史大系·第32卷》，吉川弘文馆，2000，第59页。

1181年，平氏主帅平清盛病故；1182和1183年，平氏控制的畿内和西日本地区发生灾荒，直接影响平氏军队兵粮的征调，平氏军的战斗力益发削弱。

信浓的源义仲响应《以仁王令旨》，独自与平氏作战，1183年在北陆地方打败平氏军队进逼京都，平氏挟持天皇和所谓的神器逃往西部地区，义仲乘势拥戴逃到比叡山的后白河法皇进入无人主事的京都。于是，全国形成三足鼎立之势，即“西国的平氏、北陆道和京城的义仲、东国的赖朝三种势力相争的形势，称为‘三分天下’。”平氏虽然挟持着安德天皇，但大势已去；京都的义仲没有稳固的后方，军兵四处抢掠，引起贵族、寺社和百姓反感；关东的赖朝拥有巩固的根据地，关东武士渴望建立军功、获得新的领地。

1184年1月20日，义仲军在宇治、势多会战中大败。随后，又在近江的粟津激战中失利，义仲战死。于是，三足之势又成源平对立。1184年2月，义经使用奇袭战术在一谷战役中打败平氏军队。1185年3月，源平两军在本州、九州之间的坛浦海面（今下关海峡）决战，平氏军队大败。平氏主将平知盛令家人抱着安德天皇跳入大海之中，随后，平经盛、平教盛、平资盛和平知盛也遵照平清盛遗言投水自尽。

平氏灭亡后，后白河法皇又重施故技，挑起赖朝与义经兄弟间的矛盾。1184年，义经在一谷战役之后，受命驻守京都，其间，违反了“御家人勋赏之功，须听命赖朝定夺”的原则。1185年，后白河法皇令义经追讨赖朝，赖朝的先遣部队抵达京都后，又转而对赖朝颁发追讨义经的院宣，义经投奔奥州藤原氏。1189年，赖朝迫使奥州藤原氏杀死义经；接着，又以窝藏罪讨灭藤原氏。

镰仓武士政权的创建历时10余年。1180年11月，赖朝在镰仓设军事警察机关侍所，长官称别当，其下是所司，平时统率御家人，战时以军奉行的身份在阵前指挥军队。1184年10月，设行政机关公文所（1191年改称政所）、司法机关问注所。

赖朝以军事实力和实际占领的土地为后盾，1183年10月，获得对东国的实际统治权。1185 年 11 月，获得在全国任命守护、地头的权限，“幕府作为担负国家军事、警察职能的组织由此确立”[①]。守护行使军事警察权，地头的职权“一般是国衙领、庄园的下地管理权、征税权、警察及裁判权”[②]。幕府中央和地方统治机构的建立，拉开了重新分配政治权力和土地财富的序幕，越来越多的权力和土地落入武家手中。可见，武家政治的建立是以牺牲朝廷的权力和贵族的土地为代价的。

与依赖院的平氏政权不同，赖朝缔造的镰仓幕府，并不是贵族国家的一部分，幕府的政权机构是独立于朝廷以外的行政系统，而且设置在远离京都的镰仓，以保持武人特色，不受贵族影响。

武士政权的中央机构是侍所、政所和问注所，地方实行守护地头制。镰仓幕府的地方政权组织，既是幕府之下的军事机构，又是推动武家政治的地方执行机关，在地方上培植武家势力，贯彻落实武家统治政策，由赖朝的家人——御家人担任长官。

幕府的地方机关，首先是地区性机关，主要有京都守护（1185 年）、镇西奉行（1186 年）、奥州奉行（1189 年）。京都守护建于 1185 年，是代表幕府驻京都的派出机构，职责是监督朝廷、负责幕府与朝廷间的交涉、维持京都的治安和掌管家人的诉讼等。“承久之乱”后，幕府新设六波罗探题代替京都守护，除负责警备京都、监视朝廷外，还拥有三河以西各地区的行政和司法权，成为幕府控制西国、近畿地区的重要机构和幕府之下最有权力的地方权力机构。因而六波罗府有“小幕府”之称，六波罗探题的职位也由北条氏一族世袭。镇西奉行建于 1186 年，负责九州的军事、行政、诉讼等事宜。奥州奉行建于 1189 年，负责掌管奥州御家人和有关事宜。

“1185 年 11 月，朝廷承认赖朝在全国任命守护、地头的权限，幕府作为

① ［日］坂本太郎：《日本史概说》，汪向荣、武寅、韩铁英译，商务印书馆，1992，第 174 页。

② ［日］下村效编《日本史小百科・武士》，东京堂，1993，第 61 页。

担负国家军事、警察职能的组织由此确立。”[①] 守护地头制的确立标志着镰仓幕府地方统治体系的形成，源赖朝在世时，守护相当于天皇朝廷的国司，主要是任命有实力的关东御家人担任；执权政治时代，重要地方的守护几为北条氏一门独占。

赖朝委派创业功臣——关东御家人到地方各国担任地方官——守护，分担自己作为日本国总守护的职权。“以御家人为轴心的权力编成，作为在各国履行行政职能的制度是守护地头制。守护，率领受托管辖国的御家人，一方面向幕府承担军役，另一方面是在国内行使处断杀人的重大犯罪的检断权。军役的中心是守护朝廷的大番役，检断事项的中心是谋反、杀害。”[②] 守护设置在地方国衙，是幕府的政治军事代表，职位相当于京都朝廷的国司，原则上各国设守护 1 人，主要职责或基本权力是“大犯三条”，即指挥追捕谋反、杀人犯和大番役。在武力的支撑下，“守护首先扩大和强化对国府政厅地方机关的支配权”，“夺取国府政厅有力官人的地位，形成与东国相同的国内支配组织”。[③] 平时统管国内御家人维护地方秩序、履行警卫京都和镰仓的义务，战时作为该国御家人的军事指挥官统率御家人出征。“镰仓幕府通过守护制度行使全国的军事警察权。”[④] 守护凭借“大犯三条”赋予的军事警察权，在地方各国培植武家势力、推动武家军事统治、排斥公家朝廷的地方政权机构，扩张武家政权的统治权限。守护没有特别报酬，因而一般都兼任地头之职。

在镰仓幕府的地方统治体系中，“地头制是幕府、武家体系的中心或基础”。“地头和幕府的关系是主从关系，幕府给予地头职权和所领——御恩，地头对幕府承担作为奉公的忠诚和军务奉仕。所领的土地完全处于地头的支配下，

① ［日］宫地正人：《新版世界各国史·1·日本史》，山川出版社，2008，第 145 页。

② ［日］宫地正人：《新版世界各国史·1·日本史》，山川出版社，2008，第 148 页。

③ ［日］石井进著作集刊行会编《石井进和世界·1·镰仓幕府》，山川出版社，2005，第 186-187 页。

④ ［日］三田武繁：《镰仓幕府体制成立史研究》，吉川弘文馆，2007，第 287 页。

地头具有行政和司法权力。向民众征调劳力和年贡是地头的权力。”①“地头在身份上被认为是‘日本国总地头’赖朝的代理人，任免权掌握在赖朝手中。”②地头设置在庄园，由幕府任命关东御家人担任，不受庄园领主制约，是幕府在庄园的政治军事代表，具有作为幕府基层组织的性质。

地头的职权“一般是国衙领、庄园的下地管理权、征税权、警察及裁判权。地头以这些职权为媒介，镇压庄民反抗，侵犯国衙领和庄园的领主权，推进自身的领主化。”③意义深远的是，地头有权以征收公粮米的名义为自己从公私庄园征收稻谷作为薪俸。“承久之乱”后，幕府实行了《新地头利益分配法》(即《新被率法》)：每 11 町田地，须分 1 町给地头，每 1 反土地，须征收 5 升加征米，以此统一地头的收入标准。地头的收入是庄园年贡的一部分，换言之，地头拿走了属于庄园主年贡收入的一部分，地头制因此也被视为土地财富再分配的工具。

赖朝任命御家人为地头，与源平大战期间的军事形势、军事需要密不可分。在源平大战中，一方面，赖朝“安堵本领”或“给予新恩”，其中，不少是采取任命地头职的形式。这些以国衙领、庄园为单位的地头被称为“庄乡地头”。另一方面，赖朝为了推进打倒平氏的军事行动，将没收来的敌方所领作为新恩给予，任命御家人为地头，即“没官领地头”，具有内乱中对敌方所领进行军事占领的意义。其实，地头职是恩赏的重要内容之一。

由于地头既是拥有家臣武士的一级军事首领，又拥有庄园土地的警察权、管理权和年贡、军粮的征收权，庄园主大多居住在京都、奈良等地，距离庄园较远，自身又缺乏实力，因此，很难抑制地头侵占土地或将年贡据为己有的行为。于是，庄园主干脆将庄园的一切权力委之地头，与地头缔结地

---

① ［日］中村吉治：《武家和社会》，培风馆，1953，第 120-123 页。

② ［日］石井进著作集刊行会编《石井进和世界・1・镰仓幕府》，山川出版社，2005，第 152 页。

③ ［日］下村效编《日本史小百科・武士》，东京堂，1993，第 61 页。

头承包契约（“地头请”）；或将庄园土地分为领家部分和地头部分（“下地中分”），彼此互不侵犯对方权益。但地头并未因此而停止侵蚀，他们以所分的土地为基础，继续蚕食其余土地，使自己成为在乡领主并日益强大。

地头作为幕府任命的庄园监管人和推进武家统治的基层机关，站在贯彻武家统治政策的最前沿，以庄园土地的警察权维持武家统治秩序，进而管理土地、征收租税和军粮。如果说守护的主要职责是军事警察权的话，那么，地头的职责则主要是租税征收权，对庄园主的土地财富进行再分配。13 世纪中叶以后，强大的守护大名通过将这些地头置于自己的支配之下，与自己结成主从关系，逐渐掌握了全国绝大部分庄园，奠定了室町幕府时代守护领国制的基础。

镰仓幕府开始的公武二元政治，将军（幕府）—守护—地头的武家统治系统，与天皇（朝廷）—国司—郡司的公家统治系统同时并存。武家政治的特点主要在于：（1）不是摧毁朝廷的统治和贵族的经济基础——庄园制，而是承认朝廷的政权机构和保护贵族的土地所有权；承认朝廷的优势地位和天皇是权力合法性的源泉，承认朝廷在地方上所设的国司掌管地方行政，保全院、宫等贵族的庄园利益。（2）尊重公家政治，固守自己领域的武家政治。在权力的分配上，幕府主要是军事警察权，以及一定程度（东国）的行政权，朝廷是行政和司法权。承认朝廷在地方上所设的国司掌管地方行政，保全院、宫等贵族的庄园利益。公家的律令政治是对全国实行一元化控制的统一政治，统治对象无所不包。与之相比，武家政治则是局部的，税收由地头来承担。（3）武士政权只是东国的武士政权，而非全国性政权。平氏只是“在贵族的政治体制内占据了要职”，并“没有取代贵族政治开创武家政治”，“源赖朝也仅仅设立了统领武士和领地的独立权力机构，而没有夺取京都政府的权力职能。概而言之，武家政治登台这一事件也仅仅意味着公家（古代国家的贵族及其后代）与武家二元统治的开始。”“1221 年（承久三年）的‘承久之乱’决定性地确立了幕府的优势地位，守护、地头加速了对国司、庄园领主的古代式统治权力的侵蚀，二元统治向武士一元统治的转移已成为无法阻挡的大趋势。不过，镰仓时代还没有跨越上述这一段过渡期。”[①] 必须强调的是，武士靠战争起家，武家政治建立后幕府掌握军事大权，为武家战胜公家创造了有利条件。

尽管政治上，赖朝和北条氏没有摧毁朝廷的统治，还尊奉朝廷为国家最高权力机关；经济上，没有剥夺贵族的经济基础——庄园制，还采取承认和保护庄园制的政策。但是，幕府的存在和发展，以分割朝廷的权力和贵族的财富为前提条件，这也是皇室一定要发动倒幕战争的根本原因。

2. 镰仓武士的政治秩序

1189 年的“奥州合战”标志着全国性的武士大战结束，天下武士尽归源氏。1192 年，天皇任命源赖朝为征夷大将军，标志着武士阶级成了统治阶级，日本成了尚武而非尚文的国家。

源赖朝通过利益的纽带，使全国武士成为有着共同利益和共同目标的阶级，其内部又分为若干等级，将军、御家人、非御家人、郎党、郎从的等级秩序，也是政治秩序，源氏和北条氏是武士的君主。

镰仓幕府是源赖朝（1147—1199 年）在东国武士的支持下创建的，征夷大将军的职位由源氏子弟世袭。赖朝是武家栋梁赖义、义家的后裔，义朝的第三子，1159 年义朝策动“平治之乱”时随父参战，“平治之乱”失败后，被流放到伊豆半岛。1180 年 8 月起兵讨伐平氏，10 月的富士川大捷后，率兵进入镰仓致力于根据地建设，创建御家人制度，关东各自为政、一盘散沙的大小武士团迅速聚集在其麾下，受其保护，听其指挥。1185 年 3 月，全歼平氏军队。1189 年 7 月，亲率大军平定奥州。至此，各地武士团均统一在赖朝之下。1192 年 7 月，源赖朝被后鸟羽天皇正式任命为征夷大将军。1198 年 12 月，赖朝竟然从马背上摔下后一病不起，翌年正月逝世。

1199 年，赖朝与北条政子之子、年仅 18 岁的源赖家（1182—1204 年）

---

① ［日］家永三郎：《日本文化史》，赵仲明译，译林出版社，2018，第 126 页。

继任为第二代将军。赖家年少气盛、缺乏驾驭御家人的才能和权威，刚愎自用，行事专横，偏爱、重用其岳父比企能员（？—1203年），排挤、压制幕府元老，引起关东武士们的不满。1204年7月，被其外公北条时政派人所杀。赖家死后，12岁的千幡——实朝（1192—1219年）继任第三代将军。1219年，在拜贺八幡宫时死于非命，源氏正统自赖朝以来三代27年断绝。北条氏仅仅只是东国的一介小豪族，不具备取而代之的合法性，只得打着清和源氏、九条流藤原氏、亲王等象征合法性的旗号，采取隐藏于幕后的形式。1226年，北条氏从京都迎来贵族藤原赖经（1218—1256年，关白九条道家之子，也称九条赖经，初代摄家将军）；1244年，北条氏逼迫藤原赖经让位给其子九条赖嗣（1239—1256年，二代摄家将军）。1252年，宗尊亲王（1252—1266年执政）任征夷大将军，开始了亲王将军时代。

赖朝死后，北条氏一直占据着武士之长的位置，把持幕府实权。北条氏是“坂东八平氏”中平国香之子平贞盛的后裔，北条时政的五世祖便是将镰仓馆——东国霸权让给源义家的平直方。不过，属于坂东平氏的北条氏虎视眈眈地盯着主家源氏，顷刻之间就夺取政权。平直方是出于挽回武家名誉而将镰仓让给源氏，北条氏则是出于政治野心而抢回镰仓，为了夺取源氏政权，不惜让赖朝断子绝孙。

当然，北条氏为镰仓幕府的建立、巩固和制度建设做出的重大贡献，也是不能抹杀的。

伊豆豪强北条时政（1138—1215年）本是平氏部将，进入镰仓前，已在伊豆国的北条馆确立起对当地的支配地位。1177年，长女北条政子不顾其父的强烈反对与赖朝结为夫妻后，时政逐渐转向支持赖朝。1180年，拥护赖朝响应《以仁王令旨》起兵，直属时政的北条军也成了赖朝的亲兵队。1185年11月，时政率1000骑到京都，使后白河法皇发布追讨义经的院宣，承认赖朝在全国设置守护、地头，进而许可地头征收每反5升的兵粮米。镰仓幕府建立后，北条时政作为镰仓殿的外戚，实力雄厚，下野国足利庄的足利义兼、武藏国畠山庄的畠山重忠、下野国的宇都赖纲等关东大豪族，都争相与时政之女通婚。1203 年，北条时政成为政所别当，以辅佐将军的名义掌握幕府大权。1204 年，时政企图立自己的女婿平贺朝雅为将军，建立平贺氏政权，北条政子和北条义时等人坚决反对，起兵剿灭京都守护平贺朝雅，将其父时政逐出镰仓，不准重返政界。

北条时政被逐后，其子北条义时（1163—1224 年）在北条政子的支持下继任北条氏家督，掌握幕府实权。1205 年，义时成为政所别当，自称幕府的执权——代替将军掌握政治权力。1213 年，借故杀死侍所别当和田义盛，自己兼任政所别当和侍所别当两职，独揽幕府军政实权。1221 年，在北条政子和关东御家人武士支持下，粉碎了后鸟羽上皇发动的倒幕叛乱——“承久之乱”（1221 年，承久三年）。此后，武家在政治上确立起对京都天皇朝廷的绝对优势。

1224 年，北条义时去世后，其子北条泰时（1183—1242 年）继任为执权。泰时针对时弊进行了一系列改革，改变执权独断幕政的体制。1225 年增设副职连署，任命 11 名精通政务的御家人组成评定众，与执权、连署一起组成幕府的最高决策机构。贞永元年（1232 年）年 8 月，以赖朝以来的先例和武家社会的道理为骨架，制定并实施《贞永式目》。于是，“泰时的政治，成为以评定众制的合议制和《贞永式目》的法治主义为两大支柱的执权政治。”[①]1242 年泰时去世，其子时赖（1227—1263 年）进一步完善以执权为中心的政治体制。同时，又极力将幕府权力集中于北条氏嫡系家族——得宗，清除北条氏旁系家族，铲除对北条氏构成威胁的名越和三浦家族。

时赖之子时宗（1251—1584 年）任执权时年仅 18 岁，1268、1271、1272 年三次拒绝元朝武力威胁的国书，继之又于 1274、1281 年两次成功粉碎了元朝的征日活动。然而，时宗在对内统治中无视执权政治传统的集体评

① ［日］奥富敬之：《镰仓北条氏的兴亡》，吉川弘文馆，2003，第 83 页。

议制度，抛开幕厅，在自己的私邸召集北条氏嫡系家族、外戚和家臣（或称御内人），裁定幕府的大政方针。于是，旁系和嫡系御家人之间的矛盾冲突不断激化，1285 年的御家人骚动事件后，幕府赖以生存的权力基础——御家人制度开始动摇，镰仓幕府走向衰落。

时宗之后的数十年间，实权落入下级权臣之手。1333 年，源氏后裔的御家人足利高氏在前往镇压倒幕军途中倒戈。接着，上野豪族、源氏后裔的御家人新田义贞（1301—1338 年）率关东地区的反幕武士攻陷镰仓，北条高时及其家族、随从 800 余人在东胜寺切腹自杀，镰仓幕府灭亡。

幕府将军和执权之下是上级武士御家人，即与镰仓殿——将军结成家族式军事主从关系的武士，也称镰仓殿御家人、关东御家人。“御家人的本质在于镰仓殿与御家人私人性的关系。”[①] 将军与御家人的军事主从关系，以利益为基础，以将军的御恩为前提条件。将军的“御恩”包括：（1）本领安堵，即确认家人原有的领地；（2）新恩给予，即根据战功给予新的领地；（3）发生领地等纠纷时，为家人提供保护；（4）向朝廷推荐官职，任命御家人为武家政权的守护、地头。御家人的“奉公”分为：（1）服从和效忠将军，战时率领一族武士参战；（2）平时的军事勤务，如守卫京都的京都大番役、守卫镰仓的镰仓番役等；（3）完纳赋税，如皇宫、幕府、寺社及驿站的修建费用等。

御家人制度建于 1180 年，1185 年成为正式的制度。1185 年月 11 月，赖朝以追讨义经和防止反乱为由，向朝廷建议在全国设置守护、地头，并派御家人担任，得到朝廷认可。守护设置在国，主要任务是统御国内御家人和维持治安。地头设置在全国的公领、庄园，负责征收年贡、维持治安等。“赖朝让御家人担任守护、地头，配置在诸国、公领和庄园里，分担自己作为日本国总守护（国家军事、警察权的最高行使者）的权限（御家人不只是赖朝私人的从者，而且是国家军事警察权的现地执行者，因此，在‘家人’上冠以

① ［日］宫地正人：《新版世界各国史·1·日本史》，山川出版社，2008，第 148 页。

‘御’字）。”[①] 赖朝任命御家人担任守护、地头，既标志着御家人制度的正式形成，也标志着主从关系成了武士政权正式的政治关系和统治体制。

私人性的主从关系与幕府的中央和地方官制相结合，形成将军—侍所—守护—地头的武家统制体系。所有武士都处于金字塔式的主从关系链条之中，将军位于主从关系链条的顶端，链条的中间是作为“侍”的御家人和非御家人，最后一环是处在金字塔底层的郎党、郎从。大体上可以表述为：将军—御家人—非御家人的侍—家子—郎党、郎从。中间环节的各级武士扮演着双重身份，对上是家臣、对下是主君。将军以下的所有武士，都在主从关系中受主人的恩惠，向主人履行应尽的职责和义务；每一层次的主从之间，都是面对面的直接互动，都有明确的权利和义务。武士终身乃至世世代代都只能有一个主君，从一个主君处得恩赏，效忠一个主君，一旦离开主君，即为无主浪人，也会为被武家社会所抛弃。

御家人制的“背景在于，赖义、义家以来武家栋梁源氏和源氏谱代家人——东国武士人格的信赖关系，继而形成清和源氏的嫡流赖朝和东国武士的主从关系。最初的人格的主从制原理和以所领为媒介的恩给制原理相结合。”[②] 在源平大战期间，赖朝通过保证东国武士本来的领地和其他权益——恩赏，将御家人编成自己的军事力量。14 世纪初的幕府法制、诉讼制度入门书籍《沙汰未练书》载：“御家人即往昔的开发领主，由将军赐予御下文，确认其支配所领的人。开发领主就是具有根本私领或者本来领地的人。所谓非御家人，即身份上属于侍，但不直接侍奉将军，不领有承担御家人役的土地。”[③] 御家人与其他武士的根本区别在于，与将军私人性的家族式主从关系。御家人是源氏大家族的一员，可以担任幕府的官职。

---

① ［日］野口实：《武家栋梁的条件》，中央公论社，1994，第 30-31 页

② ［日］下村效编《日本史小百科研・武士》，东京堂，1993，第 58 页。

③ ［日］石井进：《镰仓武士的实像》，平凡社，1991，第 337 页。

御家人是赖朝的股肱家臣，日本学者桥本实将御家人分为：（1）累代御家人，指代代与源氏结成主从关系的关东武士，即赖义、义家以来与源氏结成主人关系的关东武士。（2）源氏一门，主要是甲斐、信浓、远江的源氏，即武田信义、平资有义、安田义定、逸见光长、小笠原长清等所谓义光流的诸氏，他们在甲斐举兵，在骏河黄濑河与赖朝会合，并在富士川大战建立奇功。（3）源平大战中有战功的地方豪族和臣属的地方武士，如肥前国的龙造寺季家不听平家命令，追随源氏并极尽忠勤。此外，义经将平氏追击到坛浦时，周防国在厅船所五郎正利——当国的船奉行，将数十艘船献给义经，经义经推荐给赖朝录用为御家人；佐竹藏人佐竹冠者秀义因追讨有功而列入御家人行列。（4）降伏的平氏家人，如畠山重忠、河越重赖、江户太郎重长等降于赖朝军门之下，作为御家人占据枢要地位。（5）赖朝招到镰仓的京都公卿，如大江广元、三善康信以及中原亲能、藤原邦通等。（6）赖朝在特殊场合任用的御家人，赖朝以一艺一能之杰出者为御家人。[①] 从御家人的来源看，“镰仓幕府有力的御家人的大半，出自藤原秀乡流，桓武平氏贞盛、繁盛流，平氏良文流三部分。”[②] 最早成为御家人的是关东豪强武士，随着源氏的节节胜利和镰仓幕府的建立，10余年间御家人便由关东扩展到全国各地。

《吾妻镜·文治元年十月二十四日条》记载：文治元年赖朝准备讨伐义经，准备上洛（到京城）时（实际上没有实现），在镰仓集合的关东御家人，“以千叶常胤为首，主要人员有2096名”[③]。大体可以说，在此基础上适当增加一定数量，即为御家人的总数。“镰仓初期的文治元年（1185年），关东御家人有2096人。那以后，数量虽有增加，但要准确把握总数是非常困难的。”[④] 当然，也不是任何武士都有资格成为御家人。“镰仓幕府的御家人制度，以武

---

① ［日］桥本实：《日本武士道史》，地人书馆，1940，第78-82页。

② ［日］元木泰雄：《武士的成立》，吉川弘文馆，1994，第73页。

③ ［日］《新订增补国史大系·第32卷》，吉川弘文馆，2000，第178页。

④ ［日］阿部猛：《镰仓武士的世界》，东京堂，1994，第61页。

士团的总领制为前提，由总领代表一族与镰仓殿结成主从关系。”[①] 换言之，御家人本来也是武士团首领。

如果说东国御家人是正式军的话，那么西国御家人则被看作是二线御家人，各国大概有 30 人。[②] 关东的累代御家人，最得赖朝信任和器重。内战结束后，赖朝让远江、信浓以东 15 国的御家人武士负责京都大番役、镰仓番役，并任命他们充当各庄园、国衙领的地头和各国的守护。他们构成支撑镰仓幕府的中坚力量，占有比其他地域出身的御家人更高的地位。他们对源氏的忠诚度最高，当然，赖朝给予他们的恩赏也最多。

“镰仓幕府武家政治的基础，是将军与御家人之间通过‘御恩’与‘奉公’结成的封建主从关系。所谓御恩，乃是将军确认御家人自祖先以来就具有的所领，有战功者还会得到新的所领。守护和地头的补任以他们为主要对象。所谓奉公，与御恩相对应，指御家人要绝对忠诚于将军，并履行对将军承担的义务，即京都大番役、镰仓番役、异国警备番役、战时军役及其他临时的御家人役，最重要的、对御家人构成很大负担的是京都大番役。怠慢御家人役者，将丧失御家人的地位及所领。这种主从关系不只是双方的权利义务关系，也是建立在相互信任和道义之上的，并与祖辈以来的同族观念、血缘观念等相结合。这是构成幕府成立的实质性基础。”[③] 要与将军结成主从关系，须履行一定的手续。主要内容为：（1）御家人谒见将军，称为“见参式”或“初参礼”（也有的从者向将军呈上表示忠诚的“起誓文”），并向将军呈递名簿，即向将军表示臣服，宣誓忠诚；（2）将军向御家人颁发领地证明书“本领安堵下文”，即承认其领地的合法性和双方结成主从关系。御家人继承时也要履行同样的手续。御家人发生继承纠纷时，将军有权裁决。随着御家人不断增多，程序也日渐简化。

---

① ［日］下村效编《日本史小百科·武士》，东京堂，1993，第 59 页。

② ［日］高桥昌明：《日本武士史》，黄霄龙译，社会科学文献出版社，2020，第 78 页。

③ ［日］坂本太郎：《世界各国史·14·日本史》，山川出版社，1982，第 168-169 页。

御家人是享有特权的军事贵族。政治上，在国家政治生活中构成统治阶级的中坚力量，幕府的重要官职及地方各国事实上的军政长官——守护和各地公私庄园的实际统治者——地头，均由他们担任，掌握国家的政治、经济和军事实权；军事上，他们是职业军人，充当幕府的军事支柱和国家军事力量的中高级军事指挥官，不仅统辖一国、一乡的武装力量，而且还直接拥有实力强大的家臣团；经济上，源赖朝保障他们的土地所有权，不再担心自己的土地会被朝廷没收，是拥有土地的军事领主。

非御家人是一个较为广泛的范畴，凡是没有与将军结成主从关系的武士都属于非御家人。主要有：（1）身份地位属于“侍”的骑马作战的武士，绝大部分为中小武士团首领；（2）“侍”的从者——郎党、郎从，多为徒步作战的下级武士。

非御家人的权力、地位和实力虽在御家人之下，但和御家人一样也是属于“侍”的、骑马作战的武士。非御家人主要是中小军事贵族，自身也是拥有郎党、郎从的中小武士团的首领，他们中有些人的实力可能还超过部分御家人；在武家社会的金字塔结构中处于中层，大体上属于中级武士和中下级指挥官。非御家人主要包括两部分武士，一部分是没有与源氏建立主从关系的武士，一部分是御家人属下的家臣武士（陪臣）。虽然他们没有与将军建立直接的主从关系，不存在和将军直接的“御恩”与“奉公”关系，但作为臣民，也需要服从将军的管辖和调度。

非御家人在国家政治生活中的地位和作用低于御家人，只能担任御家人武士剩余的、次要的中下级官职，御家人担任各地庄园的地头，他们往往被任命为庄官，监督下人、所从和农民进行农业生产。军事上，作为自己军事组织的首长和专事征战杀伐的职业军人，构成武家军事力量的重要组成部分；战时在上一级军事首领的统领下，率领属下武士征战杀伐，平时在家磨炼骑射和刀术、剑术等战技。

经济上，这些非御家人武士的土地所有权因武士政权的建立而得到正式确认。和御家人一样，其土地也是包括祖传的土地和主君恩赏的土地两部分，可直接通过属于自己的土地获得经济来源，即使主君恩赏的土地被没收，依靠祖先传下来的土地，也能维持基本的经济生活，具有较强的经济独立性。

“幕府是军事政权，基础是构成其军事力量的全部武士。”①不用说，这全部武士，当然包括数量庞大的下级武士，即郎党、郎从，大体上相当于军队中的普通士兵，是武士金字塔结构的底座或基础。“构成武士团中核的是家子和郎党、郎从。例如，武藏国河越重赖的女儿嫁给义经赴上洛时，由家子2人和郎从30余人护送。宫城四郎受命追讨奥州的芝田次郎时，率家子3人、郎从10余人前往。要成为强有力的武士团，就需要有数量极大的家子和郎从。”②在平安时代和镰仓、室町时代的各类大大小小的武士团中，家子和郎党、郎从，特别是郎党、郎从都是最基本的军事力量，占武士总数的80%以上。郎党、郎从虽然是最下级的武士，但他们作为武士，也是政治上无可争辩的统治阶级、社会上的主流阶级。武士虽然是武士政权的权力支柱，但也依然具有私人武装力量的属性，隶属于各自的主君。

还需要稍加说明的是，镰仓时代也出现了相当数量失去主君、失去所领的浪人。浪人出现的原因有：一是12世纪80年代，源赖朝先后消灭源义仲、平氏和奥州藤原氏，除义仲、平氏和藤原氏的所领外，其部分家臣武士的所领也成为源氏的战利品恩赐给关东御家人。二是幕府成立之初，赖朝枉杀义经、范赖等大功臣；北条氏排斥异己，先后灭亡梶原氏、比企氏、和田氏、三浦氏等有力的御家人武士，被赖朝和北条氏灭亡者的家臣武士中也有部分人被没收了所领。三是“承久之乱”后，参加叛乱的武士的所领被没收。这样，便产生了一定数量的浪人，即在野的、非主流地位的武士。

镰仓时代中期以后，随着经济的发展，特别是商品货币经济的发展，武

① ［日］安田元久：《武士世界形成的群像》，吉川弘文馆，1986，第252页。

② ［日］河合正治：《中世武家社会研究》，吉川弘文馆，1973，第56-57页。

士阶级内部的分化日益加剧，就连身为上级武士的御家人也日益贫困化。主要原因有：（1）分散继承制。大家族分裂为许多分支，丰厚的军事领地被分割成支离破碎的微薄遗产，抵御风险的能力愈来愈弱。（2）繁重的军役负担。御家人役，包括军役奉仕、封建性义务、封建性援助三部分；军事奉仕，有战时奉仕和平时奉仕；封建义务，分所谓公事和根据将军的命令向朝廷及寺社寄进，甚至承担将军旅行乃至远出的供奉等广泛的义务；封建援助，即将军的儿子元服、女儿结婚时的献金及其他义务。（3）商品经济的侵蚀。随着生产力的提高和商品货币经济的发展，武士的生活支出日益增大。（4）抗元战争（即抗击中国元朝军队的入侵）的军事和经济负担。尽管御家人在战争中付出了巨大代价，立下了赫赫战功，但是，幕府没有战利品——土地满足有功将士的恩赏要求。为了弥补战争造成的经济损失、恢复自身的经济实力，部分御家人通过大肆侵占公领，大搞13世纪中期开始采取的“地头请”和“下地中分”的办法，蚕食庄园土地以自救。但是，多数御家人因军事和经济负担而穷困没落，许多贫困没落的御家人，甚至典当或出卖祖先拼命得来的“名字之地”——本领地。

幕府拿不出土地恩赏给有功将士，破坏了“御恩”与“奉公”的游戏规则，失去了御家人的信赖和支持，动摇了御家人制度的基础，镰仓御家人制度也开始走向崩溃。

在武士的分化过程中，一方面是包括御家人在内的广大武士日趋没落；另一方面是少数御家人武士——守护，利用其作为地方各国军政长官的权势，通过侵占庄园土地、将地头等武士作为自己的家臣的方式，成为拥有大量土地和家臣的武士大封建主——守护大名。他们将国内武士变为自己的家臣武士时，许多御家人也转而与之结成主从关系，从而破坏了“御家人直属幕府的根本原则。”伴随着武士的分化，出现了武士团的重组。新产生的武士团，血缘关系愈来愈淡薄，地缘因素愈来愈浓厚。各御家人家族发生了分散聚合，他们在寻求经济援助和保护的过程中，与当地守护等强有力的御家人武士结成新的主从关系，形成新的武士团。围绕武士团的重新组合，以守护大名为代表的地方实力派，争夺武士团领导权的斗争日趋激烈。

二、镰仓时代的政治局势

1192 年成立的镰仓武士政权只是“东国的武士政权”，而非全国的政权。同时，刚刚诞生的镰仓武士政权根基未稳，对京都朝廷处于劣势。“如果将目光转向西国，可以发现幕府的权力并未扩大到这里。在这里，幕府被定位为朝廷与诸藩国的守护（警备）角色，朝廷在这里确实还掌握着行政、审判及立法等各种主要的权限，国司与庄园领主的权限也很强，幕府则被视为执掌东国的地方小藩国。”① 不过，武士政权的建立和武士阶级的发展壮大，意味着朝廷失去部分权力和贵族丧失部分财富，武士与皇室、贵族势力存在根本的利害冲突。

1. 二元政治与公武对立

在镰仓时代，国政由拥戴王室、摄关家的王朝势力（公家），延历寺、兴福寺这样的大寺社和宗教势力（寺家），以及幕府（武家）来分担。这三种势力之间存在对立。同时，又各自互补性地分担发布法令，任免官职，规定礼仪（公家）、体制下的宗教（寺家、社家）、军事和警察（武家）等的职能，构成了松散的国家。研究者将其称为“权门体制”②。大体上说，从平安时代末期开始，公家、武家和寺家分别掌握政权、军权和教权。古代天皇制国家实行双国教制度，神道教和佛教都是国教。由于朝廷和贵族的尊崇，掌握神权的寺院神社拥有大量庄园土地和私人武装，也会加入世俗社会的争斗。

“中世也是恶僧以宗教权威（神威）为背景，通过武装行使武力的时

① ［日］五味文彦：《岩波日本史·第四卷·武士时代》，杨锦昌译，新星出版社，2020，第 34 页。

② ［日］高桥昌明：《日本武士史》，黄霄龙译，社会科学文献出版社，2020，第 77 页。

代。”[①] 比武士稍晚些时候产生的僧兵，在院政时代实力大增，兴福寺僧兵号称“奈良法师”，延历寺的僧兵号称“山法师”，园城寺的僧兵号称“寺法师”，势力最大。为了维护寺院的利益，他们通过“强诉”手段，不断蜂拥闯入朝廷。特别是属于北岭的比睿山延历寺的“山法师”抬出镇守的日吉神社神舆；南岭兴福寺的“奈良法师”则拿出春日神社的神木，强行闯入京都的御所。“这些以武装形式进行强诉的僧人被称为‘恶僧’，其实他们大多也是武士出身。”[②] 院政时代，僧兵问题成为三大社会问题之一。据《源平盛衰记》记载，白河法皇的“天下三大不如意”，即“贺茂川的水，双六的赌局，比睿山的山法师。”所谓“山法师”，即比睿山的僧兵。[③] 源义家成为替白河院追捕恶僧、保卫天皇及院的武士。例如，1081 年 9 月，寺门（园城寺）恶僧 300 余人进攻山门（延历寺），白河院命检非违使并源义家入寺门追捕。[④] 镰仓时代，僧兵依然猖獗，不仅相互争夺，而且还敢要挟朝廷和幕府。

1192 年，“赖朝作为东国政权的栋梁地位得到承认”，“武家栋梁以天皇委任的军事大权名副其实地掌握权力”。[⑤] 镰仓幕府时代，文治主义的公家贵族政权和武治主义的武家军人政权同时并存，朝廷、国司、郡司和幕府、守护、地头分别构成公家和武家独立的统治系统，京都的天皇朝廷称“公家”，镰仓的幕府称“武家”。这种“权威性君主”与“权力性君主”二元统治的政治格局，正式确立了摄关政治尝试的至尊与至强、权威与权力二元分离的统治体制。在公家与武家数百年的斗争中，没有军事力量的天皇逐渐成了名义上的最高统治者，即“权威性君主”，政治权力不断被朝廷的征夷大将军

---

① ［日］五味文彦：《岩波日本史・第四卷・武士时代・序言》，杨锦昌译，新星出版社，2020，第 3 页。

② ［日］五味文彦：《岩波日本史・第四卷・武士时代》，杨锦昌译，新星出版社，2020，第 62-63 页。

③ ［日］下村效编《日本历史小百科・武士》，东京堂，1993，第 46 页。

④ 沈仁安：《德川时代史论》，河北人民出版社，2003，第 30 页。

⑤ ［日］下村效编《日本历小百科・武士》，东京堂，1993，第 19 页。

剥夺，到江户幕府时代完全成了毫无政治权力的“虚君”。天皇的政治功能，是承认幕府统治的合法性；社会功能，是国家的象征和民族主义凝聚力的轴心。名义上由天皇任命的将军，实际上是国家真正的最高统治者，即“权力性君主”。

武士政权建立后，武家的军事组织与公家的政治组织划界而治。“承久之乱”（1221年）前，武家和公家各有自己的统治范围和统治权力。首先，国家大体上分为武家统治的地区和公家统治的地区两部分。武家完全统治的地区，是以将军的领地“关东御领地”庄园群、将军的9个知行国“关东御分国”和由御家人充当地头的庄园“关东御口入地”为基础的东国地区，而且即使在东国地区也还保持着国衙领和庄园统治的陈旧体制；东国以外的地区，主要处于朝廷统治体系——国司、郡司和贵族庄园领主的统治下，幕府只是通过守护干预国衙的统治，以期逐渐剥夺国司的行政权。其次，政治权力分为公家的势力范围和武家的势力范围两部分。武家的权力：一是全国大部分地区的军事警察权，二是统治源氏御家人及其控制下的农民。公家的权力：一是形式上任命由幕府掌握的军事警察权，任命国司，二是通过国司管理全国的行政和司法。从原则上讲，双方均可在对方势力范围内行使自己的权力，即武家可在西国地区行使军事警察权，公家可在东国地区行使行政、司法权，但彼此无权过问对方事务。

源赖朝创建的武士政权独立于天皇朝廷之外，有自己独特的政治关系、组织原则、中央和地方统治机构。幕府的中央和地方统治机构，首先是手握重兵的军事组织。将军是军权的最高所有者和权力性君主，将军的幕府作为军权的最高统辖机构，也是武士政权的最高权力机构。武士政权在组织上是自成一统的独立王国，不受天皇朝廷的监督和制约。将军的政治组织由军事组织演变而来，军人既是战斗者，又是统治者。“幕府首长——武家的栋梁（镰仓殿）的权力，一是作为武人的最高首长的权限，即位于封建主从关系金字塔顶端的权限；二是作为庄园本所的权限；三是作为总守护、总地头的权限。这种权限，由武家的栋梁世袭。”[①] 将军的司令部——幕府，设在源氏的根据地和武士的大本营镰仓。

镰仓幕府的各级政权组织就是各级军事组织，各级政权机构的首脑就是各级军事长官。军政合一，军事首领一身二任。守护、地头既是幕府的地方政权组织，也是一级军事组织的首领。武家系统的各级政治机构，都是聚集有大量武士的兵营和军事据点。幕府凭借军事警察权，行使全国的土地管理权和征税权，干预公家政务，解决与朝廷的矛盾纷争。

武家政治的地方机关，首先是地区性机关，主要有京都守护、镇西奉行、六波罗探题、奥州奉行。地方统治体系是守护地头制，建于1185年。赖朝委派创业功臣——关东御家人到地方各国担任地方官，即守护，分担自己作为日本国总守护的职权。守护的职位相当于朝廷的国司，原则上各国设守护1人，主要职责或基本权力是“大犯三条”，即指挥追捕谋反、杀人犯和大番役。“地头制是幕府、武家体系的中心或基础。”“地头和幕府的关系是主从关系，幕府给予地头职和所领——御恩，地头对幕府承担作为奉公的忠诚和军务奉仕。”

总体上说，镰仓武士政权在军事上占优势，政治上处于劣势，而且镰仓幕府只是东国的武士政府，还不是全国的武士政权。天皇是权力合法性的源泉，掌握武士政权的合法性，如，将军职位的继承必须得到天皇的任命，形式上京都政权仍然通过任命国司掌握全日本的行政机关，等等。朝廷的中央和地方统治机构依然握有巨大的政治统治权，公家贵族依然是占有大量领地的大封建主。在此后几个世纪里，皇室贵族要推翻幕府统治，幕府则要夺取朝廷的政治权力，建立全国性的武士政权。“镰仓初期，贵族阶级与武士阶级为争夺政治领导权而互相争斗。”[②] 显然，“在12世纪余下的时间以及13世纪

① ［日］石井良助编《体系日本史丛书·4·法制史》，山川出版社，1982，第113-114页。
② ［日］清水正之：《日本思想全史·前言》，王丹译，九州出版社，2020，第5页。

的部分时间里，幕府仍作为京都的执政伙伴，且地位低于京都。”而且，“也曾有好几位京都的天皇试图从武家手中夺回权力，首先是后白河天皇，他介入到源赖朝与其同父异母的兄弟源义经的纷争中，站在源赖朝一方；其次是后鸟羽天皇，他与北条氏也有过短暂的较量；第三位是后醍醐天皇，他在1333年挑战幕府并获得成功，然而即便如此，朝廷也无法阻止武士的野心。”①“承久之乱”就是皇室发动的倒幕战争。

后白河上皇（1158—1192年为院政，1169年成为法皇）破坏赖朝设立的守护地头制度，不让赖朝获得“征夷大将军”的称号，换言之，即不承认镰仓武士政权的合法性。

1185年（阴）11月，后白河上皇的院厅允许赖朝设置守护、地头，但是，贵族、寺社等庄园领主强烈反对，畿内近国地区的反对之声尤其强烈，迫使赖朝不得不适当让步。然而，院厅却步步紧逼，1186年（阴）6月，后白河法皇发布院宣，宣布美浓、尾张以西37国，除没收的平氏庄园领地和“枭徒隐住所处之外”，所有权门势家的庄园内，一律停止设立地头职。11月，又宣布原属平氏的庄园均已归公，因此不应按谋叛者的所领处置，即原来平氏的庄园内也停止设立地头职。由于此时还存在奥州藤原氏，即与赖朝对立的武士势力，赖朝只得对院厅让步。1189年（阴）9月，赖朝动员66国武士征服了奥州。1190年（阴）10月，赖朝到京都与后白河法皇秘密长谈，希望得到“征夷大将军”的称号，院厅不同意，只任命他为权大纳言、右近卫大将两职。赖朝愤而辞去两职，返回镰仓。

后鸟羽天皇在幕府发生领导权危机之际，为夺回政权充实武力，积蓄实力，制定倒幕计划。

1192年（阴）3月，后白河法皇逝世，7月，后鸟羽天皇正式任命源赖

① ［美］迈克尔·维尔特：《极简日本武士史》，贺平、魏灵学译，北京日报出版社，2021，第33、46-47页。

朝为征夷大将军。但是，随着赖朝的去世，特别是幕府领导权斗争的激化，后鸟羽天皇也成为倒幕的领导者。朝廷和幕府围绕地方行政权和庄园的斗争激化之际，“在京都实行院政的后鸟羽太上皇，把过去分散的皇室领地再次集中到太上皇手中，在院的军事机构方面，除了‘北面武士’外，又设置了‘西面武士’，加强了军事力量。太上皇向幕府提出罢免守护、地头等要求，企图乘赖朝死后、幕府内部不稳定的形势，恢复朝廷的势力。”① 充实武力方面，在北面武士的基础上，朝廷设置由京都的镰仓御家人担任的“西面武士”，“这表明镰仓御家人被纳入院的直属军事力量中”。“在后鸟羽院之下，北面武士、西面武士自不待言，就连侍奉后鸟羽左右的上达部（摄政、关白、太政大臣、左大臣、右大臣、大纳言、中纳言、参议及三位以上者的总称）、殿上人（为获准进入宫中清凉殿的人，为三位以上的官员和四位、五位中的部分官员以及六位的藏人）都开始勤于练习刀剑。该时期也多有后鸟羽院尚武的逸闻传出。”② 后鸟羽院创立的“西面武士”是院的警卫，由10名武艺高强的关东武士担任，后形成堪与镰仓幕府对抗的武装力量。

极言之，公家和武家势不两立，公家要恢复院政实权，推翻幕府；武家要将统治领域从东国范围扩展到全国，建立统治全国的武士政权。因此，镰仓武士虽有统治者性质的一面，但不得不主要履行战斗者的职责，以武力巩固和发展武家政治。

2. 履行战士职责的统治者

源赖朝去世后，武士政权危机重重，幕府内部御家人之间争权夺势，幕府外部朝廷要推翻武士政权、确保院政实权。为了夺取幕府实权，北条氏不惜暗杀二代将军源赖家（1204年）、三代将军源实朝（1219年），武力剪除幕

① ［日］依田憙家：《简明日本通史》，卞立强、李天工、雷慧英译，上海远东出版社，2004，第66页。

② ［日］山本幸司：《讲谈社·日本的历史·5·源赖朝与幕府初创：镰仓时代》，杨朝桂译，文汇出版社，2021，第170页。

府的创业功臣。幕府外部有公家和武家的对抗，占有优势地位的朝廷念念不忘颠覆幕府政权，夺回失去的权力。幕府内部的矛盾越尖锐，朝廷的反扑越激烈。1221 年，朝廷终于发动了倒幕战争“承久之乱”——朝廷（公家）与幕府（武家）的第一次武装冲突。

镰仓武士参加的战争主要有：（1）武士内部的战争，主要是北条氏武力剪除异己，如 1200 年消灭赖朝的宠臣、赖家的亲信、侍所别当梶原景时家族；1203 年灭亡二代将军赖家的岳父比企能员一族；1213 年灭亡侍所别当和田义盛及其家族；1247 年灭亡唯一能与北条氏对抗的“相模之雄”三浦氏一族，三浦氏一族仅被迫自杀者就多达 260 人；1285 年的“霜月骚动”，灭亡外样御家人的代表安达泰盛一族及其一派的大量御家人。（2）幕府外部的战争，即朝廷发动的倒幕战争——“承久之乱”。（3）来自国外的战争，在这些战争中，以抗元战争规模最大、影响最深。

“镰仓时代的武士由户主率领一族臣事主君”[①]，战争体制以一族为中心，一有战事，幕府便对一族总领——御家人进行军事动员。御家人接到战斗指令后，便率领一族成员带着军需物资、举着一族军旗奔赴战场。如在“承久之乱”和抗击元军的“文永之役”和“弘安之役”中，接到幕府军令的各武士团纷纷举着军旗赶到指定地点，在幕府的统一指挥下参加战斗。各武士团总领从上一级军事长官处领受任务后，又向一族各分家——战斗小组分派具体的战斗任务，统一指挥一族进行战斗。

幕府内部御家人的纷争，为皇室、贵族武力倒幕创造了机会。“承久之乱”的直接原因或导火线，一是将军的继承人问题，二是罢免摄津国长江、仓桥两庄园的地头问题。

1219 年，三代将军源实朝被刺。幕府执权北条义时希望立皇族亲王为将军，但是，后鸟羽上皇推翻此前与义时的约定，反对亲王继任将军。为此，

---

① ［日］坂本太郎：《日本史概说》，汪向荣、武寅、韩铁英译，商务印书馆，1992，第 254 页。

义时立源氏远亲摄关家3岁的藤原赖经为将军。大约一个月之后，后鸟羽院提出撤销其赐予宠妾白拍子龟菊的摄津国长江、仓桥两处庄园的地头职务，理由是两庄园的地头拒绝服从龟菊的命令。北条义时断然拒绝后鸟羽院的要求，认为即使下达院宣，也不可收回源赖朝作为战功赏赐给功勋者的地头职务。

此后，一心要打倒武家政治、确保院政实权的后鸟羽上皇，开始实施倒幕计划。1221年5月14日，院厅以举行骑射为名，秘密召集畿内、近国皇室和贵族直属庄园的武士及诸寺院的僧兵。据慈光寺本的《承久记》记载，有大和、近江、丹波、美浓、尾张、伊势、摄津、纪伊、丹后、但马、播磨、三河、伊豫13国，共计1000余骑加入其中。其中的主要人物有藤原秀康、佐佐木广纲、大内惟信、后藤基清、三浦胤义、河野通信、大江亲广等。[①]5月15日，后鸟羽院（即后鸟羽上皇）派人杀死了拒不投降的京都守护伊贺季，并正式发布院宣和敕令，号召诸国守护、地头起来声讨北条义时。但是，后鸟羽院和朝臣估计错了，幕府看上去是被削弱了，但支持武家统治机构的基础基本未动。在赖朝之妻北条政子的激励下，镰仓御家人依然对将军忠贞不贰，纷纷率领自己一族参战，皇室方面寄希望于镰仓御家人大量倒戈的企图破灭。

5月19日，京都发动倒幕叛乱的消息传到镰仓。幕府紧急动员东国御家人，集结起东国兵力19万人，5月22—25日兵分三路，挺进京都。东海道10余万人，由北条泰时、北条时房、足立义氏、三浦义村带领；东山道5万余人，以武田信光为大将，由小笠原长清、小山朝长、结城朝光带领；北陆道4万余骑，由北条朝时、结城朝广等人带领。为了防备镰仓方面的进攻，藤原秀康受后鸟羽院之命开始部署，京都方面的兵力总计19000余人，其中，大内惟信、藤原秀康、藤原秀澄、三浦胤义、佐佐木广纲等主力军派往东山道、东海

① ［日］山本幸司：《讲谈社·日本的历史·5·源赖朝与幕府初创：镰仓时代》，杨朝桂译，文汇出版社，2021，第182页。

道；宫崎左卫门尉等 7000 人派往北陆道，剩余 700 余人负责固守宇治、势多。

在最具战斗力的关东武士面前，京都倒幕军不堪一击。6 月 5—6 日，两军会战于杭濑川，京都倒幕军不战而溃。6 月 10 日，后鸟羽院逃入比睿山。15 日，幕府军攻入京都。16 日，北条时房、北条泰时进驻六波罗馆，宣告皇室发动的“承久之乱”失败。

从幕府和皇室动员的兵力来看，幕府方面的兵力主要来自远江以东的东国诸国，皇室方面动员的兵力则主要来自三河以西的诸国，从某种意义上来说“承久之乱”是东国与西国的对决。如上一章所述，东国武士与西国武士的战斗精神、牺牲精神均不在一个层次。追随皇室方面的守护，有大内惟信（美浓、伊贺、伊势、越前、丹波、摄津）、佐佐木广纲（近江、长门、石见）、小野盛纲（尾张）、安达亲长（但马、出云）、后藤基清（播磨）、宗孝亲（安艺）、佐佐木经高（淡路）、佐佐木高重（阿波）等。这些守护同样大多分布在近江以西地区，与皇室方面的兵力分布情况大体一致。也就是说，皇室方面基本上拿下了畿内近国的战力。赖朝或幕府的根据地在东国，对西国的经营时间不长，西国御家人直至最后才成为赖朝的御家人，与源氏关系不深。

平定叛乱后，谋划承久之乱的公卿叶室光亲、中御门宗行、源有雅、高仓范茂、坊门忠信和僧侣一条信能、长严、观严等人被送往六波罗后，均被处以死刑或流刑。根据幕府奏请，朝廷给予前内大臣源通光、权大纳言源定通、权中纳言源通方、参议藤原亲定和藤原信成、前权大纳言藤原定辅、前中纳言藤原教成等人禁闭处分。与此同时，历来与幕府关系亲近的西园寺公经成为内大臣，手握实权。

尽管后鸟羽院在院宣中宣称：“此次战争，绝非吾之计谋，而系谋臣之意。吾已命人下达院宣，望东国军队绝不要在京都寻衅滋事”，幕府也没有让其免除问责。最后，对皇室的处理，后鸟羽上皇被流放到隐岐，顺德上皇、土御门上皇被分别流放到佐渡和土佐两个孤岛上，废黜了顺德上皇之子、年仅 4 岁的今上天皇（即仲恭天皇），另立后堀河天皇（1221—1232 年在位）。

投降院厅的御家人，除三浦胤义等人自杀、大江亲广认罪免死外，其他人一律处以极刑。在逃的藤原秀康、藤原秀澄兄弟在河内被擒获后，随即就地处决。逃亡近10年的大内惟信，1230年被擒获后，死罪得免活罪难逃，被判流放西国。

叛乱主谋被处以斩流之刑，牵连者则被没收领地。幕府将后鸟羽院所拥有大片领地赐予后高仓院，但这些领地的处置权依然归幕府所有；支持皇室军的贵族、武士被没收了领地。

惩处叛乱者的同时，幕府又论功行赏。将没收来的3000多处庄园领地（大部分位于西国地区）作为幕府的直辖领地，按照“勋功之深浅”，任命御家人武士为这些庄园的庄官、地头。[①] 对其他所有未曾设置地头的庄园，也一律任命了新地头。幕府不仅在没收来的土地和未曾设置过地头的土地上设置新地头、新庄官，而且实施《新地头利益分配法》（即《新被率法》）：每11町田地，须分1町给地头，每1反土地，须征收5升加征米。可见，这些新地头的收益是相当可观的。由于地头的广泛设置，幕府的控制力迅速伸展到以前幕府势力所达不到的畿内和关西的国衙领和庄园。这样一来，幕府的统治地域、统治势力乘势扩张到了西国。

此外，幕府在京都新设六波罗府取代京都守护，首脑称“探题”，也称“六波罗殿”。北条泰时居住的北六波罗府，称为“北殿”；北条时房住南六波罗府，称“南殿”。六波罗府是幕府监视朝廷和在西部各国行使司法、行政权力的常设机构，监督和指挥西国御家人，南、北两探题由北条氏一族世袭。

“承久之乱”是幕府政治史上的分水岭，“‘承久之乱’后，武家组织进一步压倒公家，首先是向公家庄园领派遣地头，……其次是守护权力的扩大，无论是公家领还是武家领，守护都拥有一国的警察权。”[②] “‘承久之乱’的最

① ［日］《新订增补国史大系·第32卷》，吉川弘文馆，2000，第795页。

② ［日］中村吉治：《武家和社会》，培风馆，1953，第148-149页。

大后果是武家掌握了皇位继承者的决定权”，“以文永、弘安之役为契机，天皇家又失去了外交权”。[①] 幕府不仅严格控制朝廷拥有军队的权力，而且能决定皇位的继承和朝廷政治。“‘承久之乱’后，幕府废立天皇、流放三上皇的处置，是日本历史上前所未有的事情，此后，即使是天皇即位也需要得到幕府的认可。”[②] 总之，“‘承久之乱’促使权力从天皇和朝廷手中转移到了幕府手中。”“13 世纪，北条氏胜利后，在其管理下，幕府的诸多官职与官僚机构得以设立与发展起来。”[③] 武力粉碎皇室发起的倒幕活动，武家政权得到前所未有的全面加强，对京都朝廷确立起绝对优势，朝廷的实际统治权力大大削弱，公家的大部分统治权力、统治范围被武家取代，这也标志着以北条氏为首的幕府终于迈出了构建全国性政权的重要一步。公家和武家二元政治格局的平衡被打破，公武两重势力的消长步伐愈来愈快。文治主义的公家政权在武治主义的武家政权面前，愈来愈软弱无力，各级公家官员愈来愈有名无实。

“承久之乱”的胜利提高了北条氏的权威，北条义时成功地在幕府内确立了北条氏的执权体制。“1224 年，泰时任执权，实施政治改革，变独裁政治为合议政治，推进政治机构的法典整备、组织化和体系化。这也意味着将对‘镰仓殿’个人的忠诚，转化为对幕府体制的忠诚。”[④] 泰时上任后，增设执权的副手——连署；1225 年，设置职位仅次于执权和连署的评定众，评定众由 10 余人组成，会同执权、连署共同协商决定幕府的重要政务。1232 年（贞永元年），泰时主持制定了第一部武家法典——《贞永式目》。1242 年泰时去世，19 岁的经时就任执权。不久，“经时将 13 人的评定众分为三组，轮班值守。”[⑤]1246

---

① ［日］今谷明：《武家和天皇》，岩波书店，1983，第 12-13 页。

② ［日］上横手雅敬：《镰仓时代》，吉川弘文馆，2006，第 149 页。

③ ［美］迈克尔·维尔特：《极简日本武士史》，贺平、魏灵学译，北京日报出版社，2021，第 37 页。

④ ［日］上横手雅敬：《镰仓时代》，吉川弘文馆，2006，第 230 页。

⑤ ［日］奥富敬之：《镰仓北条氏的兴亡》，吉川弘文馆，2003，第 83、95-96 页。

年，北条时赖（1227—1263 年）继任执权，进一步完善以执权为中心的政治体制，1249 年在评定众之下设立引附众，协助评定众处理诉讼案件，幕府的统治体制臻于完善。不过，时赖又极力将幕府权力集中于北条氏嫡系家族——得宗，清除北条氏旁系家族，铲除对北条氏构成威胁的三浦家族等，迈出了北条氏独裁统治的关键性一步。

1268 年，北条氏家督北条时宗（1251—1284 年）就任执权。1281 年，在抗击元朝的“弘安之役”后，时宗的专制统治致使旁系御家人和嫡系御家人矛盾激化。1285 年的御家人骚动事件后，幕府的权力基础——御家人制度开始动摇，镰仓幕府也迅速走向衰落。

1318 年，后醍醐天皇即位；1321 年，后醍醐天皇宣布停止院政，亲自执政。在大臣们的帮助下，他两次策划武力倒幕——“正中之变”（1324 年）、“元弘之变”（1331 年）。武力倒幕虽然失败，但天皇的权威确立了倒幕运动的合法性，于是，怀有各自目的的倒幕势力纷纷举起勤王倒幕大旗。1333 年 5 月 22 日，执权北条高时及其一族、近臣 800 余人自杀，镰仓幕府灭亡。1332 年（阴）3 月，被幕府流放的后醍醐天皇回到京都，亲掌朝政。1334 年（阴）1 月，后醍醐天皇改年号为建武，开始推行一系列新政，史称“建武中兴”。

镰仓武士政权的巩固和发展，以夺取朝廷的政治权力和贵族等的土地财富为前提，从公武二元政治向武家一元化政治转变的过程，就是剥夺朝廷政治权力和贵族土地财富的历史过程。天皇只有打倒武家政治，才能确保院政实权和贵族的土地利益；武士不仅要巩固武士政权，而且要将武家政治从东国推广到全国。因此，镰仓武士主要履行战士的社会职责。

武士作为统治者的政治生活主要体现为军事职责。将军在全国武士，特别是御家人武士的武力支撑下，行使政治权威，实施军事统治。将军任命御家人作为自己的政治军事代表，到各国担任守护——地方性军政长官，到庄园担任地头——军事土地长官，这些守护和地头到各地任职时，带着自己的家臣武士一同前往，在自己辖区的战略要地建立统治中心——武士馆，依靠武力行使守护和地头的职责，维持社会治安、管理土地、征收租税和军粮，武力威慑其他社会群体。

镰仓幕府建立的武士制度，是以总领制为基础的御家人制度。“武士为武勇之辈，其特性为‘杀人请负人’，具有犯罪者的侧面，自相残杀、反复无常、胡作非为，不一而足。对于队伍大，分布广，而又不易控制的武士如何加以统帅是一个十分严重的问题。而这时形成了以总领制为基础的御家人制，以主从关系（纵的）和家族关系（横的）的结合来统治武士。”[①] 当然，主从制、家族制的基础在于恩给制。如前所述，从者的效忠以主君的恩赏为前提条件，主君无恩赏，从者难从命。

镰仓时代以一族为基本单位的军事组织，以总领为中心，由本家和若干分家构成。总领即族长，由本家嫡长子继承。一族大体包括以下几个层次：第一层也即核心层是本家（嫡子）和分家（庶子）构成的兄弟共同体，第二层是甥、侄、堂兄弟等旁系亲属，第三层是模拟家族关系（如姻亲关系、收养关系）的成员和族外小领主等。在族的内部关系中，本家家长为总领和最高军事指挥官，分家家长为下一级军事指挥官，分家家长之下的从者为一般战斗员。族的指挥系统是总领指挥分家家长，分家家长统率属下从者，即总领—分家家长—郎党、郎从的结构。族为一级军事组织，分家为族内的战斗小组。发生战争时，总领率领一族携带着粮草出征，向分家家长指派战斗任务。当然，以族为单位的武士团之间规模和实力悬殊。总体上说，东国武士团比西国武士团大，以出自源氏和平氏的武士团实力最强。

在东国的武士社会，作为一族之长（总领），无论身处何种事态，都要以一族利益和安危为先。

---

① 沈仁安：《德川时代史论》，河北人民出版社，2003，第 41 页。

第二节 职业战士的武士道

毋庸置疑，镰仓时代的武士是在朝的统治者。不过，他们主要是履行职业战士的社会职责，战斗目标是武力巩固武士政权，进一步夺取朝廷的权力和贵族的财富，变公武二元政治为武家一元化统治。也就是说，镰仓时代的武士具有二重性，一方面是统治者，另一方面又是战士，且以战士的一面为主要特征。与武士的政治地位和所履行的社会职责相一致，武士道一方面是统治阶级的道德规范、统治思想和社会的伦理道德支柱，另一方面又依然是煽动武士侵略扩张的战斗者之道。

其实，武士道自产生以来就包含内外有别的双重道德，对外（对其他群体）是穷兵黩武、弱肉强食的战争之道；对内（共同体内部）是忠诚奉献的献身之道。

一、武家政治的统治思想

随着武家政治的确立，武士成为政治上的统治阶级、社会上的精英集团和日本文化的主要承担者，"'武士'思想亦日渐成为显学"[①]，武士道也正式从私兵私德的道德规范发展为统治阶级的道德规范、统治思想、社会的伦理道德支柱。"镰仓时代思想领域的突出内容是所谓'武士道'思想"，"赖朝开幕以来，一扫颓废世相，大力倡导和奖励武士之道，对违反武士之道者，坚决严惩，决不宽赦。"[②] 于是，武士道有了武家意识形态、统治思想、伦理道德支

① ［日］丸山真男：《忠诚与反叛：日本转型期的精神史状况》，路平译，上海文艺出版社，2021，第332页。

② ［日］日本图书センター编《日本精神文化大系・第4卷・镰仓时代编》，日本图书センター，2001，第12-13页。

柱和法律制度的价值，层次和权威也有了质的飞跃，加强了对武士的约束力和对其他社会阶级的影响力。

1. 武家意识形态和伦理道德支柱

1192年，源赖朝开创了日本历史上以武士为统治阶级、以武士道为统治思想的武治主义时代，武士道成了武士政权的统治思想、意识形态和社会的伦理道德支柱。武家政治的建国理念、治国原则、政治制度、政权体制、运作模式和价值标准等，都源于武士道的两大支柱——“忠诚的价值观念”和“武勇的战争精神”。镰仓幕府政治体制的基本特征有：一是武士政权由将军的家臣团军事组织演变而来，二是武士政权的政治制度由私人性的军事主从制度演变而来。以忠诚和武勇为核心的武士道统治思想主要体现在统治体制、治国之本和发展战略三个方面。① 武家政治支持和保护武士道；武士道则为武家政治制造舆论，提供思想依据和理论指导。

以武士道为统治思想的统治体制，首先表现为主从关系既是武士道的源头，又是武家政治制度的中轴；忠诚既是武士道的核心内容，又是武士政权的纽带，镰仓武士政权“制度结构主要通过上下级之间的忠诚关系来保持统一”②。其次，无论是将军—御家人—家人、郎党、郎从的政治秩序，还是幕府（将军）—侍所—守护—地头的权力结构，都离不开忠诚的纽带。

以武士道为统治思想的治国之道，包括军阀专权的政治制度、以武为本的立国理念、崇尚武勇的理想价值。镰仓时代的武家政治是军人当权的军国政治，武士在军方和官方都拥有政治权威，军权是最具实质性权威的政治权力，军事贵族垄断政权，凭借武力对国家进行军事统治。以武力为立国之本和治国之本，依靠武力夺取政权和巩固政权，依靠武力满足利益需要、解决

① 娄贵书：《日本武士的统治思想——武士道：兼评新渡户稻造的〈武士道〉之四》，《贵州师范大学学报》（社会科学版）2012年第2期。

② ［美］贝拉：《德川宗教：现在日本的文化渊源》，王晓山、戴茸译，生活·读书·新知三联书店，1998，第71页。

利益纷争。

以武士道为指导思想的发展战略，一是依赖战争的发展方式。武家统治者通过不断的扩张战争，夺取公家的政治权力和贵族的土地财富，并以之为恩赏赏赐给手下的军事首领，使这些军事首领绝对效忠和服从自己，从而扩大武士阶级的统治权力、统治范围和权力基础。二是强兵优先的基本国策。源赖朝创建的镰仓武士政权，只是东国的武士政权而非全国的政权，对公家朝廷并不占优势，大部分权力和财富还掌握在朝廷和贵族手中。而且，后白河天皇、后鸟羽天皇都想推翻武士政权，确保院政实权。从某种意义上说，公武二元政治也是公武对抗。为了巩固武士政权、变公武二元政治为武家一元化政治，武家统治者以扩军备战、保持强大的武装力量为当务之急，幕府通过御家人制度将全国武士编成统一的军事组织，使幕府拥有绝对强大的军事实力。三是军事至上的战争经济。武士的经济是战争经济，来之于战争、用之于战争，其领地是负有军事义务的军事领地，以满足战争需要为前提。四是日常生活军事化。武士的全部生活就是作战、备战，直到17世纪前，都是扮演职业战士的社会角色，公务以军役为中心，以战场上的征战杀伐为最大的奉公，武力夺取生产手段和生产物。五是培养职业战士的战争教育。武士子弟武士父母教之，教育的核心内容，一是弓马骑射等战争技能，一是以武士道为核心内容的思想教育。

武士道是“忠的宗教”，以“忠”为核心和灵魂。“毋庸置疑，在武者之习中，主从意识居重要地位。以从者对主人的忘我献身精神为核心。”①“忠”意味着强烈的使命感、责任感和敬业精神，意味着以奉献为本，个人利益服从家庭利益，家庭利益服从家族利益，家族利益服从集团利益；以生命作为效忠主君的手段，就连“妇女也鼓励她们的儿子，为主君而牺牲一切”②。最大

---

① ［日］河合正治：《中世武家社会的研究》，吉川弘文馆，1973，第26页。

② ［日］新渡户稻造：《武士道》，张俊彦译，商务印书馆，2001，第54页。

限度地将道德力量物质化，将武士的潜力和奉献精神推向极限，以有限的生命为主君尽无限的义务。

武士道是忠实反映主君（统治者）意志的实践道德[①]，以崇尚武勇、效忠主君为核心内容，以奉献为最高义务。武士将自己武士团的利益凌驾于其他武士团之上，遵循弱肉强食的丛林法则，将武力满足自己的利益需要视为天经地义，通过削弱、消灭其他武士团以壮大自己，武士道的“忠”是超越政治是非的愚忠，以统治者的路线、方针和政策为转移，武士不尚哲理、轻视空谈、强调实践，甘愿为主君、群体献出自己的一切，包括生命。

当然，平安、镰仓和室町时代武士道的“忠”是“主从之忠”，平安、镰仓和室町时代的武士道是“效忠主君的武士道”。原因是，主君掌握从者的经济命脉，“主从道德缘于私人性主从结合的结果，与国家道德无缘，将武士道说成是忠君爱国的道德，混淆了国民道德。”“当主从契约与对天皇的奉仕发生矛盾时，武士会毫不犹豫地保存前者而舍弃后者。”[②]在武家社会，“我的主君的主君不是我的主君”，武士只效忠、服从于给予自己恩赏的直接主君。当然，主君与从者之间的权利义务关系，是双向的、面对面的。

镰仓时代的武士处于军方、官方和君子的位置上分别行使政治权威，位居农、工、商之上，取代公家贵族成为日本文化的主要承担者，决定社会道德的等级和性质。因此，武士道不仅是武士的道德规范，而且也是日本社会伦理道德的支柱。武士超凡脱俗的人生观、价值观和言行举止成了社会的价值导向，成了农、工、商崇拜、向往和学习的对象。“武士之行为乃社会之镜鉴，其功能为明辨人之善恶邪正。”[③]“女孩们内心也深深爱慕武士的武勇和德

① 娄贵书：《武士道初探——忠实反映统治者意志的实践道德》，《浙江师大学报》（社会科学版）2000 年第 6 期。

② ［日］家永三郎：《日本道德思想史》，岩波书店，1984，第 97-98 页。

③ ［日］信夫清三郎：《日本政治史·第 1 卷·西欧的冲击与开国》，周启乾译，上海译文出版社，1982，第 134 页。

行。”[①] 正如孔子所言：“君子之德风，小人之德草。草上之风，必偃。”[②] 平安时代，武士道开始越出武士的范畴为其他社会群体所效仿，即武士道的世俗化。镰仓时代，随着武士道成为统治阶级的道德规范和日本社会伦理道德的支柱，提升了武士道的层次和权威，武士道对其他社会阶级的影响力也越来越大。

镰仓武士道划时代的发展，不仅因为武士成为行使政治权威的统治阶级，武士道成为统治阶级的道德规范、统治思想、社会的伦理道德支柱和制度的、法律的道德规范，还因为以关东武士为主体的西迁御家人，使源氏的“坂东武士之道”在西国和畿内等地方安家落户。

如前所述，“承久之乱”后，幕府没收了参与叛乱的皇室、贵族、寺社、武士的庄园3000余所，将其作为幕府的直辖地。重新任命了这些庄园的庄官、地头，即新补地头，以示同以前任命的本补地头不同；此前未能设置地头的庄园，也一并任命了新地头，早先源赖朝未曾实现的愿望终于得以实现。通过任命大批御家人为新地头，武士对土地的控制日益增强，幕府的控制力迅速伸展到了以前幕府的力量达不到的畿内和关西的国衙领及庄园。此外，在西国获得新领地的东国武士很多都是全族迁移到西国的，也增强了幕府的统治力和武士道的影响力。

日本学者丰田武教授的研究认为，留传至今的许多苗字都具有地域特色，以常见的地名为基础。其中，田中、山本、中村、渡边、佐藤、高桥、铃木、木村等，分布全国并占苗字的70%—80%。究其根源，就在于武士团移居的全国化。由此可见，武士团移居的重要性。在武士的移居中最引人注目的，是以镰仓幕府的成立为契机东国武士的移动和镰仓中期以降北条氏家臣的移动。镰仓时代关东武士向北、向西频繁移居，这种移居与欧洲中世纪初期的

① ［日］新渡户稻造：《武士道》，张俊彦译，商务印书馆，2001，第90页。

② 乌恩溥注译《四书译注》，吉林文史出版社，1990，第149页。

日耳曼民族在各地的民族移动一样，都具有划时代的意义。可以说，日本的民族移动就在于镰仓武士向东北及西国的移居和发展。移居的结果，是不少地域的乡名被原封不动加在新开拓地上。例如，下总的相马氏频频将乡里的地名用在盘域地方，这个时期也可以说是名字层出不穷的时代。关东武士的地方移居，是造成苗字传播的重要原因。① 从留传至今的苗字也可看出，西迁御家人在武士道传播上的重要贡献。

2. 制度和法律的武士道

随着镰仓武士政权的建立，"坂东武者之习"的地位、性质和功能等也发生了质的变化。由源氏和关东武士的应有之道演变为时代的精神、统治阶级的道德规范和行为准则，从实践的道德规范发展为制度的和法律的道德规范，对武士具有了制度的和法律的约束力。

"镰仓时代初期，以武家政权的建立为契机，武士的自信提高，武者之习虽然是实践的，但是，已经在精神方面纯化，并向武家道德升华。"② 源赖朝作为镰仓武士政权的缔造者、镰仓武士道的设计者和建设者，一方面以"源氏的坂东武士道"治理国家、约束御家人。"赖朝以武士道的宗旨——勤俭尚武、砥砺忠节、以质朴为主等训诫武士。"③ 武士道开始成为武家政权的统治思想和武家社会的理想价值，一方面以坂东武士道的传统加强御家人建设，以武士道作为赏罚标准，功赏过罚。源平大战期间，每次战争胜利后，赖朝都要兑现自己的承诺，论功行赏，将没收来的土地作为恩赏给予有功的关东武士。且不说作为一族军事首领的御家人，"即使是郎党、下人、所从等小武士，随

---

① ［日］丰田武：《中世的武士团・丰田武著作集・第六卷》，吉川弘文馆，1982，第 426、427-428、459 页。

② ［日］河合正治：《中世武家社会研究》，吉川弘文馆，1973，第 74-75 页。

③ ［日］山风铁舟口述，胜海舟评论，服部真长编《新版武士道——文武两道的思想》，大东出版社，1997，第 169 页。

着镰仓殿的胜利，也间接地解放、上升一步”[①]。与此同时，对违反武士之道者严惩不贷。1189 年，赖朝为了追讨奥州藤原氏，对全日本 66 国的御家人武士进行广泛动员，命令他们必须按时到达指定地点，拒不参加者和迟到者将受到严厉惩处，直至没收所领。“1189 年的奥州合战，既是武力讨伐平泉藤原氏，也是再现赖义‘前九年之役’中源氏对御家人支配的正当性、确认东国武士团对源氏的谱代从属关系，进而通过全岛规模的军事动员考察御家人的忠诚心。”[②] 结果，“接受动员而未参战的武士，如，安芸国的叶山介宗赖被没收所领，丰前国伊方庄地头贞种被取消地头职。”[③] 严厉惩处未履行尽忠奉公职责的御家人，维护了赖朝和御家人“御恩”与“奉公”的武家“家法”，捍卫了武士道作为军规军纪的严肃性，也彰显了赖朝在武家社会的绝对权威。

源赖朝使武士道从实践的道德规范上升为制度的道德规范，北条氏则为武士道赋予了法律的价值，有力地推动了武士道的发展。

1221 年，幕府粉碎皇室发动的倒幕战争后，武家统治权力、统治范围扩展到了西国和畿内诸国，公武二政治开始向武家一元化政治转化。1224 年，在幕府内部确立北条氏执权体制的北条义时（1163—1224 年）去世，“承久之乱”后任六波罗探题的北条泰时（1183—1242 年）继任幕府执权，随即针对时弊进行了一系列改革。军事上实行御家人轮流警卫幕府的镰仓守卫制度（镰仓大番制）；政治上创建集体合议制度，设立仅次于执权和连署的重要职务评定众；法律上 1232 年（贞永元年）制定武家社会的根本法典《贞永式目》，为武家统治提供法律依据。从此，武家有了自己的法律准则。《贞永式目》最初以武士为对象，于武家统治地区施行。随着武家统治力的不断强化，《贞永式目》也逐渐扩大到全国，并且凌驾于公家律令法之上。

---

① ［日］石井进著作集刊行会编《石井进的世界·1·镰仓幕府》，山川出版社，2005，第 121 页。

② ［日］野口实：《源氏和坂东武士》，吉川弘文馆，2007，第 185 页。

③ ［日］五味文彦：《日本的时代史·8·京、镰仓的王权》，吉川弘文馆，2003，第 133 页。

“赖朝以来，幕府主要依据先例进行裁决。北条泰时在贞永元年（1232年）制定《御成败式目》，也称《贞永式目》。”①制定《贞永式目》的原因有三：一是随着幕府的统治权力伸展到全国各个角落，有必要明确守护、地头的职权，使武家政权的行政、民事、刑事和诉讼等有章可循、有法可依。二是要求御家人知法守法，恪守职责，加强对御家人武士的约束力，使之与幕府保持一致。三是确立武家是非标准和奖惩机制，规定武士的行为准则和道德规范，将武士的忠诚道德提升到法律高度，强调“仆忠主、子孝父、妻从夫”。

制定式目的依据或来源，一是武家社会数百年来的习惯、道德，一是赖朝以来的先例。“支撑式目的法的精神是‘道理’。所谓道理，即正、邪的意思，判断正邪的标准，即以主从之忠、亲子之孝为核心的武士的实践道德。”②也就是说，《贞永式目》是“武家之习”“民间之法”的成文化。当然，“在镰仓、室町两幕府法中，法的主要部分是习惯法”③。镰仓幕府的成文法，是对武家社会数百年来习惯法的修改、补充和确认，以及制度化、法律化。

《贞永式目》是第一部武家法典，由51条构成，文字易懂，内容务实。包括：（1）规定守护、地头的职权，（2）御家人的领地继承，（3）领地纠纷的裁决，（4）朝幕关系的处理原则，（5）其他刑罚，等等。④该法律以御家人为对象，涉及行政、司法、财产继承和武士的行为准则、道德规范。

式目以法律的形式巩固武家的胜利成果，维护武士政权的统治秩序。政治上，在第3条“诸国守护人应奉行之事”中，严正申明了武家统治系统中守护地头制的法律依据，进一步明确了守护的职责，即“大犯三条”。武士要向公背私，不得假御家人之名越权妄为，严禁“非国司而妨国务，非地头而

---

① ［日］石井良助编《体系日本史丛书·4·法制史》，山川出版社，1982，第124页。

② ［日］上横手雅敬、元木泰雄、腾山清次：《院政、平氏和镰仓政权》，中央公论社，2002，第242页。

③ ［日］石井良助编《体系日本史丛书·4·法制史》，山川出版社，1982，第124页。

④ 沈仁安：《德川时代史论》，河北人民出版社，2003，第43页。

贪地利”。经济上，在领地纠纷中维护武士的既得利益，如第 7 条规定赖朝以后历代将军所赐之领地，即便旧领主提出诉讼也不得变更，“滥诉之辈应予停止”。第 16 条规定“承久之乱”时被没收的土地已“充给勋功之辈”，旧领主“自今以后，应停止胡乱要求。”第 27 条规定有功之辈“随奉公之浅深”予以奖励。社会上，式目第 10 条杀害、刀伤罪，第 12 条诽谤罪，第 13 条殴打罪，第 34 条私通他人妻子罪，第 50 条参与暴乱罪，等等，遏制了御家人依靠武力解决问题——私斗的风气。式目还以法律的形式要求各级武士严格履行职责，无论是“权威”者，还是“关东将军御所之女官，不得怠慢殿上当然之公事”。

式目颁布的意义，一是为武家提供了审判依据，使武家统治走上法治化道路；二是将武士在数百年战争生活中形成的“武者之习”规范化，制定出武家自成一统的法律，武者之习的权威性由此有了制度保障和法律价值；三是有关御家人的法律规定，巩固了幕府与御家人的主从关系，强化了幕府对于御家人的约束力。继政治和经济军事化之后，法律也走上了军事化道路，成为武家军人政治加强军事力量的重要工具。日本学者评论说：“贞永元年（1232 年）制定的《贞永式目》，是最初的武家法典，也是镰仓时代武士文化的最高成就。幕府不再以原来的公家法，而是以作为武士的现实生活中产生的实践道德——‘武者之习’为基础进行裁决。进入安定时期的幕府，为了裁决的公平而制定式目。与公家法不同，基于武家社会独特的习惯（“武者之习”），有不少引人注目的新规定。”[①] 而且，《贞永式目》在此后数百年的武家政治时代中一直是武家法律的主干。武士道作为《贞永式目》的基础和武家政权的统治思想，在国家政治、经济和文化生活中发挥愈来愈重要的作用。

武士道的约束力，除与武士的生存利益直接相关外，又加上了制度的和法律的强制力。

---

① ［日］上横手雅敬：《镰仓时代》，吉川弘文馆，2006，第 11 页。

二、武士道的两大支柱与内外道德

镰仓武士道依然是战斗者之道，核心内容是效忠主君、英勇战斗、惜名知耻。“镰仓武士道以忠节、武勇为两大特色，此外，还有质素、礼仪、名誉（惜名）、信义、清廉等精神。细数的话共有10余项。”① 镰仓武士政权建立之初，基础尚不稳固，天皇朝廷处于优势地位，上皇要推翻武士政权、确保院政实权，公家贵族要夺回土地财富。镰仓幕府不仅要巩固政权，而且要不断夺取朝廷的政治权力和贵族的土地财富。武士的权力、地位和财富等均来自幕府，因而与幕府共存亡，主要履行战斗者作战、备战的军事职责，目标是武力巩固和发展镰仓武士政权，进而变公武二元政治为武家一元政治。要实现武士政权和武士的目标，最需要的一是忠诚，二是武勇。其实，忠诚与武勇也是东国武士精神的两大支柱。

忠诚和武勇是武士的标志和武士道最根本的德目。忠诚是武士团赖以生存和发展壮大的前提条件，即对内道德；武勇则是武士团夺取战争胜利的基本条件，即对外道德。

1. 忠诚

镰仓时代的武士以源氏根据地的东国武士为主体，镰仓时代的武士道是源氏“坂东武士之道”（即东国武士道）的继承和发展，最突出的特色是以生命效忠主君的献身精神和战斗至死的武勇精神——“打起仗来，父亲死了也罢，儿子死了也罢，飞马越过继续拼杀”。东国武士道的忠诚和武勇精神，是赖义、义家父子与东国武士在生死与共的战争中形成的。

“镰仓武士道，其实就是赖朝将东国的武人气质上升为时代精神。”② 镰仓武士道的首要德目——忠节，是从赖朝与御家人之间以利益为基础的主从关

① ［日］桥本实：《日本武士道史》，地人书馆，1940，第158页。

② ［日］高桥富雄：《武士道的历史·第1卷》，新人物往来社，1986，第83页。

系里滋生出来的，基础是赖朝的恩给制，即赖朝对御家人的恩赏。“镰仓武士在以主从关系为基础的实践生活中，滋养出镰仓武士独特的精神。对将军的御恩尽忠节构成为第一义的要素。”“对主君的御恩献身奉公——尽忠节，是镰仓武士的金科玉律。”[①]1189年，赖朝以征讨奥州的藤原氏为名，对包括南九州的60余国武士广泛进行军事动员，一方面再现赖义“前九年之役”中源氏对御家人支配的正当性，确认东国武士团对源氏的谱代从属关系；另一方面以此作为“检验御家人忠诚度的试金石”。征服奥州后，千叶常胤、畠山重忠等一批有勋功的御家人获恩赏，“接受动员而未参战的武士，安芸国的叶山介宗赖被没收所领，丰前国伊方庄地头贞种被取消地头职。”严厉惩处未履行尽忠奉公职责的御家人，维护了赖朝和御家人“御恩”与“奉公”的源氏武家“家法”，强调对将军的绝对忠诚和服从。

获得忠诚的关键是恩赏。为了获得家人的忠诚，赖朝在源平大战期间，每次战争胜利后都要举行大典，论功行赏，将没收来的土地作为恩赏给予有战功的关东武士。通过恩赏与各军事家族的首领建立起主从关系，使这些军事家族的首领成为自己的家人——御家人。

在源平大战期间，赖朝或是将没收来到土地赏赐给有战功的关东武士，或是任命有战功的关东武士为国司的副长官——介和庄园的庄官。“本来介和庄官应该分别由中央朝廷和本所任命，赖朝越过中央朝廷和本所的任命，意味着新的东国政权的诞生，即在东国，镰仓殿赖朝成为最高支配者，具有代替朝廷和本所的地位。以后，不只是国的副长官和庄园的庄司，还广泛任命国衙领的郡司、乡司，或者郡、乡的地头，甚至更小支配权的地主。”[②]其实，这些任命也是一种恩赏，是赖朝扩张势力范围的手段。

---

① ［日］桥本实：《日本武士道史》，地人书馆，1940，第133-134页。

② ［日］石井进著作集刊行会编《石井进的世界·1·镰仓幕府》，山川出版社，2005，第62页。

为了获得武士的效忠，赖朝通过恩给制对各军事家族的首领给予恩赏（或是给予土地，或是任命各种官职），与之建立起“御恩”与“奉公”的军事主从关系，从而成为这些军事首领的主君，并通过他们统制全国武士，即将军统制御家人，御家人统制属下家人、郎党、郎从。而且，“御恩”与“奉公”的军事主从关系，使赖朝与各军事家族的首领——御家人结成利益共同体、命运共同体，赖朝成为御家人利益的代表者。因此，赖朝身边迅速聚集起了一大批忠心耿耿的御家人。当然，御家人甘愿效忠赖朝，甚至愿意为之战斗至死，关键在于恩赏，也就是利益。后鸟羽院发动倒幕战争——“承久之乱”时，北条政子亲自出面邀集有力的御家人商讨对策，声泪俱下地力劝大家同心同德，歌颂赖朝在世时对御家人的恩惠：“大将军（赖朝）征伐朝敌，草创关东以来，赐以官位、俸禄，其恩既高于山岳，深于溟渤，报谢之志浅乎！”而今，“依逆臣之谗，发布非义纶旨”，望大家协力同心，声讨逆贼，以“全三代将军遗迹”。[①] 经北条政子的动员和说服，关东御家人很快统一了思想，就连准备充当内应的三浦义村也宣誓效忠于幕府。可见，御家人在“承久之乱”时效忠幕府，与赖朝的恩赏密不可分。

赖朝不仅通过恩赏获取御家人的效忠，还通过武神信仰强化御家人的忠诚和服从。“镰仓殿对御家人的支配不只是物质层面的，还包括观念形态。支配御家人观念形态的主干，就是幕府的守护神——鹤冈八幡宫。”“使源氏的氏神成为御家人的守护神，进而又升华为幕府的守护神。”[②] 赖朝以国家权力赋予“鹤冈八幡”武勇之神和护国之神的含义，使御家人在思想上效忠和服从将军。“因为八幡是护国神，武士的理想是护国，武士为了实现自己的理想而借助八幡的力量，感受八幡的神威。在此思想基础上，产生出对将军的忠诚和对将军的神的崇敬相一致的忠诚的伦理性。”[③] 平安时代中后期，源氏武士团已形成

---

① ［日］《新订增补国史大系·第32卷》，吉川弘文馆，2000，第766页。

② ［日］冈田清一：《镰仓幕府和东国》，续群书类从完成会，2006，第87页。

③ ［日］奥田真启：《武士团与神道》，白扬社，1939，第118、124页。

信仰八幡与忠于源氏合二为一的思想意识。武家政权建立后，赖朝通过八幡神的信仰，追溯源氏与御家人之间的累代主从关系，使御家人相信“崇敬将军就是崇敬八幡神”，服从赖朝（幕府）就是服从神意和崇敬祖先。若对赖朝不忠，既是不遵神意，又是对祖先的背叛，即对神、对祖先的大逆不道。

恩赏是获得武士效忠的前提条件。源赖朝之所以取得源平大战的胜利，关键在于他恩赏家臣的巨大能力。北条氏之所以失去支持，是因为他无力恩赏那些抵御中国元朝军队的武士。17 世纪末叶以降，上层武士削减甚至停发中下级武士的固定禄米，导致中下级武士“恨主如仇”。

忠诚之所以被视为武士道的首要德目、核心和灵魂，成为武士的最高道德，原因在于：政治上，“忠”是武家政治生死存亡的基础，武家统治者的根本需要和武士政权的纽带。幕府的统治体制不是文官官僚体制，而是通过将军统治御家人、御家人统治家人和郎党、郎从实现的。强调垂直的纵向关系，通过上下级之间的忠诚关系来保持统一。武士的向背决定战争的胜负、事业的成败、政权的归属，所以，源赖朝通过“御恩”的纽带，与全国军事大家族的首领结成利益共同体和命运共体，确保武士的忠诚心。经济上，“忠”是家臣武士经济生活的需要。主从关系是双惠关系，主君用保护和扩大“所领”“忠臣”的名誉，以及保障家臣武士的生命和财产安全，换取家臣武士“忠”的献身精神。在金字塔形的武家社会，除将军和底层的从者外，其余武士既当主君又是仆从，经济命脉掌握在上一层主君手中。要家臣向自己效忠，自己首先要对主君尽忠。武士社会不容忍不忠之人，对主君不忠，就是“盗父母之惠，贪主君之禄，一生之间唯终于盗贼之命”[1]。不忠的结果，就是丧失政治地位和经济来源，并被武家社会所抛弃。思想上，“忠”是从者发自内心对主君的报恩或还恩。武士及其家庭的经济收入源自主君的恩赏，生命和财

① ［日］田原嗣郎、守本顺一郎校注《日本思想大系·32·山鹿素行》，岩波书店，1970，第 161 页。

产安全依靠主君来保障，因此，武士一家对主君充溢着感激之心，时刻不忘报效主恩。武家社会“父母一世、夫妇两世、主从三世”的说法，也反映了主君对家臣武士的重要性。

如前所述，戴季陶认为：“‘武士道’这一种主义要是用今天我们的思想来批评，他的最初的事实不用说只是一种‘奴道’，武士道的观念就是封建制度下面的食禄报恩主义。”福泽谕吉说：“幕府和各藩的士族，不但向当时的主人效忠，并且还追念到列祖列宗一心一意地报效主家，抱着所谓‘食其禄者死其事’的态度，甚至把自己的生命也献给了主家，不能自主。”①也就是说，武士道的“忠诚”以利益为转移，是对主君恩赏的报答，恩赏与效忠如同交换关系一般。

2. 武勇

在武士社会，武勇是武士必备的基本条件，“武名就是武士的一切”。家臣期望主君是“将帅之器”，拥有精湛武艺，能带领他们夺取战场上的胜利。1030年，平定平忠常叛乱的源赖信武名赫赫，历来崇尚武勇的东国人纷纷与之结成主从关系。赖信之子赖义，“勇决群雄，才气盖世”，坂东弓马之士大半成为其门客。源义家“骁勇绝伦，骑射如神”，于是，东国“武士大半为义家之从者”。据说，上总广常率大军投奔源赖朝之时，内心盘算如果赖朝没有领军能力与胆识，就将赖朝杀死，转而投奔平氏。但是，见到赖朝后，他被赖朝的气魄折服而决定跟随。②主君则希望属下家臣勇猛过人，使本集团能不断取得战争的胜利。

武士社会的所谓“武勇”，主要指军事实力、战斗能力和战争精神，具体包括三个方面：一是武、武力，或有多少兵、多大的杀人本事（也是吃饭的本事），如弓术、刀术、剑术等精湛武艺；二是勇猛之心，即敢于战斗，是不

---

① ［日］福泽谕吉：《文明论概略》，北京编译社译，商务印书馆，1997，第168页。

② ［日］五味文彦：《岩波日本史·第四卷·武士时代》，杨锦昌译，新星出版社，2020，第17页。

畏强敌、不计生死的杀伐之心；三是智谋、谋略，即善于战斗，是夺取战争胜利的谋略、计谋，包括欺诈；为了夺取战争的胜利，可以不择手段。其实，武勇也可分为“武”和“勇”。“武”主要指物质层面的武力或高超的武艺；“勇”是精神层面的“勇猛之心”，以及谋略、计谋等。

武士作为职业战士，以武勇为生存之本，以战场为人生舞台，必须面对杀戮与被杀戮的命运。一方面以武勇为自己赢得生命的存续、武名、权力地位、经济收入等；另一方面以武勇侍奉主君，为集团的发展贡献力量。武士道是实践道德，所有德目都要接受实践即战争的检验，即为夺取战争胜利发挥作用。在战场上，忠诚、武勇的证据都表现为取敌首级。[①] 武勇的高低决定经济收入，以及在主君眼中的分量和武士团的地位。不具备武勇的武士，不仅不能为自己及家庭赢得现实的物质利益，甚至会被主君和集团所抛弃，失去武士的资格。武勇不足或能力有限者，很难获得武士集团的好评。

不言而喻，武士、武士团的前途和命运，取决于对外战争的胜败，而对外战争的胜败又取决于武士、武士团的武勇（主要表现为战争能力和战争精神）。没有武勇或武勇不足，肯定不能赢得战争的胜利；不能取得战争胜利的武士团，只能一步步走向衰落，最终成为强大武士团征服、掠夺的对象。

武家政治、武士团首领、武士集团、武士个人及家庭靠战争起家，以武力为命根子，兴衰荣辱、生死存亡统统取决于武力。因此，武士道以武勇核心德目，武家社会崇尚武力，武士信奉军国主义。

镰仓时代的武士，肩负着变东国武士政权为全国政权、变公武二元统治为武家一元化统治的历史使命，以及为自己赢得新的权力和领地，因而其身份的主要特征依然是世袭战士。与主要作为战士的一面相适应，武士道主要是战斗者之道，核心德目就是夺取天下的武勇。在武家社会看来，“武勇是完

---

① ［美］迈克尔·维尔特：《极简日本武士史》，贺平、魏灵学译，北京日报出版社，2021，第 64 页。

成忠孝节义及武士之名誉、体面之道”，“重视武术修炼，培养胆力，戒卑怯软弱；以质实俭朴为旨，戒华美文弱”。[①]换句话说，镰仓时代依然是打天下的时代，武士的目标是夺取朝廷的权力和贵族的土地，武勇就是打天下或者夺取权力和土地的杀伐本领。

武家政治是武力政治，以武力为权力基础和治国之本。武士思想家山鹿素行认为，武家“以武兴，以武治，忘武则弃本失基”；“古者，朝廷之政道以武为后，今者，武家之政道以武为先，乃当然之法则”。[②]镰仓幕府建立之初，幕府虽然只是东国范围的武士政权，而非全国性政权，但是，武家政权与公家政权、武士阶级与贵族势力存在根本的利益冲突，因为武家政权的建立和发展以削弱公家政权的权力为前提，武士阶级的发展壮大以贵族丧失部分土地利益为前提。因此，后白河法皇、后鸟羽上皇一心要夺回权力，确保院政实权。1185年，赖朝获得设置守护地头的权力。1186年（阴）6月和11月，后白河法皇两次发布停止设立地头职的院宣，迫使源赖朝控制的地区缩小到以镰仓为中心的东部地区。后鸟羽上皇任命赖朝为征夷大将军，使赖朝实现了多年的夙愿，却在幕府御家人纷争之际，聚集力量，进行了大量倒幕准备。总之，武家统治者以武力为立国之本和治国之本有其历史必然性，既要防备来自外部的威胁，又要加强对御家人的控制以防止幕府内部实力人物的反叛行为。

为了保持崇尚武勇的武家特色，赖朝鼓吹“坂东武者之习”的武勇精神。“赖朝非常重视和热衷于奖励武艺，经常组织流镝马、笠悬、小笠悬、相扑、竞马等训练。当时，镰仓武士磨炼的武技和演武场有：武技——流镝马、笠悬、小笠悬、相扑三番、流镝马五番竞马、远笠悬、犬追物等，演武场——三浦三崎、杜户浦、稻村崎边、鹤冈三嶋别宫前滨、鹤冈放生会马场、幕府

① ［日］武士道学会编《武士道入门》，ふたら书房，1941，第84-85页。

② ［日］信夫清三郎：《日本政治史·第1卷·西欧的冲击与开国》，周启乾译，上海译文出版社，1982，第108页。

南庭、御壶、杜户浦、由比滨、生西之宅、马场殿、小壶海边、滨御所。此外，还经常进行狩猎。赖朝通过镰仓武士的柳营生活，努力培养武勇精神和团结协作能力。这一倡导武勇的方针，被后来视赖朝为偶像的幕府当事者继承，世代作为传统方针加以实践。其中，北条时赖、时宗尤其热心。”[①] 不仅如此，赖朝还多次组织围猎，统率各武士团进行综合性实战训练。在组织军事训练、军事竞赛的同时，赖朝奖励武勋。熊谷直实因治承四年（1180 年）追讨佐竹毛四郎之功，补任为武藏国大里郡熊谷乡地头。下河边平行因射术精良而受褒扬，被称为“日本无双之弓取。”

统治者奖励武勇、引导武家社会的价值追求，坂东武士崇尚武勇的精神成了时代风尚。“景时和能员都是将军的宠臣。景时依靠非凡的机智，能员凭借乳母之缘和姻亲关系，分别受到将军重用。可是，一般的御家人并不承认机智、婚姻是理想价值。武士的理想依然是武勇。”[②] 在战争中求生存、求发展的生活方式，决定了武士需要以武立身、以武扬名，崇尚暴力、穷兵黩武。

武勇既是武家统治者实施军事统治的需要，也是武士主君（御家人）的需要。集团首领需要通过家臣武士的杀伐实力和武勇精神建立战功，获得更大的领国和更多的利益。武士集团的蓬勃发展，需要所有成员依靠武勇不断夺取战争的胜利。

武士以杀生为业，本身就是一群靠武力吃饭的人，当然要崇尚武勇。武士只要还是战士，无论是平安武士，还是镰仓武士、室町武士，都要以武勇报效主君，都要靠武勇发家致富、光宗耀祖、博取武名。武士作为职业战士的生活方式以作战、备战为主要内容，“以夺取战争胜利为第一要义”。武士道反映武士在战场上拼杀的生活方式，是战斗者之道、穷兵黩武之道和弱肉强食之道，鞭策武士在战争中建功立业、体现人生价值，以忠诚和武勇为核心德目。

---

① ［日］桥本实：《日本武士道史》，地人书馆，1940，第 152-156 页。

② ［日］上横手雅敬：《镰仓时代》，吉川弘文馆，2006，第 121 页。

忠诚是武士侍奉主君的献身精神，武勇是武士效命主君、建立军功的基本技能。武士在战争中讨饭吃，通过掠夺他人以自肥，“驱驰于矢石之间，出入于生死之门”，每一次征战的胜利与失败、生与死，都取决于武勇。只有高于他人的杀伐技能，才能夺取战争的胜利，赢得生的希望。因此，武士一生都在练习一击必杀的本领。对武士来说，“最重要的素养和技术，是以‘骑乘骑射’为代表的战斗技术”，也就是武勇。他们平时通过犬追物、笠悬、流镝马等进行骑乘骑射的训练。如前所述，“武”是保卫主君，为主君杀伐征战、攻城略地、夺取战争胜利的本领，以及保存自己、消灭对手的格杀能力。“勇”即“勇猛之心”，是敢于战斗的勇猛精神、无所畏惧的拼命精神、嗜血成性的好战精神，也就是通常所说的士气、杀气、好狠斗勇、穷兵黩武。

武家社会推崇的武勇典范出自源氏的关东武士。例如，13岁随父参加“前九年之役”，在危急关头表现神勇、战功卓著的源义家；16岁参加“后三年之役”（1083—1087年），眼睛中箭仍射杀敌骑的镰仓权五郎景正；“打起仗来，父亲死了也罢，儿子死了也罢，飞马越过继续拼杀”的关东武士。

当然，武勇之所以构成镰仓武士道的核心德目，原因在于镰仓武士主要履行战斗者的职责，首先在于武士的一切都需要凭借武勇在战场上去夺取；其次是武士需要依靠武勇变公武二元政治为武家一元政治，或者说需要凭借武勇打天下。

需要注意的是，武家统治者在奖励武勇的同时，也极力遏制御家人之间的私斗。“武士之间解决纷争的办法是当事者之间的决斗。”[1] 武士靠武力吃饭，习惯用武力解决问题，一点小小的摩擦、口角之争，都会演变为群体性武装冲突。赖朝在世时，曾命令畠山重忠、和田义盛等制止御家人之间的争斗。赖朝去世后，御家人间的私斗也时有发生。为此，北条氏以法律手段解决和预防私斗行为，《贞永式目》中有不少处罚私斗的条款，如第10条、第

① ［日］石井进：《日本历史·12·中世武士团》，小学馆，1974，第385页。

12条、第13条、第34条、第50条等。

还要指出的是，武士发迹于战争，通过掠夺他人以自肥。武士的掠夺活动从一开始就是采取集体的方式进行的，武家社会甚至将对外扩张、侵略掠夺视为天经地义。事实证明，镰仓武士政权的发展和武士阶级的壮大，以剥夺朝廷的政治权力和贵族的土地财富为前提。

镰仓武士道德目中，名誉也占有至关重要的地位，特别是“武名”或“武勇之名”。武士以战争为业，靠武勇吃饭，“武名就是一切”。失去武名，即失去了身为武士的资格。与忠诚、武勇一样，武名也需要在战场上接受考验，也与现实的物质利益密切相关。“因为从者得到名就意味着接近主君给予恩赏的机会，失去名则意味着远离和失去恩赏。”“功名是与恩赏直接关联的亲兄弟，是当代武士一切行动的基础。”[①] 武士“舍身求名”的动机，还在于“保家和使子孙昌盛”，即留万世之名并荫及子孙。

三、禅道的武士道

与8至12世纪“神道的武士道”一样，13至17世纪前“禅宗的武士道”也是职业战士打天下的武士道（战斗者之道）。神道作为武士道的思想渊源，驱使武士将效忠主君、侵略扩张作为自己的神圣使命，激发武士的使命感、责任感和敬业精神，承认武士弱肉强食生存逻辑的合理性，满足武士渴望夺取战争胜利和“武命长久”的心理需要。禅宗佛教则以“死生如一”的生死观使武士断绝生死羁绊，摆脱了对死亡的恐惧，使武士舍命效忠主君，以“忘我”“忘亲”“忘家”的心态奔赴战场，将武士塑造成了不要命的杀伐工具。

1. 武家政治与禅宗

武士产生和武力崛起的平安时代，最盛行的宗教依然是佛教，神道信

① ［日］樱井庄太郎：《名誉与耻辱》，法政大学出版局，1971，第21页；［日］家永三郎：《日本道德思想史》，岩波书店，1984，第95页。

仰和神道教仍旧依附于佛教。天台宗和真言宗有朝廷的提倡和贵族的支持，因而成为最盛行的佛教宗派，也被称为“贵族佛教”。大体上讲，平安晚期的日本社会已形成公家、武家和寺家（主要指佛教势力）三家，公家有政权，武家有武权，寺家有神权。此外，寺家还拥有众多庄园和自己的武装力量——僧兵，因而公家和武家谁也不敢轻视，都想使之为我所用，并适当加以抑制。

禅宗在日本流传开来，与武家统治者的提倡、保护和扶持密切相关。当然，武家统治者欢迎、保护和扶持禅宗，还是因为禅宗的利用价值。首先，武家统治者需要有自己的宗教武器。通过禅宗“摆脱公家旧佛教的影响，创建自己的伽蓝与京都的公家抗衡，进而掌握全国的教权”[①]。此外，武家军事首领极力将从者对佛祖的信仰转化为对武士团首领的尊崇。第二，满足武士现世杀人、来世得救成佛的愿望。“在武士兴盛的镰仓时代，经常要面对死亡威胁的武士，要活下去就不得不杀死对手，对佛教当然会表现出强烈的关心。”[②]禅宗宣扬“自力本愿”，即人们通过主观意志便可“成佛”；宣扬人人有“佛性”，只要清除内心的“妄念”，达到“空心”境地即可“成佛”。特别是满足了武士在此岸世界大开杀戒，在彼岸世界又能获救的愿望，即为犯杀生罪的武士进入天国大开方便之门。第三，“死生如一”的生死观。禅宗“生不可喜，死不可悲”的生死观，与武士“驱驰于矢石之间，出入于生死之门”的生活状态相吻合，与武士在临战之际需要具备“三忘”思想（即忘我、忘亲、忘家）也是相通的，使武士成为跨越生死之界的杀伐工具。第四，“道在日用”“自修自悟”的简易教理和修行方法。禅宗主张“不立文字，教外别传；

① ［日］川山庸之、笠原一男编《体系日本史丛书·18·宗教史》，山川出版社，1981，第195-203页。

② ［日］森岛通夫：《透视日本：“兴”与“衰”的怪圈》，天津编译中心译，中国财政经济出版社，2000，第47页。

直指人心，见性成佛。”[①] 只需坚持坐禅冥思就能清除“妄念”成佛，不强调形式主义的持戒和修行，因而特别适合于文化低而又成天忙于作战和备战、无暇读经礼佛的武士。

禅宗需要武家政权的保护，武家政权需要禅宗建立武家的文教制度和掌握全国的教权；武家政权保护禅宗和禅宗甘当武家政权的御用宗教，就像武家社会主从之间施恩与报恩的关系一样。在《吾妻镜》的记载中，荣西以“律师”、法会、“导师”的身份为幕府主持佛事和进行祈祷。1199 年 9 月，在幕府主办的供养不动明王的法会上，荣西担任修法导师，源赖家和尼将军北条政子皈依禅门。1200 年，在源赖朝去世 1 周年的法会上，幕府又请荣西担任导师。[②] 北条政子将源义朝的一块邸地献给荣西，在此建寿福寺。1202 年，二代将军赖家把京都东南部的一块土给荣西建建仁寺。武家政权对荣西的信任和尊崇由此可见。北条氏主政时期，北条时赖、时宗和贞时先后在镰仓建造专修禅宗的建长寺、圆觉寺，建长寺、圆觉寺与寿福寺、净智寺、净妙寺五大禅寺合称为“镰仓五山”。此外，还有“镰仓十刹”，即相模的净智、禅兴、东胜、万寿寺，筑前的寿福寺，山城的万寿、真如、安国寺，丰后的万寿寺，上野的长东寺。北条氏对禅宗的推崇和对禅僧的礼遇，还表现为主动派出许多入宋僧、入元僧到中国学禅，以及直接从中国请禅僧来传教，如兰溪道隆（1213—1278 年，1246 年赴日）、大休正念（1215—1289 年，1269 年东渡日本）、无学祖元（1226—1286 年，1279 年抵日）等。1246 年兰溪道隆到日本，1252 年北条时赖创建建长寺请兰溪道隆入住。

为了报答武家统治者的礼遇之恩，兰溪道隆等入日禅僧通过上堂拈香的祝词，肯定武家政权的统治体制，并且通过传教活动为建立武家伦理发挥了重要作用。杨曾文先生在研究中写道：“从道隆以后，来日兀庵普宁、大休正

① ［日］村上专精：《日本佛教史纲》，杨曾文译，商务印书馆，1999，第 124 页。

② ［日］《新订增补国史大系・第 32 卷》，吉川弘文馆，2000，第 560、564 页。

念、无学祖元、一山一宁等人以及日本从宋归国的禅僧南浦绍明等人，也采取上堂拈香为天皇、幕府将军、执权等祝寿祝福的做法，并成为禅寺常规法式之一。”“武家支持禅宗。禅僧特别是来自宋元的禅僧，确实为巩固武家的社会地位，建立武家伦理、文化起了积极作用。我们从正念赞扬时赖、时宗、贞时等武家领袖的法语中可以很清楚地看到这一点。”① 在抗击中国元朝军队的“文永之役”和“弘安之役”中，大休正念和无学祖元等不仅和僧人一起读经修法，以祈祷佛神降伏敌军，还以授禅法语的形式增强幕府执权北条时宗、北条贞时抵抗元军的信心和勇气。

2. 武士道与禅宗

日本学者井上哲次郎将禅宗的作用概括为五点：（1）仁慈，武士道本来就有陷入杀伐之倾向，必须以仁慈之心取胜；（2）俭朴，磨炼勤俭朴素的生活意志；（3）练胆，武士随时都会面临决战，需要时时练胆，增强胆量；（4）勇猛，打破生死牢关，精神上勇猛果敢，表现武士的大勇；（5）决心，生死之际毫不犹豫的决心。② 新渡户稻造也说道：“佛教给予武士道以平静地听凭命运的意识，对不可避免的事情恬静地服从，面临危险和灾祸像禁欲主义者那样沉着，卑生而亲死的心情。”③ 桥本实认为禅宗的作用有：一是以自力思想为根本要义，即通过自己的修业达到开悟境地的自力本愿是禅宗的真髓和根本要义；二是现世的、现实主义的思想成分，通过坐禅克服现实世界的一切烦恼；三是通过禅宗的人的训练、人格的陶冶，培育坚忍不拔、超脱生死的精神力量。概而言之，禅宗的本质是以自力主义为基础的现实主义，强调不屈不挠、超越生死的坚忍不拔的精神力。④ 井上哲次郎和桥本实的见解，

---

① ［日］杨曾文：《日本佛教史》，人民出版社，2008，第 320、335 页。

② ［日］井上哲次郎：《武士道总论》，载井上哲次郎监修《武士道全书・第 1 卷》，国书刊行会，1998，第 37-38 页。

③ ［日］新渡户稻造：《武士道》，张俊彦译，商务印书馆，2001，第 18 页。

④ ［日］桥本实：《日本武士道史》，地人书馆，1940，第 186-187 页。

基本反映了武士以武为业的生活方式；新渡户稻造的观点则有些流于空谈空论。不过，井上哲次郎的“仁慈说”也显得过于牵强，一方面仁慈从来不是武士道的精神德目，另一方面武士以杀生为业，要求他们在杀戮与被杀戮的职业生活中具备仁慈之心显然不切实际。而且，禅宗本来就是驱使武士效命疆场、拼死取胜的宗教思想，“仁慈说”显然不符合其教义。

禅宗作为武士道的思想渊源，主要是帮助武士从内心克服对死亡的恐惧，增添无所顾忌的勇气，将武士塑造成为跨越生死之界的杀伐工具。

第一，支撑武士忘我、忘亲、忘家的“三忘”思想。“从精神上支撑武士不计生死追随主君的，还是禅宗的‘死生一如’的思想。禅宗认为只有否定了作为执迷根源的自我，进入无我境地，完全断绝了生死的羁绊，才能‘见性成佛’。这与镰仓、室町时代的武士提倡临战时应忘我、忘亲、忘家的思想是相通的。许多武士皈依禅宗，坐禅求悟，并非偶然。因而，有的学者认为以忘我献身为主要内容的镰仓、室町时代的武士道是‘死的觉悟’的武士道。”[①] 镰仓武士虽然是统治者、土地所有者和战斗者，但主要扮演战斗者的社会角色，履行战斗者的社会职责，死亡的威胁始终如影随形，禅宗为武士提供了超越生死、忠实履行战斗者职责和义务的思想工具，帮助武士克服对“生”的依恋和对“死”的恐惧。

对于生死之事，最能够泰然处之的当数以祈祷为业的教界神职人员，战胜自我、直面死亡本来就是他们必备的品质。宗教神学中也有现世（生前）和来世（死后）之分，神职人员追求的不是享尽人间（现世）的荣华富贵，而是灵魂得救，升入天堂。如果灵魂得救，死后便是进入天堂，是幸福之事，而非令人恐惧、害怕和痛苦之事。在宗教使命的驱使下，神职人员甘愿尝尽人间之苦，甘愿舍弃生命，在各种难以想象的恶劣环境中传教布道，人们对此并不陌生。

---

① 王家骅：《儒家思想与日本文化》，浙江人民出版社，1990，第300页。

禅宗的生死观认为，“生一时也，死亦一时也。亦如春而夏也，夏而秋也，秋而冬也”，就如同自然循环一样。中日禅僧在日本传播禅宗时，都以死生如一的思想告诫和影响武士。例如，大休正念传禅时常常教导武士如何直面死亡，宣称“击碎生死牢关，便见过去心不可得，现在心不可得，未来心不可得。所谓一念不生，前后际断，方可出生入死。如同游戏之场，纵夺卷舒，常自泰然安静。胸中不挂寸丝，然立处既真，用处得力。”① 道元也传播禅宗直面死亡的生死观，培养武士战胜自我、直面死亡的品格。

禅宗“生不可喜，生不可悲”的生死观，在宗教思想上提供了与武士的生活状态、心理状态相一致的麻醉剂，令武士否定了作为执迷根源之自我，安心进入“生为梦幻，死为常驻”的无我境界。日本学者永田广志说：“禅宗的主观唯心主义，即说教‘心即是佛’，把可以叫作知的直观那种恣意而空洞的真理感看作至高无上，以灭绝人性使人心如木石为特点的克己主义确实适合武士阶级的心理。在镰仓时代以来开始形成的武士道中可以发现不少禅宗的影响，这绝不是偶然的。”② 禅宗的生死观，成功地将武士塑造成不要命的职业杀手。武士在受命切腹时，含笑用刀刺进自己的腹部结束生命，也与禅宗的生死观密切相关。

禅宗的生死观对武士的影响，还得益于禅僧身体力行的示范效应。虽然在社会分工中武士与禅僧的职业有着天壤之别，武士以杀人为业，禅僧以祈祷（助人）为业。不过，两者都是需要奉献生命的职业，武士在俗界以生命侍奉主君，禅僧在圣界以生命侍奉佛陀。禅僧以生命对佛陀的忠诚和坦然面对死亡，就如同引路人一样，为武士以生命效忠主君和直面死亡做出了榜样，因而禅僧的告诫对武士极具权威性。

第二，处变不惊的战争心理。禅宗的宗教信仰、宗教行为不仅滋养着武

① 王辑五选译《1600年以前的日本》，商务印书馆，1983，第41页。

② ［日］永田广志：《日本哲学思想史》，陈应年、姜晚成、尚永清等译，商务印书馆，1978，第18页。

士道的忠诚道德，也为武士道的武勇精神和勇猛之心注入了强大的力量。一方面诱导武士像宗教徒修行那样，摒弃一切世间杂念，潜心修炼武功武技，提高杀伐技能；另一方面又磨炼武士的战斗意志，增强战争勇气，滋养战争心理。禅僧既是直面死亡的典范，也是处变不惊的楷模，同样是不争的事实。武勇精神的发挥和战争的胜利，既取决于军事武器、军事技能，也与战争心理密切相关。武士要夺取战场上的胜利，除了过硬实用的战争技能和杀伐之心之外，还要有处变不惊、临危不乱、沉着冷静的战争心理。日本学者古贺斌明确指出了武士道与战争心理的密切关系："我认为武士道是构成与战争有着密切联系的'士气'因子"，"是战争心理学"。[①] 禅宗要求坐禅者——武士修炼出"山崩地裂也无所惧"的胆力，就是使武士以处变不惊的心理充分发挥武勇精神。前述井上哲次郎所说的"练胆""勇猛""决心"，桥本实所讲"坚忍不拔、超脱生死的精神力量"，同样都指的是武士必须具备的战争心理。

第三，增强夺取胜利的信心和勇气。武士以夺取战争的胜利为目标，禅宗则用宗教思想帮助武士树立必胜的信心和勇气。井上哲次郎在论述禅宗对武士道的第五个影响（决心）时举例说，元兵攻打南宋逮捕祖元并欲斩首时，祖元作偈曰："乾坤孤筇卓地无，喜得人空法亦空。珍重大元三尺剑，电光影里春风斩。"元兵因看他泰然自若，便将他赦免。1280年无学祖元东渡日本后，极受掌握幕府实权的北条时宗、北条贞时等武家统治者的信赖，其处变不惊的禅法深深地影响着广大镰仓武士。祖元在日传禅期间，常常以"无畏"和"莫烦恼"砥砺武士，宣称"若能空一念，一切皆无恼，一切皆无怖，犹如着重甲入魔贼阵，魔贼虽众，不被贼害，掉臂贼魔中，贼魔皆降伏。"[②]1281年，忽必烈再次发动对日远征，面对元朝10万大军突袭，执权北条时宗向祖元求助，祖元以"莫烦恼"三字相赠，增强了时宗战胜元军的信心和勇气。

---

① ［日］古贺斌著，香内三郎解说《武士道论考》，岛津书房，1974，第1、11页。

② 王辑五选译《1600年以前的日本》，商务印书馆，1983，第41页。

在“禅道的武士道”时代，禅宗作为居统治地位的宗教信仰，不仅帮助武家统治者夺取全国的教权，建立起武家政权的文教制度，而且服务于武士夺取战争胜利的价值理想和人生目标，从思想上支撑战斗者之道的武士道。禅宗的生死观从精神上化解武士对死亡的恐惧，并为武士进入极乐世界大开方便之门，从而使武士无所顾忌地大开杀戒。

与平安时代一样，镰仓时代的武士教育依然主要由家庭承担，武士子弟的职业技能和思想品德（武士道精神、武家社会的规矩）主要是依靠父兄的言传身教，一代一代地接力传承。

第三章　煽动侵略扩张的室町武士道

室町幕府始于争乱、终于争乱，“战争如同家常便饭”，是武士作为职业战士充分施展用武之地的黄金时代。只要拥有足够的实力，敢打敢拼，便可成为割据一方的大名，无须将军的任命。

室町幕府诞生之初便迎来了半个多世纪的武力对峙（即南北朝时代，1336—1392 年），即公家和武家的决战，其间，还伴随着足利氏内部围绕幕府主导权的生死之争。在此期间，武士高扬武勇精神，发挥战士的职能，凭借武力在 14 世纪末掌握了全国的庄园土地和政治权力，将公家贵族逐出政治舞台。南北一统后不久，武家内部又发生“应永之乱”（1399 年）、“永享之乱”（1438 年）、“嘉吉之乱”（1441 年），1467 年“应仁之乱”爆发，日本进入持续百年的战国时代，武家内部争夺最高统治权。

将军足利氏陷于公武对峙和幕府内部分裂之时，地方有实力的武士首领守护大名乘机扩张权势，地方各国的国人武士也如法炮制。幕府统治稳固时，守护大名已经发展成为拥有一国或数国军事、政治、经济大权的统治者，形成守护大名领国制，对幕府构成严重威胁。与此同时，由庄官等发展而来的国人、国人领主也凭借实力掌握了地方实权，成为幕府和守护大名竞相争取的对象。守护与国人武士结成主从关系，委任他们为自己的代理人——守护代，具体管理一庄、一地或一国，形成幕府—守护大名—守护代的关系。守护大名驻守都城时，委派守护代或家臣管理领国，一些守护代或家臣乘势取而代之，跻身战国群雄之列。上层武士为自己的权势、地位等而战，一般武士则为捍卫和扩大所领而战。

显然，在“战争如同家常便饭”的时代，武士主要履行战士的职责，武力维护武家统治、保卫和扩大自己的领地，因此，室町时代的武士道是战士的道德规范和行为准则，即鞭策战士在战场上夺取战争胜利的武士道或应对战争生活的武士道。

室町时代的武士道主要表现为家训或家宪，也称“家训的武士道时代”。不少上层武士出于维护武家秩序和自身利益的需要，都提出了自己的武士道论。如斯波义将的《竹马抄》(作于1383年)、今川贞世的《今川了俊制词》(作于1412年)、伊势贞亲的《伊势贞亲教训》(作于1457—1460年)，训诫家族成员和家臣，提高武士的自身修养，强调从者对主君的忠诚。战国武士道的主要载体或资料是战国家法（或称家训），即战国大名为统治领国而规定的君臣关系（主从关系）和家臣必须遵守的法规，涵盖了武士道的所有德目。即使是“下克上”型的战国大名，如朝仓敏景、北条早云、毛利元就等，在其家宪中也特别强调从者对主君的忠诚。不过，忠诚心终究敌不过野心，丰臣秀吉、德川家康就是例证。

与镰仓武士道一样，室町武士道也“以战争为母体”，是适应武士作为战士的战争生活需要而产生的，其所注重的武士道德目都是为了夺取战争的胜利，首先是激发武士拼死战斗的武勇之心、杀伐之心，增强武士的战斗能力，以夺取战争的胜利，其次才是完善自身的道德修养。

事实证明，获得从者的忠诚不仅要给予恩赏，还要保持绝对凌驾于从者之上的军事实力，以实力控制从者，使之不敢萌生二心。

室町时代是新一轮重新分配权力和领地的时代，而分配原则不是依据身份的高低贵贱，而是武力，谁的武力大，谁就有可能赢得战争的胜利、获取更多的权力和领地。重新分配权力和土地的战争，为武士提供了用武之地和升官发财的机会，室町武士作为战斗者以武为本、依靠战争发家致富的生活方式，决定了这一时期的武士道是支撑武士夺取战争胜利的战斗者之道。

室町（1336—1573年）、织丰（1573—1598年或1568—1598年）时代既是重新分配政治权力和土地财富的时代，也是武士发展史和日本历史上战争最为频繁的时代，还是武士充分履行战斗者职责和迅猛发展的时代。只要有足够的实力（武力）和运气，谁都有机会成为大名。在频繁的战争中，一批又一批有实力、有野心和善于把握时机的中下级武士脱颖而出。可以肯定的是，在这一时代，忠心敌不过野心。

南北朝战争（1336—1392年）是继“承久之乱”以后，公家势力和武家势力争夺统治权的大决战，其结果是公家势力被赶出政治舞台，永远失去了政治权力和庄园土地。接着，是幕府内部、幕府与超级守护、守护与守护之间争夺权力和领地的战争。“应仁之乱”后持续百年的战国时代，战国大名自立为王、割据称雄。最后是1568—1598年的织丰时代，日本社会从封建割据走向统一。

所领的保全和扩大是驱使一般武士履行战斗者职责的根本动力。“南北朝武力对峙期间，一般武士并不在乎哪一方天皇的正当与否，‘只关注恩赏’。”①事实上，平安、镰仓时代的一般武士，同样只关注恩赏，即关注自己的切身利益。

室町和织丰时代的武士是在战场上浴血奋战的战斗者，而非榻榻米上的执政者；与战斗者的生活方式相适应，这一时期的武士道是应对战争实践的、充满血腥味的战斗者之道，而非执政者注重个人“自戒内省的道学工

---

① ［日］小泽富夫：《作为历史的武士道》，ぺりかん社，2005，第84页。

具”。武士需要的是支撑他们夺取战争胜利的战斗者之道，以确保原有领地、获得新的领地。

第一节　武家与公家的决战

室町时代的武士是政治上的统治者、经济上的土地所有者、社会上的战斗者、思想上是武士道的创造者和体现者，这是学界的公论、众所周知的客观事实。室町时代的武士主要履行战斗者的职责，也是不争的事实。

14世纪初，天皇的精神权威与足利氏等武士的武力相结合，推翻了日趋衰弱的镰仓幕府，接着，公家与武家的矛盾成了主要矛盾。

一、后醍醐天皇与镰仓幕府的灭亡

“承久之乱”后，公武二元政治向一元化武家政治转化，不过，公家势力依然存在，也能通过朝廷的官位和庄园领主的身份，保持其政治地位和经济权利，幕府和朝廷还维持着一种势力平衡。但是，一旦幕府发生危机、实力衰退，而公家又恰好出现有作为的天皇，那么，公武的平衡便会被打破，公家就会策划推翻幕府，试图恢复过去那种由他们一手统治的局面。

13世纪后半期，日本有史以来第一次遭到来自外国（中国元朝）军队的进攻，幕府虽然领导取得了战争的胜利，但是，幕府在战后也走向了衰落。

原因之一，幕府破坏了幕府与御家人之间“御恩”与“奉公”的原则，许多御家人贫困破产。抗元战争与国内的源平大战和“承久之乱”不同，“历时5年的源平内战没收的土地有500余所，31天的‘承久之乱’没收的所领有3000余所。而抗元战争的文永、弘安两役，1所战利品都没有。”[①]幕府拿不出土地恩赏给有功将士，破坏了主从关系“御恩”与“奉公”的游戏规则，失去了御家人的信赖和支持，动摇了御家人制度的基础，御家人制度开始走向崩溃。其实，要求恩赏的还有僧侣和神官，抗元战争期间日本各地的寺院神社受命祈祷敌国投降，他们认为战争的胜利是因为他们的祈祷，故而向幕府要求恩赏。

原因之二，北条时宗（1264年就任北条氏家督，1264—1284年任执权）的专制政治，激化了旁系御家人和嫡系御家人之间的矛盾。1285年，爆发旁系御家人和嫡系御家人的武装冲突“霜月骚动”，大量旁系御家人被消灭，加剧了御家人内部的矛盾，动摇了幕府的权力基础——御家人制度。进入14世纪后，幕政益发混乱，幕府内部日趋不稳。1317年，北条高时（1303—1333年）继任幕府执权，这位“承久之乱”以来最昏庸无能的执权，热衷于斗狗，人称“狗将军”，不理幕政，大权旁落，内管领长崎高资独揽大权，幕府的权威急剧下降，御家人的离心倾向进一步加剧，大部分武士已经产生了反叛之心。

武家方面危机重重，已现衰微征兆，倒幕只差一面旗帜之际，公家方面产生了“承久之乱”以来最有才华和抱负的、倒幕最坚决的天皇，1318年后醍醐天皇（1288—1339年）即位，倒幕活动由此开始。

本来，13世纪末14世纪初，皇室也发生了不小的震荡。1242年，后嵯峨天皇（1242—1246年在位）根据幕府执权北条泰时的指示即位，此后，后深草天皇（1246—1259年在位）、龟山天皇（1259—1274年在位）兄弟相继即位。长子深草天皇退位后居持明院，故称“持明院派”；次子龟山天皇退位后居大觉寺，称“大觉寺派”。当时的天皇虽无实权，但毕竟是最高精神权威，名义上的最高掌权者，以及皇室领地的最高负责人，为此，深草和龟山这对亲兄弟为争夺皇位继承权互不相让。幕府开始明确表示，皇位由两派轮

① ［日］奥富敬之：《镰仓北条氏的兴亡》，吉川弘文馆，2003，第169-170页。

流继位；1301 年，幕府又宣布有关皇位之事，听候天皇钦定，幕府不再干涉。

1318 年，大觉寺派 31 岁的后醍醐天皇继位（1318—1339 年在位）。后醍醐天皇名尊治，是后宇多天皇的第二个皇子，自幼聪慧，颇有大志，深得其祖父亀山上皇的钟爱。其实，在严格实行长子继承制的古代日本，作为次子的尊治很难超越长兄继承大统，而两统迭立制更使他难有出头之日。因此，他只能在朝廷供职。1304 年任大宰帅，1307 年又兼任中务卿。1308 年，后二条天皇突然去世，花园天皇即位，20 岁的尊治被立为皇太子。在立为皇太子的 10 年间，为了“恢复政出天皇的旧制度”，他推崇镰仓中期传入日本的朱子学，集合了一批有才有识之士，学习朱子学和佛典，召禅僧玄惠入宫讲解《新注》，企图以朱子学的“三纲五常”“大义名分”激励朝臣，为复兴旧王朝效力。

1321 年，经后宇多法皇同意，后醍醐天皇废除了院政，亲自视理政务，实现了“政出天皇”的愿望。在他身边，不仅有北畠亲房、吉田定房、万里小路宣房等重臣，还破格提拔了日野资朝、日野俊基等中下级武士。北畠亲房和日野资朝、日野俊基等均为玄惠（本为天台宗僧人，后归于禅宗；儒者，曾侍奉后醍醐天皇，后又深得足利尊氏信任）的门徒。后醍醐天皇提拔贤能，革新政治，朝政焕然一新。1324 年，后宇多法皇死，后醍醐天皇随即和日野资朝、日野俊基等秘密策划，拟定了使用畿内武士和僧兵袭击六波罗的倒幕计划，还派日野资朝、日野俊基分赴各地策动地方豪族倒幕，美浓国豪强土岐兼赖、多治见国长、土岐赖春等应召到京。结果计划泄漏，幕府逮捕了日野资朝、日野俊基等主谋，并送往镰仓。此次政变发生在正中元年，故称“正中之变”。

1326 年，后醍醐天皇立嫡子无望，益发仇恨幕府，再次筹划兵变。为了集聚武装，先后立护良亲王（1308—1335 年）、宗良亲王（1311—？年）为天台宗座主，以掌握寺院僧兵。还亲自巡幸日吉社及延历寺、春日神社、东大寺、兴福寺等，以争取众徒支持。同时，密召僧侣园观、文观和被赦回京的亲信日野俊基等人，研究利用僧兵进行讨幕的计划细节。1331年（元弘元年）4月，计划泄密，幕府逮捕了主谋者文观、园观和俊基等人。同年8月，天皇带着象征皇位的三件神器，逃往奈良的笠置寺，准备以此为据点，招兵抗幕。后来幕府军攻陷笠置寺，天皇在逃亡途中被幕府军俘虏，押解回京。在幕府的压力下，后醍醐天皇被迫将神器（后又宣称该神品是假的）传授给持明院的光严天皇，自己则于次年3月被流放到隐岐岛，日野资朝、日野俊基等倒幕主谋被处以重刑，第二次倒幕计划以失败告终，史称“元弘之乱”。

从“正中之变”和“元弘之乱”不难看出，后醍醐天皇犯了与后鸟羽天皇同样的错误：一是没有自己的武装力量。后醍醐天皇依靠的势力主要是身边的近臣，滞留在京都不满幕府的御家人，以及部分寺院的僧兵。二是太过乐观，误认为“只要消灭六波罗探题，反幕府的势力将会举兵”。后醍醐天皇以重现没有摄政关白、院政、幕府的天皇亲政为理想，且具有不达目的誓不罢休的坚强意志。

被流放的后醍醐天皇不改初衷，继续寻找机会坚持奋斗。此时日本国内的政治形势对他非常有利，各地拥护天皇朝廷的武士纷纷起事，幕府军顾此失彼。后醍醐天皇认为这时正是他盼望已久的绝佳时机，一旦错失良机，必将抱憾终生。1333年3月，在伯耆国（今鸟取县）土豪武士名和长年（？—1336年）的协助下，后醍醐天皇逃离荒岛隐岐，据船上山，再次发诏各国，讨伐幕府。同年4月，幕府的征讨大将足利高氏（1305—1358年）在赴伯耆途中宣布倒戈。5月7日，足利高氏与倒幕军千种忠显、赤松则村配合，消灭幕府在京都的六波罗探题，占领京都，幕府的六波罗军全体自尽。在此前后，九州、四国的武士分别消灭幕府的九州探题、长门探题。5月17日，上野的御家人武士新田义贞（1301—1336年）分兵三路围攻镰仓，经过5天激战，镰仓陷落。“1333年5月22日，北条高时在东胜寺自刃，为高时殉死者，包括金泽、佐介、名越、常盘、大佛、伊具、樱田、刈田、普恩寺、甘绳、江间、阿曾、盐田、赤桥等北条一门，以及长崎、诹访、南条、盐饱、安东、隅田等御内人，共计 283 人。……加上北条军陆续自刃自害者，共计 870 余人。”[①] 天皇的倒幕旗帜与足利高氏、新田义贞等有力御家人的军事力量相结合，终于推翻了势力日衰的镰仓幕府。

不过，虽然镰仓幕府被推翻，六波罗探题和九州探题、长门探题被消灭，但是，武士势力不仅没有遭到削弱，反而在战争中获得了极大的发展。

1333 年 6 月，后醍醐天皇回到京都，废除镰仓幕府树立的光严天皇；1334 年正月改元“建武”，立恒良亲王为太子，结束了大觉寺统和持明院统天皇迭立的惯例。在武士、寺院和民众的支持下，后醍醐天皇终于推翻了幕府，实现了天皇亲政。后醍醐天皇实行的一系列“新政”，核心是天皇亲政，夺回皇室、贵族原有的权力和财富，优待皇室、公卿、寺社，排挤武士阶级。

政治上，整顿统治机构，中央取消院政，不设关白、摄政，天皇亲自处理一切国家大事，各机构都是天皇的办事机构。设置记录所作为中央最高行政机构，掌管重要的行政司法事宜；设置杂讼决断所负责裁决领主、武士、豪族的有关土地所有权的诉讼；设置恩赏处负责论功行赏事宜；设置武者所职掌军事、警察事宜。地方承认过去的国司与守护并立，公家、武家均可担任国司和守护。于是，镰仓武士政权中央和地方的统治权力，转移到了以天皇为首的皇族、贵族手中，只有天皇信任的少数武士获得一官半职。武士首领足利尊氏虽然担任侍所长官，但有职无权，被天皇以敬而远之的态度拒之于政权结构之外。

经济上，“收回幕府统治时期皇族、贵族、寺院失去的土地，恢复他们对庄园的统治”。后醍醐天皇回到京都 3 天，就恢复了伏见和花园两太上皇等皇族的领地。至 7 月，先后确定了大寺院、神社所领庄园的所有权，保护贵族、大寺社旧势力的利益。

建武新政通过对政治权力和土地财富进行重新分配，将北条氏的天下变

---

① ［日］奥富敬之：《镰仓北条氏的兴亡》，吉川弘文馆，2003，第 210-211 页。

为后醍醐天皇一门的天下，最大限度地将权力和土地从武家手中转移到以天皇为代表的公家手中；为推翻北条氏政权而浴血奋战的广大武士，未能实现恢复领地、繁荣家门的目的，不能寄希望于皇室，就只能寄希望于建立新的武士政权。

后醍醐天皇的新政实施不到 3 年就以失败告终，究其原因：一是权力过于集中，重要政务均由天皇本人决定；天皇一心要重振皇威，集大权于一身，号令天下。二是行赏不公，维护皇族、贵族和大寺社的利益，漠视武士和农民的利益，错误地认为镰仓幕府的灭亡标志着武士力量的衰弱，不足为惧。事实恰恰相反，武士不仅没有衰弱，还在战争中发展壮大起来，并对天皇未能满足其要求而心怀怨恨。

被排挤在政要团队之外的足利尊氏，“很早就在京都开设奉行所，接收各藩国武士。当时武士有领取恩赏的惯例，发生紧急情况后武士会急忙赶到，填写一种叫作‘着到状’的文书上交给指挥官，请指挥官签署画押证明已签收，并于恩赏时作为证明文件呈上。尊氏就负责帮前来京都（上洛）的武士签署画押，并且组织这些武士。”[①] 通过帮这些武士画押，尊氏听闻了各地武士对建武政权不满，也扩大了实力。

总之，推翻镰仓幕府建立建武政权后，公家与武家的矛盾逐渐上升为主要矛盾。

二、南北朝战争与武家一元化统治的确立

后醍醐天皇是武力倒幕的旗帜，而足利尊氏则是武装倒幕的核心力量，此外，也不能否定足利氏的号召力。例如，东国听闻源氏后裔足利高氏举兵后，从镰仓逃离的高氏之子千寿王（即后来的二代将军足利义诠）所在之处

---

① ［日］五味文彦：《岩波日本史·第四卷·武士时代》，杨锦昌译，新星出版社，2020，第 136 页。

聚集了很多反幕府势力，并在同门家族新田义贞的指挥下攻入镰仓。

1335年7月，原镰仓幕府执权北条高时的遗子北条时行（？—1353年），在信浓（今长野县）豪强诹访赖重和滋野氏的支持下举兵，企图恢复北条氏的辉煌，从信浓突入武藏，直指镰仓。驻守镰仓的足利直义（足利尊氏的弟弟），屡战屡败，被迫撤出镰仓，并向足利尊氏紧急呼救，尊氏决定救援，并请天皇准其前往。同时，希望天皇加封他为总追捕使和征夷大将军，但天皇只给了他一个征东将军的官职，尊氏极为愤怒。8月2日，尊氏率兵东征，在三河矢矧（今爱知县）与直义的军队汇合，接连大破北条时行军。8月19日，收复镰仓。天皇得知这一消息后，敕令尊氏速返京都。但是，足利尊氏却据守镰仓，不断扩充势力，双方的矛盾迅速尖锐起来。几番较量之后，尊氏打败了后醍醐天皇的军队。1336年5月25日，尊氏打败楠木正成和新田义贞的联军，正成自杀，义贞逃回京都。5月27日，后醍醐天皇离开京都，逃到近江国的坂本，新田义贞、名和长年等武士和吉田定房、万里小路宣房等许多公卿官员陪伴左右。尊氏再度占领京都，8月，奉持明院派的光严上皇的同母弟丰仁亲王为天皇，称为光明天皇（1336—1348年在位）。

足利尊氏入京前，后醍醐天皇再次逃往比睿山，以图东山再起。但是，在尊氏大军的打击之下，勤王将领相继战死，加上比睿山粮草尽、外援绝、官军厌战，后醍醐天皇无力继续与尊氏对抗。最后，受尊氏之邀，于10月10日回到京都。在尊氏的胁迫下，后醍醐天皇于11月2日将三件传国神器让渡给光明天皇，表示让位，后醍醐获封太上天皇，拥有神器的光明天皇成为正统合法的天皇。至此，建武新政悄然而亡。足利尊氏认为再建幕府的条件已经完全具备，决定开幕府之政，11月7日公布施政方针——《建武式目》，足利幕府的统治由此开始。被废黜的后醍醐天皇仍然盼望重新掌握皇权，于12月21日再次逃离京都，潜入大和国的吉野山，宣布恢复自身皇位和延元年号，宣布在京都交给光明天皇的神器是伪品，自称“南朝”，而将对方看作伪朝，并且号召诸国征讨足利方。京都方面则自称“京方”，视南朝为伪朝。南北朝对立的局面由此形成，“一天两帝南北京”的时代此后持续了 57 年。

将军足利氏与源赖朝同为清河源氏的嫡系子孙，先祖是源义家的第三子源义国，因义国领有下野国的足利庄，故称足利氏。“赖朝时代，足利氏是将军最有力的御家人，拥有上总、三河的守护职。”① 在北条氏任执权的政治时代，足利氏依然是最有实力的家族之一，与北条氏代代联姻。然而，即使“作为源氏一族，具有值得夸耀的赖朝开幕以来的血统，拥有上总、三河两国守护职，以及世代相传的门第。而且，畠山、岩松、桃井、今川、斯波、吉良等一族兴旺繁荣。但在北条氏得宗一门的独裁体制下，足利氏还是处于称之为‘外样’的地位。”② 足利尊氏出生之时，幕府日趋衰落，执权北条高时庸无能，幕府灭亡指日可待。

足利高氏（后称足利尊氏）之父足利贞氏是镰仓屈指可数的关东御家人，拥有极高声望，也是被尊称为“足利殿的有力者”。贞氏与其妻上杉赖重生有二子，长子高氏，次子直义。高氏 15 岁元服时，北条高时赐名“高氏”，拥有从五位下、治部大夫的官职，娶执权守时之妹登子为妻。1331 年月 9 月贞氏去世后，高氏（1305—1358 年）成为足利氏一族的家督。“经济上，除下野国约 200 町本领外，还在相模国等 17 国有所领 30 余所；政治上，拥有三河、上总国的守护职；社会上，是镰仓幕府的有力御家人。”③ 足利高氏精明强干而又野心勃勃，却屡受北条高时轻视，不但不予重用，还常受刁难，因而对北条氏极为不满，早就抱有取而代之的野心。

不过，最先举兵推翻北条氏专制统治和赋予倒幕活动合法性的，乃是象征着日本社会传统精神权威的天皇。1324 年和 1331 年，后醍醐天皇两次策划武装倒幕，虽然因计划泄密而失败，但是成了倒幕派领袖，怀有各种动机的倒幕势力纷纷聚集在后醍醐天皇的旗帜之下。1332 年末，后醍醐天皇之子护

---

① ［日］丰田武：《中世的武士团·丰田武著作集·第六卷》，吉川弘文馆，1982，第 427 页。

② ［日］福田以久生：《骏河相模的武家社会》，清文堂，2007，第 42 页。

③ ［日］福田以久生：《武者之世·东和西》，吉川弘文馆，1995，第 203 页。

良亲王、河内国豪强楠木正成分别在吉野、河内再度起兵倒幕。1333年，播磨的赤松则村、伊予的土居通增、肥后的菊池武时、陆奥的结城宗广等响应。2月，后醍醐天皇在伯耆船上山重竖倒幕大旗。足利高氏作为幕府的征讨大将在赴伯耆途中倒戈，投向后醍醐天皇，5月攻占京都。接着，上野国御家人武士新田义贞也举起反旗，率关东武士围攻镰仓，经过5天激战，攻陷镰仓。天皇的倒幕旗帜与足利高氏、新田义贞等有力御家人的军事力量相结合，终于推翻了日趋衰落的镰仓幕府。

镰仓幕府灭亡后，足利高氏作为旧御家人的统领和建武新政权的头号大功臣，任参议及武藏、常陆和下总三国守护等职，并获后醍醐天皇赐名“尊”字（天皇名“尊治”之一字），原北条高时所赐的“高”字被“尊”字取代。然而，足利尊氏不被后醍醐天皇信任和重用，有职无权。本来，足利尊氏勤王倒幕的目的就不在勤王，而是推翻幕府取而代之。于是，尊氏私下蓄积武力，伺机起事。1335年，利用讨伐北条时行之机进军镰仓，继而反叛建武政权。1336年占领京都，拥立光明天皇（北朝）。1338年，足利尊氏正式取得“征夷大将军”的称号，在京都开创室町幕府。后醍醐天皇逃往吉野另立政权（南朝），形成南北朝武力对峙的局面。全国武士一分为二，大部归属北朝，楠木正成之子楠木正行等武士则支持南朝。南北朝武力对峙之所以持续近60年，原因在于幕府内部因权力之争和对南朝政策的分歧发生内讧，对立的双方是足利直义和足利尊氏的家臣高师直，争斗双方为了战胜对手都曾表示归顺南朝。除足利尊氏、足利直义外，其他不少武士，比如石塔义房、桃井直常、山名时氏和吉良满贞等人都投降了南朝，后来让尊氏和义诠头痛不已。另外，足利直冬去往九州，暂时与幕府、南朝形成三足鼎立之势，最后还是迁往长门，与南朝结盟。[①] 为了战争的胜利，就连室町幕府的将军也不惜

① ［日］新田一郎：《讲谈社·日本的历史·6·〈太平记〉的时代：南北朝时代－室町时代》，钟放译，文汇出版社，2021，第156页。

投降南朝。足利尊氏与直义内讧期间（1349—1352 年），南朝军不仅曾经一度攻入镰仓，而且还曾经三次夺回京都。此后，反抗幕府的武士都投降了南朝，与幕府作战，这种模式不断循环。

不过，事实证明，源赖朝成为征夷大将军以来，公家政权将“‘王朝国家警察官’的职能全面委托给武家，自身没有军事力量，要想亲自从军事上打倒武家是不可能的。”[①] 公家图谋夺回权力的努力，结果总是适得其反。后鸟羽院发动的倒幕战争——“承久之乱”，武家取得对公家的决定性胜利，二元政治向武家一元化统治转化。100 多年后，“武家又在公家对武家最后的反抗斗争——南北朝战乱中，对公家势力给予最后一击。”[②] 日本学者今谷明认为：“从 1336 年开始的南北朝动乱，起到了将公家特别是天皇家的权力推向崩溃的作用。”“南北朝后半期，武家迅速确立起对公家的绝对优势。公家领的裁判由幕府下判决，始于观应（1350—1352 年）之前，义满亲政的‘康历政变’（1379 年）时，所有裁判权几为幕府掌握，南北朝末期，包括课税权和警察权，以及王家的牙城——京都的支配权也让给了武家。南北朝合体后，室町幕府已大体上确立了一元化的国土的领域支配权。于是，天皇家手中，改元、祭祀的主导权，形式上的官位任免权，神圣的、宗教的权威，或者仅仅只是国家礼仪的、形式的部分。可是，义满又乘势接连不断地剥夺了这种权威。”[③] 此后，没有自己军事力量的天皇再也无力与武家对抗，完全任由武家摆布。

南北朝军事对峙中的三代将军，是室町幕府 15 位将军中最有作为的将军，正是他们率领武士阶级给予公家势力最后一击，并将公家赶出政治舞台，变公武二元政治为武家一元化政治。“南北朝动乱的约 60 年间，室町幕府经历了成立、展开和确立各个阶段，以将军而论，成立于初代将军足利尊氏，

---

① ［日］新田一郎：《讲谈社·日本的历史·6·〈太平记〉的时代：南北朝时代 - 室町时代》，钟放译，文汇出版社，2021，第 41 页。

② ［日］中村吉治：《武家和社会》，培风馆，1953，第 154、157 页。

③ ［日］今谷明：《武家和天皇》，岩波书店，1993，第 14、17 页。

展开于二代将军足利义诠，确立于三代将军足利义满。”[①]首代将军足利尊氏开创室町幕府，指挥武士攻击公家贵族在吉野山中的最后据点——南朝，武力剥夺公家朝廷剩余的政治权能和庄园土地；二代将军足利义诠（1330—1367年）继续打击公家势力，剥夺公家朝廷的政治权能和庄园土地；三代将军足利义满彻底消灭公家势力，朝廷的政治权力和公家贵族的庄园土地被武家剥夺殆尽，公武二元政治转化为武家一元化统治。

足利义满（1358—1408年），10岁即位，11岁元服，15岁开始亲政。管领细川赖之（1329—1392年）受二代将军义诠之托，精心扶持义满，选拔忠心之士、文武全才者服侍义满，并制定《内法三条》严格要求接近义满的人遵守，从而使义满受到良好教育。亲掌大权后，致力于确立将军的专制体制和实现南北一统。为此，义满将足利一门和足利氏谱代的被官、守护的庶流、有力的国人武士，编成幕府的禁卫军——奉公众。依靠这支实力极强的军事力量，打击那些拥兵自重、不听从幕府命令的超级守护，将全日本统一起来。1390年，东海地方身任美浓、尾张、伊势三国守护职的土岐氏家族发生内讧，义满乘机干预，将其变为美浓一国的守护，史称“土岐氏之乱”或“美浓之乱”。次年，乘山名家族内乱之机，率兵征讨最大的守护大名山名家族，将其由山城、纪伊、和泉、丹波、但马、美作、备后、伯耆、出云、隐岐等11国的守护，削弱为仅仅管辖三国的守护，史称“明德之乱”。1399年，率军征讨地方最有实力的守护大名大内义弘（1355—1399年），最后消灭了这位掌握对外贸易的守护，史称“应永之乱”。

1392年10月，足利义满致函后亀山天皇，提出南北统一的三个条件：一是将象征皇权和皇位三件神器（八咫铜镜、天丛云剑、八阪琼曲玉）交还给北朝；二是今后皇位由南北两大皇室轮流继承；三是诸国领地由两个皇室分别管辖。后亀山天皇表示同意，被足利义满封为太上皇，返回京都，并举

---

① ［日］森茂晓：《战争的日本史·8·南北朝内乱》，吉川弘文馆，2007，第63页。

行了转让神器的仪式，南朝废除自己的年号，北朝的后小松天皇成为唯一的天皇。至此，持续半个多世纪的南北朝武力对峙局面结束，史称“南北合体”。不过，义满也未完全兑现承诺。1412 年，后小松天皇让位给 12 岁的嫡子实仁亲王，即称光天皇。从此，南朝的大觉寺派再也无缘染指皇位，北朝皇族则落入幕府的掌控之中。

室町幕府建立之初继承了镰仓幕府的各种制度，接收了镰仓幕府和六波罗探题的大部分行政官吏。但是，足利尊氏将都城从镰仓迁到了京都，将全国的政治、经济、文化中心和公家社会置于自己的控制之下，彰显了想要成为真正意义上的全国政权的远大抱负。

室町幕府建立之初仍然是公武二元统治，北朝掌握着对公家和寺社领地进行分配（“充行”）和确认（“安堵”）的权力，并控制着京都繁荣的商业市场的税收。足利义满通过建立幕府的市场管理机构、相关机构许可的法令，先后从朝廷手中夺取了京都市内的治安权、民事裁判权和市场课税权，控制了朝廷的财政命脉。政治上，“义满不仅就任内大臣、左大臣、院别当等朝廷高级官职，而且，介入朝廷内部的人事安排，将朝廷的大臣作为身边的近臣。贵族的家和家职、所领等也由义满安堵，步入了公武统一支配者的道路。”[①]1394 年，足利义满把将军职位让给其子足利义持，自己任朝廷的最高官职太政大臣，成为名副其实的最高统治者，控制朝廷的公卿贵族，原属公家政权管理的庄园主之间的裁判权、检非违使厅（机构）和京都的警备等权力由幕府接管。1402 年，义满在致中国明朝皇帝的国书中自称“日本国王臣源”，朝廷失去了作为一个政权而存在的实际意义，基本结束了公武二元政治体制。从某种意义上说，这也象征着武家全国性统一政权的建立。

经济上，“对幕府经济影响最大的是，14 世纪末吸收了酒屋、土仓。握有以京都为中心的经济社会的基石——酒屋（酿酒业者）、土仓（经营高利

---

① ［日］五味文彦：《日本历史·4·武士的时代》，岩波书店，2000，第 147 页。

贷的当铺），不只是确保幕府的收入来源，还掌握了京都经济圈。”[①] 义满还在室町建造了富丽堂皇、被誉为“花之御所”的府邸，将幕府的权力机构迁入，室町幕府因此得名，显示了取代朝廷的气势。

1336年11月17日，足利尊氏颁布《建武式目》，以之作为足利政权的施政纲领。“幕府政治的基本方针《建武式目》的‘政事之道’，效法延喜、天历之治（宇多、醍醐）的德化和义时、泰时的行状。施行‘万人归依之政道’。”[②] 足利尊氏认为“方今诸国干戈未止”，当务之急是“政在安民”，“早休万人愁”。《建武式目》制定了安定民心的条目，如“禁奢侈，行俭约”，“镇暴行，止贿赂”，“戒官员缓怠，选贤者为吏”，“京中空地归还原主”，“受理贫弱之辈的诉讼”，“兴办专营金融借贷的土仓”，“禁止抢占贫弱之人的私宅，减少浮浪”，“委任忠诚于足利氏的有军功、有才干者为守护”，等等。1338年8月，尊氏被任命为朝廷的征夷大将军。

《建武式目》的颁布标志着室町幕府的正式成立。幕府的组织机构与镰仓幕府相似，不过，尊氏的理想是源赖朝的将军政治，而非北条氏的执权政治。将军之下设辅政机关执事，地位有如镰仓幕府的执权，但无执权的实权，相当于将军的秘书长。尊氏时代有足利氏的谱代家臣高师直、高师世（师直之甥）和足利氏“亲属”（一门远亲）仁木赖章、细川清之4人；二代将军义诠强化将军的亲裁权，1362年13岁的斯波义将任执事，将执事改称管领。1367年，在佐佐木道誉等有力守护的强大压力下，义诠放逐斯波义将，任命细川赖之为管领。同时，义诠传位给10岁的嫡子足利义满，在病床上将义满托付给赖之。此后，足利氏同族的斯波、细川两家轮流担任管领职。1398年，义满任命同族的畠山基国任管领。此后，管领一职由斯波、细川、畠山三家的家督选任成为惯例，俗称“三管领”。

---

① ［日］桑山浩然：《室町幕府的政治和经济》，吉川弘文馆，2006，第51页。

② ［日］小泽富夫编集、校订《武家家训、遗训集成·序言》，ぺりかん社，1998，第3页。

执事（管领）之下，设政所、侍所、问注所，其中掌管军事的侍所最为重要。

政所是足利家家政机关的核心，主要负责家族领地等财政事务，职权不及镰仓幕府的政所，长官称执事，具体事务由直属将军的家臣——奉行人处理。政所执事初由二阶堂氏担任，后由伊势氏家族世袭。问注所负责幕府文书记录的保管、裁决有关文书的真伪、散失等，已无镰仓时代的诉讼裁判权，长官也称执事，由町野氏和太田氏世袭。

侍所是幕府军事机关，统领武士，参与检察与审判，掌管京都内外的警备、武士的升降和刑事裁判，长官称所司。1336年，尊氏先是任命三浦贞连担任，同年又任命佐佐木仲亲和高师泰为所司，以后细川、仁木、山名、土岐等将军身边的有力守护被任命为所司。从1352年起，所司兼任山城（京都府）的守护职，强化对城市的支配权。三代将军义满统治的应永年间中期，俗称“四职”，从足利家族的一色、山名和与足利氏一起创业的功臣赤松、京极四家的家督中选任。“四职”与“三管领”一起构成幕府的领导核心，都是最有势力的武将。

室町幕府也设置有评定众和引付众。评定众相当于政治咨询会议，由山名、赤松、细川、畠山、上杉、大内等有势力的守护大名24人组成，职责是与将军、管领一起“合议庶政”，没有实权。引付众是评定众的辅佐机构，也由上述几家守护大名担任，主要是协助处理有关领地诉讼。在幕府的权力构造中，“室町将军的直属家臣分为奉公众和奉行众。奉公众即将军的近卫军。”“如果说奉公众是武官的话，那么，奉行众则是文官。”[①] 奉公众处理军事要务，奉行众负责处理各种专门事务。

室町幕府继承了镰仓幕府的官僚集团，幕府机构的主要成员是旧镰仓幕府和六波罗探题的官吏及其族人，从而保证了实务运营方式的连续性。

---

① ［日］桑山浩然：《室町幕府的政治和经济》，吉川弘文馆，2006，第2-3页。

室町幕府建立之初，政治制度的一大特征是“双将军”体制，或称“二头将军”“二元政治”，足利尊氏与其弟弟足利直义两人并称“双将军”。室町幕府的权力分割，原则上是尊氏掌控政所、侍所和恩赏方，掌握人事任免权、军事指挥权和恩赏权；直义则掌控问注所、引付方、禅律方等，掌握司法审判权。“尊氏掌握主从制的支配权，直义管辖统治权的支配权。”[①]或者说，“以‘主从制的支配’为核心的军事指挥权由尊氏掌握，而以诉讼处理为中心的‘统治权’则由直义掌握。”[②]这一体制也埋下了足利政权内讧的隐患，两人统治理念的差异，终于因1347年南朝的进攻而激化。1349年，兄弟之争发展为全国性动乱，幕府方面的武士也分为两派卷入其中。兄弟两人为战胜对方，轮流与南朝天皇合作。1350年，直义转向南朝，打败北朝军队后兄弟和好。接着，尊氏在取得南朝天皇的支持后，于1352年消灭了直义。尊氏与直义的兄弟之争，史称“观应之乱”。足利氏的内讧，还有尊氏与直冬（足利直义的养子）的父子之争。

地方政权机构首先是重要地方的统治机关，足利尊氏在要地设镰仓府、九州探题、奥州探题、羽州探题和中国探题，以镰仓府最为重要。镰仓府辖10国（关东八国，加上伊豆、甲斐2国），设在镰仓，职责是镇护武家政治的发祥地关东，下设机构一如幕府，故有“小幕府”之称，在行政、司法和军事等方面相对独立。长官为镰仓公方，第一任镰仓公方是足利尊氏的嫡子义诠，后由尊氏的四子基氏（1340—1367年）担任，并由基氏一族世袭。辅佐镰仓公方的重要职务是执事，后改称关东管领，由足利氏姻戚上杉氏世袭。镰仓府权限大、管辖地区广，随着其独立性不断增强，竟成为室町幕府的威胁。

---

① ［日］朝尾直弘等编《日本通史・中世3》，岩波书店，1994，第4页；［日］森茂晓：《战争的日本史・8・南北朝内乱》，吉川弘文馆，2007，第109页。

② ［日］新田一郎：《讲谈社・日本的历史・6・〈太平记〉的时代：南北朝时代－室町时代》，钟放译，文汇出版社，2021，第122页。

九州探题负责统辖九州豪族和处理外交事务，初由今川贞世（了俊）担任，后由涩川氏世袭。奥州探题、羽州探题，初由斯波氏担任，后由斯波氏的分支大崎氏、最上氏世袭。

地方各国设守护，“支撑足利幕府全国统治的组织骨架是幕府（将军）——守护体制。不言而喻，幕府的全国统治基础是守护统治各国。”① 镰仓幕府和地头结合，室町幕府和守护结合，守护不再是各国的中间机构，其自身就是各国的支配者。幕府任命的守护，全国有 60 余位。

室町时代的武家社会呈金字塔结构，塔尖是将军，其下是守护大名，再下是被称为“国人”“国众”的武士，底层是一般郎党、郎从的低级武士。

第二节　武士阶级内部的争夺战

将军足利氏出自源氏，拥有担任将军的血统。但是，足利氏与地方军事首领——守护大名的私人性主从关系不是很强，双方的实力差距也不是很大。加之，幕府建立初战事频仍，当务之急是解决与南朝的军事对峙和足利氏兄弟之争，幕府需要依赖这些军事首领的武力支持，因而不得不向他们妥协。总之，室町幕府是将军和守护大名的联合政权，守护既有支撑幕府的力量，也有颠覆幕府的力量。幕府掌握中央政权，守护是地方政权的军政长官。

一、战争与守护大名的崛起

守护是将军之下的高级武士、地方各国的统治者，以及实力强大的地方

① ［日］森茂晓：《战争的日本史・8・南北朝内乱》，吉川弘文馆，2007，第 63 页。

军事首领。室町幕府是将军与守护大名的联合政权，守护大名与幕府的关系，既相互对立又相互依赖，既有矛盾冲突又需彼此利用。幕府需要守护大名充当权力支柱，维持势力均衡，贯彻执行幕府的政治、军事、经济等政策，维护幕府对全日本的统治地位；守护大名需要幕府的权威和任命，确保自己对领国统治的合法性。幕府强大时，便会强化将军的统治权力，削弱守护大名的实力和独立性；一旦幕府与守护大名的实力关系被打破，或者说幕府成为守护大名发展的障碍时，守护大名便会干预幕政，进而从依赖幕府转向反对幕府、打倒幕府。

镰仓幕府的统治基础是御家人，是与将军有着很强主从关系的家臣，双方有着共同的利益关系。室町幕府的统治基础并不是与足利氏有着很强主从关系的家臣，而是各国的守护。足利幕府创立之初，由于自身实力有限和军事斗争的需要等种种原因，足利氏录用了许多当地有势力的传统豪族为守护。比如，下总的千叶氏和甲斐的武田氏、萨摩的岛津氏这种从镰仓时代起担任守护的家族，曾经担任守护、后来被北条氏一族夺走了职务的相模的三浦氏。再如，常陆的佐竹氏、信浓的小笠原氏这种没有在镰仓时代担任过守护的家族。也就是说，室町幕府的守护体制是从这些外样（非谱代家臣）守护开始的。[①] 这也表明足利氏虽然出身名门望族，但缺乏封建主从关系很强的庞大家臣团。

当然，“足利氏也让足利一族到各国担任守护。其中，吉良、石塔、仁木等诸氏很快就没落了，而细川、斯波、畠山、今川、一色五家繁荣兴旺。委派准一门的山名氏、作为外样的佐佐木、土岐、赤松、大内氏等，支配距离中央部较近的各国。此外，小笠原、武田、上杉等在东国，大友、少贰、岛津氏等在九州，依然保持镰仓时代旧族的势力。”[②] 守护大名包括两部分上层

① ［日］新田一郎：《讲谈社・日本的历史・6・〈太平记〉的时代：南北朝时代 - 室町时代》，钟放译，文汇出版社，2021，第 182-183 页。

② ［日］儿玉幸多：《日本历史・18・大名》，小学馆，1975，第 18 页。

武士：（1）将军足利氏的同族，深得将军信任，是幕府政权的核心力量，幕府主要机关的首脑和具有重大经济、战略地位的地方各国的守护大多由他们担任。（2）非足利宗族的外样守护，他们又分为两类，一类是离京都较近的守护，如京极、六角、土岐和大内等，他们是足利氏起事时的追随者，为足利政权的建立冲锋陷阵，功勋卓著，被委以重任；另一类是距离京都较远的守护，如岛津和大友等，幕府肯定其早先占有的土地所有权，因而得到大片独立的土地，但他们基本上被排斥在幕政之外。“在15世纪初的历史地图上，足利氏一族依然拥有遍及全国的巨大势力。以镰仓公方的足利持氏为首，细川、畠山、斯波‘三管领’，仁木、一色、今川、涉川等出自足利氏的诸氏，仍然兼任各国的守护，日本大部分地区还处于足利一门的支配之下。”[①] 不过，足利氏宗家丧失了对他们的控制能力。另外，出自足利氏一门的实力派细川氏和斯波氏既共同支撑足利氏，又彼此对抗，是政治不安定的重要因素。

守护大小不一，有的一国两分，只担任半个分国的守护，有的兼任数国守护，如“四职”之一的山名氏一家，兼任山城（京都府）、纪伊（和歌山）、和泉、丹波、但马、美作、备后、伯耆、出云、隐岐等11国守护，占当时全日本66国中的六分之一，时人称之为“六分之一殿”。大内氏拥有6国守护职，土岐氏拥有3国守护职。

镰仓幕府的御家人有2000余人，由御家人担任的守护与将军的实力相差极大，对将军的依赖性相当强，赖朝给他们的权力有限，即所谓“大犯三条”，也就是指挥追捕谋反、杀人犯和大番役。在幕府末期优胜劣汰的战争中，大多数御家人被淘汰，少数人越战越强，缩小了与足利氏的实力差距，具有较强的独立性。在推翻镰仓幕府和南北朝武力对峙时期，足利氏为了寻求守护的武力支持，并对其战功给予恩赏，不断赋予守护越来越大的权力。1346年，除“大犯三条”外，守护还被赋予了“割田狼籍”检断权（处理

① ［日］儿玉幸多：《日本历史・18・大名》，小学馆，1975，第19-21页。

权）和使节遵行权（强制执行权或判决执行权），即从“大犯三条”的军事警察权扩大到领地纠纷和继承权纷争裁决的土地管理权，守护对国内的统治权由此大为加强。

足利氏赋予守护的权力中，以半济权最为重要。《半济法》颁布的动机，在于筹集军费和赏赐有功武将。“1352年，足利尊氏为了赏赐有军功的武将，把近江、美浓、尾张三国领主的领地分出一半，作为兵粮料所（军粮供给地），以当年的一次收获量分给武士。随后，又将其扩大到附近各国，此即所谓的《半济法》。”[①]1368年（应安元年），足利义满又推行《应安半济令》，宣布“除王室领地、摄关家世袭领地和寺社保有本家、领家职的‘佛神领’外，其余诸国庄园，皆暂行均分。”[②]幕府的赏赐方法，还有让守护承包国衙领年贡的守护请制度。于是，守护的势力渗透到国衙领。守护请还扩张到寺社本所领庄园。以此为契机，守护获得知行权。“通过守护请，庄园逐渐纳入守护领国之中。幕府给予的段钱（土地税）、栋别钱（户税）的征收权，也成为守护扩大权力的途径之一。”[③]总之“现在，守护大事小事都进行一元化的支配，将领内的地头御家人作为郎从，将寺社本所领作为兵粮料所进行管理。这种权威可以和镰仓时代的六波罗探题、九州探题相匹敌。……对幕府政治具有很大的发言权。”[④]而且，“进入15世纪后，守护逐渐吸纳了国衙的权能和机构，掌握和行使有关国内民事纷争的裁判权，征收一国的临时段钱和守护役等，不久又将段钱作为每年固定的课税。在强化一国支配权的同时，将管内的国人领主和名主级的地侍被官化，增强包括土地支配、一国裁判权、主从制等诸方面的领国大名姿态。”[⑤]在频繁的战争中，守护成长为权力广泛的一方军事

① ［日］坂本太郎：《世界各国史·14·日本史》，山川出版社，1982，第216-217页。

② ［日］宫地正人：《新版世界各国史·1·日本史》，山川出版社，2008，第186-187页。

③ ［日］坂本太郎：《世界各国史·14·日本史》，山川出版社，1982，第217页。

④ ［日］森茂晓：《战争的日本史·8·南北朝内乱》，吉川弘文馆，2007，第147页。

⑤ ［日］永原庆二：《日本经济史》，岩波书店，1980，第124-125页。

豪强领主，拥有广泛的政治、经济和军事警察权，包括“大犯三条”检断权、“割田狼籍”检断权、使节遵行权、半济给付权、关所给付权和段钱、栋别钱征收权。[①] 这些权力加速了守护大名的发展步伐，加强了他们的独立性与对幕府的离心力。

镰仓幕府的权力基础御家人，是与幕府有很强主从关系的家臣，其政治权力和经济利益来自镰仓幕府，双方互为依存，在利益上存在很大的一致性。室町时代的权力基础——守护大名则不然，其政治权力和经济利益主要来自身强大的武力。他们在镰仓幕府末期和南北武力对峙的战争时代，已发展成为地方武士集团的首领，部分人在幕府尚未完成统一前便被足利尊氏任命为地方军政长官。与其说他们依赖室町幕府而存在，不如说室町幕府依靠他们的武力才在形式上完成了全国的统一。因此，他们名义上是由幕府任命的地方官，实际上并不完全听命于幕府。“对武将们来说，守护的职权是扩张势力的最大武器。”[②] 经济上将其管理的土地变为自己的领地，军事上将领国内的武士编入自己的家臣团，成为拥有一国或数国政治、经济和军事大权的统治者，形同独立王国。14 世纪末 15 世纪初，守护大名领国制在全国确立。

还须注意的是，守护的代理人——守护代。所谓“守护代”，即守护的代理者。镰仓时代，一些有实力的御家人被任命为两国以上的守护，于是，他们便任命同族人或家臣到任职国代理其行使守护职权，此即守护代的起源，守护代的代理称为“又代”。幕府将行政、军事和经济政策，交由守护大名贯彻执行，守护大名凭借不断扩大的职权范围扩张势力；同时，居住在京都的守护大名又将幕府的行政、军事和经济政策交由领国的守护代具体执行，守护代由此获得了扩张权势和取而代之的机会。

如前所述，室町时代担任两国以上守护者大有人在，他们作为幕府在地

---

① ［日］宫地正人：《新版世界各国史・1・日本史》，山川出版社，2008，第 180-181 页。

② ［日］森茂晓：《战争的日本史・8・南北朝内乱》，吉川弘文馆，2007，第 157 页。

方的代理人和地方军事首领，率领属下武士在地方各国推行武家政治、扩张势力。南北朝时代，守护将国衙机构纳入守护体制，以国衙目代层作为守护代。守护乘南北朝军事对立和幕府内部分裂之机，依靠“割田狼籍”检断权、强制执行权和半济权、守护请制度、军事指挥权，成功地控制了国内武士，成为割据一方的军事霸主。“守护和地头结成主从关系，将领国内的地头作为自己的被官，将地头纳入自己的支配之下，进行领国的支配。”[①] 在武家社会，有武力者有天下，守护大名以军事建设为中心，倾尽全力地扩军备战。他们加强军事力量的手段，一是将任职国大大小小的武士网络在自己门下，与之结成主从关系，编入家臣团，委任其作为自己的代理人（守护代），赋予具体管理一庄、一地或一国的权力，使自己对领国的控制渗入庄园。二是将半济权和守护请的成果——庄园领主的土地，拿出来与领国的武士共享，以此加强自己的军事实力。由此，守护大名的家臣团数量进一步增长。

“应仁之乱”以前，守护大名原则上必须留在京都，领国由守护代统治，即守护大名统御守护代，通过守护代统治领国。换言之，守护大名对领国实行间接统治。于是，一方面，守护大名与领国国人武士的主从关系不是很紧密，也削弱了守护大名在领国的根基；另一方面，守护代成了一个新的、拥有强大实力的武士群体，其中一些人还取代守护成了领国的真正主人。战国大名的重要来源之一就是守护代，如越后的长尾氏（其守护大名是上杉氏）、越前的朝仓氏（其守护大名是斯波氏）。

以地方国人武士为代表的地方豪强也非等闲之辈，为切实保障自己的既得利益不受外来势力的侵犯，积极扩军备战。一方面，以不断膨胀的经济实力为基础，扩充军事力量，加强军事训练，提高军事实力；另一方面，邻近的国人武士相互串联，结成临时性军事同盟——一揆（“一揆”的原意是步调

① ［日］中村吉治：《武家和社会》，培风馆，1953，第160-161页；［日］宫地正人：《新版世界各国史·1·日本史》，山川出版社，2008，第180-181页。

一致、统一行动)。由于国人武士手中的军事实力，使他们得以保持相对的独立性，并迫使守护大名不仅不能忽视他们的利益，还不得不将领国的部分土地和权力分给他们。于是，便形成了守护大名对幕府分权、国人武士对守护大名分权的统治格局，形成了幕府—守护大名—国人武士（守护代）的武家统治系统。有的地方国人武士还通过加强军事建设，蓄积起强大的武装力量，在实力主义风潮中武力崛起，成长为战国大名。

处于守护大名之下的武士，称为国人、国众。“在守护大名的领国内部，还存在着原来就居住在此的土豪和地侍，他们称为国人等。”[①] 国人、国众源自镰仓时代地头的后裔和新成长起来在中小武士，这些遍布全国的在乡武士，经过镰仓末期和南北朝时代数十年的苦心经营，已经成为地方上根深蒂固的强大势力。

国人、国众政治上掌握地方一村、一庄，甚至一乡、一郡的实权（尽管没有幕府的正式任命），直接统治属于自己的领地或庄园；经济上是中小封建主，拥有自己的土地；军事上作为镰仓时代御家人地头——军事贵族的后裔，手下还有数量不等的家臣武士。他们有权、有地、有枪，大多为当地豪族和土霸王。相邻的国人领主们还通过联合结成新的武士团，如南北朝时代以“白族一揆”“赤族一揆”“花一揆”“儿玉党”“松浦党”“横山党”等名称出现的国人一揆，就是国人在地方上组织的武士团。国人为维护自己的既得利益和对局部地区的统治权，反抗“外来”统治者——守护大名，不断举行国人一揆，反抗守护大名、幕府和将军。1351—1361 年若狭国国人反抗守护，幕府像走马灯似的换了 15 个守护，国人的反抗才得以平息。1352 年 7 月，将军足利尊氏颁布《半济法》，就是让守护将庄园年贡的一半作为自己的兵粮费分给国人。

守护大名要实现对领国的统治，需要国人的配合与支持，为此，守护大

① ［日］儿玉幸多：《日本历史・18・大名》，小学馆，1975，第 20 页。

名对国人软硬兼施，通过种种途径推进国人“被官化”(家臣化)，并利用守护和被官化国人之间存在的军役收缴关系，强化两者的隶属关系。国人有对付下层民众反抗的需要，同时守护有幕府权力作后盾，于是，不少国人最后还是被编入守护的家臣团，成为守护的代理人——守护代，具体管理地方各村落，守护的势力也因纳入这些家臣团而更为强大。不过，守护与国人在室町幕府时代从未结成稳固的主从关系，国人始终保持着相对的独立性。一些由镰仓时代的地头演变而来的有力国人，为了反对守护（外国人）对领国的支配，索性越过守护直接与将军发生关系，成为直属将军的家臣（如将军的奉公众)，享有不受守护大名管辖的独立权。

守护大名需要国人来实现对领国的有效统治，将军需要国人的力量抑制守护大名，特别是那些非足利氏的超级守护大名，变守护大名的联合政权为将军的独裁政权。为此，幕府绕开守护大名，直接同国人武士联系，以尊奉幕府为条件，将国人武士编成直属将军的军队——奉公众。奉公众犯法，直接听候幕府处理，守护大名无权过问。足利义满依靠这支军队，成功地削弱了山名氏、大内氏等超级守护的实力，确立起将军的权威。

比国人武士地位更低的是人数众多的郎党、郎从，以及在“应仁之乱”中兴起的具有雇佣兵性质的轻装步兵——足轻，他们处于武士阶级的底端。

室町时代武家社会的一大特征是，主从关系非常脆弱，将军不能有效控制在战争中发展壮大的守护大名，守护大名也不能控制根基深、势力大的家臣（国人、国众)。换言之，将军不能制止地方守护大名相互间的武力扩张，留居京都的守护大名也不能制止家臣之间在领国的争斗。

持续10年的“应仁之乱”，近30万军队以京都为主战场，使京都几乎成为废墟。战后，幕府的力量大大削弱，庄园领主迅速没落，公卿贵族、僧侣等旧统治阶级丧失经济来源，从京都流落到地方各国，客观上促进了各地文化的发展和文化交流。

二、“应仁之乱”与战国大名的登场

“应仁之乱”后，日本进入了内战频仍的“战国时代”(1467—1568年)，“下克上”成为这一时代的特征，即旧秩序和旧权威阶层的倾覆。“‘下克上’的代表性事例，首先是管领细川氏剥夺了将军的实权，接着是细川氏的家臣三好氏取代细川氏，继之又是三好氏被其家臣松永久秀取代。”[①] 大名不把将军放在眼里，家臣又背叛大名，攻杀主家；同族相残，子弑父，弟杀兄，到处是刀光剑影。一些与中央幕府权力无关的地方领主和武士们，依靠实力逐渐崛起，各自控制一方，取代了幕府任命的旧的守护大名，这些自立为王者称为“战国大名”。将军权威扫地，幕府重臣各家族四分五裂，在“应仁之乱”中互相残杀的守护大名回到领国后，其权力也日益转移到家臣手中。1491年北条早云（1432—1519年）征服伊豆，“一个名不见经传的人物首次成了一国之主，由此造成了战国时代的开端”，早云成了战国大名的先驱。

战国时代的主角是大约200个大大小小的新兴军事家族——战国大名。“所谓战国大名，原来不过是守护大名的家臣，不过是小领主，乘国内兵乱之机发展为新的实力者。”[②] 最著名的战国大名有北条早云、毛利元就、斋藤道三、上杉谦信、武田信玄、浅井长政、朝仓义景、织田信雄、松永弹正、武田胜赖、织田信长、明智光秀、丰臣秀吉、黑田如水、德川家康、岛津义久、伊达政宗、石田三成等数十人。

战国大名的前身主要是以下几种身份的人：(1) 守护代（代理守护、副守护)、守护的家臣和国人领主，如三好氏、松永氏、浦上氏、毛利氏、吉川氏、尼子氏、长宗我部氏、朝仓氏、浅井氏、织田氏、松平氏（德川氏)、伊达氏等；(2) 幕府原来的守护大名，如常陆的佐竹氏，安艺的武田氏，周防、

① ［日］儿玉幸多：《日本历史·18·大名》，小学馆，1975，第21-22页。

② ［日］稻垣史生：《考证战国武家事典》，新人物往来社，1992，第72页。

长门的大内氏，大隅、萨摩的岛津氏，丰前、丰后的大友氏等，乘战乱之机宣布独立；（3）富商或守护大名的食客，如美浓国的斋藤道三（1494—1556年）、关东地区的北条早云。

斋藤道三之父松波基宗原为警卫京都御所的北面武士，道三幼时入京都妙觉寺为僧，还俗后成为行商，以贩卖灯油为生，流落到美浓，因掌握美浓国实权的长井氏的提携逐渐得势，后杀死恩人长井氏，领有美浓一国。出自关东地区平氏一脉后北条氏的北条早云原是默默无闻的浪人，因其姐是骏河守护今川义忠（足利氏的远亲）的宠妾，遂成为今川氏门下食客。1476年，今川氏领国内发生内乱，北条早云因帮助今川义忠之子今川氏亲平定内乱的功劳，成为骏河兴国寺城的城主，领有富士下方12乡，即早云此后扩张的起点。北条早云是当时少见的军事家，1491年，伊豆的堀越公方（关东公方）足利政知病故，其子茶茶丸继承家业，引起一族内讧，进而又发生国内动乱。早云乘机征讨茶茶丸，烧毁堀越御所，夺取伊豆。1495年，假借到箱根山狩猎之名，突袭并夺取相模的小田原城，将该地的租税降为四公六民，以确立军事扩张的经济基础，很快制服了当地武士。1504年后不断出兵关东，1516年终于消灭三浦半岛的豪强三浦义同、义意父子，成为最早雄踞关东的战国大名。1518年，87岁的早云将家督之位让给嫡子氏纲。早云死后，在其子氏纲、孙氏康的经营下，先后五代雄踞关东。

“中世是政治权力分散化，‘冲突不绝，战乱频频’的时代，是‘称为武士、侍、大名、小名等军事专门家发言权增强，在社会上占有优越地位’的时代。”① 中世之末的战国时代，最亮丽的一道风景线，就是“下克上”的实力主义风潮席卷全国。“下克上”作为战国时代的标志性词语，意即下层人物推翻上层人物，家臣打倒主人。日本学者坂本太郎评论道：“从各国的情况看来，几乎都是旧的领主被新兴的部下所排斥掉，统治阶层像走马灯似的不断变化，

① ［日］神田千里：《日本的中世·11·支撑战国乱世的力量》，中央公论社，2002，第7页。

主被臣讨，父被子弑，既无道义，亦鲜廉耻，有的只是贪图个人的安逸、富贵的利己心。所依仗的，仅仅是压倒敌人的武力和策略。在这里，人们忘却了文化，丧失了德性，赤裸裸的兽性在蛮干横行。”①管领细川氏剥夺将军的实权，继而细川氏的家臣三好氏取代细川氏，最后三好氏又被家臣松永久秀取代。

在15世纪末至16世纪前半叶，在各地相继涌现出了战国大名的支配者。“奥州的伊达氏，支配伊豆、相模、武藏等关东诸国的北条氏，甲斐、信浓的武田氏，越后的上杉（长尾）氏，骏河、远江的今川氏，越前的朝仓氏，近江的六角氏，以及安芸的毛利氏、四国的长宗我部氏等。”②“在1560年，九州地方丰前、肥前、肥后的守护涉川氏和中国地方的大内、佐佐木氏相继灭亡。肥前有龙造氏，肥后是南北朝以来的旧族相良氏，占有11国的守护山名氏仅仅保有山阴一部，东北地方是镰仓时代以来的地头伊东氏兴起。大友、少贰、岛津氏领域虽有变化，但依然是有力的大名。”“在四国地方，长宗我部氏在土佐兴起，细川氏的被官三好氏夺得阿波。”“在近江，南部为佐佐木（六角）占有，北半部为浅井长氏领有。越前是斯波氏的守护代朝仓义景，尾张是斯波氏的被官织田信长。远江、骏河是旧族今川义元，甲裴也是旧族武田信玄，越后是长尾景虎（后改名上杉谦信）。这一年，今川义元在桶狭间战役中败给织田信长，今川氏也由此走向衰落。”③在关东，仅次于将军的关东管领，分裂为古河派与堀越派，执事上杉氏也分裂为山内和上谷两支，两派的内讧与两支的对立相互交织，关东地区一片混乱。北条早云之子北条氏纲、孙北条氏康，乘势向关东扩张，16世纪中叶成为关东地区的霸主。

战国大名是无休止分裂、混战、杀戮的产物，其权威和地位来自自己的武力，既不需要幕府任命，也不受幕府统治，而且还是与幕府对立的地方军事领主。他们依靠武力占地为王，将其控制的地域变为独立王国。也就是说，

---

① ［日］坂本太郎：《日本史概说》，汪向荣、武寅、韩铁英译，商务印书馆，1992，第253页。

② ［日］神田千里：《日本的中世·11·支撑战国乱世的力量》，中央公论社，2002，第92页。

③ ［日］儿玉幸多：《日本历史·18·大名》，小学馆，1975，第21-22页。

战国大名使合战成为向外的“领土扩张战”，“吞并对方土地”，“合战带有领土扩张战的性质”。[①] 日本学者井上清评论道：“新的战国大名是和中央幕府权力无关的地方领主或武士们，他们是在以‘杀人、劫财、强盗为武士本性’，即在对领地的生死争夺中成长起来的。”[②] 在这个野心胜过忠心的时代，到处是弱肉强食和“下克上”。“战国时代的武士，在什么地方体现出所谓武士道精神呢。……主君弱小，就毫不介意地将其杀害。……到处盛行的是弱肉强食和‘下克上’。只要看一看下述三人，就一目了然。织田信长被其家臣所杀。丰臣秀吉在信长死后，不仅没有对织田家尽忠节，反而蔑视主家，并将天下据为己有。德川家康一边受丰臣秀吉之托辅佐其子丰臣秀赖，一边违约，在大阪之战中灭亡秀赖。”[③] 显然，战国时代是典型的优胜劣汰、弱肉强食的时代。

在整个国家都卷入战争旋涡的战国时代，“如果不考虑这些大名们土地面积的大小，那么他们的命运则要依赖于他们战场上的成败利钝。在这里，实力就是一切。”[④] 因此，战国大名推行更为彻底的军事至上政策，广泛动员和组织领国的人力、物力扩军备战，掀起了一场前所未有的军备竞赛高潮。虽然“战国领主们在乱世中胜出而巩固权力，但乱世仍然威胁着他们。他们的首要任务就是增强自己军队的数量，这就形成了一种军备竞赛，他们控制扈从和生产者的手段也意味着要依赖武力。由此带来的军事后果就是军队的急速增多。举个例子：历史记载了一个模糊不清的国人北条早云，据说在1491年用大约300名武士征服的伊豆半岛，而1个世纪之后，他的后代北条氏直运用了大约5万人来防守他的小田原城但没有成功，因为进攻的部队达大约有

① ［日］中村吉治：《武家和社会》，培风馆，1953，第181页。

② ［日］井上清：《日本历史·上册》，天津市历史研究所译校，天津人民出版社，1974，第227页。

③ ［日］时野佐一郎：《真实的武士道》，光人社，2008，第12页。

④ ［美］康拉德·希诺考尔、大卫·劳瑞、苏珊·盖伊：《日本文明史》，袁德良译，群言出版社，2008，第101页。

20万人。”[①] 战国大名为得到封地的武士规定了相应的军事职责（多少部队），动员和组织国内的一切力量为战争服务。“大名将商人组织成御用商人，加强对商人的统治，让他们筹集兵粮、武器。如后北条氏的宇野（外郎）、上杉的藏田、苇名的梁田、今川的友野和松木、织田的伊藤和今井、朝仓的橘屋、大内的兄部等，都是著名的御用商人。”[②] 上层农民则被组织成步兵——足轻，直接参加战争。

战国大名将以武为本、对外扩张奉为领国的最高目标，一切服务于战争，不遗余力地强化军事力量。最富特色的强兵政策主要有：

（1）确保财力、兵力的贯高制。“土地是财力及兵力的源泉。”[③] 战国大名废除以前各种传统的土地所有关系，没收领国的全部土地，包括领国小领主原有的土地。然后，留下一部分作为直辖领地，派代官管理；其余土地作为恩赏，一部分寄进给归顺的寺院、神社，他们有义务祈祷大名“武运长久”；大部分以知行地（封地）的名义授给家臣武士，获得知行地的家臣武士必须绝对效忠和服从自己的主君，负担军役和其他义务。为了确保领国土地租税的征收和军役负担，许多战国大名在自己的领国实施检地制度，即丈量、核实土地面积，进而核算其收获量——贯高（将土地产量用铜钱换算出来）或石高（以石高换算领国的土地产量）。1506年，北条氏开始在领国进行检地，比织田信长的检地要早70年。

所谓贯高制，就是按一定的标准计算出每位家臣的贯高，以及以贯高为依据的军役。如，在北条氏家，以田地段别500文、旱地段别165文为基准值，通过检地算出每个武士的贯高，这也是武士的军役标准。[④] 在武田家，“每

① ［美］康拉德·托特曼：《日本史》（第2版），王毅译，上海人民出版社，2008，第199-200页。

② ［日］永原庆二：《日本经济史》，岩波书店，1982，第147页。

③ ［日］稻垣史生：《考证战国武家事典》，新人物往来社，1992，第72页。

④ ［日］神田千里：《日本的中世·11·支撑战国乱世的力量》，中央公论社，2002，第95页。

一位家臣根据自己的知行量（贯高）率领指定数量的骑马武者和徒步士兵参战，在指定的侍大将手下行动。他们就是援助强大武将（寄亲）的寄子（寄骑，即与力）。又如，长筱合战后的第二年，从知行地能收取134贯300文年贡的初鹿野传右卫门昌久，要负担的军役是分别拿1支火绳枪、1张弓、5支持、1杆小旗的8个人，加上他本人便是9人。”“战国大名的军役以贯高为基准，与此相对，近世大名的军役是根据石高来征课的。看上去两者似乎是一样的，但对于战国大名来说，他承担的军役只有出阵的战斗人员及其携带的武器，而近世的军役除此之外还包含将出征队伍装饰得华丽威严的道具和搬送兵粮的人员。”① 以贯高定军役——贯高军役制，战国大名清楚领国的财力、可以供养的兵力，准确知道每位家臣武士应承担的军役，战争时可以动员的兵力。贯高制将家臣武士的军役定量化，一定程度上也将主君的恩赏定量化，恩赏与效忠的交换性质益发凸显。

（2）军事动员的寄亲寄子制。“所谓寄亲寄子制，将武士间保护与被保护的关系拟制为同族的血缘关系，保护者称寄亲，被保护者称寄子。”“战国大名的寄亲寄子制，是最大限度地将在地武士编成军役体制的统治政策。寄亲是国人级有力的武将，寄子为地侍级的农村土豪层。在这点上，与室町时代的寄子主要是有力的地头层不同。”② 而且，“他们臣事主君，并不是基于恩义，而是出于利害关系。”③ 家臣通过人为的寄亲（义父）、寄子（义子）而隶属于分国主君，用拟制的家族父子关系强化隶属关系。

在军事组织方面，随着武士团内部血缘关系日渐淡薄和总领制的瓦解，镰仓时代户主（总领）率领一族臣事主君的组织形式，被物头组头制和拟血缘的寄亲寄子制取代，这是一种平时就是军队组织的单位。家臣武士在物头组头之下按所用兵器编组，一个组就是一个基层战斗组织。组是基层的军事

① ［日］高桥昌明：《日本武士史》，黄霄龙译，社会科学文献出版社，2020，第144、149页。

② ［日］下村效编《日本史小百科·武士》，东京堂，1993，第120-121页。

③ ［日］坂本太郎：《日本史概说》，汪向荣、武寅、韩铁英译，商务印书馆，1992，第254页。

组织单位，首长为组头，隶属于上一级军事组织——军奉行。在组的内部关系中，组头既是军事长官，又是寄亲（义父），组员为寄子（义子）。家臣被编成称作奉行、组头、寄亲、寄子的军事组织，用虚拟的家族制度加强隶属关系，通过人为的义子制度，命令家臣隶属于主君。以上级家臣武士为寄亲（义父）、下级家臣武士为寄子（义子），寄亲是大名手下的行政官吏和军事组织的指挥官，对寄子具有绝对权威，寄子隶属和服从寄亲。一般家臣的寄子大多是中下级行政官吏和军事指挥官，平时管理乡村，战时统率郎党、仲间、小者和足轻从军出阵，是军团组织的骨干力量。

（3）集中居住在城下町，切断武士与农村根据地的联系。"应仁之乱"后，日本进入战争更为频繁的战国时代，群雄割据，相互攻伐，全国都卷入战争的漩涡之中。为了应对随时可能发生的战争，并对武士进行集中的军事训练，战国大名开始强行将属下武士从世代居住的本领地移居于自己的城下町。越前的大名朝仓敏景（1428—1481 年）1479 年作《朝仓敏景十七条》，其中第 15 条规定："除当家垒馆（指越前一乘谷之城郭）之外，不可在国中建筑城郭，禄高之家臣，悉迁于一乘谷，其乡其村只置代官下司。"[①] 武士开始从农村移居到大名的城下町，成为可以随意挪动的"钵植武士"或"盆栽武士"。

上述战国大名扩大和强化军事力量的措施，也是控制国内武士的措施。防止家臣武士的背叛，与增强军事力量同样重要。

"战国大名和家臣的关系以'御恩'和'奉公'为基础，通过所领的媒介将两者联结起来。例如，天文二十三年正月二十日，信玄对住在今天长野县松本市东部的山家松寿，安堵其父在大村（长野县松本市）百贯文的土地，要求其今后的忠义和信实。所领的安堵等是向武田家忠信、军事奉公的前提。""天正二年七月九日，武田胜赖安堵远江国一乘院和白羽大明神社（静冈县榛原郡御前崎町）的社领等，恳请其祈求武田家武运长久。胜赖安堵旧

① ［日］小泽富夫编集、校订《武家家训、遗训集成》，ぺりかん社，1998，第 96 页。

领让其祈求武田家武运长久的事例，天正五年十二月二十八日，新海大明神（现新海三社神社、长野县南佐久郡臼田町）、天正八年闰三月十日的钣绳社（现钣绳神社、长野市）。对寺院也是一样……”[①] 通过“御恩”，战国大名建立起主从关系很强的家臣团。家臣武士既可分为同名（同族）、谱代和外样，又可分为上级家臣和下级家臣。此外，家臣武士还可分为：（1）获得封地的武士，即在跟随战国大名征战杀伐过程中得到封地的武士，这部分武士基本上是同族和谱代家臣；（2）变领地为封地的武士，即战国大名在征服过程中，将被征服土地上武士的领地转为封地，此类武士基本上是地方各国的国人武士；（3）有封地的武士和领取俸禄的武士，前者有封地，称为国人，后者为有封地的武士管理土地，领取一定数额的俸禄，称地侍；（4）服骑兵役的武士和服步兵役的武士。

战国大名家臣团的平时职制主要有：要职（如宿老、家老、中老等）、诸奉行、地方官吏等。战时的职制则非常严密，有总大将、副大将、先锋大将·军大将、武者大将、侍大将、足轻大将·足轻头、旗大将·旗奉行、长柄大将·枪奉行、弓大将、火枪大将和军师、军目付、军使等。

战国大名的家臣团大同小异。以织田信长的家臣团为例，其家臣团在织田信长之下分为四个部分：（1）连枝众；（2）部将—与力；（3）旗本（马回众、小姓众）；（4）吏僚（奉行众、秘书等）。[②] 所谓“连枝众”，即信长的兄弟、儿子、叔父、甥、从兄弟以及信长的远亲。所谓“部将”，通常是表示职掌或地位、身份的名称，也属于称为连枝的信长的亲族；部将与旗本相比是大身，具有统率一部队、守备一城的军事力量。所谓“与力”，是附属于部将的小身。信长在尾张地方的家臣，通常以尾张在地领主的长子为马回众，二子以下为小姓众。1558—1570 年，信长从马回众中选拔“黑母衣众”，从小

① ［日］笹本正治：《战国大名的日常生活：信虎、信玄、胜赖》，讲谈社，2000，第 27、70-71 页。

② ［日］谷口克广：《战争的日本史·13·信长的天下布武之道》，吉川弘文馆，2006，第 12 页。

姓众中选拔“红母衣众”，这些是名誉职，他们的身份依然是旗本。所谓“吏僚”，在战场上并不活跃，处理一般政务。随着信长版图的扩大，1573年其家臣团开始发展为军团，首先组建的是信长的长男信忠军团。到信长晚年，共编成5个方面军，此时信长家臣团的构成图式为：信长下辖6个部分——（1）信忠，包括部将—与力，旗本（马回众、小姓众），吏僚；（2）连枝众；（3）部将（方面军司令官、游击军司令官）—与力；（4）旗本（旗本部将、马回众、小姓众）；（5）吏僚（奉行众、秘书等）；（6）外样众。[①] 这5个方面军的司令官指挥超过1万人以上的大军，可以单独对战国大名开战，在信长的家臣中地位最高。游击军是比方面军兵力弱的军队，不能单独对付任何一个方面的强敌，是随机应变协助方面军。

一般说来，1467—1568年是战国时代，1568—1582年为织国信长时代，1582—1598年为丰臣秀吉时代。16世纪中叶，具有实力和统一野心的战国大名主要有：关东的北条氏、中部地方的上杉氏、武田氏和朝仓氏，中国地方（山阴、山阳两道）的毛利氏，四国的长曾我部氏，等等。但是，引领统一潮流的却是尾张国的织田信长。

三、织田信长和丰臣秀吉

织田信长（1534—1582年），1534年生于尾张国那古野城，13岁元服，14岁初阵，率兵进攻三河大滨（现爱知县吉良町）。织田氏通过与尾张国守护斯波氏结成主从关系，成为尾张国的守护代。不过，在尾张守护代家，信长出自织田氏支流，侍奉嫡流守护代织田家，也就是说，只是守护斯波氏的陪臣——斯波氏的从者的从者。他的父亲织田信秀原是尾张国守护代——清洲织田家的家老（地方各国的高级官僚），乘机扩大势力，逐渐凌驾于主家织田家之上，至信长出生时已是尾张的实力者，率尾张之兵与东面的今川

---

① ［日］谷口克广：《战争的日本史·13·信长的天下布武之道》，吉川弘文馆，2006，第15页。

氏、北面美浓的斋藤氏争战。为改变与今川氏、斋藤氏两面作战的不利局面，1548 年织田信秀与斋藤氏修好，15 岁的织田信长娶斋藤道三之女为妻，形成织田 - 斋藤同盟。1552 年信秀去世（另有 1549 年和 1550 年的说法），18 岁的信长继任家督。1555 年，织田信长灭亡守护代，成为尾张国的实际统治者。

织田信长以知行地为媒介，将领国内和被征服土地上的领主、武士编入家臣团，壮大军事力量；推行“兵农分离”政策，将上层农民组织成行动迅速的轻装步兵——足轻；严厉打击宗教武装；大量使用新式武器——火枪，率先采用梯队轮流射击的战术提高火枪威力。

1560 年，图谋称霸全国的骏河守护今川义元进攻尾张国，在具有决定性意义的桶狭间战役中，织田信长不畏强敌，以区区 3000 兵马奇袭义元 27000 人的大军，击溃强敌。原本充其量只能勉强算是二流大名的织田信长脱颖而出，成为重新统一日本的领军人物。1568 年，织田信长应天皇和将军之邀率军进入京都，成为第一个进入京都的战国大名，并且废第十四代将军足利义荣，立足利义昭为第十五代将军，挟天皇和将军号令天下，这一年也是织田信长时代的开始。

1571 年，织田信长焚毁了守旧势力的堡垒——比睿山延历寺，烧毁了 3000 座建筑，屠杀了数以千计的叛僧，“摧毁了教宗的政治、经济和军事力量”。此后数年，织田信长消灭了他的终极对手——佛教势力，杀死了数以万计的净土真宗信众，其中包括大量平民男女。如此一来，织田信长便彻底消灭了作为一种统治机构的佛教势力。500 多年来，大型寺庙一直受到京都贵族与上层武士的庇护赞助，在织田信长的一系列战争后，寺庙不再拥有军事力量，也不再保有曾经的财富。[①] 总之，信长解除了佛教僧侣的威胁。

1573 年，织田信长打败足利义昭和部分大名组成的联军，放逐足利义昭，

---

① ［美］迈克尔·维尔特：《极简日本武士史》，贺平、魏灵学译，北京日报出版社，2021，第 77、93 页。

室町幕府灭亡。同年，卓越的战术家武田信玄因病去世，其子武田胜赖继任家督。1575 年，织田信长与德川家康联手，在三河国的长筱城，与日本中部最强大的大名，也是自己统一道路上的最大障碍武田胜赖决战。以骑兵战著称的武田军，在信长的 3000 名鸟铳手面前丢盔弃甲，几乎全军覆灭，武田胜赖仅率 5 骑遁走甲斐。长筱之战不仅使信长在统一的道路又前进了一大步，还充分显示了火器的威力，开创了普遍使用火器的新时代。重装盔甲的骑兵战术，让位于身着甲胄、手持弓、矛和鸟铳枪的足轻组成的集团性轻装战术。

1576 年，织田信长在琵琶湖畔的近江安土，修筑日本第一座枪炮时代的城堡——安土城作为自己的根据地。随后，又开始西征。1582 年 3 月 11 日，织田信长灭亡名门武田家；3 月 29 日，对武田家原领地进行知行分割。除穴山信君原领地（河内地方）外甲斐的其他部分分给河尻秀隆，骏河分给德川家康，上野分给泷川一益，信浓的高井、水内、更级、埴科等北部四郡分给森长可，木曾部（原有领地）和安昙、筑摩郡（新增领地）分给木曾义昌，伊那郡分给毛利秀赖，诹访郡分给河尻秀隆，小县、佐久郡分给泷川。同时，织田信长还为他们制定了统治国家的基本方针，并作为甲、信两国的国法发布。[①] 然而，1582 年 6 月 2 日，在全国统一指日可待之时，织田信长在京都的本能寺遭叛将明智光秀袭击，一番激战后，终因寡不敌众自焚而亡。

织田信长虽然功亏一篑，但也为后继者奠定了坚实的基础。

丰臣秀吉（1536—1598 年），出身于寒微，自幼侍奉信长。1573 年，因随织田信长转战东西、屡建战功而被擢为大名，改名羽柴秀吉，成为信长的得力部将。1582 年，正在备中国与毛利辉元作战的丰臣秀吉得知信长自焚的消息后，立即与毛利辉元讲和，6 月 6 日率军声讨叛贼明智光秀。6 月 13 日，率 4 万军队进军京都，在山崎（兵库县西南）之役中打败明智光秀。明智光

① ［日］池上裕子：《讲谈社·日本的历史·7·织丰政权与江户幕府：战国时代》，何晓毅译，文汇出版社，2021，第 104-105 页。

秀在败走近江途中被当地农民袭击，后在随从武士的协助下切腹自杀。

1583年，丰臣秀吉打败信长的宿将柴田胜家（1522—1583年）、织田信长的第三子信孝，降服泷川一益，确立起信长继承者的地位。同年，修筑大阪城作为自己称霸全国的政治、军事据点。1584年，迁入大阪城，并且迫使雄居关东的德川家康臣服。1585年征服四国的长曾我部元亲，1587年征服领有九州岛大半土地的岛津氏。1590年征服关东的北条氏，奥羽地方的伊达氏也于此时归顺，终于完成了全国的统一。1593年，迫使统治北海道南部的松前氏归顺，北海道南部地区也正式纳入日本版图。

随着武力征服的节节胜利，丰臣秀吉在公家社会的官位也不断晋升。灭亡明智光秀后，任从五位下、左近卫权少将；1585年，朝廷破例任丰臣秀吉为从一位、关白。1586年，朝廷又破例任丰臣秀吉为统率文武百官的朝廷最高官职太政大臣，并授予丰臣之姓。一介农夫之子，成为与日本历史上源、平、藤、橘四大豪门平起平坐的贵族，确立起一人之下的至高无上地位。1588年4月，丰臣秀吉在其宏大富丽的官邸——聚乐第举行盛大仪式，迎接前来行幸的天皇，增献皇室领地，并且让德川家康等29位大名表演了向天皇和自己宣誓效忠的一幕。

由于丰臣秀吉出身布衣、根基不深，自己的原有家臣数量不多。因此，其统一日本过程中的战略和作风，也与织田信长大不相同。如，对待朝廷的态度上，比织田信长更为注重武力与朝廷权威相结合，打着朝廷敕命的旗号，让自己的武力征服名正言顺。再如，织田信长以军事侵略逼迫对方选择成为伙伴还是敌人；丰臣秀吉则较为宽容，只要愿意归顺和宣誓效忠便化敌为友。所以，丰臣秀吉的武力征服极少遇到顽强抵抗，硬仗、恶仗不多，进展神速，1591年便完全掌控了整个日本。

丰臣秀吉不是以朝廷的最高军事职务——将军的名义，而是以朝廷最高行政职务——关白的名义，君临于大名之上，行使最高统治权。“丰臣政权作为关白政权起步，其权力的直接基础在于统领武家，而正因为是武家政权，所以它以知行分封和军役奉公关系为轴心，再加上朝廷的官位制度，建立起统一的金字塔体系。”[①]1585 年，拥有日本 60 余州统治权的天皇委任丰臣秀吉为关白，在秀吉看来，这是天皇赋予关白武家权力的象征，让他实际统治土地和人民。同年，丰臣秀吉在关白之下设立中央统治机构——五奉行，负责处理行政、司法和财政等工作。五奉行由前田玄以（1539—1602 年）、浅野长政（1547—1611 年）、增田长盛（1545—1615 年）、石田三成（1560—1600 年）、长束正家（？—1600 年）5 人组成，均是秀吉亲手培养起来的心腹部将。平时各司其职，遇有大事“五人合议，妥善裁决”。1591 年，丰臣秀吉又任命 5 位实力雄厚的大名为“五大老”，作为重要政策的顾问，与五奉行共商大事。“丰臣秀吉在其晚年设立了五大老、五奉行制度。不过，这只是表示职务分担的框架，还不是履行政务的组织。大老最初为前田利家（1538—1599 年）、德川家康（1542—1616 年）、小早川隆景（1533—1597）、毛利辉元（1553—1625 年）、宇喜多秀家（1573—1655 年）、上杉景胜（1555—1623 年）6 人，1597（庆长二年）小早川隆景去世后为 5 人。”“秀吉在其死前的遗言中规定：德川家康在伏见城主持政务，前田利家在大阪城辅佐丰臣秀赖。”[②]以后，丰臣秀吉又设置“三中老”，在五奉行和“五大老”中间起缓冲作用，调解两者的政见分歧。

丰臣秀吉的统治政策中三大“和平令”极有特色，特别是《总无事令》和《刀狩令》。

（1）《总无事令》。平息战国大名之间的纷争、抑制一揆和喧哗的《总无事令》，即禁止私战的和平令。丰臣秀吉以天皇统治日本 60 余州权限代理人（执行者）——关白的身份，要求武力纷争的诸大名停战，纷争交由他裁定。“秀吉针对全国各地发生的战争、局部纷争，否定了各地领主武力解决纷

① ［日］池上裕子：《讲谈社·日本的历史·7·织丰政权与江户幕府：战国时代》，何晓毅译，文汇出版社，2021，第 360 页。

② ［日］儿玉幸多：《日本历史·18·大名》，小学馆，1975，第 111-112 页。

争、自力救济的传统手段，纷争交由秀吉裁定。”[①] 相继在“天正十三年对九州、翠年十一月对关东、天正十五年对关东和奥羽发布《总无事令》，否定植根于自力救济原则的战国大名的交战权。”[②]《九州停战令》强调这是天皇的旨意，内称“从关东至奥州边境，均已遵从天皇的命令，归于太平。可九州至今仍有战乱，这不是好事。有关国郡分界之争，都由秀吉听取双方意见之后裁决。双方应即刻停战。因为这是天皇之命，不听从的人会受到严惩。”这份命令是在说，“战乱的源头——领土之争已经交给秀吉裁决，所有人都要立即停战。”[③]1587 年，率军讨伐占据九州的岛津义久，并在征服战争中打着天皇敕命的旗号，显示其统一活动的正义性。义久大败后表示臣服，秀吉赦免义久，赐其萨摩一国，将九州之地分封给各路诸侯。通过《总无事令》，丰臣秀吉确立起凌驾于大名之上的统治地位。

（2）《刀狩令》。没收农民的武装，清除来自农民的武力威胁。明确区分武具和农具、战斗者和生产者，战斗者拥有武具，生产者只能持有农具，在兵和农之间筑起一道不可逾越的高墙，兵和农彻底分离。1588 年正式向全国发布《刀狩令》，“严禁各国百姓收藏刀、腰刀、弓、枪、火枪及其他各种武器”，“缴上之刀、腰刀并非无用之物，将用于建造大佛所需之钉、锯。此不但造福于百姓今生，亦可惠及其来世。”为确保兵农分离，丰臣政权在 1591 年 3 月颁布《人扫令》，按村编制户口清册，登录各户人口人数、男女、老幼及身份，提出奉公人（武士）、百姓、町人的身份和区别。同年 8 月又颁布《身份统制令》（3 条），进一步明确规定侍、百姓和町人的身份差别，禁止社会各阶级横向流动。一是禁止“奉公人、侍、中间、小者直至荒子”（武

① ［日］笠谷和比古：《近世武家社会的政治构造》，吉川弘文馆，1993，第 39 页；［日］宫地正义：《新版世界各国史 · 1 · 日本史》，山川出版社，2008，第 236-237 页。

② ［日］杉山博等编《丰臣秀吉事典》，新人物往来社，2007，第 83 页。

③ ［日］池田裕子：《讲谈社 · 日本的历史 · 7 · 织丰政权与江户幕府：战国时代》，何晓毅译，文汇出版社，2021，第 152 页。

士、准武士直至最低级服军役者）转为百姓（农民）或町人（商、工）；二是凡在检地中与土地一起登记的百姓，禁止弃田不耕转为武士或改行当工商业者；三是禁止武士及服军役者擅自离开主家。这一法令将日本社会成员的身份和职业固定下来，分别为士、农、工、商，确立了由士统治农、工、商的统治格局。

1588年，还发布《海贼停止令》，将禁止私战的和平令从陆地扩张在海上。“秀吉发布称为《总无事令》的一系列法令，以‘朝廷’——公权力的名义，禁止战国大名之间的相互攻伐和村落间的纷争，进而禁止海贼争斗。通过这些政策，禁止战国社会广泛盛行的中世的私战，为列岛带来了和平。”①《总无事令》《刀狩令》《海贼停止令》，并称为秀吉的三大“和平令”。

在丰臣秀吉实施的各项统治政策中，检地同样具有划时代的意义。秀吉的检地政策始于1583年近江的检地，以后每年坚持进行，直到其去世的1598年。他去世前几乎在全国范围内都实行了检地，由于曾任关白，因此也将其检地称为“太阁检地”。主要内容包括：（1）统一土地计量单位，（2）划定土地等级，（3）规定相应的产量标准（石高）作为缴纳年贡的基准，（4）明确“一地一作人”原则。1591年，丰臣秀吉命令各国大名向他提交检地簿和地图，根据各国大名石高的总收获量规定其承担的军役数量，即石高军役制。

通过检地，国家全面清查了全国的耕地面积、粮食产量、农民人数。各村都建有检地账，详细登录田地的数量、田地的耕作者（年贡负担者）和粮食产量、租税数额等信息，保证了租税的征收。当然，也增加了丰臣秀吉的直辖领地。同时，清除庄园制时代一块土地多人拥有权力、共同分配剥削所得的制度，建立起“一地一作人”制度，理顺了中央、大名、农民之间剥削与被剥削的关系。在全国范围内整顿土地所有权，废除中世的庄园制度和地

---

① ［日］藤木久志：《丰臣和平令和战国社会》，载大石学编《近世藩制、藩校大事典》，吉川弘文馆，2006，第3页。

方豪强的土地所有权，确立新型的土地制度。土地所有权一分为二，武士拥有地租征收权，农民拥有土地占有权和使用权。丰臣秀吉成为名副其实的最高土地所有者，重新获得土地者，统统成了丰臣秀吉的家臣；旧家臣原有的知行地也演变成了丰臣秀吉所赐的“恩领”。丰臣秀吉有权对大名进行移封，在全国范围内调动，铲除了大名的根据地，削弱了地方分裂势力的独立性。将从前具有半武士性质的农民（土豪、地侍）登录在检地账上，固定其农民身份，关闭了他们转为武士的大门。检地分清了农业人口和非农业人口，奠定了兵农分离和近世社会制度的基础。

丰臣秀吉通过检地加强了自身的军事实力，削弱了来自武士内部的武力威胁。一是秀吉清楚大名的财力、兵力等重要信息，有助于制定相应的军事措施加以防范；二是“大名根据知行高承担相应的军役”①，大名的军事力量成了丰臣秀吉军事力量的重要组成部分，丰臣秀吉的军事实力迅速膨胀；三是武士逐渐成为领取薪俸的职业军人，一支数量庞大的常备军队伍随之形成，丰臣秀吉作为最高统治者和军事统帅，集中掌握了全国的武装力量。总之，这些措施使丰臣秀吉成功地控制了土地和人民，控制了家臣和武装力量。

检地还为丰臣秀吉的大名统治政策奠定了基础。丰臣秀吉之下的大名可分为三类：第一类是他的亲族和心腹家臣，前者如养子丰臣秀次、弟丰田秀长；后者如五奉行等。第二类是丰臣氏自己培养和提拔起来的大名，如从织田信长投到秀吉手下的前田利家等。第三类是外样大名，如前田利家之外的“五大老”和陆奥的伊达氏、萨摩的岛津氏、常陆的佐竹氏等。

秀吉统治大名的政策主要有：（1）大名的配置原则，第一类大名安置在重要地区，如将养子丰臣秀次（1568—1595 年）安置在尾张的清州，将其弟丰臣秀长（1541—1591 年）安置在大和的郡山，将石田三成安置在近江的佐贺山等，以拱卫近畿地方；第二类大名安置在各地方的战略要地，防范强有

① ［日］桑田优：《日本近世社会经济史》，晃洋书店，2000，第 12 页。

力的外样大名，构成伸展中央权力的前沿阵地；第三类大名则被安置在边远地区。（2）变大名的领地为自己的“恩领”，掌握全国土地的最高所有权和分配权。将大名凭借实力取得的领地，不论是本领，还是新领，全部转变为恩赐的“恩领”，并发给大名领知朱印状（盖有红色官印的执照），确认知行权。（3）对大名进行转封，“1583年，打败柴田胜家后，论功行赏，实施大名的改封，丹波长秀从坂本转到越前北庄，池田恒兴（信辉）从大阪移到美浓，心腹家臣杉原家次移到坂本，浅野长吉移到濑田，堀秀政配置到佐和山。”[①] 以后，又不断进行移封，除奥羽、九州、四国等边境的部分旧族大名外，大部分大名都进行了重新安置，使其远离祖祖辈辈以来的根据地。如德川家康被移封到关东地方，上杉氏被移到东北地方。而且，丰臣秀吉还大胆采用“改易”（剥夺大名的武士身份，没收其俸禄及宅地等）的方式处分大名。（4）未经许可诸大名不得私自联姻和缔约；须将妻子、子嗣或主要家臣作为人质，送到大阪作为承诺效忠丰臣氏的信物；定期到丰臣秀吉的住所参勤。通过上述措施，丰臣秀吉成功地构建起丰臣氏大名领国体制，加强了对大名的统治，终结了“下克上”的历史。

丰臣秀吉的对外政策：一是以神国思想对抗西方国家，1587年，发布天主教禁令，宣称“日本是神国”。[②] 以神国思想抵御西方意识形态。一是以武力扩张对付朝鲜、中国和印度等国。丰臣秀吉统一日本后，“以大明国为日本之古敌，欲派大军报其仇，致书朝鲜国王，借道朝鲜。”[③] 将扩张目标指向海外，“构建以日本为中心的新的国际秩序”。[④] 实现《日本书纪》描述的“大国梦”“霸主梦”，将全世界置于天皇的统治之下。与丰臣秀吉“直入大明国，

---

① ［日］桑田优：《日本近世社会经济史》，晃洋书店，2000，第10页。

② ［日］杉山博等编《丰臣秀吉事典》，新人物往来社，2007，第88页。

③ ［日］日本图书センター编《日本精神文化大系·第5卷》，日本图书センター，2001，第351页。

④ ［日］武光诚：《图说日本史的全貌》，青春出版社，2011，第112页。

易吾朝之风俗于四百余州，以施王政于亿万斯年”的侵略扩张政策相适应，神国思想的论证、鼓吹也从国内向国外扩张，宣称日本是世界的中心。

丰臣秀吉以朝鲜和中国为主要对象的扩张野心早已有之，1577 年曾对织田信长说：“臣借君之威武，迅速平定中国（指日本本州），而君家的宿将老臣未取得领土者极多，宜将中国分予之。臣更拜命征伐九州，亲平该地，并率军进入朝鲜，席卷明朝四百余州，以为皇国之版图。”[①]1585 年，就任关白不久，又“向耶稣会宣教师表示，完成国内统一后便征服明（中国明朝），以实现进出大陆的夙愿。”[②]1587 年 5 月，又对其爱妾浅野氏信说：“应督促朝鲜王入朝，派急使去对马。在我生存之年，誓将唐（明）之领土纳入我之版图。”[③] 他将神武天皇称霸世界的梦想付诸实践了。

“秀吉认为，‘箭雨之国’、武家之国要想征服‘长袖之国’简直易如反掌。从这种简单的认识出发，产生了现天皇和现关白搬到中国、君临整个东亚的想法。重要的是，他自己打算定居宁波。宁波是过去朝贡贸易的枢纽港口。这件事也体现出他重新构筑朝贡贸易体制的志向。”[④] 为此，1590 年，丰臣秀吉致书朝鲜国王说：“吾邦诸道久属分离，废乱纲纪，阻格帝命。秀吉为之愤激，被坚执锐，西讨东伐，以数年之间，而定 60 余国。秀吉鄙人也，然当其在胎，母梦日入怀。占者曰：‘日光所临，莫不透彻，壮岁必耀武八表。’是故战必胜，攻必取。今海内既治，民富财足，帝京日盛，前古无比。夫人之居世，自古不满百岁，安能郁郁久在此乎？吾欲假道贵国，超越山海，直入于明。使其四百州尽化我俗，以施王政于亿万斯年，是秀吉宿志也。”朝鲜未及表态，丰臣秀吉遣使斥责，并“大会诸将帅，谓之曰‘吾欲以邦治委内

① 张声振、郭洪茂：《中日关系史·第 1 卷》，社会科学文献出版社，2006，第 396 页。

② ［日］桑田优：《日本近世社会经济史》，晃洋书房，2000，第 15 页。

③ 张声振、郭洪茂：《中日关系史·第 1 卷》，社会科学文献出版社，2006，第 397 页。

④ ［日］池上裕子：《讲谈社·日本的历史·7·织丰政权与江户幕府：战国时代》，何晓毅译，文汇出版社，2021，第 313-314 页。

府，而自将入朝鲜，以其兵为先锋，以入于明。彼拒我命，则击灭之'。遂自辽东直袭北京，奄有其国，多割土壤，以予诸君，使诸功臣皆厌其望，不亦快乎？我筹之已熟，事非甚难。"[①]1592年（文禄元年）3月，32个大名、158700人渡海进攻朝鲜半岛；7月，朝鲜国土大部沦陷。军事上的胜利进一步刺激了丰臣秀吉的扩张野心，立即制定了称霸亚洲的庞大扩张计划25条，甚至声称将"乘日本船渡海，居守宁波府"，"遵圣意，占领天竺（即印度）"。"事实上，此时的日本已经成为世界历史上的侵略力量了。"[②]总之，丰臣秀吉发动对外战争的目的，一是扩张领土，二是称霸亚洲。

"丰臣秀吉对东亚近邻实行侵略扩张、武力恫吓的外交政策，从根本上说，不外乎是日本武士阶段侵略扩张思想极度膨胀的结果。"[③]先占朝鲜，进而征服中国和印度，建立以北京为都城的"大日本帝国"虽然失败，但是，在江户时代的"部分政治家和学者的思想深处，从未停止过丰臣秀吉式的扩张幻想，有时甚至有过之而无不及"[④]。1610年，幕府的政治顾问林罗山受命起草的以幕府执政本多正纯之名致中国福建总督的信函称：日本国主源家康统一全国，"其德化所及，朝鲜入贡，琉球称臣，他如安南、交趾、占城（以上即越南），暹罗（即泰国），吕宋（即菲律宾），西洋（即新加坡以西各国），柬埔寨（即柬埔寨）等蛮夷之酋长，莫不献表纳贡。"[⑤]显然，这一以日本为中心的"国际秩序"，实质上继承了丰臣秀吉的扩张遗志，暗怀"征韩论"和染指中国之心。

---

① ［日］赖山阳：《日本外史》，北京大学出版社，2015，第347-348页；［日］杉山博等编《丰臣秀吉事典》，新人物往来社，2007，第282-283页。

② ［美］约翰·惠特尼·霍尔：《日本——从史前到现代》，邓懿、周一良译，商务印书馆，1997，第119页。

③ 沈仁安：《德川时代史论》，河北人民出版社，2003，第91页。

④ 韩东育：《日本对外战争的隐秘逻辑（1592—1945）》，《中国社会科学》2013年第4期。

⑤ ［日］信夫清三郎编《日本外交史·上》，天津社会科学院日本问题研究所译，商务印书馆，1992，第23页。

1673年，山鹿素行（1622—1685年）在记述武家传统的《武家事记》中称："秀吉晚年，征伐朝鲜。其勇敢胆略，冠于古今。盖朝鲜为本朝之属国屏藩，自往古神功皇后征伐三韩以来，历代记录皆明载其制。其后，本朝王威衰落，武家尚未如今日之化沾四海。由此朝鲜对本朝亦久绝贡赋，其后声称仅修邻交之好。丰臣秀吉遂征伐朝鲜。……显示本朝武威于异域者，神功皇后之后即在秀吉统治之时。"① 将秀吉的对外侵略与神功皇后"征伐三韩"相提并论，视为实践"八纮一宇"的楷模。在"日清战争最激烈之际，福泽谕吉论述道：'这次外战实是300年来未曾有之大事变'。即日清战争对当时的日本来说，是300年前丰臣秀吉发动的文禄、庆长之役以来的延长。"② 也就是践行征服世界的"八纮一宇"诏敕。总之，丰臣秀吉的"大国梦为江户幕府末期封建武士建立大帝国以摆脱内外危机的构想提供了依据。丰臣秀吉以后，乃至第二次世界大战战败前的日本，其大国目标追求再未跳出侵略朝鲜，再侵略中国进而征服世界的怪圈。"③ 甲午战争之后的一系列对外侵略战争，也反映了日本对外侵略的历史连续性。

丰臣秀吉去世后，由于后继乏人，引起大名间的分裂。1600年，德川家康在关原之战中打败敌对势力。1603年被任命为征夷大将军，成为统一日本的最后胜利者，建立起德川氏260多年稳定的军事霸权。

四、战争与武士的社会角色

室町幕府是三个幕府中战争最频繁、社会动乱最剧烈的时代，也是武士充分履行战斗者职责和发展步伐最快的时代，还是武力追求自身价值的时代，只要有足够的武力和运气，谁都可以成为大名。

---

① ［日］信夫清三郎：《日本政治史·第1卷·西欧的冲击与开国》，周启乾译，上海译文出版社，1982，第51页。

② ［日］三谷太一郎：《近代日本的战争和政治》，岩波书店，1997，第32页。

③ 宋成有：《日本的大国目标追求与中日关系》，《日本学刊》1993年第1期。

足利氏开创的室町幕府，自1336年推翻后醍醐天皇的建武政权、公布《建武式目》起，至1573年5月织田信长将末代将军足利义昭流放到河内、灭亡室町幕府止，历时230余年，前后共有15代将军。其间，除足利义满执政时期有过短暂的稳定外，其余时间都处在战乱、动荡之中，“战争犹如家常便饭”。因此，武士主要扮演战斗者的社会角色，巩固和扩大武家政权，在战争中建功增禄。

1324年（正中元年），后醍醐天皇策划以寺院僧兵为核心的武装讨幕，即“正中之变”。

1331年（元弘元年），后醍醐天皇又策动兵变，这次未遂的倒幕政变被后世称为“元弘之变”。

1332年，后醍醐天皇方面的护良亲王、楠木正成分别在吉野、河内再次举兵讨幕。

1333年，九州、播磨、伊予等地相继响应。同年4月，足利高氏宣布倒戈。5月7日，足利高氏和倒幕军千种忠显、赤松则村配合攻占京都的六波罗府；5月17日，新田义贞分兵三路围攻镰仓，激战五日攻陷镰仓，执权北条高时及其一族自杀，镰仓幕府灭亡。同年6月，后醍醐天皇重返京都，亲掌朝政。次年1月改年号为建武，开始实施一系列“新政”，史称“建武中兴”。

1335年（阴）7月，北条高时的遗子北条时行（？—1353年）攻陷镰仓。8月，足利尊氏私自率军东下，收复镰仓，反叛建武政权。

1336年1月，足利尊氏攻入京都，旋被逐出，前往九州。5月，在湊川（兵库县境内）击败楠木正成、新田义贞的联军，正成自杀，尊氏随即攻克京都，“建武中兴”至此夭折。8月，尊氏拥立光严上皇之弟丰仁亲王为天皇，称光明天皇（1321—1380年）；11月，尊氏公布施政纲领《建武式目》，足利幕府成立（1338年，北朝天皇任命尊氏为征夷大将军）。12月，后醍醐天皇逃出京都，在大和的吉野山重开朝政。自此，京都光明天皇的朝廷称北朝，吉野山后醍醐天皇的朝廷称南朝，两者都以正统自居，南北朝之间的武力对峙直至 1392 年，历时 57 年。

偏居一隅、缺乏实力的南朝之所以能持续近 60 年，主要原因在于幕府的内部分裂削弱了幕府对南朝的压力。幕府内部的对立双方，是足利直义和幕府执事高师直（？—1351 年），为了战胜对方，双方都准备诉诸武力，尊氏支持高师直。1349 年，高师直强求尊氏革除了直义的一切职务。1350 年（观应元年），尊氏与足利直义不和，足利直义叛离北朝，投降南朝，联合南朝声讨幕府执事高师直。1351 年 2 月，足利直义率南朝军打败高师直、高师泰（？—1351 年）率领的北朝军，高师直、高师泰父子负伤。足利直义要求在罢免高师直父子一切职务的条件下，与尊氏议和，足利直义返回京都。不久，因南北议和问题，足利直义与足利尊氏、足利义诠父子反目。7 月，足利直义离开京都前往镰仓。10 月，足利尊氏废黜北朝的崇光天皇，投靠南朝，表示愿意让后村上天皇速回京都亲政，后村上天皇则颁旨征讨足利直义。1352 年 2 月，足利尊氏在镰仓杀死同胞兄弟足利直义。其后，足利尊氏及其子足利义诠、足利直义的养子足利直冬、南朝势力三方继续混战。

足利直义死后，追随的武士大多归顺了南朝。在足利直义党羽的支持下，南朝企图重整旗鼓。后村上天皇继承其父后醍醐天皇夺回京都的遗志，多次派兵攻打京都，还曾在 1353 年、1355 年和 1361 年三度进京。其中，1355 年那次是投诚南朝一方的足利直冬，率领着山名时氏、桃井直常等人进京。[①] 为此，足利尊氏转而摒弃南朝、扶持北朝，拥立后光严为北朝天皇。经过两年多的拉锯战，直至 1355 年 3 月才最终扭转局面，取得决定性的胜利。

除足利尊氏、足利直义和足利直冬之外，幕府实力派人物因政治斗争失利而归顺南朝者，也大有人在。如，1360 年 7 月，历任伊势、伊贺守护、侍所头人等职的仁木义长由于同畠山国清、细川清氏发生冲突而背叛幕府，次

① ［日］新田一郎：《讲谈社・日本的历史・6・〈太平记〉的时代：南北朝时代－室町时代》，钟放译，文汇出版社，2021，第 171 页。

年归顺南朝。再如，赶走了仁木长义而掌握实权的执事细川清氏因与佐佐木导誉发生矛盾，后来也背叛幕府投降了南朝。有实力的武将因为政治矛盾而离开南朝，而南朝一旦获得力量便会试图夺回京都。幕府内部矛盾的主因是武将关于守护职和领地的争斗。[①] 当然，与南朝联手的军事胜利都不长久，南朝的颓势也显而易见。

1358 年，足利尊氏病故，足利义诠继任室町幕府的第二代将军。1367 年 12 月，足利义诠去世；1368 年，10 岁的足利义满（1358—1408 年）继任第三代将军，管领细川赖之暂时实际总揽政务。足利义满时代，一方面足利氏的势力逐渐巩固，武家统治体制日益完善；另一方面守护大名的势力愈来愈大，对幕府构成严重威胁。"足利幕府本来就是依赖武将建立起来的一种武士阶级的联合政权"[②]，14 世纪末，将军企图将守护大名的联合政权转为将军独裁的中央政权，已发展为地方霸主和大军阀的守护大名（包括足利氏一族的守护大名）则要进一步扩大自己的利益，并依靠不断膨胀的军事实力插手幕府政治。于是，中央和地方（将军和守护）的利益冲突日趋白热化，将军的同族将领也互相对抗，各国守护相继叛乱。

同出于足利一门的实力派细川氏和斯波氏既共同支撑足利政权，又彼此对抗，成为政治不安定的重要因素。1368 年，足利义满即将军位，细川赖之受二代将军足利义诠之托辅佐，并出任总揽幕府政务的管领。斯波氏与细川氏不和，1377 年，斯波义将与细川赖之的矛盾浮出水面。1379 年（康历元年），反赖之派守护甚至包围足利义满的府邸，武力逼迫他罢免赖之；当年闰四月，足利义满被迫下令罢免赖之。最后，赖之回到分国，斯波义将接任管领一职。此即守护大名干预幕政的"康历政变"，守护大名的实力由此可见。

---

① ［日］新田一郎：《讲谈社·日本的历史·6·〈太平记〉的时代：南北朝时代－室町时代》，钟放译，文汇出版社，2021，第 176-177 页。

② ［日］今东光等：《历史的京都·1·天皇和武士》，淡交社，1970，第 30 页。

足利义满消除不稳定因素、削弱和抑制守护实力的策略，主要是挑起一族的内部对立，再派兵讨伐。如，1390年的“美浓之乱”，1391年（明德二年）的“明德之乱”，1399年（应永六年）的“应永之乱”。足利义满一心要变幕府的守护大名联合政权为将军独裁的中央政权，征讨山名氏、大内氏等有实力的守护大名的胜利，一定程度上实现了这一目的。但是，各地守护仍然拥有很大的势力，特别是控制着关东、奥羽的镰仓府日益强大，产生了独立倾向。1408年足利义满死后，将军的权威日落西山，足利家族的内部纷争、守护大名对抗幕府、守护大名的混战等内乱愈演愈烈。

1415年，关东管领上杉氏宪（禅秀）辞去关东管领。1416年，上杉氏宪纠集部分东国豪族发动叛乱，史称“上杉禅秀之乱”。

1438年（永享十一年），镰仓管领（镰仓公方）足利持氏（1398—1439年）图谋窃取将军之位，并与其执事关东管领上杉宪实产生对立，将军足利义教出兵打败持氏，史称“永享之乱”。

1440年，足利持氏之子春王丸、安王丸在结城氏朝的支持下起兵（结城合战），次年结城氏朝自杀。

1440年，将军足利义教设计谋杀了实力守护一色义贯、土岐持赖，引起了其他守护的恐慌。

1441年（嘉吉元年），播磨国守护赤松满祐（1381—1441年）杀死足利义教，满祐也被幕府军镇压，史称“嘉吉之乱”。

“嘉吉之乱”以后，幕府威望一落千丈。1443年，任八代将军的足利义政（1435—1490年）不问政治，幕府实权被管领家细川胜元（1430—1473年）和新抬头的“四职”之一的山名持丰（宗全，1404—1473年）掌握，两者尖锐对立，各国的守护大名也分为细川、山名两派。1467年，围绕将军的继嗣问题以及畠山、斯波两管领家的继承问题，终于爆发持续10之久的大规模军事混战——“应仁之乱”。细川胜元率领的东军有24国、16万兵力，山名宗全率领的西军有20国、11万兵力，全国三分之二的守护卷入其中，27

万大军以京都为主要战场，在全国各地混战，历时11年。战后，将军已无权威可言，地方武将自立为王，守护大名被战国大名取而代之，日本历史也进入了持续百年的战国时代。

社会动乱还有农民暴动、德政一揆、一向宗农民暴动，以及地方豪族之间争夺领地的混战。

大体上说，南北朝时代主要是公武对立和幕府内讧，之后是将军与守护大名（中央与地方分裂势力）的战争，“应仁之乱”后是战国大名无视幕府、割据称雄的时代，最后是织田信长和丰臣秀吉的统一战争。一言以蔽之，室町幕府时代的特征是战争不断。

在战争如同家常便饭的室町时代，武士主要履行战斗者的社会职责，始终以战场为人生舞台，作战、备战就是他们的全部生活。

“中世武士的宅邸，由沟和崛环绕，象征着其支配地位，宅邸附近有马场和靶场。”“15世纪中叶，作为根据地的‘城’，向作为军事要塞的‘城郭’转化。”[①]为了应对此起彼伏的武装冲突，平安、镰仓时代以来的武士馆，遍布全国各地，数量越来越多、功能越来越全、规模越来越大。公家势力的大本营——京都，除将军外，守护大名（特别是在京守护）因为需要往返于领国和京都，在京都和领国都建有武士馆，供自己和家臣团居住。地方的中心城镇，有守护大名坚固的军事城堡。农村乡镇，地方实力派国人武士的武士馆星罗棋布。当然，还有箭楼、武器库、家臣武士的值勤室、马厩以及军事训练场所等。

战国大名的军事城堡规模更大，也更为坚固。这些城堡大多依山而建，城内有高高的塔楼，城外筑有坚固的围墙，围墙上建有火枪射击孔。在城墙四周，还有人工挖掘的城壕或天然的壕沟护卫。战国大名领国内的武士开始离开农村和自己的领地，被集中安置在城堡里。最坚固而又富有代表性的两

① ［日］斋藤慎一：《中世武士之城》，吉川弘文馆，2006，第175、197-198页。

个军事城堡，一是织田信长 1576 年在近江国安土山修筑的大本营——安土城，安土城的修建历时 3 年，城内分本丸、二丸，宏伟的 7 层天守阁是织田信长的居城。安土城能有效防御火器的攻城力量，开创了日本军事史上的新篇章，成为一个新时代的标志。一是丰臣秀吉 1583 年在大阪修筑的大本营——大阪城，城墙用巨石固垒，周围区域达 13 千米，筑有两条护城河围绕城市，并因拥有 48 座堡垒而著称于世。战国时代后期，特别是织丰时代，能有效防御枪炮攻击的新型军事城堡，有如雨后春笋。而且，建造这种军事性城堡的热潮持续了很长一段时间，最著名的还有姬路、金泽、和歌山、高知、江户、广岛、冈山、甲府、伏见、仙台、熊本、彦根、米泽静冈、名古屋等。

在频频的社会动乱中，还出现了一个新的、为战争服务的群体——随军僧侣。“叙述南北朝时代战争和宗教的关系时，必须注意阵僧的活动。所谓‘阵僧’，即战时和武士一起在战场上，武士死时进行临终念佛，安置死骸，向遗族和有缘者介绍武士战死的情况。南北朝时代战争如同家常便饭，阵僧活动的机会和场合非常多。”[①] 大名在战斗之际，“征调领内百姓为阵夫”，“动员领国僧侣作为阵僧上战场”。[②] 阵夫主要是充当杂役，为军队提供后勤服务。阵僧既是随军僧侣，为武士超度，让以“杀生为业”“罪孽深重”的武士安心进入“往生之路”；又是随军军医，在战场上为武士疗伤治病。

合战直接以夺取权力和土地为目的，200 多年的战争岁月，为以战争为职业的武士提供了用武之地和发展的动力。战争也成为重新分配权力和财富的方式，武力是夺取战争胜利的根本保障，有武力者有天下，彻底战胜公家后，权力和财富全部落入武士阶级手中，并在武士阶级内部进行分配。在武士阶级内部，武力的强弱与权力的大小、财富的多寡成正比，传统势力不断被新兴势力取而代之。“幕府受守护势力的牵制，而守护最终又受到守护代或

① ［日］森茂晓：《战争的日本史・8・南北朝内乱》，吉川弘文馆，2007，第 137 页。

② ［日］高桥典幸等：《日本军事史》，吉川弘文馆，2006，第 133 页。

被官的牵制。”[①]守护大名反叛将军，守护代反叛守护大名；辉煌一时的守护大名被更有实力的战国大名取而代之。

“在‘下犯上’的潮流占统治地位的战乱时期，连每天的生存都意味着竞争。是你死我活的。《甲阳军舰》（十七）中记载武田信玄的下列一段话，生动地表明了这种竞争状态，以及在它下面的君臣关系。‘信玄所想非在其他，而只在自身，因为集合如此众多士兵，目的在于欲取胜，取胜之目的在于扩展国土，唯扩展国土则各方人士、诸君、上下均加恩欣喜于我，得领地、且又扩大权力，如此发迹乃武士之本意。’”[②]战国大名扩军备战的目的在于取胜，而取胜的目的又在于扩张国土，唯有扩张国土能满足各方的利益需要。“对战国大名来说，自继承家督之位时，如何不断在战斗中取胜，考虑如何向家臣们分配利益，并将其付诸实施是其生存下去的最低条件。因此，可以说不断思考战争的胜利之道是战国大名们的‘公家’生活。”[③]战国大名想培养造就一支不断打胜仗的常胜之师，家臣武士愿意拥立能常打胜仗的人物为领国家长（主君）；战国大名关心家臣的忠诚和扩张领国版图，而家臣武士则关心自己的恩赏。

如前所述，自从武士产生以来，“对大多数武士来说，驱使他们奔赴战场的巨大动机就是对名利的渴望。在战场上立下赫赫功勋，从主君那里得到与功勋相符的封地和赏赐，这根本不是什么令人羞耻的事情。倒不如说，这是把自己的价值用看得见的形式表现出来的利，与名是一体的。对自己的功劳不给予相应回报的主人，称不上主人。”[④]战国时代，恩赏既是主从关系的基础，也是集团首领获得家臣忠诚的前提条件，论功行赏有助于强化主从关系。因此，战国大名往往会授予家臣物品，如太刀，通过太刀系牢主从双方心灵

① ［日］坂本太郎：《日本史概说》，汪向荣、武寅、韩铁英译，商务印书馆，1992，第209页。

② ［日］石田雄：《日本的政治文化》，章秀楣译，吉林人民出版社，1991，第63页。

③ ［日］笹本正治：《战国大名的日常生活：信虎、信玄、赖胜》，讲谈社，2000，第25页。

④ ［日］高桥昌明：《日本武士史》，黄霄龙译，社会科学文献出版社，2020，第175-176页。

的纽带。恩赏始终是家臣关注的头等大事，每当主家出现家督继承时，家臣往往更乐意侍奉获胜概率大的人为主人，拥立能够带领他们常打胜仗的人物为家长。

室町时代的武士道，与室町武士作为职业战士的生活方式、活动目标相吻合，是战斗者的道德规范和行为准则，肯定武士以武为本的生活方式和依赖战争增加财富、光宗耀祖、博取武名、体现人生价值的发展方式，将穷兵黩武视为极大的荣耀，是鼓励武士侵略扩张的武士道。

第三节　高扬武勇精神的室町武士道

所谓“战斗者的武士道”，即煽动侵略扩张、鞭策武士在战场上夺取战争胜利的武士道。

室町（1336—1573 年）和织丰（1568—1598 年）时代，既是武家全面夺取公家权力和财富的时代，也是武家内部不断重新分配权力和财富的时代，以及武士团频频重组的时代。当然，也是武士发展史上战争频率最快、规模最大、时间最长和死人最多的时代，武士以战场为人生舞台，最充分地履行战斗者征战杀伐的社会职责，集中展示了武士以武为本、掠夺他人以自肥的发展方式。战国时代为武士提供了无限的发展空间，只要有足够的实力和一点点运气，就可以成为拥有大片土地的大名（丰臣秀吉终结了“下克上”的历史，德川时代大名需经幕府批准）。从某种意义上说，这一时期武士道的特征是高扬武勇精神。

谁也不会怀疑室町时代的武士是土地所有者、统治者、战斗者和武士道的体现者、建设者，不过，与其说他们是榻榻米上的统治者，不如说他们是战场上的战士，战争生活就是他们的全部生活。当然，武士所进行的战争既是巩固武士政权的战争，也是维护所属武士团利益的战争。大名希望通过战争的胜利，扩大领国的势力范围；一般武士希望通过战争的胜利，获得新的领地。

武士靠武力吃饭，习惯用武力解决纷争、维护自身利益，私斗成风，一点小小的口角之争都会演变为群体性的武力冲突，为社会动乱推波助澜。因此，武家社会需要为武士提供一套道德规范，以维护武家社会的平稳运行和武士团的健康发展。于是，14 世纪末 15 世纪初，一些上层武士率先制作家训、家宪来加强武士道建设。斯波义将的《竹马抄》和今川了俊的《今川了俊制词》，开启了武士道发展史上的新时代——家训、家宪时代。进入“室町末期，幕府势力衰弱并出现所谓群雄割据状态，在各地以实力扩张兵势的所谓群雄们，制作家训、家宪训导子孙，督促部下，大兴武士道以谋求自身的发展，武士道又渐渐得势。”[①] 家训、家宪的武士道要求家臣绝对效忠主君，要求集团主君明辨家臣忠与不忠、忠与不忠的程度并给予赏罚，要求武士团首领及其家人武艺精湛，否则会令家族受辱。

一、室町时代早期的武士道

室町时代初期拥护武士道忠诚德目的代表，是效忠后醍醐天皇的楠木正成和新田义贞、名和长年等。

楠木正成（1294—1336 年），是居住在皇室领地、受到皇室恩遇的小土豪，楠木家族是河内金刚山麓地区的地侍（又称地士、国侍，是农村中有势力的武士）首领，远近驰名，起兵倒幕前已经实际控制了河内地区，势力益强。

---

① ［日］田中义能：《武士道概说》，日本学术研究会，1932，第 38 页。

1331年，后醍醐天皇因兵变计划泄密逃到奈良，在木津川南岸地势险要的笠置城建立据点，招兵倒幕。楠木正成认为这正是登上政治舞台的大好机会，遂举兵响应，还亲自前往笠置山，向天皇表达了忠贞之志。天皇问楠木正成："草创天下，有何计谋可稳操胜券、四海太平？"正成回答说："武士之道，在于武略和智谋。若论武略，集60余州之兵也难胜武藏、相模两国镰仓武士。若论智谋，可摧而即垮，攻而破坚。"[①]1332年末，后醍醐天皇之子护良亲王与正成分别在吉野、河内再次举兵讨幕。1333年5月镰仓幕府灭亡后，后醍醐天皇启程回京，6月2日楠木正成率领部下7000余人沿途拜接，天皇还感慨万千地对正成说："今日之成功，全赖卿家之忠诚善哉。"[②]后醍醐天皇入京亲政后，对有功之士论功行赏，正成叙从五位下检非违使、左卫门尉、摄津介。

1336年1月，足利尊氏攻入京都，后醍醐天皇逃往比睿山。不久，在北畠显家、新田义贞、楠木正成的合力围攻下，足利尊氏退出京都，后醍醐天皇再度返京。在这次攻防战中，楠木正成表现出色，人们也认识到了他的重要性。

同年4月，足利尊氏率领大军进逼京都，后醍醐天皇令正成拒敌。5月25日，楠木正成率700骑在湊川迎击足利尊氏的30万大军，战斗从早上10点持续至下午4点，经过浴血奋战，终因寡不敌众而失败。《太平记》之《正成兄弟讨死之事》一节载："正成率700骑步卒抗击足利氏大军，三时（相当于今天的6个小时）内交战16次，最后仅剩73骑。"[③]楠木正成率幸存的70余骑突围至广严寺山下，与胞弟楠木正季互刺而死。其余幸存将士，也切腹自尽。楠木正成临终前问楠木正季还有何愿望，楠木正季回答说："愿与

① ［日］高桥富雄：《武士道的历史·第1卷》，新人物往来社，1986，第269页。

② 冯玮：《大国通史·日本史》，上海社会科学出版社，2008，第221页。

③ ［日］小泽富夫：《作为历史的武士道》，ぺりかん社，2005，第83页。

兄长七生报国，消灭朝敌。”[①]“七生报国”遂成武士道史的绝世名言。

当时，人们对楠木正成的评价褒贬不一。足利尊氏的北朝视楠木正成为逆臣贼子；后醍醐天皇的南朝则尊其为天皇的忠臣，甚至被誉为“军神”。正成死后，后醍醐天皇追封其为正三位羽林中郎将。由于楠木正成舍命效忠的是天皇，因而被幕末尊皇攘夷志士推崇。由于楠木正成的效忠对象与明治时代以来“皇道的武士道”相吻合，因而成为日本“皇军忠君爱国”的楷模。1872年，明治政府建立了纪念正成的凑川神社。随着近代天皇制军国主义的恶性膨胀，楠木正成也被推崇为武士道的典范与楷模。

楠木正成的长子楠木正行（？—1348年）坚守其父遗训，继续与足利氏的幕府军战斗，成为幕府军的一大劲敌，最后战死沙场，被认为是“孝行、忠君”的楷模式人物。

与足利尊氏一样，新田义贞（1301—1338年）也是出自源义家之子源义国的名门武家，因居住在上野国新田庄而称为新田氏。其父朝氏，幼号新田小太郎，在上野地方具有相当大的势力。不过，两者在北条政权的地位却有着天地之别。“足利氏是镰仓幕府成立以来世代与北条氏通婚的有力御家人，足利高氏时在幕府拥有仅次于北条氏的地位，除本领下野外，具有上总国、三河国的守护职。”新田氏是北条政权排斥和打击挤压的对象，“新田氏的本领新田庄大部分成为‘得宗’被官和北条氏系寺院的所领，包括本宗家的总领新田义贞也失去了总庄地头的实权”，“并成为没落的地方御家人”。[②]他们反叛镰仓幕府的原因也大不相同，足利氏是图谋取代北条氏，新田氏是自身利益受到北条氏侵害。“元弘之乱”时，新田义贞属幕府军，1333年正月拟攻打楠木正成的千早城，途中接到护良亲王的令旨收兵回府。京都的六波罗探题陷落后，新田义贞转变态度，同年5月在新田庄生品明神社前举兵反幕，

① ［日］田中义能：《武士道概说》，日本学术研究会，1932，第37页。

② ［日］《战乱的日本史（合战和人物）·5·南北朝内乱》，第一法规出版株式会社，1988，第28-29页。

并于5月22日攻陷镰仓，北条高时自杀，镰仓幕府灭亡。6月，建武政权成立，新田义贞因讨幕之功叙从四位下，任上野介、越前守、播磨守、越后守护、播磨守护，与足利尊氏并列为武者所头人（长官），两者都想取得建武政权的主导权。足利尊氏背叛建武新政权后，新田义贞曾作为新政权的主将与楠木正成合力打败尊氏。后在尊氏由九州进攻京都时设防于摄津，凑川之战失败后保护恒良亲王逃往北陆，并在北陆构筑南朝军的据点。此后，以金崎城、杣山城为据点力战足利氏的幕府军。1338年，与斯波高经苦战，失败后自杀而亡。

在日本军国主义恶性膨胀的昭和时代初期，田中义能从皇道主义、国家主义立场出发，高度赞扬效忠皇室的新田义贞，认为新田义贞的尽忠之志丝毫不亚于楠木正成，出身名门而为皇室献其一生，其忠魂义胆广为流传，发挥了武士道的精华。[①] 其实，在武士道发展史上被奉为尽忠典范的楠木正成和新田义贞之所以为南朝尽忠，均是出于自身的利益需要。南北朝争乱期间，足利尊氏、足利直义、足利直冬等投降南朝只是斗争策略，无非是想在幕府的内讧中战胜对手。

小泽富夫揭示道："南北朝武力对峙期间，一般武士并不在乎哪一方天皇的正当与否，'只关注恩赏'。"[②] 他们从自己的实际利益出发，决定效忠天皇或效忠足利氏将军。事实上，就连足利尊氏、足利直义同样是根据现实需要，支持南朝或北朝。

幕府的武士道主要是指幕府的法令《建武式目》，以及任幕府要职的著名武将的武士道观，如斯波义将、今川了俊、伊势贞亲。与足利氏一样，斯波氏和今川氏也是源义家之子源义国的后裔，伊势贞亲则是伊势平氏的后裔。

足利尊氏建立武家政权后，在沿用《贞永式目》的同时，结合当时的形

---

① ［日］田中义能：《武士道概说》，日本学术研究会，1932，第38页。

② ［日］小泽富夫：《作为历史的武士道》，ぺりかん社，2005，第84页。

势，于1336年颁布《建武式目》(17条）作为足利政权的施政纲领。《建武式目》的“政道之事”认为“政在安民”，“早休万人愁”。“古人曰，居安犹思危，今居危，盖思危哉。”因此，“远以延喜、天历两圣之德化，近以义时、泰时父子之行状为近代之师，施万人归依之政道，是为四海安全之基。”强调要继承镰仓以来公家（延喜、天历两圣即醍醐天皇、村上天皇）和武家（北条义时、北条泰时）的优良传统和道德。《建武式目》拟定了17条必须遵守的规约，主要内容包括：（1）禁奢侈，行俭约；（2）镇暴行，止贿赂；（3）戒官员缓怠，选贤者为吏；（4）京中空地归还原主；（5）受理贫弱之辈的诉讼；（6）兴办专营金融借贷的土仓；（7）禁止抢占贫弱之人的私宅，减少浮浪；（8）以忠诚于足利氏的有军功者、有才学者为守护；等等。① 由此可见，与其说《建武式目》(17条）是施政纲领，不如说是道德行为的规范更恰当。武士道的核心德目——忠诚成为足利政权任用守护等官吏的政治原则，要求为政者以俭约、清廉为道德规范。

上级武士所作的家训、家宪，反映了统治集团上层对家族成员和家臣武士的要求，旨在培养造就反映主君意志的家臣团，以“忠”为家臣武士首要的道德规范，防止家臣武士“下克上”。

斯波义将（1350—1410年）曾侍奉足利义诠、足利义满、足利义持三代将军，三次担任辅佐将军职务的管领，兼任越前、越中、能登、若狭、佐渡、信浓的守护，作为辅助足利义满的管领在处置诸大名的对立抗争、实现南北朝的议和统一上显示出杰出才能，还参与制定僧禄之职（禅宗的僧职、五山十刹及其诸流的统括、人事管辖，任命相国寺住持春屋妙葩）、五山十刹住持的年限等，与京都五山的禅僧关系密切。在第二次出任管领职务期间作《竹马抄》(1383年），重视武士的文武教养和内心修养，认为执弓矢者与佛法者

---

① ［日］日本图书センター编《日本精神文化大系・第5卷》，日本图书センター，2001，第3-7页。

用心相同。义将在《竹马抄》序言中特别强调："为主君舍弃生命乃武士之本意"。其中，第 3 条宣扬敬神崇佛，正直之心。第 4 条认为"仕奉主君时虽有人认为应首先受恩赏，然后再据此考虑尽忠，但其想法是错误的。人生在世，不可忘记主恩。欲望未能满足即怨恨世道与主君的人，是无情的人。"[①]《竹马抄》的一大特征是开始强调对主君无条件的"忠"，将为主君舍弃生命作为武士的本意。其实，主从关系自始至终都是恩赏与效忠的交换关系，恩赏是主从关系的纽带、获得效忠的前提条件。此外，《竹马抄》还宣扬重名誉、重礼仪、明身份等武士道德目。

《竹马抄》反映了主君对家臣的要求，宣扬"为主君舍弃生命乃武士之本意"；家臣则认为不能对他们的战功给予恩赏的人不配当主君，获得恩赏是家臣以看得见的形式体现自身存在价值的结果。

今川贞世（1325—1420 年）也曾侍奉足利义诠、足利义满、足利义持三代将军，被认为是精于文武两道的著名武将。1367 年，成为幕府的引付头人，兼任侍所头人和山城守护。同年，将军足利义诠去世，今川贞世剃发出家，号了俊。1371 年出任九州探题，1375 年攻陷南朝经营九州的中心地带太宰府，1381 年攻占菊池氏的根据地隈部城和良城亲王的据点染土城，为确立幕府对九州一元化统治做出巨大贡献。1395 被解除探题职并被召回京都，幕府对其在任 25 年及其献身的恩赏只有半个骏河国，心怀不满的了俊回到领国。1399 年，因涉嫌参与策划大内义弘等大名的反幕活动（应永之乱）遭足利义满放逐，次年被剥夺全部领地，就此隐居。

《今川了俊制词》作于 1412 年，也称《今川壁书》，是了俊为其后嗣之弟今川仲秋而作。《今川了俊制词》[②]共 23 条，内容如下：

---

① ［日］小泽富夫编集、校订《武家家训、遗训集成》，ぺりかん社，1998，第 65、67 页；［日］小泽富夫：《作为历史的武士道》，ぺりかん社，2005，第 67、104 页。

② ［日］小泽富夫编集、校订《武家家训、遗训集成》，ぺりかん社，1998，第 76-78 页；李卓主编《日本家训研究》，天津人民出版社，2006，第 413-415 页。此处日期有误。

（1）不知文道，武道终不能得胜利事。（2）戒好玩鹈鹕猎鹰，以无益杀生为乐事。（3）戒处置微小过失，不能明察，致人死罪事。（4）戒处置大科罪犯，有所庇护，致获减免事。（5）戒横征暴敛，毁坏神社，穷奢极侈事。（6）戒轻公务，重私用，不惧天道事。（7）戒坏先祖山庄寺塔，装饰私宅事。（8）戒不辨臣下忠奸，赏罚不公事。（9）戒忘却君父重恩，有违忠孝事。（10）我知臣下之侍奉，主君亦知我事。（11）戒蛊惑兴乱，以人愁为己乐事。（12）戒不量身份，或逾分或不足事。（13）戒悖情理，生贪欲，意募权望事。（14）戒恶贤臣，爱佞人，致不太平事。（15）非道而昌不可羡，正路而衰不可轻事。（16）戒耽于酒筵游兴赌赛，忘家职事。（17）戒自恃聪明，嘲弄他人事。（18）戒有客来时伪称病，不肯接见事。（19）独享安乐，不肯施人者，令其隐居事。（20）戒武具衣裳，已逾应有之分，而令臣下不足事。（21）戒不辨贵贱因果道理，耽于现世之乐事。（22）出家沙门，尤须尽礼尊敬事。（23）戒于分国立诸关，烦扰往来行旅事。以上诸条，日夜在心。

弓马合战，乃武士之道，当着意修行。然治国安邦，无学问则政道不立。四书五经、军书兵法，俱有明载。然而，还需有正直之辈自幼相伴，不可片时随顺恶友。水随方圆之器，人凭善恶之友，信哉！是以治国之守护爱贤才，贪婪之国司好佞人。欲知君心，观其所爱之辈即可。为上者当知耻留意。亲近胜于己之友，远离劣于我之友，是为贤明。但择友亦不可过察。总之勿交恶友。不论一国一郡者，还是其他人，若无众人护持仰慕，诸道皆难成就。侍者，第一要以合战为念，否则不足为人敬爱，此节古来名将皆有训诫。判断我心善恶之法，若贵贱群集而来，则可知我行为得当；反之，若召之不来，门庭冷落，可知我行为欠妥。然同为门庭若市，其间亦有分别。譬如君无道而民恐，又如臣无道而横暴，阴谋者弄权谋扰民，亦有民为诉悲怨、脱苦境而聚于权门者。故为君者，当详加鉴别，依古人金言，纠臣下滥行，公正裁决。为主君者，临国当如日月普照草木，不论近侍远臣，即使对隔海隔山之被官，也要昼夜以慈悲之心恩庇纠罚，深思熟虑，量才为用，既为诸士之首，若无智慧才学，处事失当，必受上下非难。行住坐卧，当如佛祖说法普度众生，殚精竭虑，以励文武两道。治国安邦，仁义礼智信缺一则危。凭正道行罪科无人怨恨，如无道而处人死罪则其招恨殊深，且难逃因果之数。明辨臣下忠与不忠，以行赏罚，是为首要。有人为一己私用而驱使劳力，不精弓马，不养兵卒，此辈赏他领地也无益处。诸家臣所领，虽大体依祖上传承，然依当代家主行为有所增减，亦无不可。既生武家，当专武事。疏忽所领，不养兵卒，天下笑而不以为耻，实是可惜。乃壁书如是。

永享元年九月十六日

《今川了俊制词》涉及武士道的所有基本元素，明确武者之家要文武兼备，“不知文道，武道终不能得胜利事”；“既为诸士之首，若无智慧才学，处事失当，必受上下非难”。强调敬神崇祖，全力奉公，不可“毁坏神社”，不可“坏先祖山庄寺塔”，不可“轻公务，重私用，不惧天道”。推崇武勇精神，“弓马合战，乃武士之道，当着意修行”；“侍者，第一要以合战为念，否则不足为人敬爱，此节古来名将皆有训诫”；“既生武家，当专武事。疏忽所领，不养兵卒，天不笑而不为耻，实是可惜”。倡导俭朴，力戒“穷奢极侈”。特别指出武家首领应“明辨臣下忠与不忠，以行赏罚”。

伊势贞亲（1417—1473年）出自武门名家，代代以幕府政所执事、殿中总奉行、御厩别当为家职；伊势家深得将军信赖，代代将军家的嫡子均由伊势家领养，第八代将军足利义政（1436—1490年）便是由伊势贞亲夫妇养育，伊势贞亲也因此而深得义政信任，1460年6月成为政所执事，与相国寺荫凉主秀琼真蘂共掌幕政实权，政所权势大为提高，有“政所政治”之说法。然而，伊势贞亲贪念权财，私欲膨胀，收受贿赂，“应仁之乱”前后的文献里将其称之为“佞臣”。

《伊势贞亲教训》共38条，主要内容一是敬神信佛，二是仕奉幕府的心得，三是文艺武艺的学习，四是平生的举止。在伊势贞亲心中，敬神信佛是谋求伊势家佳名和繁荣的手段。他还告诫子孙：身为武士，弓马至关紧要，必须牢记在心，每日勤加磨炼。即使是在犬追物等活动中不能表现出武艺精湛，也会使名誉受辱。[①] 伊势贞亲对嫡子的最大期望，不是内心的修养，而是"保身之术"，重视服装、容貌、才艺，使伊势家作为"天下之镜"的家名传之子孙后代。因此，有人将《伊势贞亲教训》视为"保身术读本"。

上述武士道涵盖了忠节、礼仪、武勇、敬神、崇禅、名誉、信义、俭朴等，以忠诚和武勇为核心。将明辨臣下忠与不忠，作为主君必备的首要素养。强调既生武家，当专武事，武艺不精将使名誉受辱。

二、战国时代的武士道

室町时代晚期或战国时代的武士道，以战国家法（或家训）为主要载体或资料，即战国大名为统治领国而规定的君臣关系（主从关系）和家臣必须遵守的法规。

"下克上"型战国大名朝仓敏景（1428—1481 年）的《朝仓敏景十七条》，大概是最先制定的战国家法，约在 1471—1481 年间制定。朝仓氏原是以坂井郡黑丸为本领地的国人领主，身份上是守护斯波氏的被官（家臣），先是在主家斯波氏内讧时与守护代甲斐氏联手扩大势力，1471 成为守护后，又以一乘谷为根据地打败甲斐氏，终于将越前一国掌握在手中。

《朝仓敏景十七条》[②] 内容如下：

（1）于朝仓之家，不可定宿老（世袭的家老之职），凭自身才能忠节品决。（2）莫以祖上累世相袭之故，便将领地及奉行之职，轻委无能之辈。（3）纵然天下安稳，远近诸国仍须置目付，以便常窥其风仪。（4）名家所铸宝刀短剑

① ［日］小泽富夫编集、校订《武家家训、遗训集成》，ぺりかん社，1998，第 82 页。

② ［日］小泽富夫编集、校订《武家家训、遗训集成》，ぺりかん社，1998，第 95-100 页；李卓主编《日本家训研究》，天津人民出版社，2006，415-418 页。

不宜用。持一把价值万匹之宝刀，不能敌百支价值百匹之长枪。莫若以万匹之价购百支百匹之枪，令百人持之，可守一方。（5）莫邀京都四座（四座指观世、金春、宝生、金刚等猿乐师为主角的剧团）之猿乐师来本国演出。不如以其价于本国猿乐师中择才俊教习之，可长远为乐。（6）城内莫夜赏能乐。（7）不可以马术鹰猎为武家之本为由，派使前往伊达白川寻求骏马良鹰。若系偶然得来，尚可保留，然三年之后亦当转赠他家。久留此物，必生悔事。（8）朝仓一族，年初出仕，须着印有家纹之布衣。如恃仗财力而穿着华贵，则国中武者必竞着光鲜，衣衫粗陋者必抱愧，以致称病不肯出仕。一年不出，二年不出，日后朝仓侍者稀矣。（9）家中奉公人等，有虽非才俊而心志坚强者，尤当善待。对于虽懦弱而风度嘉好者，可让其充陪伴、出使之役，不可轻弃。两处皆不足者，眷顾无益。（10）对台惰役职者与热心奉公者同等对待，必挫热心奉公者之士气。（11）若非实有必要，勿命来自他国之浪人任文书职。（12）无论僧俗，但有一技之长，勿使前往他家。但自恃有能，怠慢公务者，留之无益。（13）可胜之战，可下之城，却因选吉日，虑方角，迁延时日，贻误战机，何其可惜。纵有吉日，便飓风中使船，或独骑敌千军，亦必落败。反之，即使方角时日不吉，若能详察敌我之虚实，善用正攻与奇袭之战术，用心筹划，临机应变，亦必获胜。（14）每年应有三次左右，命正直才干之人巡视国内，听士农工商之言，补益政事。主君亦可乔装私访。（15）本国之内，除当家垒馆之外，切不可建筑城郭。禄高之家臣，悉迁于一乘谷，其乡其本村只置代官下司。（16）路过神社佛阁町屋，稍稍驻马品评，壮丽则赞其美，破损则怜其衰。则下人皆以主君有言而喜，破损处尽早修葺，完好处更要用心。如此主君不需费力，领内可治，此全凭主君用心。（17）闻各种奏报，须明辨是非，不可稍有曲枉。若知官吏徇私，须严加惩办，与案犯处同罪。

右之诸条，用心体会，昼夜不怠，子子孙孙，悉要严守。国内诸事，谨慎处置，果然如此，他国恶党，则不能来扰。

（补）裁决之时，是非不可稍有偏曲。若我徇私，但有所闻，定要处同罪。诸事谨慎处置，他国恶党亦不能乘机作乱。若有不谐，他家必乘隙而入。如某高僧所喻，人主应似不动明王、爱染明王。不动提剑，爱染持弓，其心却不在刺射，但在降伏，慈悲深重。为人之主，当扬善惩恶，明辨曲直，除一恶救百善，方可称慈悲之杀。切不可口诵圣贤书，身通千百艺，而心存偏屈。论语虽有君子不重则不威之语，然味偏重亦为不美，孰重孰轻，须依势权衡，是为紧要。

以上言语，不可轻忽。入道（即朝仓敏景自称）不意取国以来，昼夜目不交睫，殚精竭虑，更兼时招各方达人，聆其方语，方有今日。此意传与子孙，恪定所记之条，如聆摩利支天（武士的守护神）、八幡氏神之教，则朝仓家名可续。子孙末代，若有轻此家书，肆意妄为者，必追悔莫及。是训如上。

《朝仓敏景十七条》的第1条强调忠诚和任人唯贤的用人原则，“于朝仓之家，不可定宿老（世袭的家老之职），凭自身才能忠节品决”。第17条要求朝仓家“须明辨是非，不可稍有曲枉”。第15条被认为是兵农分离、将家臣武士悉数集中于主君之城下町、“盆栽武士”的先声，“本国之内，除当家垒馆之外，切不可建筑城郭。禄高之家臣，悉迁于一乘谷，其乡其村只置代官下司”。倡导节俭，“如恃仗财力而穿着华贵，则国中武者必竞着光鲜，衣衫粗陋者必抱愧，以致称病不肯出仕。一年不出，二年不出，日后朝仓侍者稀矣”。认为用兵之道在于“详察敌我之虚实，善用正攻与奇袭之战术，用心筹划，临机应变，亦必获胜”。

北条早云（1432—1519年）出自伊势平氏，也属“下克上”型战国大国，与大和的松永久秀、美浓的斋藤道三并称“战国三枭雄”。

北条早云晚年制作的《早云寺殿二十一条》，是“具体生活的实践训”，即从起床到就寝的一日生活心得，如日常举止、对主君的奉公等。第1条和

第 5 条分别规定“第一须虔心敬佛”，“虔诚礼拜，固然当行。然更为紧要者，乃正直和平之心。敬上怜下，去伪存直，有便是有，无便是无，方合天意。即便不求，但有是心，必有神明护佑。存心不正，则为天道所弃”。第 6 条强调节俭，“刀具衣裳，莫思攀比，适可而止。若为好看，寻人借贷，是为无益虚荣，反落人笑柄”。第 8、9、10、13 条是奉公和礼仪的规定。第 14 条要求“对上下，对万民，不可有一字半句虚言。些微小事，亦应据实。虚言一出，便即成癖。若被指正，一生之羞”。第 12、16 条是关于学习的规定：“闲暇时，将书本揣于怀中，于人不留意处，可翻看阅读。无论醒、睡，均不可忘，文字才能熟稔。书道亦同此理。”“公务之余应习马术。乘马走步之功扎实以后，再行习抖缰等其余妙技。”第 21 条提倡文武两道，“文武弓马之道乃武家之常，自不待言。古法文左武右，非兼修不可并得”。[①] 武士道精神的要素敬神信佛、奉公、朴素、勤学、诚心、礼仪、武勇等，随处可见。

甲州的分国法《武田信玄家法》也非常有名，由于武田信玄（1521—1573 年）、武田信繁（1525—1561 年）兄弟具有极深的儒学教养，其分国法也渗透着儒学精神。《武田信玄家法》分上、下两部，上部《甲州法度之次第》共 57 条，前 55 条为 1547 年所作，后 2 条为 1554 年追加。《甲州法度之次第》，即甲州的国法，以甲州国民的习惯法为前提，人人都应遵守。其实，《甲州法度之次第》并非武田信玄独自制定，而是其家臣根据当时的习惯法制定的，再经信玄修正、认可和发布。其中有一条声称：“晴信（武田信玄别名）于行义其外法度以下，有旨趣相违之事，不论贵贱，可以目安申诉。”据此标榜自己具有听政于民以求公道的儒家精神。该法度详细规定了主君与家臣的关系、家臣遵行的准则，最引人注目的是第 17 条制止家臣私斗的《喧哗两成败法》，即无论有理无理，争斗双方同罪论处。需要说明的是，骏河今川

---

① ［日］小泽富夫编集、校订《武家家训、遗训集成》，ぺりかん社，1998，第 124-131 页。

家1526年公布的《今川假名目录》，已经规定“不论是非，双方都是死罪。”[①]《喧哗两成败法》对于防止内讧、防止内部恶性竞争和维持武士团的和谐统一等具有重大意义。

《武田信玄家法》下部为道德训诫，是1558年武田信玄令其弟武田信繁写给世子武田胜赖的训条。武田信繁是武田信虎的次子、武田信玄的同母弟，作为“武田二十四将”的柱石，全力辅佐武田信玄。1561年，在与上杉谦信的川中岛合战中阵亡。

《武田信繁家训》所引典籍主要出自《论语》《孝经》《三略》《吴起》《孙子》《史记》《春秋》，以及《碧严录》等佛书。99条家训囊括了所有武士道要素。如“忠诚”，第1条规定：“侍奉主上，永不可生逆心”；再如“武勇”，第2、4、10条告诫：“战场不可贪生。吴起曰，必生则死，必死则生。”“专修武勇。三略云，强将手下无弱兵。”“修习弓马，至关紧要。”又如“敬神信佛”，第72条规定：“要虔诚信佛神。云，但合佛心，多得助。”第58条指出：“素日无功，则难以立身”，将立功作为家臣武士的立身之道。此外，对军略战法、以功立身、赏罚分明、用人、勤学、礼仪、正直、交友、谨言、休闲娱乐等都有详细规定。[②]该家训除规定武士道的忠诚、武勇外，还有宗教信仰、主君必备的品行等。

战国大名与家臣的关系以“御恩”和“奉公”为基础，二者以所领土地为媒介结为一体。以武田家为例，“天文二十三年（1554年）正月二十日，武田信玄向居住在现今长野县松本市东部的山家松寿承诺，允许其领有赐予其父的大村（长野县松本市）百贯文之地，以谋求其今后的忠信（忠义和信实）。承认其领地的所有权等，是以其对武田家的忠信、军事上的奉公为前提的。永禄四年（1561年）5月10日，由于武田信玄让桃井六郎次郎驻守盐田

① ［日］笹本正治：《战国大名的日常生活：信虎、信玄、胜赖》，讲谈社，2000，第120-121页。

② ［日］小泽富夫编集、校订《武家家训、遗训集成》，ぺりかん社，1998，第114-117页。

城（长野县上田市），于内田（松本市）给予其156贯740文钱，包括其同胞兄弟在内给予20贯500文钱，此外，还武田家的仓库调用物品，命其带40人，着头盔甲胄，坚守城池。新的领地分配以上阵为前提，土地支配权的授予与创设听从调遣的家臣团息息相关。元亀四年（1573年，7月28日改元为天正）4月，武田信玄去世。继承家业的武田胜赖于8月19日承认大日方佐渡守对其所领土地的所有权，命其严格执行兵役等工作，作为马回众（常随主君左右进行护卫的武士）而行奉公之事。同年11月14日，分配给赤见昌泰佐久郡内的土地，命其以后严肃准备武具等物，并负责兵役工作。”“战国大名试图通过利益上的诱导培养符合自己意志的家臣。为此必须时刻准备好能够用于分配的土地，为了获得土地就必须在战争中获胜以扩大领土。”[①] 为了获得家臣的忠诚，武田家或向家臣赐予领地，或承认其领地的所有权。“必须时刻准备好能够用于分配的土地，为了获得土地就必须在战争中获胜以扩大领土。”“御恩”来自战场上的胜利，扩张领地既是战争的目的，也是战国动乱的原因。

关西大名毛利元就（1497—1571年）是安艺的国人领主毛利弘元的次子，父母在其元服前双双去世。1516年兄长去世，甥幸松丸继任家督。1523年，9岁的幸松丸去世，毛利元就继任家督，成为郡山城主。在此期间，毛利氏不过是安艺、备后30家国人领主中的一家。1533年，叙任从五位下、右马头。历经二三十年的征战，1566年灭亡尼子义久后，在日本西部地区确立起毛利氏的霸权。

《毛利元就遗诫》[②] 作于1557年11月，共14条，内容如下：

---

① ［日］笹本正治：《战国大名的日常生活：信虎、信玄、胜赖》，讲谈社，2000，第27-28页。吴佳欣博士翻译。

② ［日］小泽富夫编集、校订《武家家训、遗训集成》，ぺりかん社，1998，第175-180页。

隆元、元春、隆景

今日得以授汝三人应守之义。若汝三人果真能守，则行利家千秋万载，繁荣昌盛。

（1）此前亦曾几番言道，保得我毛利家名，子孙世代，永不断绝，乃第一须悬心用心之事。（2）元春、隆景，现虽继承他家，实属权变之策也。汝二人于毛利二字，要谨记在心，但有遗忘轻慢，实是大憾。千万莫要疏忽。（3）我素日赘言不少，今又重提旧事。汝三人之间，但有些微嫌隙，则汝三人灭亡之祸不远矣。我家子孙，与旁人不同，乃是世之所仇，或迟或早，无一人能得幸免。便有一二人得脱，然丧失家名，苟全于世，虽生何益。（4）隆元处事，以隆景元春为力，内外当无碍难。隆景元春，只要毛利本家稳固，以之为后盾，则现继家中，万事无不从命。现今二人家中虽皆俯首，一旦本家势弱，人心旋变，此一节汝二人务要明白。（5）前日我亦曾言，元春、隆景纵有不合隆元之意处，隆元亦要以尊长胸怀仁恕之。反之，隆元之意与二人不同时，元春、隆景亦要顺从，方为道理。尤以两人来此地时，须与福原、桂等重臣合力，诸事但听隆元之命，汝二人现虽继他家，心中定要明白。（6）望守此训至孙代，则三家可保数代，方乃我愿。此事远在将来，毕竟难料，至少汝兄弟一辈，持心须坚，否则只恐名誉财产，一并失却。（7）汝三人之亡母妙玖之佛事要供养。（8）五龙（毛利元就的长女），我甚哀悯。汝三人当同此心，一代之内，以是心待之，元就亦无遗恨。（9）余子尚稚幼如虫豸（指妾之子），其中将来或有资质、心胸尚堪者，可望恤悯，不拘偏远荒僻，赐处领地与他。无知愚钝者，凭汝处置，我却不在意。我之心意，言尽于此，望汝三人与五龙和睦亲厚，若生龃龉，是大不孝也。无他。（10）我等杀生之业，不意甚多，自忖难逃因果报应。我心情甚哀汝等，汝等处事定要谨慎。如报在元就一世，自无话说。（11）元就年二十，兄长兴元死别，至今已四十余载。其间风云变幻，波澜起伏，他家弓矢，不绝于耳。然只元就一人，得存性命，至有今日，不也奇哉！思我元就，臂力武勇，智慧才觉，均不过中人；且又非宅心正直，殊蒙神佛保佑者，如何竟能渡千难万险至今，实难索解。本愿平心享今世之乐，祈来生之福，然审时度势，终不可得，想是无法可施了。（12）我年十一时，曾仕土居（元就幼时居住的位于多治比的猿桂城）。井上古河内守处来一僧侣，说念佛之法，大方殿（元就之父毛利弘元的侧室）受其功德。我亦求传，自那时以来，每朝必行。依此法，每朝对日礼拜，念佛十遍，不仅可求后世，而且可求今生。我每以此法，对日祈今生之愿。此法或可为今生之守护，所以传汝三人，每朝对日礼拜念诵。便无日头，对月也无妨。（13）我敬严岛神明，经年累月，信仰不辍。想当年折数合战（指1554年与陶晴贤军初次交战），石田六郎右卫门自严岛携来粮米布匹，已知有神助，由是奋起争战得胜。及修筑神岛紧要工事，我等渡船至此，不意有敌船三艘忽然来袭，一番合战，取敌首级无数，将之置于要麓。其时我心中思想，严岛有助我得胜之祥瑞，元就将渡之际，能逢此瑞兆，必乃严岛大明神加护，我于此深信不疑。汝等信奉严岛明神，心志要坚。（14）至此我所欲言事已备言之，心中再无挂碍。万望谨守，别无他求惶恐谨言。

毛利元就作此遗诫的动机，旨在告诫长子毛利隆元、次子吉川元春（次子元春为安芸国豪族吉川家养子，三子隆景为安芸国豪族小早川家养子，两人后来相继成为吉川家、小早川家家督，实际上掌握了两家的控制权）、三子小早川隆景精诚团结，叮嘱已继承他家的次子、三子，辅佐毛利本家，共保毛利家家名永续。用血缘关系将三个儿子绑在一起，以毛利家的利益为最高利益。第1—9条均在训诫三个儿子要同心协力，共谋毛利家繁荣昌盛。第10条叮嘱道：“我等杀生之业，不意甚多，自忖难逃因果报应。我心甚哀汝等，汝等处事定要谨慎。如报在元就一世，自无话说。”第11、12、13条，是元就作为战国老将的经验谈，包括征战、武勇，特别是敬神信佛，“每朝对日礼拜，念佛十遍，不仅可求后世，而且可求今生”。在第13条中，明确将1555年严岛之战的胜利归之于严岛神明的加护，告诫三个儿子“信奉严岛明神，心志要坚”。

战国大名的家法（或家训、家宪），还有骏河今川氏的《今川假名目录》（1526年）、陆奥伊达氏的《尘芥集》（1536年）、下总结城氏的《结城家法度》（1556年）、近江六角氏的《义治式目》（1567年）等。战国大名的武士道，涵盖了忠诚、武勇、敬神信佛、礼仪、名誉、俭朴、克己、勤学等武士道德目，核心思想一是要家臣武士绝对忠于主君，二是强调武勇，“既生武家、当专武事”。

不言而喻，战国大名的家法（或家宪、家训）旨在控制家臣武士，防止“下克上”，实现富国强兵，“分国法（家法）大多采取大名与家臣协约的形式，有着防止大名滥用权力的作用”①。值得注意的是，家臣武士的独立性越来越低，原先属于自己的领地成了大名恩赏的封地，战国大名对家臣的控制力越来越强。战国大名既要充实军事力量，又要强化对家臣的控制，确保家臣不会犯上作乱。

三、织田信长和丰臣秀吉的武士道

织田信长和丰臣秀吉的权力是霸者的权力——霸权，其武士道也带有霸权的特征。

高桥富雄的研究指出：“织田信长的武德事业，是武德、剑德，是通过武力威压海内的统一宣言。因此，其天下人的思想，是霸道思想。”织田信长以“天下布武”为己任，其武士道是“天下布武的武士道”，特征是以武力为基础，以恩赏为纽带，对功臣封赏大片土地，对敌人赶尽杀绝，以彰显其“天下布武的武士道的权威”，激发家臣的忠义和武勇。②在“天下布武”的过程中，织田信长一边与国内武士和征服国的武士结成以封地为纽带的主从关系，一

---

① ［日］依田憙家：《简明日本通史》，卞立强、李天工、雷慧英译，上海远东出版社，2004，第104页。

② ［日］高桥富雄：《武士道的历史·第2卷》，新人物往来社，1986，第60、72页。

边制定家臣武士必须遵守的法规，即家臣武士必须遵守的武道、武德。织田信长武士道的核心是武道，主要内容是武勇精神和武功、武技，要求属下家臣以武艺、武勇的兵道作为自己的本分和应该具备的条件，以武道在战场上“建丰功，立伟业”，为自己获取物质利益、武家名望和权力地位。同时，“天下布武的武士道”强调对主君绝对忠诚，也推崇忠义的一死奉公之道，要求家臣武士以忠义的武德侍奉主君。

敬神信佛也是“天下布武的武士道”的重要内容。织田信长欲在桶狭间以不足 3000 之兵抵挡今川义元的 3 万之敌，“亲自到热田神宫”求助于神力，得胜后，敬神之志益强。在“天下布武”的征程上，策彦周良、泽彦宗恩两位声名显赫的禅僧紧随其后，织田信长受他们的影响皈依禅宗。“信长在安土城内建造的临济宗院摠见寺，是有着七堂伽蓝的正式寺院，占据了安土城城郭的一部分场所。”[①] 在军事上，策彦周良和泽彦宗恩还是织田信长对外征战的军师。

丰臣秀吉的武士道可称之为“走向天下人的武士道”，核心内容是武勇和忠诚。在走向“天下人之道”的过程中，丰臣秀吉始终坚持军事至上的发展战略，通过丰臣氏的论功行赏、领国体制、检地、兵农分离、军役体系、控制全国的经济中心等措施，削弱大名的军事实力和独立性，以绝对凌驾于大名之上的武力控制大名的武力，强迫大名效忠和服从自己。

在军事征服过程中，丰臣秀吉或是将被征服的土地恩赏给属下部将，与之建立共同的利益关系，使其成为丰臣系大名，如丰臣秀吉政权的“五奉行”（前田玄以、浅野长政、增田长盛、石田三成、长束正家）；或是以承认臣服者的原有领地及其统治权为恩赏，与之建立主从关系，迫使臣服者奉公效忠，如前田利家之外的“五大老”（德川家康、小早川隆景、毛利辉元、宇喜多秀家、上杉景胜）和陆奥的伊达氏、萨摩的岛津氏、常陆的佐竹氏等。从建造

① ［日］小田和哲男：《培育战国武将的禅僧们》，新潮社，2007，第 189 页。

大阪城开始，就通过各种活动检验大名的忠诚度。1583年建造大阪城时，强令大名出钱、出力，承担土木建筑的普请役。1588年在京都的聚乐第迎接后阳成天皇行幸时，召集织田信长的次子织田信雄和德川家康等大名宣誓，世世代代拥戴天皇，不得违抗关白的命令，与其说这是向天皇宣誓效忠，不如说是向丰臣秀吉宣誓效忠。征讨北条氏时，命令各国大名均须出兵，不从者将会受到失去领地的处分。

忠诚既是武士道的核心内容，支撑武士团的和谐与统一，提升武士团的战斗力，还是维持武家政治制度结构的纽带。没有忠诚的道德约束，就没有武士团的战斗力，也就没有武家的统治地位。因此，自从武士诞生以来，武家首领都非常注意培养家臣武士的忠诚道德。但具有讽刺意味的是，违背武家忠诚道德的实例比比皆是。例如，织田信长被家臣明智光秀所杀；丰臣秀吉不仅没有对织田家尽忠节，反而杀害主家夺取天下；德川家康也未履行对丰臣秀吉的承诺，而是违约，发动大阪之战杀害秀吉之子丰臣秀赖。换言之，武士的忠诚道德既需要以恩赏为基础，也需要强大武力的支撑，除恩赏外，还必须凭借武力才能让家臣武士效忠和服从于自己。

室町时代特别是战国时代，为了获得家臣的忠诚，从制度上防止家臣可能的背叛，战国大名制定了相应的制度，如军事动员的寄亲寄子制、集中居住在城下町制、人质制度、检地和贯高制等，削弱家臣武士的独立性。其中，贯高制颇为引人注目，它根据家臣的贯高确定其军役和其他义务。“战国大名会调查成为家臣的国人和地侍等的土地，用征收的年贡（换算成贯高这种货币的金额）表示土地面积（贯高制），而这个贯高就成了对他们课征军役的标准。”“石高还被记载到主君给家臣分知行地时发行的知行宛行状（表示知行的分配、保障其权利的文书，秀吉发给大名的叫作领知朱印状）等文书上。这就是课以军役的基准。”在武田家，“每一位家臣根据自己的知行量（贯高）率领指定数量的骑马武者和徒步士兵参战，在指定的侍大将手下行动。他们就是援助强大武将（寄亲）的寄子（寄骑、即与力），长筱合战后的第二年，从知行地能收取134贯300文年贡的初鹿野传右卫门昌久，要负担的军役是分别拿1支火绳枪、1张弓、5支持、1杆小旗的8个人，加上他本人便是9人。"[①] 在今川家，海老江丹后守元喜是880贯所领的家臣，大体上要承担120人的军队和1名阵僧。[②] 贯高制将主君的"御恩"和家臣的"奉公"（战时的军役和平时的义务）定量化，量化了主君给予恩赏的量和家臣报恩的量，家臣根据所获恩赏的"量"承担一定的"奉公"。家臣因军功获得新的恩赏后，便要承担比以前更多的军事义务。

这样一来，"武士社会的传统纽带——'御恩'与'奉公'的关系带有一种交换性质。通过贯高制可以明确计算主君的'恩'与武士的'报恩'之间的物化关系，家臣可以以物的量明确自身所获得'恩'和所需付出'奉公'的数量，而大名也可以明确了解一旦需要进行战斗，能够动员人力和物力的数量。同时，由于贯高制使家臣脱离对土地的经营而完全依靠大名根据其领地的'贯高'获得的俸禄，他们的实际生活场所可以游离于领地之外。"[③] 贯高制削弱了武士与领地之间直接的统属关系，使他们不再是名副其实的土地所有者。因为不再直接经营土地，所以丧失了经济独立性，完全依附于主君。

寺院也一样，大名给予寺领恩惠，寺院要为之祈祷武运长久，承担作为阵僧的役。

① ［日］高桥昌明：《日本武士史》，黄霄龙译，社会科学文献出版社，2020，第100、102、144页。

② ［日］小田和哲男：《培育战国武将的禅僧们》，新潮社，2007，第127页。

③ 王炜：《日本武士名誉观》，社会科学文献出版社，2008，第176页。

第四章　维护幕藩体制的德川武士道

以德川幕府的建立为标志，日本转入了少有的和平时代，武士作为职业战士的历史画上了句号，变成了“佩刀官僚”。和平成为时代主题，德川氏的当务之急是将上马打江山的数十万职业战士，改造成下马坐江山的官僚，使之从依赖战争技能转变成依赖管理能力和知识水平等，将职业战士的武士道改造成为执政者的武士道。为了终结“下克上”、改造武士和武士道，德川氏独尊朱子学，奉之为官学。

德川氏通过一系列经济、政治、军事和法律制度，使藩国大名“钵植化”（准确些说是武士阶级的“钵植化”，也称“盆栽武士”）和“无害化”，武士官僚化、非军事化、都市化和虚弱化，以及封建领主抽象化，武士不再是职业战士和在地领主，彻底消除了来自武士的军事威胁。与此同时，又通过《武家诸法度》《诸士法度》等法律制度，规定藩国大名和一般武士的生活方式和道德规范。

德川氏一方面重新分配社会资源，如武士退出经济领域，垄断政治、军事和文化教育，农工商独占经济领域，农民占有土地负责生产粮食，工匠占有手工作坊，商人负责商品流通，让社会各阶级各有所得，在自己的活动空间实现人生价值。另一方面又通过法律规定了社会各阶级的生活方式和行为方式，除武士的《武家诸法度》《诸士法度》外，天皇和公卿贵族有《禁中及公家诸法度》，僧侣、神官有《诸宗诸本山法度》，农民有《乡村诸法度》和《庆安告谕》等，町人（工匠和商人）有《庆安三触》和《板仓式目》（21

条），要求社会各阶级各守本分。

在兵甲不兴的德川时代，武士的职责是维护幕藩体制及身份等级制。《武家诸法度》和《诸士法度》强调忠诚，限制武勇，冻结武力，集团之间使用武器的“喧哗”被认为是反叛行为。

适应武士的角色转换，山鹿素行等儒学家、武士道理论家也从稳定幕藩制度的角度，提出了自己的武士道观。素行的士道论认为武士“不耕不造不卖”，其“职分”是得主人而尽奉公之忠、在天下实现人伦（儒教伦理，指父子、君臣、夫妇、长幼、朋友的道德秩序）之道。与士道相对的是，重视武士作为战士的传统武士道。

平安、镰仓、室町武士道以战争为母体，以神道或禅宗佛教为思想渊源，煽动武士侵略扩张，是支撑武士作为职业战士征战杀伐的精神支柱，旨在提升武士的战斗力，夺取战争的胜利。德川时代的武士道以中国的儒家朱子学为思想渊源，是幕府为武士作为统治者规定的生活方式和道德规范，以及儒学家构建的儒学化、系统化和理想化的武士道，目的在于维护幕藩制度，提升武士作为统治者的综合素质。极言之，德川时代的武士道并非武士产生以来作为战士的、正宗本源的武士道。或者说，职业战士的武士道早已有之，官僚的儒学化武士道则是德川时代才出现的。

武士一路走来，历经平安时代的“平将门之乱”“藤原纯友之乱”“平忠常之乱”“前九年之役”“后三年之役”和源平大战，幕府时代的“承久之乱”、南北朝内战、“应仁之乱”、战国大名的百年争战。战争根源主要在于领地之争，日本社会也将土地扩张合理化。丰臣秀吉以《总无事令》冻结国内的土地扩张，将领地之争引向国外，狂妄叫嚣要将中国分封给属下武将。

室町时代战乱不息，德川时代兵甲不兴。室町时代是武士发展史上的黄金时代，只要有足够的实力就可以自立为王——成为大名（战国大名），武士既是战斗者又是土地所有者。德川时代是武士盛极而衰和不能扩张领地的时代，武士既非战斗者也非土地所有者，与其说是战士，不如说是官僚。

“占近世大部分的江户时代，……几乎没有对外战争和内战，即使在世界上也是‘和平’的时代，以江户幕府（德川氏）为中心的武力的和平，也称为‘德川的和平’。”①“德川时代对内对外很长一段时期都没有战争，在这些和平的日子里，作为一个军人的武士很少有机会执行他们那种传统的职务，他们又认为工商业不值一顾；因此除了那些担任行政职务的人以外，他们都变成一种无业的寄生阶级。”②德川幕府的和平时代，武士阶级是名副其实的统治阶级，高居士农工商身份等级制的顶端，他们开始向行政官僚和知识人转化，与武士作为官僚的社会职责、生活方式相适应，武士道也由战斗者之道转变为执政者之道。

尽管如此，德川时代也是世界上典型的“兵营国家”“警察国家”。丸山真男明确指出，幕藩体制“不是将全国单独组织起来的兵营国家，而是有着重层结构的兵营国家，那里有近300个不同大小的兵营国家共同拥戴着为‘征夷大将军’所统率的全国性兵营国家”③。30余万平方千米的土地上，分布

---

① ［日］大石学编《近世藩制、藩校大事典》，吉川弘文馆，2006，第3页。

② ［英］G.C.艾伦：《近代日本经济简史》，蔡谦译，商务印书馆，1959，第4页。

③ ［日］丸山真男：《忠诚与反叛：日本转型期的精神史状况》，路平译，上海文艺出版社，2021，第162页。

着 260 余座兵营，每一座城镇都有重兵驻守。

第一节　和平时代的近世武士

德川幕府的建立，是武士发展史和日本历史划时代的分水岭，即从职业战士演变为“佩刀官僚”、从战争岁月转入和平时代。德川氏的当务之急是将上马打江山的数十万职业战士，改造成为下马坐江山的行政官僚，使他们的生活方式从依赖战争转变成依赖管理能力和知识水平等，将战斗者之道的武士道改造成为执政者之道的武士道。当然，关键是使威胁德川氏统治地位的军事大家族“无害化”。极言之，武士的使命和任务是巩固政权，而非夺取政权。

德川时代的武士也呈现出一些独特特征，如大名的“钵植化”（准确些说是武士阶级的“钵植化”，也称“盆栽武士”）和“无害化”，武士的官僚化和非军事化、都市化和虚弱化，以及封建领主抽象化，等等，这些特征又对武士道产生决定性的影响。

一、大名的“钵植化”和“无害化”

在武士的发展史上，按武士的社会职责大体可以分为两个阶段，第一阶段即创业——“骑马打天下”阶段，包括平安、镰仓、室町和织丰时代（8世纪—16世纪末），这一阶段又内分为在野阶段（平安时代）和在朝阶段（镰仓、室町和织丰时代），在这大约 800 年间，战事频频，武士作为职业战士以战场为人生舞台，主要履行战斗者的社会职责，在战争中求生存、求发展，活动目标是掌握国家统治大权和经济资源。第二阶段即守成——“下马治天下”阶段，也就是德川幕府偃武兴文的 250 年左右，武士作为榻榻米上的“带刀官僚”，主要作为执政者履行治国安民的社会职责。

如前所述，武士产生以来直至战国时代，战乱的源头均在于领地之争。

战国时代，领地的分配权越来越集中于战国大名手中。织丰时代，通地检地之后建立的土地制度，开始从封地给予制转向禄米给予制（从知行制转向禄米制），领地开始具有抽象性。主君的恩赏表现为多少贯钱（贯高制）或多少石米（石高制），家臣的报恩则表现为多少贯钱或多少石米的军役负担。主君可以将家臣从甲地转封至石高相当的乙地，丰臣秀吉频频对大名进行转封，一方面体现丰臣秀吉是土地的最高所有者和分配者，另一方面旨在推行大名的“钵植化”政策，削弱其战斗力。

关源之战后，德川家康（1542—1616 年）作为丰臣秀吉的继承者掌握全国土地的最终所有权和分配权，1603 年登上征夷大将军“宝座”，开创德川幕府，殚精竭虑，就是要确保德川氏的安全。德川家康征战疆场数十年，深知武力既可以为他打天下，也可以颠覆他的天下。德川家曾经的财富、打江山的资本——英勇善战的武将、穷兵黩武的杀伐之风，反倒成了德川氏的威胁。因此，德川氏无情打击大名，即便是对跟随其南征北战数十年的谱代大名也毫不手软。

德川家康在“关原之战后，没收 91 家西军大名的领地 420 万石，减封 4 家 225 万石。大阪之战又没收和减封 35 家 370 万石，到德川家光晚年达 86 家 850 万石。”“在改易、减封的同时，还频频对大名的领地进行转封，切断大名与领民之间世世代代的联系。”[①] 将大名从甲地转封至乙地，即大名和武士的“钵植化”。美国学者的研究指出，德川时代的前 50 年中，至少有 281 位大名被转封，200 余位大名被完全剥夺土地和头衔（除封），约 170 位武士被提升为大名。幕府还授予约 200 位藩主更多的土地。幕府对于极具威胁的敌人，收回他们的领地，并重新分配给德川的盟友。[②] 前五代将军以或真或假的

① ［日］历史科学协议会编《历史科学大系·6·日本封建制的社会和国家·下》，校仓书房，1979，第 225-226 页。

② ［美］迈克尔·维尔特：《极简日本武士史》，贺平、魏灵学译，北京日报出版社，2021，第 99-100 页。

过错剥夺了 213 个大名的全部或部分领地，把 172 位部属提拔为大名，又把 281 个大名转封到别的领地。结果日本在近世早期，约有 540 个武士家族被提升为大名，大名的总数在任何时候都维持在 250—280 个。[①] 德川家康、德川秀忠和德川家光三代将军以绝对的军事实力为后盾，通过改易、减封、转封、《一国一城令》、参觐交代制度（人质制度）、婚姻制度和《武家诸法度》等，使大名虚弱化、“无害化”。

元和元年（1615 年）德川家康通过大阪之战灭亡丰田家，铲除潜在威胁，迎来了称为“元和偃武”的和平年代。“元和”为年号；“偃武”即藏起武器不再使用，有“刀枪入库，马放南山”之意。再通俗些说，就是停止战争，过太平日子。

“元和偃武的近世武家时代，由骑在马上取天下的时代，进入守文、守成时代。素行的士道论代表了武士道守文时代的武教。素行的士道并不代表弓马之道、武者之道等。武士道也称士道，意味着士君子之意。创业之道为武士道，守成、守文之道为士道。”[②] 从第四代将军德川家纲（1651—1679 年在位）开始，幕府政治也由“武断政治”转向“文治政治”。

1598 年丰臣秀吉去世后，德川家康一人独大，独自承担起政府的职责，丰臣政权开始转向家康。1600 年的关原之战，即德川氏的东军与拥戴丰田秀吉之子丰臣秀赖的石田三成的西军决战，因西军出现临阵倒戈者，东军大获全胜，西军首领石田三成、小西行长被处死，没收、削减西军各大名的领地 630 万石。关原之战确立了德川家康的霸主地位和对全日本的统治地位。1603 年德川家康被天皇任命为征夷大将军，开创德川幕府（或称江户幕府），家康的武士政策也从依赖、重用转向改造和防范、打击，即便是为德川氏立下赫赫战功的武将，只要不能与时俱进，都免不了“狡兔死，走狗烹”的下场。

---

① ［美］詹姆斯·L. 麦克莱恩：《日本史》，王翔译，海南出版社，2009，第 21 页。

② ［日］高桥富雄：《武士道的历史·第 2 卷》，新人物往来社，1986，第 173 页。

关原之战的胜利，为德川氏的大名“钵植化”“无害化”政策创造了条件。关原之战的战后处理，是对西军诸大名的领地进行没收、减封、转封。石田三成（近江佐和山19万石）、宇喜多秀家（备前冈山57万石）、小西行长（肥后宇土20万石）、长宗我部盛亲（土佐浦户22万石）等88位大名被改易，没收其领地416万余石。此外，毛利辉元（安艺广岛120万石）、上杉景胜（陆奥会津120万石）、佐竹义宣（常陆水户54万石）等5位大名被削减没收领地216万石。这次战争没收石高总计632万余石，超过当时日本总石高1800万余石的三分之一。[①] 丰臣家也从220万石削减至65万石，降到了一个普通大名的地位。

德川家康“采取的紧急手段，名为论功行赏，实为大名的钵植政策”[②]。“频频对大名的领地进行转封，切断大名与领民之间世世代代的联系。”[③] 例如，关原之战后，毛利辉元从安芸广岛转封至长门、周防二国，上杉景胜从陆奥会津转封至出羽米泽，佐竹义宣从常陆水户转封至出羽秋田。[④] 转封铲除了大名的军事根据地，使大名成了可以任意挪动的“钵植大名”“盆栽大名”。为此，江户时代的著名学者、政治家藤田东湖将当时的武士团称为“盆栽的武士”。

需要指出的是，“大名必须按照将军的命令，从旧领地移居到新的领地。即所谓‘国替’‘转封’。家臣必须跟随大名一起移居，所以他们——‘近世武士团’离开土地而存在，的确应当被称为‘盆栽的武士’。这是和与土地相联系的、植根于土地的‘中世武士团’的最大区别。”[⑤] 到三代将军德川家

① ［日］笠谷和比古：《关原合战：家康的战略和幕藩体制》，讲谈社，1994，第168-169页；［日］藤野保等编《德川家康事典》，新人物往来社，2007，第92页。

② ［日］北岛正元：《日本历史·18·江户幕府》，小学馆，1975，第205页。

③ ［日］历史科学协议会编《历史科学大系·6·日本封建制的社会和国家·下》，校仓书房，1979，第225-226页。

④ ［日］藤野保等编《德川家康事典》，新人物往来社，2007，第92页。

⑤ ［日］石井进：《日本历史·12·中世武士团》，小学馆，1974，第21页。

光（1604—1651年，1623年继位）末期，“四国、九州、东北的全国各地都渗透着德川氏的势力，形成德川幕府安定的全国支配体系。”[①]通过对大名的转封，即大名的“钵植化”政策，一方面构建了以德川氏为中心的新的领国体制，取代了丰田政权的领国体制；另一方面，一门、谱代和外样大名混居杂处，不可能结成反叛将军的联盟。

当然，德川家康之所以能够对大名改易、减封和转封，根本原因在于德川氏一家独大，其他军事家族与德川氏存在巨大的实力差距。足利氏自不必说，镰仓幕府的源赖朝也望尘莫及。丰臣秀吉时代，德川家康就是秀吉手下实力最强的大名，1590年被丰臣秀吉转封到关东六国（伊豆、相模、武藏、上总、上野和下总），拥有领地250万石，家臣团实力雄厚。关原之战后，德川家康的经济和军事实力进一步增强，而大名的实力却因德川家康的打击日趋衰弱。

除武力外，德川家康改造和控制、削弱大名的手段还有相应的制度和法律。1611年，颁布了武家必须遵守的《三条誓文》（宣誓书），第1条意为江户幕府继承源赖朝以来的武家政治传统；第2条是各藩不准藏匿犯人（1615年《武家诸法度》的第3条）；第3条为各藩发现叛逆和杀人者，应迅速追捕法办（1615年《武家诸法度》的第4条）。[②]1615年6月，德川家康发布《一国一城令》，除大名的本城外，破弃全部支城，否定大名领国的战略体制。接着，7月制定大名统治的基本法《武家诸法度》，违反此令者将受到剥夺领地等严厉处分。

以大名为对象的《武家诸法度》共13条，各条要点如下：第1条为“应专心致志，修炼练文武艺能。”第2条是“不可聚饮游荡。溺于女色，耽于赌博，乃亡国之根源。”第3条是“各藩不得隐藏犯法之人。”第4条是“各

① ［日］藤井让治：《日本的近世·3·统治体制》，中央公论社，1991，第69页。

② ［日］藤井让治：《日本的近世·3·统治体制》，中央公论社，1991，第18-19页。

藩……如有发现叛逆或杀人者，应即迅速追捕法办之。野心之徒，乃倾覆国家之祸首……”第 5 条是“不得与他藩之人交往。”第 6 条是“各藩城垣，如需修缮补葺，必先呈报。”“城过百雉，国家之害；深沟高垒，大乱之本也。”第 7 条是“邻藩若有标奇立异、结党营私等事，应即迅速呈报。”“不守古制，标奇立异，图谋不轨也。”第 8 条是“不可私缔婚姻”，“以姻成党者，奸谋之源也”。第 9 条为“诸大名参觐做法”。第 10 条是“衣裳品级，不可混淆。”第 11 条是“杂役诸人，不得擅自乘轿。”第 12 条是“各藩武士必须俭约自奉。”第 13 条是“藩主应选拔良才。”[①] 第 4 条确立了大名集团对家臣集团的绝对优势，终结了家臣针对大名的“下克上”历史。第 5—8 条显然是为了防止“下克上”，这也是该法度的核心所在，大名不再可能构建“下克上”的武家国家。

1619 年，统治着安艺和备后（49 万石）的广岛城主福岛正则，因违反《武家诸法度》第 6 条修缮广岛城被改易。这是最早违反《武家诸法度》而遭改易的事件，它也表明大名的独立受法度约束。

1635 年的《武家诸法度》，进一步强化了幕府对大名的统治。第 2 条规定：“各大名、小名须轮替居住于江户城中”。参觐交代制是此后 230 年间幕府统治大名的重要方式，而且也是将大名置于幕府控制之下的最有效的政策。大名须将妻子留在江户（相当于人质），作为忠诚的保证。第 4 条冻结了大名的军事权，规定：“无论江户或其他地方，发生任何事故，驻在各地者，应继续驻守于原在地方，静候上级命令。”[②] 换言之，不论发生何事，大名均应听候幕府的命令，禁止向领外进行军事动员。若大名的军队到领外进行军事行动，须有传达将军意向的老中奉书和将军的黑印状。[③] 大名的军事力量由将军统一调遣，之所以如此，一是履行对将军的军事和准军事义务，二是维持藩国内

① 张荫桐选译《1600—1914 年的日本》，生活·读书·新知三联书店，1957，第 1-3 页。

② 张荫桐选译《1600—1914 年的日本》，生活·读书·新知三联书店，1957，第 4 页。

③ ［日］藤井让治：《日本的近世·3·统治体制》，中央公论社，1991，第 132-133 页。

部的统治秩序。

除政治、军事和法律外，还通过经济手段铲除大名“下克上”的土壤。中世武士有自己的领地，是土地所有者；近世武士是禄米领有者，丧失了经济独立性，这也是中世武士与近世武士的重大区别之一。

总之，德川幕府建立后，为了确保德川氏的江山长治久安、维护德川氏的统治秩序和社会秩序，德川氏依靠绝对雄厚的军事和经济实力，制止战争、守卫和平。通过制度和法律，从政治、军事、经济和思想等方面，成功地使大名“无害化”，将武士阶级从战斗者改造成为执政者，并且为武士阶级——统治者提供了一种新的与传统武士道不同的道德规范和行为准则。例如，1635 年幕府颁布的《宽永诸士法度》——以幕府直属中下级武士为对象的法令，其中第 1 条规定：“砥砺忠孝，严守礼法。经常注力于文艺武道之修炼。言行举止，唯义理是从，不可为伤风败俗之事。”于武士而言，居第一位的是忠孝、礼法，其次才是武道。

二、武士的形骸化和官僚化

德川时代是武士发展史上的和平时代，武士失去用武之地，这标志着武士阶级的社会角色由战斗者转变为执政者，社会职责也由征战杀伐转变为治国理政。

“关原之役决定性地确立了德川氏的霸权，与此同时，战国以来‘下克上’的思想也打上了终止符。战争的终结，也标志着武功派活动舞台的闭幕，他们也成了无用之物。”[①]“战国时期的武士，以战场上的胜利为生活的全部。近世的武士处于一定的和平环境中，因而有多样性生活方式的可能。”“近世的武士，只能通过仇讨和喧哗等，单独发挥武士作为战斗者的能量。这是近

① ［日］藤野保等编《德川家康事典》，新人物往来社，2007，第 177 页。

世武士与中世武士的根本性差异。”[①]《今昔物语》记载，武士之间解决纷争的办法就是当事者之间的决斗，这是来自武士社会的传统习惯，现在，又被幕府法——《喧哗两成败法》加以否定了。[②]本来，武士作为世袭制职业战士，以武力为立身之本，依靠武力满足利益需要、解决利益纷争。但是，幕府严禁武士擅自动用武力，除了武艺操练，武士再也没有别的机会展示自己的武力。久而久之，在以“文”为中心的修身养性中，武艺逐渐成了花拳绣腿。

德川时代的武士不再是职业战士，而是处理行政事务的“佩刀官僚”，将军和大名各有自己的统治机构和统治领域。幕府的中央机构和幕府直辖领地的地方机构，无论是将军之下的大老、老中、若年寄，还是地方机构的京都所司代、城代、町奉行、奉行等官职，全部由将军的亲信家臣谱代大名和旗本担任。深得将军信任的23个亲藩大名和145个谱代大名，被安置在经济和战略要地，98个外样大名则被安置在边陬之地，并且处于亲藩和谱代大名的监视和钳制之下。

各藩国大名在效忠和服从幕府的前提下，独立组建藩国的统治机构，独立行使藩国的统治权。藩主也像将军一样，将自己的家臣团军事组织几乎原封不动地转换为藩国的政治组织，藩国内部的政治关系以一门和谱代家臣为核心，藩国的军政要职被他们所垄断。在藩主之下有总理藩政的家老，职位世袭，相当于幕府的老中，人数有数人至十余人，轮流协商处理藩政。家老之下设郡奉行、町奉行、寺社奉行，还有作为审判机构的大目付、目付等职能部门。“幕藩体系下的政治原则是大名领内的政治、裁判问题委之以大名家，将军（幕府）采取不干涉、不介入其内政的立场。”“幕府对大名采取不干涉主义。”[③]不过，如果藩国大名不能有效治理藩国，维持藩国的统治秩序，承

① ［日］藤井让治：《日本的近世・3・统治体制》，中央公论社，1991，第316–317页；［日］柴田纯：《江户武士的生活》，讲谈社，2000，第132页。

② ［日］石井进：《日本历史・12・中世武士团》，小学馆，1974，第385页。

③ ［日］藤井让治：《日本的近世・3・统治体制》，中央公论社，1991，第76、81页。

担幕府的军役任务，藩主则要受到相应的处罚，如没收领地、剥夺大名家在武家社会的身份地位、废绝大名的家（或是降为小规模的大名、旗本，或是只允许存留家名）。因此，各藩主会尽其所能地与幕府在政治上保持一致。

幕府和藩国的武士被分别编成役方和番方。前者为政治组织，日常性工作是处理行政、司法、财政等事务，实施对农工商的管理；后者为军事组织，日常性工作是对公家和农工商进行武力威慑，以武力维护武家社会的统治秩序。

幕府初期的统治组织，是战国时代的军事组织的应急措施。幕府在第二代将军德川秀忠统治时期（1605—1623 年），开始产生谱代家臣的官僚制，庆长末年（1596—1614 年）设置年寄（后来的老中）、老中（后来的若年寄）、江户町奉行等官职，成立以合议原则审判重大案件的评定所。第三代将军德川家光统治时期（1623—1651 年），建立起由德川一门、谱代和旗本垄断的“大公义”权力。宽永十二年（1635 年），基本上确立了老中、若年寄、大目付、目付、“三奉行”（寺社奉行、江户町奉行、勘定奉行）等幕阁职制和职务范围。① 在幕府的役方中，将军之下设大老、老中、若年寄。大老为临时设置，是幕府的最高官职，辅佐将军，在整个江户时代均从 10 万石以上的谱代大名中产生，其职责一是处理重要政务，二是在将军年幼时代替将军裁决政务。老中，或称年寄，是幕府常设的最高执政官，从 2.5 万石以上的谱代大名中选任，直属将军，总管政务，相当于内阁，定员 4—6 人，按月轮流主持大政，主要监管皇室、公卿、大名、寺社和处理外交事务。若年寄从级别较低的谱代大名中选任，定员 5—6 人，是次于老中的幕府官职，主要监督旗本、御家人，以及管理江户市政和工匠、医生等职业者的事务，与老中一样按月轮班。大老、老中、若年寄合称“三役”，“三役”之外是御用人（也称侧用人），也从谱代大名中产生，担任将军的侍从，把将军的命令传达给老

① ［日］升味准之辅：《日本政治史·第 1 册》，董果良、郭洪茂译，商务印书馆，1997，11 页。

中，再把老中的意见上报将军，地位特殊，手握实权。

“三役”之下设“三奉行”（寺社奉行、江户町奉行、勘定奉行）和大目付、目付。寺社奉行4人，负责管理全国寺社、僧侣及寺院领地上的百姓，多从谱代大名中选任，在“三奉行”中地位最高。江户町奉行2人，从旗本中选任，直接听命于老中，分掌江户南北两区的行政、司法。勘定奉行4—5人，从旗本中选任，管理幕领内郡代和代官及处理一般行政、财政事务。上述高官都轮流执政，重要事务协商处理。大目付由旗本担任，定员4—5人，由老中领导，主要负责监察各大名。目付也由旗本担任，定员10人，归若年寄领导，监察旗本和御家人。

在幕府直辖地的地方设京都所司代、城代、远国奉行、郡代、代官等职，京都所司代最为重要，由谱代大名担任，负责警备朝廷和京都安全，代表幕府对天皇朝廷进行监视和交涉，监视公家和西国大名。直辖地重要官职还有地方郡代、勘定组头、行业奉行（40至50人）和作业奉行（2人）、普请奉行（2人）、京都町奉行（2人）、大坂町奉行（2人）、长崎奉行（2至4人）等。

幕府的常备军，即番方（值勤警卫军），又称“三番组”，即大番组、书院番组、小姓番组，由旗本及其子弟构成。大番12组，大番头16—26人；大番平时警卫江户城、京都二条城及大坂城等；战时任先锋，由老中统领。书院番10组，平时警卫幕府、巡逻地方、侍卫将军，战时作战，书院番头6人。小姓番8组，宿值府内、巡逻全市，护卫将军，与书院番一样由若年寄统率，小姓组番头6人。17世纪中叶，旗本5000余人，采邑260万石，应出兵员约67000人，再加上御家人（担任各番组的与力、同心等职）17000余人，所以，“旗本八万”并非虚言。按规定，10万石大名负担兵役2155名，40个大名联合的总兵力才能与将军的军事力量相当。其实，幕府的总兵力还应该包括亲藩和谱代大名的武装力量。总之，幕府的军事力量远远凌驾于各藩大名之上。

在地方各藩国，“藩的机构和职制，首先是在藩主之下设年寄和家老主持藩政。年寄和家老由藩主一族和谱代重臣中的高禄者担任，其下是侧用人、用人、大目付、目付等庶务、监察，町奉行、勘定奉行、郡奉行、寺社奉行等负责政务。”藩国的役职，番方负责军事，役方负责行政。“番方是以侍大将为中心的铁炮、弓、枪、步兵等军事官僚，役方是担当民政的町奉行、郡奉行、代官和寺社、勘定、财政等诸奉行组成的行政官僚。近世初期番方占优势，随着和平的持久，役方转而占主导。”[①] 各藩国的政治组织——役方和军事组织——番方，与幕府的大同小异。番方履行的是军事职责，即作为武家政权的暴力工具维护武家政权的统治秩序，由于身处和平时代，实质上只是处理军事勤务的官僚。

幕府和藩国的官僚体制也体现了武家军事统治的特征。“平时的政治组织，随时可以改换成军事组织，……官员没有文武之分，平时作为事务编制的人员，到战时就能原封不动地变成指挥系统。”幕府的所有“官职，战时全部转为军事编制。”[②]“家老同时是组头，作为侍大将指挥作战，与作为军事职制的番方和役方的组织紧密结合。”[③] 战争年代，番方相对于役方占优势地位；和平时期，则是役方占优势。幕府的老中和藩国的家老，平时是幕府和藩国的行政长官，战时分别是将军和大名之下的最高军事指挥官。

17 世纪中叶，武士已完成了从凶狠残暴的战士向有学问、有教养的民政官僚的转换。番方的军事官僚以维护和平为使命，在天下太平的漫长岁月中，武士作为职业战士的职能日益形骸化、空洞化。

概而言之，随着德川幕府的建立，武士阶级作为职业战士夺取天下的军事职能已经完成。于是，部分武士或作为武官，或作为文官，分别在番方或役方中作为军事官僚或行政官僚发挥自己的作用。绝大部分武士则成为食禄

---

① ［日］大石学编《近世藩制、藩校大事典》，吉川弘文馆，2006，第 12-13 页。

② ［日］坂本太郎：《日本史概说》，汪向荣、武寅、韩铁英译，商务印书馆，1992，第 284-285 页。

③ ［日］藤野保等编《德川家康事典》，新人物往来社，2007，第 175-176 页。

者、寄生者，他们居住在城市四周，靠领取固定禄米生活。为此，武士阶级面临着生存价值丧失的危机。

三、武士的禄米化和虚弱化

德川幕府奉行强幕弱藩、强主弱从的原则，将军绝对凌驾于大名之上，大名在藩国又绝对凌驾于藩士之上。此外，家臣对大名、大名对将军又具有强烈的依赖性。

如前所述，武士作为争夺土地和权力的战士而产生，以杀生为业，战争既是他们的天职，也是他们的生活方式。中世武士是职业战士和土地所有者。但是，江户时代的武士既不是职业战士，也不是土地所有者，而是“佩刀官僚”和禄米领有者，并不完全具备武士的基本特征，与其说他们是武士，不如说是执政者。

中世武士是实实在在的土地所有者，其土地包括祖传的土地和主君恩赏的土地，即使主君恩赏的土地被没收，依靠祖传的土地也能生活，具有较强的经济独立性。但是，“幕藩制的土地所有，扬弃了中世的在地制”，切断了大名与土地的联系和大名与领国农民的联系，铲除了地方军事首领的军事基地。大名失去了立足之本，成为可以随意挪动的“盆栽花木”。将军根据自己的领国体制对大名进行转封，这意味着大名对领地的权力处于将军家的全国统治权之内，将军对大名的领地拥有最高支配权。由于大名的土地所有权只是以石数为基准的地租征收权，将军把大名更换到任何石数相等的地方——转封，都是自然的、合理的、名正言顺的。将军“可以自由地转封大名，大名只不过是‘暂时的国主’而已”①。而且，转封可以反复多次。

德川时代通过检地建立起来的土地制度，即石高分封制，将土地所有权一分为二，武士享有土地上的利润（地租），农民拥有土地使用权。石高分封

---

① ［日］北岛正元编《体系日本史丛书·7·土地制度史·Ⅱ》，山川出版社，1982，第4页。

制便“从封地给予制转向了俸禄给予制”[①]。于是，“大名和家臣的领地成了可以用石高这种‘量’来表示的领域，而不是不变的特定的领地。”[②]以土地上所产生的利润——石高代替土地作为再分的原则和封建主从制的基础，主君分封给家臣的是土地上产生的利润，即石高。大名的土地所有制表现为地租征收权，家臣的土地所有权（原有的军事领地）成了大名藩库中的禄米。“石高是将军向大名、大名向家臣分配的禄米额，与其说它是现实的土地，不如说它是允许收纳年贡高的基准值。在此意义上规定大名、家臣的石高制的封建所有就不得不带有一种抽象性。”[③]即使是藩国大名，也无权自由分割、转让和买卖土地。而且，大名对领地的承包权“仅限一代，及身而终”，继承须经将军同意，重新履行手续。将军可以对大名进行转封、减封和改易，其领地被认为是将军交给他们管理的，大名只是“临时之国主，土地乃公仪（即幕府）之物”[④]。武士从领地所有者演变成了大名藩库中的禄米领有者，“除薪俸外，没有其他一文一粒经济来源”[⑤]。与封建土地所有制的关系仅存名义。

德川幕府建立后，随即从知行制转向俸禄制（即禄米制）。即便是依然领有知行地的少量武士，也必须离开农村，居住在大名的城下町，过都市生活，土地由藩国地方官统一管理。17 世纪中叶，各藩实行平均定免——全藩统一的年贡率，年贡由藩主统一征收，拥有知行地的武士对领地几乎不再拥有直接的权力。于是，“家臣团的知行都俸禄化了”[⑥]。总之，石高分封制使武士由

---

① ［日］历史科学协议会编《历史科学大系·日本封建制的社会和国家·下》，校仓书房，1979，第 222 页。

② ［日］速水融、宫本又郎编《日本经济史·1·经济社会的成立：17—18 世纪》，厉以平、连湘译，生活·读书·新知三联书店，1997，第 31 页。

③ ［日］永原庆二：《日本经济史》，岩波书店，1980，第 172 页。

④ ［日］历史科学协议会编《历史科学大系·日本封建制的社会和国家·下》，校仓书房，1979，第 226 页。

⑤ ［日］本庄荣治郎：《日本社会经济史》，改造社，1928，第 308 页。

⑥ ［日］永原庆二：《日本经济史》，岩波书店，1980，第 171 页。

扎根农村的土地所有者和农业经营者，演变为脱离土地、离开生产领域、聚居城下町的禄米领有者和都市消费者。“近世武士丧失了在地性，成为禄米领有者而失去了自立性。主君之力对家臣具有压倒性优势，对主君的绝对服从日益普遍化，强调灭私奉公。”[①] 大名只有向将军效忠并履行各种义务，才能确保领国的统治权和地租征收权；大名的家臣只有绝对效忠和服从主君，才能得到禄米，家臣对主君的依赖性空前增强。

武士的禄米收入并不富裕。“中级武士的平均收入为100石，大致相当于一个富农的收入，而全体武士的平均数则在35石以下，这就将他们置于和农民同样的经济水平上了。”[②] 日本学者还举例道：“领有二三百石到五六百石知行高，大体上相当于平士的武士，200石知行高收取四成禄米。从家来（从者）的薪水和有事时的武装到日常杂费，统统由这四成（80石）支付。300石的旗本，扣除必要经费后，维持一年的生活费用只有约46两。”[③] 同时，家禄的数额已经固定，武士几无增加收入的机会。

“经过战国时代所形成的日本近世封建社会，它不同于中世封建社会的一个重要特质是，……武士丧失了同土地的直接联系，集中在以诸侯为中心所发展起来的城下町，在领主之下形成了等级性家臣团。”[④]17世纪前，武士主要是居住在自己的领地，经济来源包括祖传的土地、主君恩赏的土地和战利品。江户时代的武士离开农村，离开土地，不再是拥有土地的土地领主，集中居住在将军或藩主的城下町，唯一的经济来源就是主君恩赐的禄米，此外便一无所有。武士聚居在城下町，成为都市生活的游民、纯粹的消费者。于是，占城市人口大约50%的“武士都是年贡剩余物资的贩卖者和生产必需品

---

① ［日］柴田纯：《江户武士的日常生活》，讲谈社，2000，第10页。

② ［加拿大］诺曼·赫伯特：《日本维新史》，姚曾广译，商务印书馆，1992，第19页。

③ ［日］下村效编《日本史小百科·武士》，东京堂，1993，第203页。

④ ［日］丸山真男：《日本政治思想史研究》，王中江译，生活·读书·新知三联书店，2000，第5-6页。

的购买者”[①]。幕府禁止武士经商，即使是仅仅领取二三石禄米的武士，在法律上也禁止成为生产经营者。生活在商品经济发达的城市，以禄米收入为生的武士不可避免地走向贫困化。

将军、大名为解决自己的财政困难，便将财政危机转嫁到下级武士身上。“近来诸侯无论大小，均感国用不足，贫困至极。借用家臣俸禄之事，少则十分之一，多则十分之五六。”“大小诸侯，因穷人增多，以致难以维持政务，尤其对于陪臣，须裁减三成或半数，甚至其余的人也遭到减薪，真是可怜。”[②]这种情况自然会引起下级武士的强烈不满。1798年，针对德川中期以降幕藩诸侯因财政困难削减家臣俸禄之事，经世学家本多利明（1743—1821年）在《经世秘策》中写道：“当时诸侯之家臣已无受全禄者”，部分家臣因而“恨主如敌”。[③]下级武士的生活状况，正如武阳隐士在1816年所著的《世事见闻录》中所说：“穷武士中，甚至于出卖祖上传下来的武器，其中还有他们的祖先在战场上拼命时使用的刀剑。将军的赏赐物，也被送进当铺，或是出卖求现。至于家中其他贵重物品，更是毫不介意地随手出卖。”[④]削减家臣的俸禄，违背了“御恩”与“奉公”的游戏规则，致使武士“恨主如敌”，这也更加说明从者的忠诚以主君的恩赏为基础的。

综上所述，德川时代的近世武士是处理行政、司法和财政等事务的文官官僚，即使是负责警备和承担警卫任务的番方武官官僚，军事职能也趋于空洞化、形骸化。此外，近世武士还从土地所有者沦为禄米领有者，失去了经济独立性，主君对家臣的控制力空前提高。极言之，近世武士作为行政官僚

① ［日］古岛敏雄、安藤良雄编《体系日本史丛书·14·流通史·Ⅱ》，山川出版社，1982，第13页。

② ［日］本庄荣治郎：《日本社会经济史》，改造社，1928，第294页。

③ ［日］塚谷晃弘、藏并省自校注《日本思想大系·44·本多利明、海保青陵》，岩波书店，1970，第20页。

④ 张荫桐选译《1600—1914年的日本》，生活·读书·新知三联书店，1957，第48页。

的生活方式，与中世武士作为职业战士的生活方式迥然不同。

第二节 以将军为核心的统治阶级

江户时代的武士通常认为大约有 40 万人，加上他们的家属约为 200 万，约占全国总人口的 6.6%。“据明治五年的调查，全国士族的总数为 1944557 人，其中，300 石以上的武士占一成左右。”[①] 其实，江户时代初期武士的数量应在百万左右。

历经三代将军、半个世纪的努力，德川氏终于确立起“将军地位至高无上、政治权力集中于武士身份的社会体制。家康耗费了最多的心血去创造这种制度，最终形成了在将军和幕府控制下，武士、天皇、公家、僧侣、百姓、工匠、商人、秽多、非人等人按照各自的身份或共同体与地区形成社会和组织，各司其职的社会秩序。”“通过将各种身份的人限制在各自的活动场所中，这种体制终于得以完成。”[②] 如前所述，德川氏为此专门制定了统治武士、天皇和公卿贵族、神职人员、农民、町人的法律。

在由数十万武士构成的金字塔形等级结构中，将军为顶点，其下是藩国大名，大名的家臣、家臣的家臣，即将军—大名—大名的家臣—家臣的家臣这种多层的主从关系。当然，这种主从关系之所以能够成立，关键在于石高制以及根据“御恩”承担的“奉公”（军役）——1000 石的恩赏承担 1000 石的军役。

① ［日］稻垣史生：《江户武家事典》，青蛙房，2007，第 116 页。

② ［日］池上裕子：《讲谈社·日本的历史·7·织丰政权与江户幕府：战国时代》，何晓毅译，文汇出版社，2021，第 378-379 页。

金字塔形的武士等级结构以法制为基本特征，保障了武士阶级特别是以将军为首的各级主君的安全，既不用担心藩国内部的“下克上”，也不用害怕强藩的挑战。

一、拥有绝对权力的将军

“1603年，家康被朝廷任命为征夷大将军。通过宣告作为镰仓、室町两源氏将军家的正统后继者，即武家栋梁的资格，加上实力支配，获得了传统权威统治的正当性，家康以后的历代德川将军君临于全体武士阶级之上。”①德川氏统治的合法性主要在于：（1）军事实力。1561年，德川家康开始数十年征战杀伐的戎马生涯，历经半个多世纪的经营，拥有绝对凌驾于其他大名之上的军事实力，光是“旗本八万”就相当于30—40家大名联合起来的武装力量，家康的家臣团经营时间最久、力量最大、战斗力最强、忠诚度最高。（2）源氏血统。德川氏多次修改姓氏，最后自称出自天皇家族的分支清和源氏，出任幕府将军后自称源家康。（3）天皇委任。1603年，德川家康被天皇任命为征夷大将军，正式创立德川幕府，以受天皇委托的形式统治全国。（4）意识形态。推崇以儒家朱子学为核心、儒神佛三教合一的思想，“儒学作为政治之学和实用之学从佛教中独立出来”。②朱子学的名分论和五伦五常等伦理道德，充当德川氏统治合法性的思想基础。

德川家康出身于三河国的世代豪族松平氏，是第八代本家三河国冈崎城主松平广忠的长子，1542年生于冈崎城，幼名竹千代，初名元信，后称元康，继而又改为家康。其母是三河国刈谷的城主水野忠政之女。

德川氏出自源氏的说法，至今众说纷纭。不过，德川氏取得天下靠的乃是实实在在的武力。德川家康韬略过人，武功超群，是东海道首屈一指的武

① ［日］藤井让治：《日本的近世·3·统治体制》，中央公论社，1991，第46-47页。

② ［日］北岛正元：《江户时代》，米彦军译，新星出版社，2019，第73-74页。

将。6岁开始作为人质的生涯，先后寄居于织田信秀和今川义元处13年，成长于艰苦而又凶险的战争环境，养成了坚忍不拔的性格和卓越的政治谋略。

除个人杰出的军事、政治才干外，有日本学者认为："德川家康取得天下的一大原因，就是三河时代的谱代家臣团的强固组织。"[①] 和丰臣秀吉不一样，德川家康通过谱代家臣团的强固组织培养了一大批甘愿为之战死的家臣。"战国割据之时，属于德川氏旗下，有理无理，只知有德川而不知其他，为家为主，眼看必败必死也要勇往直前。此即三河武士。"[②] 以至有"三河武士甲天下"的说法。

德川氏的三河家臣团包括两个部分：一是"松平十八骑"，即家康的先祖松平亲氏至家康之父广忠时代，从松平家独立出去的松平分家而形成的松平庶子家，俗称"十八松平"。十八松平庶子家分别以所领地名为苗字，如大给、形原、深沟、藤井、樱井、能见、御油、竹谷、福釜等，都称松平家。二是"三河谱代"，包括松平乡谱代、岩津谱代、安城谱代、冈崎谱代，或称岩津、安城、冈崎三谱代。谱代家臣中，既有能征善战的所谓武功派家臣，如，"支撑家康的家臣，有后来称之为'德川四天王''三人众''十六将'的武将。'四天王'有酒井忠次、本多忠胜、榊原康政和井伊直政，'三人众'为除酒井忠次之外的其余3人，'十六将'是除'四天王'外的大久保忠世、大久保忠佐、渡边盛纲、内藤正成、蜂屋贞次、平岩亲吉、鸟居元忠、松平康忠、高木清秀、服部正成、米津正胜等。"[③] 也有民政事务的顶尖高手，即以德川家康的股肱之臣本多正信、本多正纯父子为笔头的吏僚派家臣。也就是说，德川家康预先为德川幕府储备了足够的人才。

1560年5月，桶狭间战役中今川义元战败被杀后，德川家康回到冈崎，从长达13年的人质生涯中解放出来。1561年，与今川义元的后继者断绝主

① ［日］儿玉幸多：《日本历史·18·大名》，小学馆，1975，第54页。
② ［日］高桥富雄：《武士道的历史·第3卷》，新人物往来社，1986，第182页。
③ ［日］藤野保等编《德川家康事典》，新人物往来社，2007，第253页。

从关系。与此同时，又与长期为敌的织田信长在尾张国的清洲结成军事同盟——清洲同盟。此后，德川家康开始蚕食今川氏的领地，势力日增。1567年，与甲斐的武田信玄约定瓜分今川氏的领国骏河和远江。1575年，在织田信长3万大军的援助下，取得长筱城战役的胜利，打败武田信赖的军队。1582年3月，因协助织田信长讨伐武田氏有功，得到骏河。今川氏、武田氏、后北条氏相继失败后，其遗臣大多被德川家康录用。

“本能寺之变”后，丰臣秀吉忙于争夺信长继承人的地位，家康趁机向甲斐、信浓扩张，成为跨越三河、远江、骏河、甲斐、信浓5国的强大势力。1585年，德川家康将其总部迁往昔日今川氏的都城骏河。1590年，协助丰臣秀吉剿灭关东地方的强大势力北条氏。“战后，家康被转封至关东6国（武藏、相模、伊豆、上总、下总、上野），领地242万石，成为江户的城主。”[①]最不被丰臣秀吉信任的德川家康，成了其手下实力最强的大名。

当其他大名在侵略朝鲜的战争中消耗实力时，德川家康则在和平环境中专心治理领国。为家臣团分配知行地和重新配置家臣，巩固根据地；在新领地全面进行检地，确保年贡和夫役的征集；撤换不称职的代官，惩处不法官吏，稳定民心；等等。在德川家康近10年的精心治理下，新领国政治稳定，经济繁荣，军事力量增强。总之，德川家康已经为下一轮霸主争夺战做好了准备。

1598年，丰臣秀吉去世。在他去世前，其近臣已分裂为两派，一派是“文治派”，由主要管理行政事务的奉行人组成，以官僚大名石田三成（1560—1600年）、小西行长（？—1600年）为首，也称“文吏派”；一派是“强权派”，由主管军事、自恃武勇的军事将领组成，以加藤清正（1562—1611年）、福岛正则（1561—1624年）为首，也称“武断派”。1599年，两派矛盾日趋激化，形成以德川家康为首的“东军”和以石田三成、毛利辉元为首的

① ［日］桑田忠新：《战国武将三十人》，新人物往来社，1996，第139页。

“西军”。1600年9月，两军在美浓国的关原（今岐阜县境内）地方决战，即关原之战，德川家康统率的东军大胜，天下已无任何势力能与家康抗衡。战后，德川家康实际上已经成了全国的统治者。

1603年，后阳成天皇发布敕令，任命德川家康为右大臣和征夷大将军。1605年，德川家康把将军一职让给自己的第三个儿子德川秀忠（1579—1632年），自己则成了大御所（前将军），隐居于老根据地骏府（今静冈市）遥控幕府。此举一是培养锻炼德川秀忠，使之增长才智，树立权威。二是昭示天下，将军一职只能由德川氏世袭，他人不得染指，打击身为朝廷内大臣和丰臣秀吉法定继承人的丰臣秀赖。

1614年8月，72岁的德川家康为了铲除后患，炮制“方广寺钟铭事件”，发兵进攻大阪，丰臣秀赖的大阪城有两道护城深壕，德川军屡攻不下，双方议和，史称“大阪冬战”。1615年5月，德川氏重启战端，并攻入大阪城，丰臣秀赖切腹自杀，其母及近臣大多随之殉死，8岁的儿子丰臣国松被斩首，7岁的女儿出家为尼，丰臣一族，几被赶尽杀绝，史称“大阪夏战”。1616年，德川家康去世。

德川氏以武力取得将军的称号，拥有前所未有的绝对权力。政治上，是国家的实际统治者，德川家的家长代代拥有“征夷大将军”的称号，将军的幕府是实质性的中央政府，有权颁布一切政令，天皇处于幕府官吏的监视和《禁中及公家诸法度》约束之下，幕府的一纸命令便可对大名进行转封、减封和改易。经济上，是全国土地的最高所有者和全国第一大地主，17世纪中后期，将军的直辖领地石高在680万石左右，此外，还有经营全国重要矿山、独占国内主要市场和对外贸易的利润，垄断金银开采、货币铸造和工商业者的税金等。军事上，将军是全国军事力量的最高统帅，幕府是指挥全国军事力量的最高统治机构；直属将军的军事力量号称“旗本八万骑”，拥有压倒30—40家大名联合的武装力量。

概言之，前三代将军德川家康、德川秀忠、德川家光（1632—1641年）

推行强权政治，削弱大名的实力，巩固统治地位，完善统治体制，造就了德川氏的太平盛世。而且，为第四代将军德川家纲（1641—1680年）至第七代将军德川家继（1709—1716年）的“文治政治”奠定了坚实的基础。直到幕府末期，将军依然可以仅凭一纸法令对大名进行转封、减封和改易，将军德川氏的权威由此可见。

当然，三代将军半个世纪武力政治的重点，是强化德川氏作为权力和财富最终分配者的地位，冻结武力、制止战争、维护和平，使藩国大名“无害化”，确保德川氏的安全。

二、效忠将军的藩国大名

强幕弱藩，强主弱从。将军的直辖领地和统治范围空前膨胀，据说有700万石，约占全国石高总量的四分之一。与此相反，大名的领地和统治范围则大大缩小。室町时代全国分为66国，守护大名仅有40余个。德川时代，除将军的直辖地外，全国共分为260多个藩国。

“战国时代的大名，相互间为了领土扩张而频频发生战争，扩大自己的所领。可是，丰臣秀吉统一全国后确定了所领，领土扩张事实上已不可能。而且，在德川政权下，所领已经由幕府安堵，并最后确定。”[①] 也就是说，德川时代的一大特点是，大名失去了以战争手段扩张领地、增加财富的机会，增加所领（增封）是将军的权力。

大名是领有1万石土地以上的上级武士，既是将军的家臣，又是所在藩国的武士首领和最高统治者。大名的来源主要是：其一，从战国大名发展为近世大名的旧族大名，也称“国众大名”；其二，织田信长、丰臣秀吉提拔的织丰大名，也称“上方大名”；其三，德川氏通过关原之战确立起霸权地位，并从其家臣中提拔大名，即德川氏大名。大名（藩国）的数量因时代而异，

① ［日］进士庆干：《江户时代武士的生活·生活史丛书·1》，雄山阁，1980，第81页。

“近世藩国的数量，元禄四年（1691年）243个，庆应元年（1865年）266个，明治四年（1871年）283个。”[①]俗称“三百诸侯”，领地在1万—100余万石。一般而言，20万石以上为大藩，20万石以下、5万石以上为中藩，5万石以下为小藩。

成为大名的资格有：一是直接臣服于将军，二是领有禄米年收入1万石以上的土地。按照与将军家关系的亲疏，大名分为亲藩、谱代和外样三类，具体参见表3。

表3 大名的分类及其拥有的领地

类别	50万石以上	20万石以上	10万石以上	5万石以上	5万石以下	合计
亲藩	2	4	8	1	8	23
谱代	0	2	16	33	94	145
外样	5	9	8	12	64	98
合计	7	15	32	46	166	266

亲藩大名23个，是德川氏的族人，拥有领地260万石，平均约为11万石。谱代大名共145个，拥有年产稻米670万石的土地，平均不足5万石，在关原之战前臣服于德川家康，是协助家康夺取天下的有功之臣。“近世大名，绝大部分出自德川家康的家臣。随着德川氏支配力的扩大，他们也成了得到土地的大名或旗本。其中，松平氏居住三河的时代，以及居住在远江、骏河时代的家臣系统占极大的比重。”[②]谱代大名深得德川将军信任，构成江户幕府强大军事力量的中核，德川家康对他们不是给予大额石高，而是让其占据幕府枢要。外样大名98家，共有土地980万石，平均10万石，是关原之战后

① [日]大石学编《近世藩制、藩校大事典》，吉川弘文馆，2006，第7页。

② [日]儿玉幸多：《日本历史·18·大名》，小学馆，1975，第84-85页。

归顺德川氏的大名。将军对他们的打击最重、防范最严，一般被安置在边远地区或是幕府认为在军事上、经济上无足轻重的地区，并在其周围安置谱代大名进行监视。

将军不断以莫须有的罪名没收和减少大名的领地，亲藩、谱代也不能逃脱改易、减封和移封的命运。如，福井的松平忠直（德川家康之孙）、骏府的德川忠长（德川家光之弟）都被罢了官，没收了封地。[①] 再如，“三河三奉行的家，哪个都是从家康的祖父时代就侍奉松平氏的累代家臣。”“这些跟随德川氏打天下的武将，尽管功勋卓著，然而，一旦战场上尘埃落定，也免不了‘狡兔死，走狗烹’的下场。”[②] 显然，这是德川氏的既定政策。

德川幕府建立后，德川氏始终认为拥有军队的藩国大名是德川氏的最大威胁，控制大名事关德川幕府的生死存亡。因此，在关原之战后，控制大名就成了德川氏统治政策的重中之重，前三代将军武断政治的首要对象就是大名。除改易、转封、减封之外，德川氏对大名的统治政策或针对大名的无害化政策中，影响深远的措施主要有：第一，冻结了大名的军事权。第二，参觐交代制度。

通过改易、转封、减封和《一国一城令》《武家诸法度》等，德川氏成功地使大名“无害化”，即不足以对德川氏的江山构成威胁。而且，必须唯将军之命是从才能保住大名的地位。

将军与大名的关系是主从关系，必须指出的是，这种主从关系不是将军家与大名家的关系，而是将军与大名个人的关系。因此，无论是将军更替，还是大名替换，都要重新履行相关手续。

将军与大名的主从关系也是“御恩”与“奉公”的交换关系，并以主君的“御恩”为基础。“构成幕藩关系——将军和大名关系的基轴，是将军对大

① ［日］坂本太郎：《日本史概说》，汪向荣、武寅、韩铁英译，商务印书馆，1992，第 277 页。
② ［日］儿玉幸多：《日本历史・18・大名》，小学馆，1975，第 93 页。

名的‘御恩’，即将军为大名分配领地和保障大名原有的领地。”“大名对将军‘御恩’的报偿，最典型的就是为将军服军役。”[①] 军役制度形成于1633年，即第三代将军德川家光时代，军役数量各时代不尽相同，《德川实纪》和《日本财政经济史料》详尽记载了1633年从200石中级武士到100000石大名的军役任务。军役的最小单位是200石的旗本，军役是8人；600石15人；1000石23人，另加枪1支、弓1张[②]；1万石的大名要提供235人、马10匹、弓10张、枪20支、矛30支、旗3面。

除军役外，大名还需完成准军役性质的“奉公”。主要有：第一，将军出行时的警卫。第二，改易大名城池的接收、警备。第三，江户诸城门的番卫、火灾警戒、将军家的菩提所——增上寺、宽永寺的火灾警戒。第四，他领检地，对幕府改易大名领地的检地。第四，城郭、寺社等的建筑、修缮。大名如果怠慢军役任务，将会面临改易的处罚。

大名的军役，核心是为幕府提供一定数量的军队和武器装备，维护德川氏的统治秩序，对公家和农工商实行武力控制和威慑，使之绝对服从武士阶级的统治。

不过，江户时代的主从关系也出现了如下一些新特征：第一，“主从关系的基础不再是封地，而是俸禄。”[③] 主从关系的纽带由土地演变为大米，恩赏与效忠都表现为一定的量。君臣关系、恩赏与效忠的关系，更像是买卖交易的关系。第二，主君掌握家臣的经济命脉。“武士从受封地的诸侯地位，变为领薪水的官员（特别是在下级）。”“武士作为受薪的官吏，生计要完全依赖大名和以城堡司令部为中心的军事职务和行政职务。”[④] 除将军外，其余武士都丧失

---

① ［日］藤井让治：《日本的近世・3・统治体制》，中央公论社，1991，第50页。

② ［日］藤井让治：《日本的近世・3・统治体制》，中央公论社，1991，第57页。

③ ［日］伊东多三郎：《幕藩体制》，中央公论社，1947，第28页。

④ ［美］约翰・惠特尼・霍尔：《日本——从史前到现代》，邓懿、周一良译，商务印书馆，1997，第150-151页。

了经济独立性。第三，主君的支配权越来越大。主从关系愈来愈强调主君的权利与家臣的义务，君臣间的权利与义务以主君的意志为转移。而且，所有家臣武士都无权解除与主君的从属关系，更无权反抗主君。

总之，身处太平之世，凭借战场上的军功获得500石、1000石俸禄的时代已经成为遥远的过去，只有效忠主君、履行义务才能保住禄米。

其实，随着幕藩体制的确立、武士生活方式和存在方式的变化，武士不仅分为蕃方和役方，也分化为传统的旧武士和与时俱进的新武士。旧武士身上残留着较多战国时代的杀伐习气，他们怀念昔日的军营生活，希望以战场上的军功获得恩赏、安度余生；离开知行地、居住在城下町的新武士作为行政官僚，比起战场上生死无常的血腥生活，更乐意主君定期发放禄米，过无忧无虑的生活，凭借出色的政治才能在和平时代实现人生价值。

由于从者丧失了经济独立性，主君对从者的约束力空前提高，从而有效维持了主从关系的稳定性。德川氏之所以能维持250多年的和平，主从关系的稳定性发挥了不可替代的重要作用。当然，从者丧失经济独立性，对主君的依赖性越来越强，这些对德川时代的武士道也有重要影响。

三、丧失独立性的中下级武士

大名之外的其余武士，或为直属将军的旗本和御家人，或为藩国大名的藩士，总数在百万左右，武士和另类武士——浪人（失去主君、知行或俸禄，脱离封建主从关系的武士）各有约50万。德川家康、德川秀忠、德川家光三代将军通过改易和减封大名等的统治政策，在17世纪前期“就产生约40万浪人，平均每年8000人”，还不包括织田信长、丰臣秀吉时代产生的浪人。“关原之战以后，大名大规模人事异动产生的浪人总数有50万人之多。”[①]

① ［日］北岛正元：《江户时代》，米彦军译，新星出版社，2019，第61页；［日］高桥昌明：《日本武士史》，黄霄龙译，社会科学文献出版社，2020，第159页。

按江户时代的军役，10万石大名提供兵役2155名计算，17世纪中期大名领国有2250万石，兵役总额为484875名，加上将军的旗本“八万骑”，共计564875名。

在将军的家人中，万石以上者是谱代大名，万石以下者为旗本和御家人。“旗本和御家人的区分，一是俸禄，200石以上为旗本，200石以下为御家人，当然也有种种例外；一是能否谒见将军，有资格谒见将军者为旗本，无资格谒见将军者为御家人。”① 通常，以能否谒见将军为区分旗本和御家人的标准。

旗本和御家人大多是昔日与德川氏关系极深的累代武士，以士气旺盛、对将军忠贞不贰著称，为一般武士之典范，是幕府的心腹和政权支柱，深得幕府器重。在幕府的中央和地方（主要指幕府的直辖领地）政权机构中，原则上讲，幕府的大老、老中、若年寄、寺社奉行等高级官职由谱代大名担任，町奉行、勘定奉行、大目付、目付和幕府直辖地的代官、郡代等中下级职务由旗本担任。在身份等级制影响下，幕府严格规定了旗本的任职资格。例如，“5000石的御侧众、御留守居、大御番头，4000石的御书院番头、御小姓番头，3000石的大目付、町奉行、御勘定奉行，2000石的御旗奉行、御作事奉行、御普请奉行。”② 根据军事主从制的序列担任相应官职，御家人只能担任旗本之下的职务。军事上，旗本和御家人构成幕府的禁卫军，战时率领属下六七万士卒为将军舍命疆场。

旗本大部分是中级武士，御家人基本上属于下级武士。旗本年收入最高者有9990余石，千石以上834人，500石以上者842人，最低者只有20石。御家人收入最高的为240石，大多数在100石以下，最低者只有薪金4两和1人的口粮。据江户幕府中期的史料记载，旗本的家禄大多数在500石以下，御家人平均不足50石。“旗本1000石以上约占16%，100—500石占60%。

---

① ［日］武士生活史研究会编《图说近世武士生活史入门事典》，柏书房，1991，第128页。
② ［日］稻垣史生：《江户武家事典》，青蛙房，2007，第113页。

御家人100石以上者将近2%，49石以下者占94%。”[①] 可见，旗本和御家人，虽然身份特殊，但是经济收入并不高。幕府末期，包括御家人在内的“下级武士为了糊口，也不得不从事副业”。

全国武士的绝大部分是藩士，即藩国大名的家臣，数量为30余万人。年收入最高者超过万石，最低者只能领几贯钱，大部分是20石左右。他们住在藩国大名的城下町，依靠禄米生活，是都市生活的消费者。总之，所有武士都成了住在城下町、领取禄米生活的新式武士——食禄者。

藩士的类别：（1）根据与大名主君的主从关系，分为亲藩（一门）、谱代和外样；（2）根据封禄的质量好坏和数量多寡，有地方知行、切米取（禄米）、扶持米取（禄米）；（3）根据御目见（谒见资格），就像将军的旗本与御家人一样，有谒见大名资格者为上士，无谒见资格者为下士；（4）根据军制由来的身份秩序，大名家本来就是作为军团而存在，以大名主君为总大将，形成大名主君—一门、家老—番头（组头）—物头—平士—徒士—足轻—中间、小者和身份系列。在上述种种划分标准中，“军制的身份阶层秩序，是考察大名家内部政治秩序的关键要素”[②]。事实上，军事关系贯穿武家社会。

大名的家臣团通常由以下几类家臣构成：（1）一门家臣，即由主家的分家血统、主家的兄弟等亲族构成的家臣，这是来自血统、血缘的身份。（2）累代侍奉主家的谱代家臣。他们是主家、主君原来的仆从，必须无条件地忠于主家、主君，即大久保彦卫门所说的“御家之犬”。（3）外样家臣，即曾经是同辈的或对等地位的家臣。（4）新聘家臣，也属外样家臣。这些后加入者或是因为出类拔萃的武功，或是因天下知名的武名而被选中。（5）主君的宠臣和身边的出头人。也是新参者，或是主君之妻的缘故者，或是主君乳母之子儿时就在主君身边者，或是擅长财政等吏务者。（6）行政事务和番卒等雇佣者。

① ［日］日本之谜探讨会编《江户武士的一天》，河出书房，2008，第33页。

② ［日］笠谷和比古：《近世武家社会的政治构造》，吉川弘文馆，1993，第159页。

主要是在元和、宽永以降和平时代招聘的，身份地位低，大多不出徒士、足轻之上。

藩士内部又按俸禄和门第细分为很多等级，“像越前鲭江藩这种5万石的小藩，从家老到徒士有63级，如果包括卒，则高达75级。通常是家老、番头、物头、徒士头、马迴、徒士、足轻及其以下8级，继承了战时编成的阶层等级。”[①] 位阶制的金字塔式阶层组织世代相袭，各藩官职均由其俸禄或门第决定。以家老为代表的少数权门武士，是拥有特权的中级武士，有70余位陪臣的禄米收入高达万石，他们世代把持藩政，掌握大名藩国的政治、经济、军事大权。

除上述幕府和各藩在册的武士外，德川时代的武士还有非主流地位的武士——乡士和浪人。

“在大名的家臣中，乡士的身份低于藩士，但比农民高，是领内支配的中枢。享受武士的待遇，又与正规武士（藩士）不同，作为原则，乡士居住在农村。”“根据乡士的产生源流，分为旧族乡士和提拔乡士。前者是除战败和改易、削封之外的原因而土著化的武士身份系谱者；后者是指因为献金和新田开发有功而被提拔者。”[②] 乡士出现于织田信长和丰臣秀吉时代，特别是丰臣秀吉时代，武士离开农村，跟随主君移居到城下町，成为武士；或是保留土地，居住在农村。于是，那些依然留在农村和自己原有土地上的武士就变成了乡士，保有参加战斗的一付（一领）甲胄和一匹马，即“一领一匹”或“一套甲胄”。乡士居住在农村，有自己的土地，专事农业生产，经济上大多是本地的上层百姓，相当于富农；政治上，农村基层组织的“村方三役”（名主、组头和百姓代）大多由他们担任。

浪人，也称牢人、牢笼人。“所谓浪人（牢人），是指失去主君和知行、

---

① ［日］下村效编《日本史小百科・武士》，东京堂，1993，第180页。

② ［日］下村效编《日本史小百科・武士》，东京堂，1993，第181页。

俸禄的武士，因战争、大名的转封、改易、减封而产生。”[①]“牢人是和平时代的产物。牢人是战斗者，以战争为职业。然而，随着德川氏霸权的确立和以幕府为中心的体制的形成，和平时代的牢人成了无用之人，而且还是严重影响统治秩序的危险分子。”[②]浪人的大量产生，源于幕府的大名政策。

德川时代浪人大量涌现的首要原因是幕府的大名政策。关原之战、大阪之战中与德川氏作战失败的大名，因嗣子问题而导致藩国内乱的大名，违反幕府法令的大名，均受到改易、减封等处罚。“在1600年的关原之战至1651年由井正雪事件的约50年间，改易198家，石高1688万石；减封19家，石高249万石；合计217家，1937万石。如果按当时的军役1万石200人计算，这期间就产生了约40万浪人（平均每年8000人）。所以，大部分浪人是因确立幕府权力的政策所致。”[③]没收和削减大名的领地，使人数众多的武士成为失去主君和俸禄的浪人，他们大多流入江户等大城市。1614—1615年大阪之战时，丰臣秀赖就召集了近10万浪人抵抗德川家康。第二个原因是从17世后半期开始，各藩国出现财政困难，纷纷削减家臣团，不少武士因此成为浪人。“17世纪末，同心、足轻之类的牢人，即轻浪人不断增加。这无疑是由于大名财政困难削减家臣团，或者是因节约政策而产生的，成为牢人的原因与其说是政治的，不如说是社会的。”[④]战争年代，浪人还可以加入别的武士团，和平年代则几乎堵死了这条道路。流入江户的浪人们住在大杂院内，或从事制伞等副业，或成为医者、剑术教师和寺子屋的教师等。

浪人受过严格的军事训练和战火的洗礼，精通军事技战术，一有机会便重操旧业，驰骋疆场。尤其是上层浪人，武功超群，野心勃勃，手下仍有一

---

① ［日］武士生活史研究会编《图说近世武士生活史入门事典》，柏书房，1991，第142页。

② ［日］辻达也：《日本的近世·10·近代的胎动》，中央公论社，1993，第52-53页。

③ ［日］进士庆干：《江户时代武士的生活·生活史丛书·1》，雄山阁，1980，第274页；［日］栗田元次：《江户幕府政治·1》，岩波书店，1935，第36-37页。

④ ［日］辻达也：《日本的近世·10·近代的胎动》，中央公论社，1993，第54页。

批世代相随的谱代家臣（浪人）。大量浪人的出现，又形成新的社会问题，并对幕府的统治政策形成一定程度的威胁。因此，幕府将浪人视为危险势力、敌对势力，采取高压政策。1623 年，发布牢人驱逐令，不许牢人匿居京都。同年的《诸士法度》规定，牢人不得重新就职。1637—1638 年的岛原起义中，浪人武士还是起义军指挥，幕府在镇压起义后，对浪人严密控制。

德川幕府时代，所有军事家族都失去了与军事霸主德川氏为敌的实力，所有武士都成了居住在城下町领取禄米生活的新式武士，一切有实际威胁或潜在威胁的军事家族都遭到了改易、减封、转封，并处于德川氏领国体制和《武家诸法度》的统治之下。无论是大名还是一般武士（包括浪人），要想生存下去就必须放弃野心，丢掉有朝一日能凭借武力成为一国、一城之主的幻想。德川氏要求社会各阶级安分守己、奉公守法，在规定的活动空间施展才华，体现人生价值；倡导忠诚、服从和中国的儒家人伦道德，禁止武力行为，断绝杀伐之心。

第三节　朱子学对武士道的改造

武士道是时代的产物，不同的时代有不同的武士道。战争时代是职业战士夺取天下的武士道——煽动侵略扩张的武斗者之道，和平时代是行政官僚治理天下的武士道——维护现存统治制度的执政者之道。

关原之战以后，德川氏根据时代的需要，一方面铲除、削弱和控制威胁德川氏的物质力量，使军事家族“无害化”；另一方面构建维护德川氏统治地位的意识形态，将职业战士应对战争实践的道德规范改造成为执政者治国理政的道德规范。不过，能够为德川氏的统治地位提供合法性、为执政者之道的武士道提供思想渊源的，唯有强调大义名分和人伦道德的中国儒家朱子学。

一、儒学的独立和使命

如前所述，在打天下的战争年代，神道驱使武士将侵略扩张视为自己的神圣职责，要求以生命作为侍奉主君的工具，满足武士“武运长久，战争胜利”的心理需要，激发武士的武勇之心、杀伐之心；禅宗佛教以“生不可喜，生不可悲”的生死观，帮助武士断绝生死羁绊，以视死如归、死中求活的心态奔赴战场，使武士成为不要命的杀伐工具。德川时代的和平岁月里，在战争生活中形成的道德规范与现实生活之间——战士的道德规范与官僚的现实生活——的矛盾日益突出。对此，神道、禅宗佛教束手无策，于是，解决这一矛盾的重任历史地落在了儒学的肩上。

“随着临济宗传入日本，从镰仓初期起，作为达到禅的手段，朱子学便在禅僧中受到重视，随着室町幕府与五山关系的不断加深，为了弥补临济宗所欠缺的现实性的政治统治理论，也要鼓励学习朱子学。”[①] 不过，中国的朱子学取代禅宗成为武士道居支配地位的思想渊源则是在江户时代，这符合武家统治者治国安邦、征服民心的需要。历经镰仓、室町时代前期数百年历史岁月的浸润，儒家朱子学也逐渐为人们所接受。进入战国时代后，不少战国大名出于统治领国的政治需要，借助中国儒学“治国平天下”的政治思想。例如，战国大名的分国法都不同程度地受到儒家思想的影响，特别是《武田信玄家法》《大内家壁书》和《长宗我部元亲百条》。[②]

儒学影响的扩大，为其脱离禅宗独立发展创造了条件。“儒者一旦从僧侣身份中独立出来，儒学也自然会独立出来。”[③] 日本儒学走向独立的标志性事件，是藤原惺窝（1561—1619 年）脱离禅门转向儒学并还俗。

---

① ［日］三宅正彦：《日本儒学思想史》，陈化北译，山东大学出版社，1997，第 15 页。

② 王家骅：《儒家思想与日本文化》，浙江人民出版社，1990，第 257 页。

③ ［日］北岛正元：《江户时代》，米彦军译，新星出版社，2019，第 74 页。

惺窝是名门贵族藤原氏冷泉家的后裔，幼年出家，为京都五山的禅僧，后来弃佛崇儒，专研朱子学（南宋时，以朱熹为代表的儒学，也称宋学、性理学）。1599 年著《四书五经倭训》，是日本第一个取朱注之意用日文字母加于“四书五经”字旁的儒学家，因而被认为是日本“朱子学之祖”。惺窝有门徒 150 人，其中林罗山、松永尺五、那波活所、堀杏庵被称为“藤门的四天山”，都是著名朱子学家。松永尺五较好地继承了惺窝的朱子学学统；木下顺庵是松永尺五的门生，顺庵门下人才辈出，有新井白石、室鸠巢、雨森芳洲、三宅观澜等“木下十哲”。据丸山真男介绍：“在幕府开创以前，家康就显示了对儒学的关心，根据罗山的《惺窝先生行状》，文禄三年（1593 年），家康就把惺窝招到了江户，使之讲授《贞观政要》。关原之战以后，在京师，他也多次去惺窝那里聆听圣学。惺窝一生未仕，但由于他的推荐，罗山（林罗山，藤原惺窝的弟子——笔者）得到了家康的礼遇，并在庆长十二年（1607 年）成为幕府的政治顾问，大受重用，‘罗山于国家创业之际，大受宠任，起朝仪，定律令，大府所需文书，无不经其手。’”[①]1600 年，德川家康召惺窝到江户还俗，创儒学京派。

惺窝及其门下著名的一批儒学家，推动了日本儒学的全盛。惺窝之后，继续致力于儒学独立和朱子学官学化的是林罗山（1583—1657 年）。

罗山出生于武士家庭，13 岁入京都五山之一的建仁寺作稚儿（非正式的僧侣，主要任务是读书、学习作诗和接受教育），18 岁（1600 年）始读朱熹的《四书集注》，从此倾心于朱子学，并在京都召集门徒讲朱注。1604 年，结识并投入惺窝门下，专攻宋儒之学，终成日本朱子学派名副其实的开创者。1607 年，经惺窝推荐到京都二条城谒见德川家康，受其赏识，由此仕官一生，历仕德川家康、德川秀忠、德川家光、德川家纲四代将军。罗山批判

---

① ［日］丸山真男：《日本政治思想史研究》，王中江译，生活・读书・新知三联书店，2000，第 8 页。

佛教，促进了日本儒学的独立；从仕50余年，“按照幕藩体制的要求，对江户时代武士阶级面临的诸多问题，都力图从朱子学的角度加以解决，从而使藤原惺窝时期尚停留于修身齐家范围的宋学，提高到作为治国平天下思想武器的高度”①。罗山的后人中人才辈出，第二代的鹅峰（春斋）、第三代的凤冈（信笃）都较好地继承了前人之学，效力于幕府，成为官学的祖师。罗山编纂的《本朝编年录》，从历史角度肯定江户幕府的成立。其子鹅峰继承父业，编纂《本朝通鉴》。罗山确立起朱子学的特权地位，以及林家在学界的领导权。林家后人作为幕府的御用文人，子孙相继，都被任命为大学头，掌孔庙的主祭。

林罗山作为幕府儒官，以满足将军的需要为己任。宣称：“‘本朝神道是王道，王道是儒道，固无差等’，而‘王道唯弘，是我天神所授道也’。可见，林罗山所倡导的朱子学，并不是由中国传入的真正的朱子学，是为了维护幕府统治的御用朱子学。”他对待中国封建文化是有所选择的，“如忠孝节义观，便带有浓厚的日本色彩”②。其实，外来文化只有日本化（有日本的特点）、只有被掌权者认为是“有用之学”，才能在日本流传开来。朱子学之所以能成为官学，根源就在于它能为幕府解决难题。

儒学（朱子学）作为“政治之学和实用之学”，从佛教中独立出来，承载着为德川幕府排忧解难的使命。丸山真男阐述道：“家康关心儒学的理由何在呢？这一点，《德川实记》记述说：‘虽以马上得天下，然生来即具神圣之性，渐知不可以马上治天下之道理，常遵信圣贤之道。英断曰：大凡治天下国家，唯行人之所以为人之道，此外别无所谓道。治世之初，常助文道，世误以为好文之主，耽于文雅风流者，颇不乏人。’”德川家康“深深感到，欲转换战国杀伐之心，就需要振兴道德教化。”“在儒学经书中，家康特别喜欢阅读

① 王家骅：《儒家思想与日本文化》，浙江人民出版社，1990，第87页。

② 伊文成、汤重南、贾玉芹主编《日本历史人物传·古代中世篇》，黑龙江人民出版社，1984，第314页。

《孟子》一书。”“家康不只要在儒学中找到教化手段，而且也许还要摸索江户幕府合法性根据。”[①] 换言之，家康希望从儒学中寻找治国之道和幕府合法性的依据，以儒学振兴道德教化。

北岛正元说：“江户幕府建立时，日本已经有了佛教、神道等思想体系，但是，能够从思想上强有力地支撑幕藩体制社会结构的，只有儒家思想中的名分论和五伦五常等伦理道德。这是因为，幕藩体制社会结构的基本框架是以将军和大名为顶点的极为细分化的家臣集团身份结构，以及武士对农、工、商三个阶层的绝对优越地位和权威。”北岛进而明确指出朱子学在幕府建设时期肩负的三大使命：第一，“摆脱日本中世的世界观。‘天道’‘天命’等充满革命性的思想是日本战国时期以来‘下克上’思想的来源，也是近世之后倾奇者的指导思想。因此，朱子学首先要做的，是将‘天道’‘天命’与朱子学中客观的‘理’相结合，使‘天道’‘天命’发生脱胎换骨的转变。”幕府还强行将战国武士的另一道德价值观——献身精神与儒家道德观念结合起来。第二，“同佛教的现世人伦否定观做斗争。惺窝反驳相国寺僧人说：‘人伦皆真……圣人为何抛弃人间世。’（《惺窝先生行状》）以此攻击佛教脱离俗世的一面。”第三，“对抗基督教的世界观和伦理道德，为幕府的禁教政策提供强有力的理论依据。”“幕藩体制是在否定庄园制的基础上形成的，具有现实主义和理性主义倾向，朱子学的理论体系正符合这一倾向。朱子学的‘理’所指的是包含在万物中的‘物理’，即自然法则，放在人的层面，就是规范人类行为的‘道理’。而朱子学的道学性格就体现在‘道理’先于‘物理’这一点上，以史为鉴而正名分的观点由此而来。”总之，“朱子学是最符合幕藩体制的理论。”[②] 在北岛正元看来，朱子学的首要使命是将“天道”“天命”这一“下克上”的思想改造为不能“下克上”的思想。

---

① ［日］丸山真男：《日本政治思想史研究》，王中江译，生活·读书·新知三联书店，2000，第8-9页。

② ［日］北岛正元：《江户时代》，米彦军译，新星出版社，2019，第75-77页。

升味准之辅的研究认为，德川家康要防止强者更迭的可能性，而“担当这项任务的，是朱子学。按照朱子学的说法，在这个世界上，无论是自然界，还是人世间，均受‘理’的统御。‘理’内在于万物，寓于万物而使万物存在。在‘理’的作用下产生的人类社会的秩序，是君臣、父子、夫妇、兄弟、朋友五种人际关系（五伦），人必须根据这个规律行动。这个‘理’同那个‘天道’一结合，‘天道’就发生了变质。即开始否定和排斥‘下克上’的无秩序行为，认为顺应五伦的秩序的行为才合乎正统。在想要克服‘下克上’的行为从而巩固已经安定的统治的幕藩体制创始人看来，朱子学无疑是最靠得住的学说。”① 显然，升味准之辅也认为朱子学有助于维护幕藩体制、防止“下克上”。

在天下太平的江户时代，“很难原封不动地将……战国武士特有的精神气质作为德川社会武士的指导原理。德川家康深感有必要从道义上为武士们的新的生活方式提供根据而不是回到过去时代，骑着马打下的天下不可以骑着马来治理，在这一基础上他引进了儒教。”② 江户幕府建立前德川家康就表达了对儒学的向往，1593 年冬曾请藤原惺窝（1561—1619 年）到江户，并为其讲读《贞观政要》。

美国学者霍尔认为：“儒教的传播是和新的幕藩社会、政治秩序的形成齐头并进的。因为儒教首先考虑的是政治和社会事务，这正符合德川统治者和武士阶级的利益。早期的德川统治者面临的问题是在战争骚乱之后如何恢复秩序，而这正好是儒家自诩为拿手的实际问题。”“儒教对于德川的政治秩序的重要性，在于提出了一个政府的新学说和一个和谐的社会的新远景。它所预见的理想社会秩序是各阶级都排在一个自然的等级表内。每个阶级里的人都有他应有的位置，并努力在生活中完成自己的使命。”儒教对“政治秩序

① ［日］升味准之辅：《日本政治史·第 1 册》，董果良、郭洪茂译，商务印书馆，1997，第 5 页。

② ［日］源了圆：《德川思想小史》，郭连友译，外语教学与研究出版社，2009，第 67 页。

的忠和对家庭的孝的概念，使社会最需要的基础普遍化了。身份一行为这一抽象概念，给每个阶级和每种职业提供了模式。每个阶级都被赋予自己的道（即方式），例如武士道或者町人道。特别是武士道，一个武人阶级在和平时期转变为行政官，新的法典就强调尚武精神要和书本知识相结合，从而把德川时代的武士行政官的生活上的矛盾合理化了。”① 简言之，在霍尔看来，儒学有助于战争骚乱之后社会秩序的恢复，为政府提出了一个新学说和一个和谐社会的新愿景，给每个阶级和每种职业提供了生存和发展模式，因而被统治阶级奉为官学。

关于武家统治者推崇儒家朱子学的原因，王家骅先生的阐述非常精辟、到位：德川家康“在其主君丰臣秀吉尸骨未寒（之际），即消灭寡妻弱子，夺走丰臣秀吉武力统一日本的成果，登上日本最高统治者的宝座。”又“迫使天皇完全脱离政治，给天皇的领地仅相当于最小的大名。依照旧的武士道德，德川家康消灭丰臣秀吉的寡妻弱子是悖逆主君的不义之举。这样，如何说明德川家康建立新武士政权江户幕府的正当性，如何说明闲置天皇权力的合理性，便成为江户幕府面临的思想课题。”进而又强调：“最为符合江户幕府统治者需要的，莫过于朱子学。”“这是因为朱子学以富于思辨性的精致理论形态，论证了现世封建秩序的合理性。”“朱熹经常摭拾一些自然现象，利用自然的规律性去论证封建伦理纲常的必然性，用以肯定现世的封建秩序。”“朱子学虽抛开了宗教的外衣，却比宗教更利于维护封建秩序。德川家康及其继承者以及藤原惺窝、林罗山等人，如同中国宋代以后的封建统治者一样，所看中的恰恰是朱子学的这一方面。”② 当然，儒学的天道观也是一柄双刃剑，既可为德川氏辩护，也可充当“下克上”的思想武器。

不言而喻，日本儒学得以独立和朱子学受到尊崇，与其说是惺窝、罗山

① ［美］约翰·惠特尼·霍尔：《日本——从史前到现代》，邓懿、周一良译，商务印书馆，1997，第139-140页。

② 王家骅：《儒家思想与日本文化》，浙江人民出版社，1990，第88、90页。

等儒学家的努力和幕府将军家康等人好学的结果，不如说是日本社会历史发展的必然，特别是符合幕府体制统治者的需要。朱子学不仅有助于从思想上解决德川氏取代丰臣氏的正当性、闲置天皇权力的合理性问题，而且有助于为和平时代的官僚阶级提供治国安民的道德规范——将战斗者应对战争实践的武士道改造成为执政者处理政务的武士道。随着朱子学成为占主导地位的意识形态，武士道也从禅道的武士道转入儒道的武士道。

二、儒学与武士道的思想渊源

在武士道的发展史上，以神道和禅道为思想渊源的中世武士道，旨在培育以战争手段扩大领地的战斗者，激发武士的武勇精神，摧毁现存的统治秩序，驱使武士在马上打天下，以崇尚暴力、穷兵黩武为特征；以儒道为思想渊源的近世武士道（儒道的武士道），旨在培养治国理政的执政者，以儒家政治思想和伦理哲学将打天下的战斗者改造成治天下的执政者，为武士提供治理天下的政治思想和伦理思想，阐释德川氏缔造的武家统治秩序的合理性，论证武士阶级的存在价值，以及武家社会的为君之道、为臣之道和为人之道，强调安分守己、恪守现存秩序。

（1）强化主从关系，巩固君臣秩序。武士道的内涵包括伦理道德（主从道德、共同体道德）、战争精神和统治思想三方面。伦理道德的武士道，一是主君与从者间的道德准则，一是武士个人与武士集团或武家社会的道德准则。17世纪以前，即神道和禅道的武士道时代，武士作为战斗者成天忙于作战、备战，神道和禅道的效用或长项是驱使武士征战杀伐，夺取战争的胜利，在战场上体现人生价值，因而，主从之道始终停留在施恩与报恩的层面上。17世纪以后的近世武士已由战斗者转化为执政者，这样，规范主从之道——君臣之道、巩固君臣秩序的任务也随之提上了议事日程，并且历史地落在了儒学的肩上。由于武家社会的统治秩序首先是主从秩序或君臣秩序，因此，维护和强化武家社会的统治秩序，关键就在于规范主从关系、巩固君臣秩序。

中国儒学的长项在于维护现存秩序。儒学论证的“为君之道”“为臣之道”和“为人之道”，肯定现世秩序的合理性，有助于维护现存的统治制度和统治秩序。将“君为臣纲、父为子纲、夫为妻纲”奉为上天的安排，是永恒的和不可改变的。“君臣、父子、夫妇、兄弟、朋友”和“仁、义、礼、智、信”等为规范和强化主从关系提供了理论工具，论证了“效忠主君”“孝顺父母”等朴素信念的权威性，证明了武家社会的主从结构、主从秩序的合理性。

德川家康以儒家朱子学论证“天地君臣之礼”——德川氏统治秩序的合理性，防止战国时代的“实力主义”风潮冲击现世秩序。《德川成宪百条》第9条明确规定：“不可先六艺而后五常”（“六艺”即礼、乐、射、御、书、数的技能训练，“五常”为仁、义、礼、智、信的道德要求）；第40条特别强调：“君臣、父子、夫妇、兄弟、朋友，五伦不乱以为人之大伦。”《武家诸法度》要求藩国大名“明人伦，正风俗”。以林罗山为代表的官方御用儒学家，通过朱子学“天”的思想论证德川氏消灭丰臣氏遗孤的正当性、剥夺天皇政治权力的合理性，利用朱子学“理”的思想肯定现世秩序。山鹿素行等武士道理论家，则以朱子学对原来不成体系的“武者之习”加以伦理化、系统化。于是，以“仁、义、忠、孝”为核心的儒学德目成为武士道的基本内容，即忠节、仁义、武勇、礼仪、诚心、廉耻、克己等。[①] 在儒家朱子学的支撑下，武士的实践道德获得了权威思想的认证。

（2）规范人伦道德，提供为人之道。武士道的不少精神元素直接源于儒家思想，新渡户稻造在《武士道》中明确指出：“至于说到严格意义的道德教义，孔子的教诲就是武士道的最丰富的渊源。君臣、父子、夫妇、长幼以及朋友之间的五伦之道，早在经书传入以前，就是我们民族本能地认识到了的，孔子的教诲只不过是把它们确认下来罢了。有关政治道德方面，他的教诲的

① 宋成有：《武士道精神与明治时期的日本现代化》，载罗荣渠主编《各国现代化比较研究》，陕西人民出版社，1993，第99页。

特点是冷静、仁慈，并富有处世的智慧，这些特别适合作为统治阶级的武士。孔子的贵族的、保守的言论极其适应了武士政治家的要求。继孔子之后的孟子，对武士道也发挥了巨大权威。”“孔孟的书是青少年的主要教科书，是成年人之间讨论问题的最高权威。”[①]井上哲次郎在《武士道总论》中则用大量事例进行更为详尽的论证，他写道：“《卫灵公》曰：‘志士仁人，无以生以害仁，有杀身以成仁。’”“《孟子》中的《告子篇》曰：‘生，亦我所欲也；义，亦我所欲也。二者不可得兼，舍生而取义者也。’”“《孟子》中的《藤文篇》曰：‘富贵不能淫，贫贱不能移，威武不能屈，此谓之大丈夫也’。这里的大丈夫也就是我国的‘ますらむ’，即与‘武士’同义。”“《论语》中《为政篇》的‘见义不为，无勇也’，《阳货篇》的‘君子义以为上，君子有勇而无义为乱，小人有勇而无义为盗’，《泰伯篇》的‘临大节而不可夺也’，等等，都是有益于武士修养的名言。”“《孟子》之《公孙丑篇》中曾子向孔子请教后说，‘吾尝闻大勇于夫子矣’。总之，儒教精神对原本发达的武士道进一步起到了推波助澜的作用。”[②]此外，《德川成宪百条》《武家诸法度》和《诸士法度》，以及山鹿素行的《士道论》和吉田松荫的《士规七则》中，来自儒学的道德规范同样随处可见。

中国学者王家骅先生也认为规范主从关系和家族关系的“‘忠’与‘孝’无疑都是来自中国儒家的概念”[③]。贝拉的《德川宗教》认为：“在好几个世纪里，儒教已渗透到日本人的意识和习惯里。诸如忠、孝之类的中心概念虽然已被完全日本化了，但绝没有丢失儒教传统中这些用语的完整意义，至少是

① ［日］新渡户稻造：《武士道》，张俊彦译，商务印书馆，2001，第20页。

② ［日］井上哲次郎：《武士道总论》，载井上哲次郎监修《武士道全书·第1卷》，国书刊行会，1998，第35-37页。

③ 王家骅：《儒家思想与日本文化》，浙江人民出版社，1990，第297页。

它们的重要部分。”[①]总之，尽“忠”以报效主君、尽“孝”以报答亲长、遵“礼”以明确身份、守“义”以履行职责等，都是来自中国儒学的人伦之道。

由于武家社会的制度结构主要通过上下级之间的忠诚关系来保持统一，因此，日本的武家社会也对中国的儒学道德观念、价值观念进行了必要改造，使之适合于建立在主从关系基础上的武家统治系统。武士道的“忠”凌驾于“孝”之上，以给予自己恩惠的直接主君为效忠对象，山鹿素行的士道论将“得主人而尽奉公之忠”作为武士的职分。其实，这也体现了“儒学的武士道”的实效性和功利性。

（3）构建理论体系，充实思想内容。江户时代的近世武士，已由夺取天下的战斗者转化为治理天下的执政者，与之相适应，武士道的功效也必须由鞭策武士征战杀伐转为指导武士治国安民，提升执政者的执政能力和综合素质。为此，山鹿素行等武士道理论家以儒家朱子学对武士的实践道德进行改造，推陈出新，形成以朱子学为新体系和新内容的武士道理论，武士道更趋合理化、系统化、理论化。武士道理论家在儒家思想的指导下创作了大量武士道理论著作，如山鹿素行的《武教小学》和《士道论》，中江藤树的《文武问答》，贝原益轩的《文武训》，大道寺友山的《武道初心集》《岩渊夜话》和《落穗集》，等等。贡献最大的便是被尊为“武士道祖师”的山鹿素行，其士道论被公认为儒学化武士道的代表或正统。

有日本学者评论道：“山鹿素行从整个武士阶级的立场出发，以指导性教学伦理的实践为基础，确立武士道政治哲学。”[②]素行耗其毕生精力创作新武士道理论体系的著作，洋洋600多卷，其全集被公认为日本“国民道德的权威，武士精神的真谛”。素行倡导武士的职分应以“得主尽忠”为首要职分，“省其身，得主人而尽效命之忠”，“自觉和实践人伦之道”；要求武士在“忠于主君”

---

① ［美］贝拉：《德川宗教：现在日本的文化渊源》，王晓山、戴茸译，生活·读书·新知三联书店，1998，第70页。

② ［日］佐佐木杜太郎：《日本的思想家·8·山鹿素行》，明德出版社，1978，第2页。

时必须具有“不顾身家”的思想与报恩、克己和即使面对死亡也毫不犹豫的胆魄，并且为武士规定了一套正确履行职责必备的道德规范、规矩和礼法。

三、儒学化的武士道德目

德川时代武士道的思想渊源，以儒学为主，神、佛为辅，因而是儒学化的武士道。接受儒学的同时，也引进了儒学的文治主义思想，强调文先武后、以文为主，随着和平局面的持续发展，三代将军以后统治原则逐渐从武功转向文治。

镰仓时代，在“弓马之道”“兵之道”等武士的道德意识影响下，已形成忠诚、武勇、质朴、名誉、信义、廉耻、礼节等武士道德目，室町时代与之并无大的差异。德川时代，武士道德目主要是忠诚、武勇、信义、名誉、礼仪、廉洁、勤学等。中世和近世武士道有根本差异：一是思想渊源不同，中世先后以神、佛为主，近世以儒学为主；二是中世武士道是职业战士应对战争生活实践所必需，近世武士道是行政官僚应对行政事务所必备；三是中世武士道用以打天下、强调武勇，近世武士道用以治天下、文先武后。

1. 忠诚

忠诚作为德川时代武士道的首要德目，不是保持和提升战斗力，进而夺取战争的胜利，而是维持社会的和谐与稳定，维护和巩固德川氏的统治地位。忠诚的最大特点，是绝对化和有限化。

当然，德川武士道的“忠”是“主从之忠”——忠于自己的直接主君，原因是要得到直接主君的“御恩”。因此，恩赏与效忠的关系犹如关换关系，主君用恩赏购买家臣的忠诚。但是，由于“主从关系的基础，不再是封地，而是俸禄”，从而使恩赏与效忠都表现为一定的“量”——200 石的恩赏承担 200 石的军役，因而从者的效忠也成了有限度的。但是，禄米分封制使家臣丧失了经济独立性，离开主君便无以为生，主君对家臣有很强的控制力。

我们也应看到，家臣武士一身一家的荣辱兴衰取决于自己所属藩国的命运。藩士无权选择主君，法令又严禁脱藩。如果藩国继续存在并繁荣昌盛，家臣武士的经济来源、社会地位和名誉等就会世世代代有所保障；反之，如果主君被改易、撤封，家臣武士们就成了衣食无着的浪人。1703 年 1 月 30 日发生的赤穗藩“四十七浪人事件”，起因就是因主君遭人陷害，藩国被幕府撤封，藩士成为浪人。于是，“四十七义士”为主报仇后切腹自杀，成为武士精神的典范。

在武家社会，主君强调忠诚，从者关心恩赏，如果主君不给恩赏，从者也会拒绝效忠，即“恩断义绝”。德川家康在《东照宫御遗训附录》说道：“善辩忠与不忠是明君，不能善辩忠与不忠是愚将。”在德川家康眼中，明君与愚将的区别就在于是否善于辨别臣下的忠与不忠。当主君转嫁财政危机削减家臣赖以为生的俸禄时，家臣“恨主如敌”。如果说室町时代的“下克上”是家臣破坏武士道忠诚道德的话，那么，德川时代的“恨主如敌”则是错在主君——主君削减家臣俸禄。也就是说，藩士与藩主的命运紧密相连，藩士或为主君殉死，或舍命为主君复仇，归根结底是出于自身的利益需要。

需要指出的是，德川时代的忠诚不是指在战场上为主君扩张领地或献身（因为没有实质性的战斗，幕府又禁止殉死，家臣已无献身的机会），而是遵纪守法、循规蹈矩，履行应尽的职责和义务（主要是军役），绝对禁止“下克上”，包括藩士反叛藩主，绝对禁止私自动用武力改变领地面积、石高数量，禁止侵占弱小大名的领地。一言以蔽之，武士不能心生二心。

2. 节义

节义在武士道精神德目中仅次于忠诚，以所谓“正义的道理”命令武士时刻不忘报答主君的恩惠，绝对忠诚和服从主君。因为你受恩，所以你要报恩，不能贪主君之恩。

武士道的“义”、正人君子的“义”、江湖义气的“义”和市井义气的“义”相互交织，难解难分，时而倾向于正人君子之“义”，时而倾向于江湖义气的“义”。不过，在武士道 1000 多年的历史上，居主导地位的还是江湖义气的“义”和市井义气的“义”。原因是：“在以保全和扩大所领为最高价值意识上结成的主从道德，缺乏公共精神是不言自明的。”“依存于主从道德而进行的战斗行为，不过是缺乏公共战斗目标的私斗而已。”[①] 私人性武装力量的战争，不过是满足小集团私利的战争——私斗；私人性武装集团的“义”，绝非国家、民族的大义。

《元和武家法令》第3条明文规定：“法以制理，理不能逾法”，以遵守幕府法令、效忠和服从幕府的“义”取代效忠和服从藩主的“义”。1702年12月，赤穗藩以大石良雄为首的47名浪人武士履行为主君报仇雪恨的义理，刺杀幕府高官吉良义央。对此，幕府一方面称道大石良雄等47人以死效忠主君，又以大石良雄等无视“公仪”——幕府为由严令切腹自杀。

德川武士道的义理，主要有“恩的义理”（主君之恩的义理、父母之恩的义理）、“名誉的义理”等。武士的义理是基于主从关系的义理，对主君的义理居首要地位。“恩的义理”是对主君尽忠，对父母尽孝；“名誉的义理”是在受人侮辱或被人责为失败者时“洗刷”污名的责任，即报复或复仇的责任。义或义理，既是指武士的义务，又表现为武士履行义务的敬业精神、牺牲精神和使命感、责任感。不对主君尽效忠奉公义务，就是“知恩不报”，被武家社会视为最大的不义。近代“天皇主义武士道”“恩的义理”，则要求全体国民都要以生命报答“皇恩”。

“义”作为命令武士效忠和服从主君的权威性道德力量，一方面从思想上支撑武士追随主君，将对主君的奉公尽忠作为自己的天职；另一方强化封建主从关系，强化以个人效忠为基础的武家统治制度。

3. 武勇

武士、武士家庭甚至武士团的命运，都取决于战场上的成败利钝；而战场上的成败利钝很大程度上又取决于武士的武勇。因此，“武士不可或缺的德

---

① ［日］家永三郎：《日本道德思想史》，岩波书店，1984，第99页。

目之一是武勇。武勇是完成忠孝节义及武士之名誉、体面之道。他们崇尚武勇，重视武术修炼，培养胆力，戒卑怯软弱。”[①] 武勇既是武士道的核心德目，也是武士的立身之本和身份标志。

武勇包括武和勇两层含义：“武”是武士杀伐征战、攻城略地、夺取战争胜利和保存自己、消灭对手的格杀能力，即武士的军事实力。“勇”是敢于冲锋陷阵、出生入死和不畏强敌的勇猛之心、杀伐之心。战争的胜负既取决于军事实力的强弱，又取决于敢于亮剑的勇猛精神——斗志、杀气。在武家社会，武家首领肩负着率领武士集团夺取战争胜利的重任，最重要的资质就在于武勇，或称武道。《陆奥话记》记载，源赖义具有武的资质，关东武士纷纷与之结成主从关系，甘愿唯赖义之命是从。

但是，山鹿素行的士道论站在幕府的立场，对武士赖以夺取战争胜利的“勇”进行重新解释，在《详威仪》之《总论礼用之威仪》一节中，山鹿素行说：“大丈夫苟不知礼容而唯专刚强，甚鄙劣而实可谓北方之勇也。（《中庸》第十章）大丈夫者虽以勇武刚操为本，苟放悖于礼容而从情欲，不可为有文武之器识。”进而又在《附录》之《先生子弟警戒》中强调道：“凡佚事则先人，劳事则自先，且武之所义，犹在此一事，急警战事不可让他。平生动容周旋，各道之所存也，不可忽，士唯思军战之进退，不详平日之礼容，是非君子之勇也。”[②] 换言之，武士道德目的意义和价值，因武士在战争年代和和平时代迥然不同的生活方式，大不相同。

4. 礼仪

“礼”即明身份、知礼仪，言行举止、衣食住行等要与身份相符。武士道的礼仪是等级礼仪，是家臣武士效忠和服从主君的外在表现形式。

德川武士道礼仪的修炼在于体现所谓的“武士的品格”，包括：（1）统

---

① ［日］武士道学会编《武士道入门》，ふたら书房，1941，第 84 页。

② ［日］田原嗣郎、守本顺一郎校注《日本思想大系・32・山鹿素行》，岩波书店，1970，第 146-147、164 页。

治者的品格，即统治者高于农、工、商等社会群体的风度和威严；（2）官僚（包括军事官僚）的品格，即官员应该具备的修养、知识和能力；（3）从者的品格，即武士集团内部的主从秩序。

将军德川氏最看重和强调的是君臣之礼。《德川成宪百条》第96条将君臣关系比喻为自然界的天地关系，“天覆地载君臣也”，君臣之道是“天理”，君为天，臣为地，臣效忠和服从君是天经地义的法则。通过君臣之礼，强化了将军德川氏作为最高统治者和军事统帅的地位。

山鹿素行的代表作《士道论》，由《立本》《明心术》《练德全才》《自省》《详威仪》《慎日用》6篇构成。《立本》要求武士“得主人而尽奉公之忠”，旨在培育从者效忠和服从主君的品格；后5篇是统治者的品格，以“明心术”和“自省”加强内心的道德修养，以“练德全才”使武士励忠孝、讲仁义和博学多识，以“详威仪”和“慎日用”（严守日常生活中的种种礼仪）使人感到威严。

总之，武士修炼礼法的深层次意义，在于强化主从关系，展示统治者的威严和特权地位。

5. 诚信

诚信，即信实、诚实，口无二言、言行一致。换言之，诚信即值得信赖。武家社会是军人社会，以诚信强化主从关系、应对战争生活和保持武士品格，增强武士团内部的凝聚力、战斗力，为夺取战争的胜利奠定基础。

武士道德目的诚信，首先是武家社会主君与从者之间的诚信——主从道德的诚信，或武士团内部主君与从者之间的主从之道（主从契约），即主从双方切实遵守恩赏与效忠的主从契约，主君给予从者恩赏和庇护，从者绝对效忠和服从主君，双方各尽其责、互相信赖。在武家社会，一旦结成主从关系，便意味着从者将自己及其子孙后代的兴衰荣辱统统寄托在主君身上。

武家社会的“忠”与“诚”，首先是主从之“忠”、主从之“诚”。主君保障和扩大家臣的权益，绝不能容忍家臣武士对自己不诚。倘若武士有不诚之举，不仅会丧失全家赖以生活的经济来源，而且还会让家庭和子孙后代蒙受耻辱。江户幕府的和平时代，家臣武士已经丧失了经济独立性，诚信对从者的约束力也越来越强。

主君以诚信待从者，从者以生命报效主君，即从者的诚信以主君的恩赏为先决条件。江户时代，主君削减甚至停发从者的俸禄，从者“恨主如仇”，主从关系的基础被破坏，同样是幕府衰落的原因之一。

6. 名誉

名誉，即名、体面、名声、荣誉、人格和知耻，也是人的尊严。世界上所有民族，都视名誉为人的第二生命，都以名誉为做人的准则。不过，在日本武士的心目中，名誉比生命更重要，“生于弓马之家者，惜名不惜死”。

名誉作为军人道德的重要元素，强调“显武名”和“扬祖先之名”，以惜名的信念抵制“卑怯未练”。在日本的军记物语（即战争小说）里可以看到许多有关名誉的事例。

当然，武士“惜名不惜命”的名誉观具有浓厚的功利性。“因为从者得到名就意味着接近主君给予恩赏的机会，失去名则意味着远离和失去恩赏。”“功名是与恩赏直接关联的亲兄弟，是当代武士一切行动的基础。”[①] 武士之所以“舍身求名”，还有“保家和使子孙昌盛”的目的，即留万世之名，荫及子孙。

在第二次世界大战中，武士道的名誉观念成为鼓舞日军士气的道德资源。1941 年 1 月 8 日，以陆军大臣东条英机之名发布给全体“皇军”的《战阵训》（即《昭和时期的武人鉴》），强调“知耻者强，常思乡党家门之面容，益发奋勇战斗，以报答父母乡亲的期待”，“生不受虏囚之耻，死不留罪祸污名”。日军在败局已定之时的种种自杀式进攻和极端的自杀手段，也与之密不可分。

---

① ［日］樱井庄太郎：《名誉与耻辱》，法政大学出版局，1971，第 21 页；［日］家永三郎：《日本道德思想史》，岩波书店，1984，第 95 页。

7. 俭朴

俭朴，即节俭、朴素。贪生怕死乃军人之大忌，导致军人贪生怕死的因素固然多种多样，但是，追求物质享受无疑是最重要的因素之一。

武士是军人，俭朴旨在防止武士贪图享乐、爱财惜命，从而保持旺盛的战斗意志，保持夺取战争胜利的强大战斗力。将武士的理想价值从物质引向精神，用忠义、武勇、诚信等武装武士的头脑，避免因追求物质享受而逃避主从关系的责任与义务，进而危及武家政治的统治基础。

江户幕府颁布的《武家诸法度》规定："禁止骄奢"，"以俭约为旨"。《宽永诸士法度》第 3、4、5 和 21 条都是关于廉洁俭朴的规定，要求武士"不可贪图奢华，勿于武器之外，耽爱其他不必需之用具。"江户幕府的第五代将军纲吉，"早餐三菜一汤，晚餐五菜一汤，夜餐三菜一汤"；"广岛藩藩主浅野长勋早上吃豆腐，昼和晚两菜一汤"。[①] 武家统治者戒奢侈、奖俭朴，并且身体力行，因而武家社会基本上保持了俭朴之风。当然，武士道俭朴的价值取向和生活作风，也符合保持武士品格的需要。

8. 勤学

武士道德目——勤学与儒学息息相关，既提升了武士作为行政官僚的素养、学识和能力，又化解了战士与行政官在生活上的矛盾。

17 世纪以降，即武士主要充当执政者的江户幕府时代，也是武家社会历史上最重视教育的时代，幕府的《武家诸法度》规定，武士以修文练武为业，要求武士文武兼备。于是，进行学术研究和传授学问、对一般武士进行基本教养的学校雨后春笋般在各地出现，这些学校分为幕府的学校、藩国的学校和民间的私塾 3 类。幕府的学校以昌平坂学问所为代表，学生主要是旗本和御家人的子弟，学习朱子学。藩校即藩国设立的学校，代表性的有尾张藩的

① ［日］武士生活史研究会编《图说近世武士生活史入门事典》，柏书房，1991，第 196–197 页。

明伦堂、会津藩的日新馆、米泽藩的兴让馆、长州藩的明伦馆、熊本藩时习馆、萨摩藩的造士馆等，藩校总数约为300所；学生以藩士子弟为主，大约七八岁入学，学习到15—20岁；主要进行武道的修炼和文道的学习。私塾主要盛行于江户前期，最著名的是吉田松荫的松下村塾。随着幕府和多数藩国纷纷开办学校，私塾趋于衰落；随着学校教育的作用越来越大，家庭教育的作用相应降低，主要承担入学前幼年阶段的教育。

武家社会认为，“读书实际上是助职、助业的实学”①。“士以武为业，而其职必资于文，文所以知道也。”②中村元恒的《尚武论》特别强调：“我邦学者，勿为道学先生，恐其陷于佛也。勿为辞章，恐其流于文人也。平日治武术，以识义理、养廉耻为要。”③总之，尚武精神与书本知识相结合。

由于幕府的倡导，数十年后，整个武士阶级几乎变成了文人学士，从舞刀者转变成了舞笔之人。

家康借助儒学使传统的猛士之道发生了巨大变化，“将武断的战国武士道改造为文治的武士道。起用林罗山为顾问，向猛士之道注入朱子学。而且，让林家参与幕政，形成儒教思想浓厚的江户武士道，实现了称为‘德川的和平’的太平之世。”④与中世武士道相比，近世武士道的基本特征是：（1）幕府主导。幕府根据武士由战斗者转化为执政者的特点，通过法令法规为和平时代的武士道定调，藩国大名在领国贯彻落实，旗本、御家人率先垂范。（2）儒学化的近世武士道不是驱使武士走向战场，而是将武士塑造成为治国理政的杰出官僚。每一项武士道德目都是应对主从关系、处理行政事务、保持武士品格所必备的。（3）近世武士不是职业战士，而是行政官僚，近世武士道是执政者之道。中世武士以杀伐技能为谋生资本，依赖战争发财致富、

① ［日］高桥富雄：《武士道的历史·第3卷》，新人物往来社，1986，第21页。

② ［日］井上哲次郎监修《武士道全书·第6卷》，国书刊行会，1998，第293页。

③ ［日］井上哲次郎监修《武士道全书·第6卷》，国书刊行会，1998，第333页。

④ ［日］中村彰彦：《会津武士道》，PHP研究所，2007，第24页。

光宗耀祖；中世的传统武士道强调武勇。近世武士以知识、学问和处理政务的能力谋生；近世儒学化武士道重文轻武。

第四节　注重自我修养的武士道

平安、镰仓和室町时代的武士教育主要由家庭承担，培养战场上夺取战争胜利的职业战士，内容包括弓马骑射的职业技能和思想品德（武士道）。德川时代的武士教育主要由幕府和藩国的学校承担，培养榻榻米上处理行政事务的官僚必备的技能和品质。当然，包括武士的思想品德教育，即武士道。

关于近世武士道的形成，洪炎秋先生有一段颇有参考意义的论述："在这武士道的母体——战争——消失了后，一般的武家，恐怕武士道趋于衰微，于是乎就多使他们的子弟就学于长于武术、娴于兵法的人，以维持武士道于不坠。这样一来，专以传授弟子为职务的所谓'兵法家'或'武术师范'，就跟着产生出来。这种武术师范，因为日夜从事教授、讲习，迫于需要，或习汉籍，或讲兵书，或研究日本古代的典册，互相参考印证，就在教授武士的余暇，致力著述，像北条氏长和山鹿素行这些人，都是其中的铮铮者。这些人中，尤以山鹿素行最为出色，他对于儒学造诣很深，见识也高，所著《武教小学》和《武教本论》，影响很大。此外像中江藤树的《文武问答》，贝原益轩的《武训》，斋藤拙堂的《士道要论》等等，都是日本武士道理论发展史上不可磨灭的著作。""战乱之际，武士占据特殊的地位，是谁都能够承认的；一旦天下太平，他们还要盘踞最上级的要津，当一个特权阶级，那么他们就非得具备一些别的阶级所没有的东西不可了。德川氏有鉴于此，于是乎对于武士，要求他们一定要具备一种别的阶级没有的修养。例如，'娴熟文武弓马之道'，力行忠、孝、信、义，磨炼知识，保持武士应该具备的品格，强调古来的武士精神的振作；一方面好来赢得别的阶级的尊敬，一方面可以培养治者阶级应有的实力。为达成这个目的，除了私人间的讲习、传授之外，历代的将军，也时常颁布所谓《诸士法度》一类的东西，来做各级武士立身处事（世）的依据，再凑上当时儒教发达的影响，更加深了他们思想上的根底，提高了他们道德上的理想。所以，德川时代的武士道，不但没随着战争的消灭而消灭，反而由于当时的幕府的方针、社会的情形和儒教的发达，更提高了它的品质，发挥了它的功用了。"[①] 显然，洪炎秋所言也是德川时代武士道的形成途径之一。

德川时代的武士道，包括幕府的武士道、幕臣的武士道、大名和三河武士的武士道、学者的武士道。

一、幕府的武士道

所谓"幕府的武士道"，就是幕府根据幕藩体制的现实需要，以及和平时代武士由战士演变为官僚的生活方式，为武士制定的道德规范和行为方式。

1600年的关原之战确立了德川家康军事霸主地位；1603年家康被天皇任命为征夷大将军，正式开创幕府；1614—1615年的大坂之战最后终结了"下克上"的战争时代，取而代之的是德川氏"偃武兴文"的和平时代。

德川氏当权后的当务之急是：（1）构建德川氏将军至高无上、武士阶级掌握统治大权的政治体制，以及士、农、工、商的社会体制，让社会各阶级、各阶层的人分别处于各自的活动空间，各司其职。（2）构建不能"下克上"的政治、军事、社会、经济制度和官学，全国统一的军役制度和冻结大名的军事权能、武士的盆栽制度、禄米分封制度和朱子学的官学地位，即大名的

---

① 洪炎秋：《日本的武士道》，载《中日文化论集·2》，中华文化出版事业委员会，1955，第8-9页。

非军事化和无害化制度。(3)否定“创业时代”煽动武士(职业战士)侵略扩张的武士道,为“守成时代”的武士(行政官僚)提供一套新的治理天下的武士道,规定大名和武士的使命(维护德川氏的统治地位)和理想价值(绝对效忠和服从德川氏),规定大名和武士什么可以做、什么不可以做。

为此,德川幕府颁布了一系列法律、法令,规定天皇、公卿、僧侣神官、农民和工商业的活动空间和行为规范。针对武士的法律、法令,即对武士活动空间、理想追求和道德规范的规定,为和平时代新型的武士道定调。其中,武士必须遵循的道德规范有:一是绝对效忠和服从将军,二是统治原则逐步从武功转向文治,三是提出“砥砺忠孝,严守礼法”等道德要求。

1611年4月12日,德川家康在二条城向在京的22位西日本大名发布最早的法度——《三条誓文》,第1条为江户幕府继承源赖朝以来的武家政治传统,第2条是各藩不得藏匿犯人,第3条为各藩发现叛逆和杀人者,应迅速追捕法办。[①] 同时,让诸大名在誓词上签字,发誓要忠诚和服从将军。次年1月5日,将《三条誓文》发布给东国的55位大名。接着,又在1月15日向伊达政宗等11位大名发布《三条誓文》。

1615年,儒学家林罗山(1583—1657年)和五山禅僧金地院崇传(有“黑衣宰相”之称,1569—1633年)根据德川家康的指令,参照《贞永式目》和《建武式目》等起草武士在现实生活中必须遵守的行动准则。同年7月,以幕府将军德川秀忠的名义颁布,即《元和武家法令》。《元和武家法令》作为武家基本法,也被各大名的藩法所援用。1635年,德川家光颁布《宽永武家法令》(21条)。以后历代将军继位都对法令进行增删,但其根本精神并未改变。

统制大名的基本法——《元和武家法令》(13条)[②] 内容如下:

---

① [日]进士庆干:《近世武家社会和诸法度》,学阳书房,1989,第15-16页。

② [日]石井紫郎校注《日本思想大系·27·近世武家思想》,岩波书店,1974,第454-455页;张荫桐选译《1600—1914年的日本》,生活·读书·新知三联书店,1957,第1-3页。

（1）应专心致志，修炼文武艺能。左文右武，古之法也，不可不兼备矣。弓马之事，乃武家之要项。兵者凶器，不得已而用之；唯治不忘乱，可不勤修炼乎！（2）不可聚饮游荡。溺于女色，耽于赌博，乃亡国之根源。“令条”（即足利幕府1336年颁布的《建武式目》）所载，禁制峻严。（3）各藩不得隐藏犯法之人。法者礼节之本也。法以制礼，理不能逾法。故犯法之人，不得轻恕。（4）各藩大名小名（小名指1万石以下者），及其所属差役士卒等人，如有发现叛逆或杀人者，应即迅速追捕法办之。野心之徒，乃倾覆国家之祸首，危害人民之蠹贼，岂可容忍！（5）从今以后，本藩之外，不得与他藩之人交往。习俗因藩而异。以本藩秘事告之于他藩，或以他藩秘事传之于本藩；奸诈之事，由此发端。（6）各藩城垣，如需修缮补葺，必先呈报。至于新城之兴建，在所严禁。城过百雉，国家之害；深沟高垒，大乱之本也。（7）邻藩若有标奇立异、结党营私等事，应即迅速呈报。人而结党，必非善类，以党为恃，同上逆君父，或勃溪邻里。不守古制，标奇立异，图谋不轨也。（8）不可私缔婚姻。婚合者，阴阳和同之道也，不可轻率。《睽》曰：匪寇婚媾，志将通，寇则失时。《桃夭》曰：男女以正，婚姻以时，国无鳏民也。以婚成党者，奸谋之源也。（9）规定各大名参觐时之随从人数。参觐之时，各应按照身份行事。《续日本记》制曰：“不预公事，不得任意结集部族；京畿以内，20骑以下不得集行。”是不可多聚士卒也。封邑在100万石以下、20万石以上者，不得超过20骑（骑指有资格乘马的中上、经上武士），10万石以下者，按此酌减。（10）衣裳品级，不可混淆。君臣上下，各有其别。白色入紫色之绸缎衣服，未经准许者，不得擅自着用。挽近扈从士卒，有饰以绫罗锦绣者，殊非古法。（11）杂役诸人，不得擅自乘轿。古者乘轿，各依其人。有不需请准而可乘轿者，有需请准之后，方可乘轿者。然挽近诸家扈从士卒，甚多乘轿，是诚僭妄之至。今后各藩大名及其家族，不须请准即可乘轿。将军近侍诸人、医者、阴阳道家、六十以下老人以及病人，则须请准之后方可乘轿。若有扈从士卒妄自乘轿者，其主人应负罪咎。公家（世居京都的天皇近臣)、皇室出家人以及僧侣诸人，乘轿不受限制。（12）各藩武士必须俭约自奉。富者骄奢逸乐，贫者耻其不及；风俗凋敝，莫甚于此。故严令禁止。（13）藩主应选拔良才。治国之道，在于得人；明察功过，赏罚必当。国有善人，其国殷盛；国无善人，其国必亡。此先哲之明诫也。上列诸事，各应遵守。

各条前半部分为法规，后半部分为注解。如第1条法规的内容为："应专心致志，修炼文武艺能。"注解为："左文右武，古之法也，不可不兼备矣。弓马之事，乃武家之要项。兵者凶器，不得已而用之；唯治不忘乱，可不勤修炼乎！"

第1条："应专心致志，修炼文武艺能。"先文后武，指明了以文为先的治国原则。其他各条主要是大名应当遵守的行为准则，也涉及藩士的行为规范。

1635年颁布的《宽永武家法令》，将武家法令从13条增至21条，规定更为详尽，还增加了道德训诫的内容。第20条规定："如有发现不孝之人，应处以罪科。"

1683年的《武家诸法度》，将原来第1条的"文武弓马之道宜专精熟习"改为"鼓励文武忠孝，正礼义"，将有关"孝行"的内容提到第1条，并较为明确地对"文道"进行具体解释："所谓'文道'就是儒学的'忠孝'和'礼义'。"[①] 同时，法度将原来的第1条改为第3条，"人马兵器等依照身份学习"[②]，引进了儒学的文治主义思想。[③]1710年，著名儒学家、文治主义政治家新井白石主持修改的《武家诸法度》，将第1条"鼓励文武忠孝，正礼义"改为"应修文武之道，明人伦，正风俗"，不仅"要求大名讲文修武，遵守儒家

① 王家骅：《儒家思想与日本文化》，浙江人民出版社，1990，第266页。

② ［日］石井紫郎校注《日本思想大系·27·近世武家思想》，岩波书店，1974，第458页。

③ ［日］信夫清三郎：《日本政治史·第1卷·西欧的冲击与开国》，周启乾译，上海译文出版社，1982，第107页。

的‘人伦’道德，而且要他们作道德楷模以‘正风俗’”[①]。将第3条“人马兵器等依照身份学习”改为“完备军役之兵马，储蓄公用之资金”[②]，进一步扩大了文治主义。[③]当然，文治主义的不断扩大，符合武士“弓藏于袋，刀入于鞘”的时代需要，有助于和平局面的持续发展。

幕府还针对直属中下级武士颁布《诸士法度》，如宽永九年（1632年）的《诸士法度》(9条)，宽永十二年（1635年）的《诸士法度》(23条)，宽文三年（1663年）的《诸士法度》(23条)。

宽永十二年（1635年）的《诸士法度》(23条)[④]主要内容有：

(1) 砥砺忠孝，严守礼法。经常注力于文艺武道之修炼。言行举止，唯义理是从，不可为伤风败俗之事。(2) 旌旗、弓矢、枪炮、甲胄、马具等各种兵器以及兵员名额，应切实注意，不可与规定之数额相违。(3) 不可贪图奢华，勿于武器之外，耽爱其他不必需之用具。万事须以俭约为本。(4) 近年武家诸族，以至于低位武士，建造住屋，均过分华丽。自今以后，务须各依其位，遵照律例，简朴行事。(5) 近年武家诸族，以至于低位武士，婚娶式典，备极华丽。今后，各色用具，不可过分豪奢，纵属高位之家，亦应俭约自奉。(6) 宴客之杯盘木碟，禁用金银彩色。……所有宴客之事，务须简约；饮酒不可醉乱。(7)(将军使者) 传谕音讯时，(各地武士) 馈赠于使者之礼品，或为黄金一枚，或为银锭十枚，各依身份，依次递减。(8) 遇有执行死罪时，除奉命诸人之外，其他人等不得围聚刑场。(9) 严禁口角争斗。

---

① 王家骅:《儒家思想与日本文化》，浙江人民出版社，1990，第267页。

② [日] 石井紫郎校注《日本思想大系・27・近世武家思想》，岩波书店，1974，第459页。

③ [日] 信夫清三郎:《日本政治史・第1卷・西欧的冲击与开国》，周启乾译，上海译文出版社，1982，第107页。

④ [日] 石井紫郎校注《日本思想大系・27・近世武家思想》，岩波书店，1974，第463-465页；张荫桐选译《1600—1914年的日本》，生活・读书・新知三联书店，1957，第6-9页。

他人口角争斗时，从旁助势者，其罪更重于争斗者本人。凡有口角争斗之时，诸人不得围聚。(10) 万一于殿堂之上，发生口角争斗时，当由值日禁卫处理之，不得妄自纠集其他禁卫。于不设值日禁卫之处，附近诸人应加劝阻。不可袖手旁观，以致滋生恶事。(11) 若有失火事情，官吏及其特许者以外，不可趋聚。但既为官吏所指定者，必须前往。(12) 不得雇用在其原主处犯有罪案之人。如知其所犯罪状如叛逆、杀人、盗贼者，应立即押至其原主处。(13) 武家各族中若有犯罪重大者，虽为将军亲属，亦须依法处理，不得隐庇姑息。(14) 领地之内，一切施政，均有定制。不得于年贡俸禄之外，违法加收。(15) 各领地间，山川境界以及宅地畛域，不论何事，不得私自发生争论。(16) 组中武士，兼为衙门吏役者，若与他组发生争论时，同组诸人不得助威作势。应于队长、组长之间互作商谈。遇有难办之事，应向官厅报告。(17) 百姓之间讼事，如双方属于同一领地之内，应由地头（统治者本人封邑的中级武士）处理之。如讼事中之一方其他地头治下之百姓，则应与双方队长、组长商议裁决之。(18) 关于后嗣之事：应一健在时收立养子，并呈报上级。若于临死弥留之际，仓促收立养子，则纵有遗言，亦作无效论。门第不合之人，不得收为养子。虽有亲生之子，亦不得为其立下不合于门第之遗言。(19) 不可私结党徒，逞势助斗。不可妨碍公事。漫题滥写，胡乱张贴，赌博淫行，以及其他不合武士身份之者，均不可为。(20)（各级武士）无论高位低位，于其自身应用各物之外，不得囤聚货物经商牟利。(21) 步行武士之衣着，限于纱绫、绉纱、条纹绸、粗绸、丝麻混织布以及棉布等各种衣料。此外不准使用。(22) 不可万事依靠于部属。对于部属之品德，须时常检点，不得疏忽。(23)（将军）谕旨，无论由何人传布，不可违背。右列各项，务须遵守，若有违犯者，视其罪之轻重，必予处分。

《诸士法度》(23 条）均为具体的规范和相应的惩戒，第 1 条明确提出了旗本、御家人应该遵守的道德要求：“砥砺忠孝，严守礼法。经常注力于文艺武道之修炼。言行举止，唯义理是从，不可为伤风败俗之事。”第 2 条才是军役的规定。总之，《诸士法度》（23 条）也体现了文先武后、强调忠诚的原则。

德川氏的武士戒规还有德川氏的家法——《德川成宪百条》《东照宫御遗训附录》等。核心内容是：（1）奉公效忠、绝对服从。强调家臣各得其主并享受相应待遇；“是天理，将之法也，士之道也，仁之术也”[①]，直接效法中国儒家的“仁政”“德政”和“礼治”，将“仁”奉为施政执法的根本要旨。《德川成宪百条》第 23、25、26、76 和 85 条等都强调“仁”的重要性；第 23 条指出“治国平天下之法在于仁”；第 76 条宣称“国君好仁，天下无敌”；第 81 条强调“为政以德”，宣称“万国之辜咸归于帝位不德，天下之不平咸归于将军不肖。德，共在一心，贵贱不隔之地也。为上者不可须臾遗失。”倡导“礼治”，强调“不可傲武威、蔑帝位、滥天地君臣之礼”，“君臣父子夫妇兄弟朋友，五物不乱以为人之大伦。”（2）提倡文武两道。《德川成宪百条》第 35、36 条指出“治世不忘乱世，武术不可懈”，“剑乃武士之魂”。[②]（3）尊崇五伦五常，正君臣之道。《德川成宪百条》第 9 条要求“不可先六艺后五常”，第 40 条规定“以不乱君臣、父子、夫妇、兄弟、朋友五物为人之大伦”。[③]“六艺”即礼、乐、射、御、书、教 6 种技能，“五常”为仁、义、礼、智、信的道德要求。不言而喻，德川氏家法的灵魂是“忠”，宣称君臣之道“是天理”；君为天，臣为地，臣下忠诚和服从主君是天经地义之事。

综上可见，德川氏为近世武士道定下了维护幕藩体制的基调：（1）倡导文先武后；（2）从武断政治转向文治政治；（3）提出砥砺忠孝、严守礼法等道德要求，即提出了武士阶级独有的、高于其他社会阶级的能力、修养和道德规范。

根据幕府定下的基调，幕臣丰富完善，藩国大名在此基础上制定藩法，

---

① ［日］石井紫郎校注《日本思想大系·27·近世武家思想》，岩波书店，1974，第 475 页。
② ［日］石井紫郎校注《日本思想大系·27·近世武家思想》，岩波书店，1974，第 471 页。
③ ［日］石井紫郎校注《日本思想大系·27·近世武家思想》，岩波书店，1974，第 471 页。

并在藩国推广。学者站在忠于幕府的立场，运用德川氏定为官学的儒学，提出系统化、理论化的新武士道观。

二、幕臣的武士道

幕臣的武士道，是幕府重臣以幕府的武士道为基础的儒学化武士道。阐述幕臣的武士道的著作众多，如伊势贞丈的《伊势贞丈家训》和室鸠巢的《明君家训》。

幕臣伊势贞丈（1717—1784 年）是伊势平氏的后裔，室町时代伊势家以礼法家的身份侍奉将军，精通公武两家的礼仪、典故、官职和法令等。《伊势贞丈家训》作于 1763 年，内容包括五常之事、五伦之事、先祖之事、家业之事、衣食住之事、神佛之事、酒色财奕之事、苦乐之事、慎独之事、省身之事、改过之事、非理法权天之事、俭约之事、堪忍之事、自暴自弃之事 15 项，即武士必备的“武士之心”和“武士之操行”，忠节、武勇、信义、名誉、礼仪、俭朴、敬神等武士道的德目全在其中。

五常之事——仁、义、礼、智、信，他尤其强调信，认为“仁义礼智诸条，若无信，皆伪。”

他用五伦之事解读父子、君臣、夫妇、兄弟、朋友五伦之道，认为“不知此五伦之法，则于亲不孝，于君不忠，夫妇不睦，兄弟不和，朋友交往不正，无理非道事多，遭人憎恨怨谤，甚而致祸。”

《伊势贞丈家训》[①]要旨如下：

（1）先祖之事，要求“敬仰先祖”，“若轻慢先祖，致先祖之魄作祟，则灾祸不断，身家子孙危厄”。（2）家业之事，强调“既生武家，便应在武艺上用功。武士不知武艺，如同猫儿不知捕鼠，百无一用”。“武士之心者，即

① ［日］石井紫郎校注《日本思想大系·27·近世武家思想》，岩波书店，1974，第 87-103 页。

五常之心。武士之操行者，以五伦之法为首，本书所列之宗旨皆为武士之操行。”(3) 衣食住之事，强调不可奢侈。(4) 神佛之事，认为“日本国中之人皆为神之子孙，要敬仰神明，不可亵渎毁伤。只要居心正直，不需祈求，神明自佑”。“此世持正直心，不失五常五伦之法，……来世必能成佛。”(5) 酒色财奕之事，阐明酒色财奕的弊端，视其为“祸患之根本”。(6) 苦乐之事，告诫武士须以乐观心态面对人生。(7) 慎独之事，即洁身自好、珍惜名誉。(8) 省身之事，“即己之行事善恶，时常思想回顾，寻己之不良无理处”。改过之事，即改正过失，正己之恶行，并以不改为耻。(9) 俭约之事，“俭约云者，戒无益之费，不乱花一分钱，然于有益当为者，千金不吝”。(10) 堪忍之事，“堪忍者，容忍抑受也。为人当抑其所欲。五常五伦之道，不用忍耐二字不得行”。“只有主君之敌，父母之敌，此二者不可堪忍”。(11) 自暴自弃之事，将自虚假自弃者，视为人面兽心。“虽生人面，其心同兽类。”

显然，伊势贞丈的《伊势贞丈家训》反映的是和平时代的、儒学化的武士道。

幕臣室鸠巢（1658—1734 年）为江户时代中期的著名朱子学家，是第八代将军德川吉宗的侍讲。《明君家训》作于 1692 年，自 1715 年京都书肆柳枝轩出版以来，广为流传，有“登城之士人揣一册”之说。

《明君家训》[①] 要旨如下：

(1) 鼓励进言献策。“各位要深察吾心，常进忠谏。”(2) 励学问，知为人之道。(3) 孝父母，友兄弟，以位为本。(4) 谨言慎行，固守士道。(5) 人品贞信，为士之本。(6) 待人之道，礼让谦退。(7) 行为举止，皆要质朴。(8) 师法圣贤，以人为镜。(9) 诸士聚会，不失体面。“士之相交，每一言出，

① [日] 石井紫郎校注《日本思想大系·27·近世武家思想》，岩波书店，1974，第 68–83 页。

要合礼法。”(10)牢记身份，勿忘武备。(11)心系武备，不在于形。“武士好武，当在于心，不在于形。”(12)丧葬礼法，追思之意。(13)服丧之时，依情而定。(14)忠孝义理，不可偏缺。(15)款待宾客，尽心为要。(16)弃奢侈，尚质朴。(17)修房建屋，理应简素。(18)常用之物，不可奢华。(19)量入为出，不损生计。(20)武士之职，在于义理。“喻于义理者为士，喻于利欲者为町人。”

不言而喻，《明君家训》是和平时代武士具体的道德要规，涵盖武士道所有德目，儒家人伦道德贯穿其中。

三、藩国大名的武士道

大名既是将军的家臣，又是所在藩国的武士首领和最高统治者。据小泽富夫《武家家训、遗训集成》记载，有20余位藩国大名作有武家家训、遗训。下面简要介绍其中5位大名的家训，以窥藩国的武士道。

亲藩大名会津藩主保科正之（1611—1672年）是二代将军德川秀忠与妾所生之子，肥后守保科正光的养子。1631年保科正光死，袭封遗领信浓国高远3万石。1636年，移封至出羽国山形藩20万石。1643年转封陆奥国会津藩23万石，为会津藩第一代藩主。1651年，受三代将军德川家光遗命辅佐四代将军德川家光家纲，主导幕政，作为幕政的主导者和藩主，幕政、藩政成效显著。《保科正之家训》共15条，作于1668年，1672年保科正之死后，历代藩主均以之为藩祖遗训，每年春秋两次藩士总登城（进城）之际，由学校奉行宣读，自藩主以下全体家臣着正服跪伏拜听，成为藩之惯例。在此后的200年间，《保科正之家训》一直是会津藩士的精神规范。历代藩主和家老就任之前都要在神君——保科正之肖像前血誓谨遵家训，并以之治理藩政。而且，会津藩校日新馆向藩士子弟讲授《保科正之家训》，称之为“日新馆童子训”，以期实现会津藩的教育目标。

《保科正之家训》[①]各条如下：

（1）于大君（将军），要一心忠勤，不可以列国（他藩）之例自处。若怀二心，则非我子孙，汝等万万不可相从。（2）武备不可怠。选士为本。上下之分不可乱。（3）敬兄爱弟。（4）妇人女子之言一概不可听。（5）当重主畏法。（6）家中当塑良风。（7）不可行贿求媚。（8）不可偏袒、不公。（9）选士不可取巧言谄媚之佞人。（10）赏罚之事，家老之外，不可参与知闻。若有僭越者，当从严惩办。（11）不可让近侍者告之人善恶。（12）政事不可凭利害曲枉道理，评议不可挟私意拒人言。有所思，当争论，不可藏掖。争执如何激烈，亦不可心怀芥蒂。（13）犯法者，不可宥。（14）社仓乃为民意，非为求利者也。岁饥则当开仓出济，不可他用之。（15）若失其志，好游乐，致骄奢，则有何面戴封印、领土地哉？必上表令其蛰居。以上十五件之旨，以后可传于同职者也。

《保科正之家训》强调绝对效忠和服从幕府，为影响深远的会津武士道奠定了基础。戊辰战争中，会津藩谨遵家训第 1 条，不论男女老幼都坚定地站在幕府一方，几乎倾城作战，成为幕府军的核心力量，15—17 岁的少年武士组成“白虎队”，妇女组成“娘子军”参战。尽管会津藩遭到新政府最严厉的惩处，然而，少年“白虎队”颇具传统武士风范的切腹自杀，用生命诠释了武士道精神，以之为题材的电视剧《白虎队》播出以来，备受日本民众欢迎。

谱代大名土井利胜（1573—1644 年）是德川家康的家臣土井利昌之子。一说是德川家康之子，因与其关系密切，幼时即为近侍；二代将军德川秀忠诞生后在其身边侍奉，深得信任；德川秀忠死后又被三代将军德川家光委以

---

① ［日］小泽富夫编集、校订《武家家训、遗训集成》，ぺりかん社，1998，第 265-267 页；［日］中村彰彦：《会津武士道》，PHP 研究所，2007，第 72-77 页。

重任，1610 年任幕府老中，1638 年又任幕府大老，被视为将军的第一辅臣，是三河谱代武士中新型的官僚型武士。1602 年，受领下总国香取郡小早川 1 万石，以后不断受到增封。1633 年移封为下总国古河 16 万石，成为大藩藩主。《土井利胜遗训》共 19 条，是为训诫其子土井利隆（后袭封古河藩主）所作。前 4 条讲奉公之事不可大意，忠信为本，勤于政事，藩中诸侍要励忠义、多学习，注重信、义、礼、智、信。其余条目为家老、用人、目付、大将、仕置役、近习用人、御头、目付役以下、地方吟味役、町奉行等职务的任用方法。

谱代大名井伊直孝（1590—1659 年）之父井伊直政是德川军的先锋武将和“德川四天王”中首屈一指的功臣，在 1600 年的关原之战中立下汗马功劳。井伊直孝 1603 年开始侍奉德川秀忠，1608 年任番方书院番头，1610 年转任大番头，大阪冬战时替生病的兄长井伊直继参战。1615 年 2 月，根据德川家康“兄直继多病，应当继汝父直政为家督，掌军务”的指令，井伊直孝代兄袭封近江国中的 15 万石，成为第二代彦根藩主。在同年的大阪夏战中，与其父同为德川军先锋，因功获得德川家康 5 万石的加封。此后，又屡有加封，1633 年成为 30 万石的大名。1651 年，根据德川家光遗命参与幕政。井伊直孝之后，井伊家七代历任幕府执权职、大老职，幕府末期的大老井伊直弼是井伊家第十五代。《井伊直孝遗训》共 13 条，忠诚和武勇色彩极浓。遗训的基干是第 1 条，即“幕命必谨，即使是无理的命令也须绝对服从将军，以对将军家的绝对奉公为藩政之基。”第 2、3、8 条都是关于武勇的论述，强调“武道昼夜不可忘，时刻准备为将军诛讨叛逆之辈”，“心系武勇”，“潜心武艺”。[①] 此外，遗训还要求学习文道，敬神崇祖。不过，由于井伊直孝是武将，其遗训也强调武勇。

---

① ［日］小泽富夫编集、校订《武家家训、遗训集成》，ぺりかん社，1998，第 237-239、404-405 页。

外样大名岛津义久（1533—1611 年）是由守护大名转化而来的战国大名，在织田信长和丰臣秀吉统一天下时期，从九州南端的一个守护大名迅速发展成为领有 79 万石的大藩。1600 年的关原之战中，岛津义久属于对抗德川氏的西军，不过，战后德川家康还是安堵了岛津义久的 70 多万石所领。幕府末期，岛津氏的萨摩藩又成为推动倒幕维新的重要力量，“维新三杰”中的西乡隆盛、大久保利通都是出自萨摩藩。

《岛津义久教训》[①] 共 20 条，各条要旨如下：

（1）怜悯百姓，法之根本。思民饥寒，知民贫苦。（2）营造华丽宫殿，古来贤王所禁。（3）薄惩罚，厚劝赏。（4）使民以耕作之暇。（5）以民之利为本，不可贪私利。（6）以民之利为先，以己之利次之。（7）不能肆意攫取民财。民困顿，则君无财。木枯自本，君竭自民，不可轻忽。（8）得人心者情也，要顾念眷属。（9）以威势压人，其身从心不从。以正直使民，民弃身家性命不背反。（10）不可责下郎（役于人之身份低下者）之过，不可责下郎无礼。（11）谗言不可用，密告不可信。（12）吾喜之人，有罪亦当罚。吾厌之人，忠君亦当赏。（13）能齐家者，亦可治国。怜恤下民者，君之器也。（14）谩骂诽谤，不可以为责人之据。（15）见不得人之丑事，万不可为，人眼关天。（16）独言独语，亦不可语出猥琐，隔墙有耳。（17）不可逞聪明。（18）不可读故纸，不可取观他人文字。（19）不可用恶若党（若党，即武士的年轻从者）。（20）不可交恶人。

综上可知，《岛津义久教训》的主要内容是爱民惜民、取民有度，坚持赏罚得当，通晓用人之道，加强自身修养，儒学元素也清晰可见。

---

① ［日］小泽富夫编集、校订《武家家训、遗训集成》，ぺりかん社，1998，第 192-193、386-388 页。

外样大名加藤清正（1562—1611年）出身于尾张国爱知郡中村，因与丰臣秀吉是同乡，自幼侍奉，1580年得播磨国神东郡120石俸禄。后受丰臣秀吉之命参加围攻因幡国鸟取城、备中国冠山城展露武功，在贱岳之战中因功成为“七本枪”之一。1583年，领近江、河内、山城国3000石，成为拥有与力20人的部将。1588年，领肥后北部八郡19.5万石。丰臣秀吉出兵朝鲜时，加藤清正与小西行长、黑田长政一起作为先锋；丰臣秀吉死后，与石田三成对立。在1600年的关原之战中从属于德川家康，转战九州各地，攻略宇土小西、柳川立花氏，因功成为肥后一国除球磨、天草两郡外的54万石大名。《加藤清正掟书》[①]是对本藩家老及其他家臣的7条训诫，主要内容如下：

（1）奉公之道不可大意。寅时（清晨3至5时）起修兵法，进早餐，习弓射、步枪、马术。武士中武勇过人者，可加增禄高领地。（2）在外游乐，仅限于猎鹰、鹿狩、相扑。（3）平日应依身份置武具，蓄养家人，军用之时，不惜金银。（4）与同僚交往，一主一客之外，莫置旁人。食用糙米。但修习武艺，应集众人。（5）作战之法，为侍须知。有追求奢华者，当判其罪。（6）操刀只为杀人，万事系于一心。有武艺之外执刀习舞者，命其切腹。（7）生于武士之家，执刀赴死为本。日常若不深究武士道，一旦事起，则不能从事赴死，故须穷究武士道之意，至要至要。

《加藤清正掟书》特别强调武士“以执刀赴死为本”，7条训诫几乎都与武勇有关，体现了加藤清正作为领兵作战的武将、悍将的风格。

“近世大名与战国大名最根本的差异，在于失去了作为在地领主的基本机能，幕府手中拥有改易、减封、转封的权利，大名成为‘钵植大名’。”[②]一个

① ［日］小泽富夫编集、校订《武家家训、遗训集成》，ぺりかん社，1998，第195-196、388-389页。

② ［日］小泽富夫：《作为历史的武士道》，ぺりかん社，2005，第178页。

个强悍的大名，无不处在将军的掌控之中，不敢生二心。“冈山藩藩主池田光政说：国之大事有二，一是祭，二是军营。祭指祭祀祖先，即祭祀池田氏的先祖，……军营以对将军的奉公为核心。在光政的意识里，祭和军政，就是孝和忠。”[①] 对德川氏的忠诚和服从，也成了大名共同的基本准则。

藩国大名的武士道重在实践，是藩国所有藩士必须切实遵守的道德规范，违反者要受严厉惩处。

四、学者的武士道

学者的武士道，主要指各藩国学者站在维护幕藩体制的立场，根据和平时期武士由战士转为官僚的生活方式，为武士制定的理想化的道德规范。儒学家经过不懈的探究，终于从朱子学中找到了武士道理论和体系。“遵守所谓‘忠节’‘武勇’‘义理’等儒家道德，表现出‘尽忠死难’的武士精神。”“他们把‘安天命’、‘尽忠孝，讲仁义……’作为武士进行修养的内容，把‘德主尽主，交友守信’作为武士应尽的本分。”[②] 这些构建武士道教义的学者精通儒学，教义的、学者的或学问的武士道，也称为儒学的武士道。

1. 中江藤树、山鹿素行、贝原益轩和吉田松荫

中江藤树（1608—1648 年）生于近江国高岛郡小川村（今兹贺县），11 岁时在《大学》中读到“自天子以至庶人，皆以修身为本”，便立志成为“圣人”。18 岁时父亡，回乡省亲时欲迎母去大洲以尽孝，母以年老不从。归藩后，曾请求退职回乡，未获允准。读《臬鱼传》时，读到“树欲静而风不止，子欲养而亲不在”，决意弃仕，发誓不事二君。此后，诸侯召之亦固辞不就，一意尽孝和讲学。中江藤树忠诚笃实，身体力行着王阳明的知行合一说，世人称之为“近江圣人”。

---

① ［日］藤井让治：《日本的近世・3・统治体制》，中央公论社，1991，第 169 页。

② 伊文成、汤重南、贾玉芹主编《日本历史人物传・古代中世篇》，黑龙江人民出版社，1984，第 335 页。

中江藤树是阳明学和武士道教义的鼻祖，其解读武士道教义的经典之作《文武问答》从“文武一德”出发，系统阐述“文武一统”的武士道观。(1)“文武本为一德，如天地之造化而分为阴阳一样。”“没有武的文不是真实的文，没有文的武不是真实的武。”“武道是为了行文道，所以武道之根是文。”同时，“文道又以武的威慑力治国，因此文道之根在于武。”“无武之文不是真实的文，无文之武不是真实的武。如同阴是阳之根，阳是阴之根一样。文是武之根，武是文之根。”“经天纬地，以文正天下五伦”，“以武治天下一统”。“文以仁为德，是文艺之根本。文乐礼乐书数是艺，是文德之枝叶。义是武之德，是武艺之根；军法、射御、兵法等为艺，是武德之枝叶。第一学根本之德，第二习枝叶之艺，文武合一。”(2)“勇”分“仁义之勇”和“血气之勇”，仁义之勇在于明德、守义和行道，为了主、亲不惜舍命，是至大之勇，即“大勇”。血气之勇则不辨道理、无理、不义，以欲心为本，只知以猛胜人，军败之时舍弃主君。此外，还强调“诚”为武家之第一急务。[①] 总之，中江藤树构想的武士道不反对武道，而是以“文武一统”为基础的。

会州人山鹿素行（1622—1685 年）是儒学家和古学派的创始人，也是闻名于世的兵法家，将毕生主要精力倾注于构建武士道理论。他以儒家思想论述武士道，著有大量著作，在武士道发展史上留下了不朽之名。其士道论被认为是士道的代表或正统，井上哲次郎甚至称其为“武士道的祖师”。

山鹿素行自幼聪慧过人，9 岁入林罗山门下学儒学，后创古学派；15 岁从小幡景宪和北条氏长钻研兵学，后创山鹿流兵学。1652 年，应播州侯浅野长友之聘滞留播州 8 年。后归江户从事文武两道的讲授，听其讲学者上自诸侯下至一般武士和浪人，弟子多达 2000 人。1666 年著《圣教要录》(3 卷)，批判幕府的正统儒学——程朱学，林罗山之子林春斋恨其出自林门又攻击林罗山的思想，遂向幕府揭发，说素行的思想是“异端”，因而被幕府流放到播

---

① ［日］井上哲次郎监修《武士道全书·第 4 卷》，国书刊行会，1998，第 246-252 页。

磨赤穗藩。1675年得幕府许可回到江户，专倡兵学。山鹿素行的武士道影响深远，赤穗藩大石良雄等46人通过为主君复仇的行动实践了素行的武士道，山鹿高恒（山鹿素行的养子）、津轻耕道、大道寺友山等继承素行的学统，吉田松荫（山鹿素行之子高基的门生吉田重矩的后人）在幕府末期复兴山鹿素行的武士道，新渡户稻造和井上哲次郎的武士道也以山鹿素行的武士道为基础，军阀乃木希典为明治天皇殉死切腹也有受山鹿素行武士道感化的成分。

素行儒学化武士道论的代表作，一是《武教小学》，一是《山鹿语类》中的《士道》。《武教小学》分《夙起夜寐》《燕居》《言行应对》《行住坐卧》《衣食住》《财宝器物》《饮食色欲》《放鹰狩猎》《与受》和《子孙教戒》10讲，认为："为士之道，委身于主君，当守死于全道。"[①]《武教小学》影响极大，是江户武士的道德化生活规范的必读教科书。

《山鹿语类》共45卷，分为：(1)《君道》，卷1—12；(2)《臣道》，卷13—15；(3)《父子道》，卷16—18；(4) 兄弟、夫妇、朋友之《三伦道》和《总论五伦之道》，卷19—20；(5)《士道》，卷21—32；(6)《圣学》，卷33—43；(7)《枕块记》(有关山鹿素行之父去世时祭仪、服丧的记录)，卷44—45。在《君道》《臣道》《父子道》《三伦道》《士道》之后，分别是论述各重要项目原理的《君谈》《臣谈》《父子谈》《三伦谈》《士谈》。

"君道"，即君主道德和君主施政的原则。"臣道"，即为臣之道。有日本学者解释道："臣道即君臣之间的应有状态，是武士阶级内部的问题。从整体上看，素行的臣道强调君臣之别是天地之自然法则。""人伦之大纲，以君臣为最大。"

"所谓士道，即作为士农工商四民之长的武士的应有状态，是武士阶级与其他阶级相关联的问题。"[②]《山鹿语类》第21卷，即《士道》，被认为是武士

① ［日］井上哲次郎监修《武士道全书·第3卷》，国书刊行会，1998，第41-49页。

② ［日］多田显著，永安正幸解说《武士道的伦理·山鹿素行的场合》，丽泽大学出版会，2006，第50页。

道"道的自觉"的核心，由6篇组成：《立本》《明心术》《练德全才》《自省》《详威仪》《慎日用》。

关于"立本"，《山鹿语类》中的《士道》写道："士不耕、不造、不沽"。士之职，"顾其身，得主人，尽奉公之忠，交友厚信，慎独身，专于义。已身有父子、兄弟、夫妇等不得已之交接，此亦天下万民悉不可无之人伦。而农工商因其职无暇，不得不经常相从以尽其道。士则弃置农工商各业而专于斯道，三民之间苟有乱伦，速加惩罚，以待正人伦于天下。因此，武士必须具备文武之德知。外用剑戟弓马，内行君臣、朋友、父子、兄弟、夫妇之道。文道充之于心，武备整之于外，以为三民之师表。……时刻不忘报主君之恩、父母之惠。否则，乃是盗父母之惠、贪主君之禄，一生之间唯终于盗贼之命。""事君尽忠，究义详事置身于后，守其位不辱君命，臣之职分也。"[①] 在武士由战斗者转为为政者之际，"《山鹿语类》不厌其烦地重申武士的道德首先在于知己之职分。战国武士忙于争夺生产手段（土地）和生产物，己之职分首先在于武，最大的奉公在于驰骋战场。近世武士离开农村作为消费者居住在都市，除武的方面外，还要承担新的社会任务。为此，必须创造适应和平社会的武士道德，作为支配、指导农工商阶级的新规范。""素行从儒教的教化政治出发，认为武士以修德、治国、教化三民为本务。"[②] 他将"得主尽忠""自觉"和实践"人伦之道"作为武士的职分，"将武士道提高到政治哲学的高度教育武士"。[③] 简而言之，山鹿素行认为武士的职分，一是得主尽忠，二是实践人伦道德，劝导乃至强迫农工商践行所谓的"人伦之道"。

---

① ［日］田原嗣郎、守本顺一郎校注《日本思想大系·32·山鹿素行》，岩波书店，1970，第31-33、162页。

② ［日］堀勇雄：《山鹿素行》，吉川弘文馆，1987，第201、203页。

③ ［日］风间健：《武士道教育总论》，壮神社，2002，第155页。

据日本学者剖析，山鹿素行“将武士与三民的关系置换成政治与经济的分工关系，以教化三民为职责，将既有的支配正当化和合理化”[①]。山鹿素行主张武士的职责在于教育、引导位居其下的农工商三民，因此必须文武兼备。之所以这样做，是为了将武士不事生产、寄生于农工商三民的生活方式合理化。素行的武士道论与其他儒者的观点大同小异，但不同的是，他主张武士的职责在于道德。[②]山鹿素行一方面通过武士的职分，化解了武士阶级面临的生存价值丧失的危机；另一方面又宣告了武士道的双重标准和道德，即在武家社会内部行君臣、朋友、父子、兄弟、夫妇之道，在武家社会外部——农工商阶级和其他民族、其他国家用剑戟弓马之道。

“明心术”，即养气存心，论养气、度量、志气、蕴藉、风度、辨义利、安命、清廉、正直、刚强。“练德全才”，即讲励忠孝、守仁义、详事物、博学文。“自省”，即自戒。“详威仪”，即要求武士勿不敬、慎视听、慎言语、慎容貌之动、节饮食之用、明衣服之制、严居宅之制、详器物之用、总论礼用之威仪。《慎日用》篇强调总论日用之事，正一日之用，辨财用受与之节，慎游会之节。[③]“明心术”和“自省”，即加强自身道德修养；“详威仪”和“慎日用”即严守日常生活的礼仪，以体现与众不同的品格和统治者的威严。

综上所述，山鹿素行的儒学化武士道理论，论述了和平时代武士作为执政者的生活方式和理想价值，“目的是想把武士道作为维持武士等级内部的现存秩序的行为规范，同时也把它作为压制农工商三民而维持武士等级特权地位的思想工具”[④]。巩固武士社会的等级秩序，确立武士的权威地位。而且，“山鹿素行儒学化的武士道理论，对此后日本思想文化和日本民族性格优劣两

① ［日］高桥昌明：《日本武士史》，黄霄龙译，社会科学文献出版社，2020，第182页。

② ［日］北岛正元：《江户时代》，米彦军译，新星出版社，2019，第89页。

③ ［日］井上哲次郎监修《武士道全书·第3卷》，国书刊行会，1998，第135–277页。

④ 伊文成、汤重南、贾玉芹主编《日本历史人物传·古代中世篇》，黑龙江人民出版社，1984，第335页。

方面的影响都是不容忽视的。”[①]在明治维新至二战日本战败投降的数十年间，山鹿素行内外有别的双重标准和道德被发挥得淋漓尽致。

贝原益轩（1630—1714年），与中江藤树一样，也是阳明学的崇拜者和宣传者。自祖父之时起仕奉筑前福冈的黑田侯，其父贝原利贞以医仕奉，两个兄长贝原乐轩和贝原存齐皆以学问而闻名。贝原益轩幼时聪颖好学，后益发勤奋钻研，先以医为业，后以学问侍奉藩公，在职40余年，备受恩遇。贝原益轩学识渊博，手不释卷，一生著述不怠，84岁时还著《养生训》(7卷)。其享有盛名的武士道著述是《文武训》中的《武训》，《文武训》共6卷，前4卷为《文训》，后2卷为《武训》。

《武训・上卷》开首便说：“武有本末，忠孝义勇为兵法之本，是武德。节制谋略为兵法。节制即调配人员（人数）的行兵之道，是所谓军法。弓矢剑戟等兵器之术为兵法之末。武艺以兵法为本，兵法以仁义为本。”“武士之道，内以忠孝义理为兵法之本，外习武艺，以武备相助。身为武士，若不知忠孝义理之道，不熟兵法武艺，不具武备，必将失去武士之业。”“军器三十六，以弓为上，武艺十八般，以射为最。”“武艺数量众多，以骑射为先。”“文武如同车之两轮、鸟之两翼。”《武训・下卷》除强调“治世不忘武，无事之时习武而不后悔，人无远虑必有近忧”外，要求武士具备知、仁、勇三德，“武有本末，知、仁、勇之德是本。如无武德，则武道不立。弓马刀枪之类是艺，是末。”“无论是大将，还是士卒，都须崇信知、仁、勇三德。”“知义理，守平生之志，不失刚勇。”还提出了大将的行军用兵道，“号令明，赏罚信，与士卒同甘共苦”，“作为大将，用兵作战之道在于义、术、勇、知。”[②]可见，贝原益轩的武士道深受儒学的影响，是和平时代强调自我修养的武士道。

① 王家骅：《儒家思想与日本文化》，浙江人民出版社，1990，第302页。

② [日] 井上哲次郎监修《武士道全书・第2卷》，国书刊行会，1998，第265-269页。

兵学家、“开国攘夷论”的倡导者、实行者吉田松荫（1830—1859年），是长州藩士杉百合之助常道的次子，名矩方，通称“寅次郎”，也称“二十一回猛士”。1835年，吉田松荫继嗣到叔父、山鹿流兵学教师吉田家，因而继承了吉田家学。此外，吉田松荫还向弘前藩士山鹿素水学山鹿流兵学，向长州藩士山田亦介学长沼流兵学，向松代藩士佐久间象山学西洋兵学和炮术。吉田松荫自幼好学，喜读山鹿素行的著作，11岁应藩主之召讲授山鹿素行的《武教全书》。1856年开办松下村塾，开讲《武教全书》。《安政五国条约》签订之际，高喊攘夷，结果在“安政大狱”中被捕往江户处死，时年29岁。然而，吉田松荫之死，激发了其门人推翻幕府的暴力行动。1860年3月，幕府大老、“安政大狱”的制造者井伊直弼在樱田门外被水户、萨摩两藩藩士刺死。

吉田松荫在素行士道论的基础上，提出了被有的日本学者誉为“武士道宪法七条”[①]的《士规七则》[②]，内容如下：

（1）凡生为人，宜知人之所以异于禽兽，盖人有五伦，而君臣父子为最大。故人之所以为人，忠孝为本。（2）凡生于皇国，宜知吾所以尊于宇内，盖皇朝万世一统，邦国士大夫世袭禄位，人君养民，以续祖业，臣民忠君，以继父志，君臣一体，忠孝一致，唯吾国为然。（3）士道莫大于义，义因勇行，勇因义长。（4）士行以质实不欺为要，以巧诈文过为耻，光明正大，皆由是出。（5）人不通古今、不师圣贤，则为鄙夫耳，读书尚友，君子之事也。（6）成德达材，师恩友德居多焉，故君子慎交游。（7）“死而后已”四字，言简而义广，坚忍果决，确乎不可拔者，舍是无术也。上述士规七则，约为三端，曰立志以为万事之源，择交以辅仁义之行，读书以稽贤圣之训，苟有得于此，亦可以为成人矣。

① ［日］武士道学会编《武士道入门》，ふたら书房，1941，第210页。

② ［日］井上哲次郎监修《武士道全书·第7卷》，国书刊行会，1998，第180-181页。

与山鹿素行的《士道论》相比，松荫的《士规七则》不仅渗透着儒学的人伦道德，而且有浓烈的皇道主义色彩。

吉田松荫门下人才辈出，涌现出许多为倒幕维新立下赫赫功勋的杰出人物，如高极晋作、久坂玄瑞、木户孝允、前原一诚、山田显义、伊藤博文、山县有朋、井上馨等。80余名门生中，有爵位、赠位者、有位者多达37人。因此，明治政府的第二代核心领导人伊藤博文为松下村塾题诗："道德文章叙彝论，精忠大节感神明。如今廓庙栋梁器，多是松门受教人。"由于吉田松荫门下不少人是倒幕维新的核心领导人，因而吉田松荫的武士道直接影响近代日本的历史变革。

2. 山本常朝、大道寺友山和北条竹风

近世武士道，主要是山鹿素行的士道论和山本朝常的武士道。与山鹿素行的《士道论》倡导"道的觉悟"不同，山本常朝（1659—1721年）的《叶隐》坚持"死的自觉"。"士道以人伦之道的自觉为根本，而武士道则以死的勇敢、死的觉悟为根本。"[①]《叶隐》之《闻书之一》开章第一句话就要求"武士必须心系武道"，第二句话明确指出"所谓武士道，即觉悟死"，认为"武士道应该具有向天下显示武勇的觉悟"。[②]山本常朝"死的觉悟"的武士道，推崇战国武士。他说，五六十年前，武士每天早晨都要梳洗、剃须，在头发上熏香，修剪手足指甲并用轻石仔细打磨，为整洁自己的仪容而毫不懈怠。每天打磨自己的武器不让它出现一点锈迹，沾染一丝灰尘。武士之所以这样做，是因为每天都有今日必死的觉悟，否则当死突然降临，而武士的仪容不整，则会让敌人看到他平时没有必死的决心，而受到嘲笑。[③]在德川氏为代表的武家统治者致力于振兴道德教化、转换战国杀伐之心的新形势下，《叶隐》依然倡导充满杀伐气息的"战斗者之道"，自然为当局所不容，仅在锅岛藩武

---

① ［日］相良亨：《武士的思想》，ぺりかん社，1984，第74页。

② ［日］井上哲次郎监修《武士道集・中卷》，春阳堂，1934，第200、204页。

③ ［日］井上哲次郎监修《武士道集・中卷》，春阳堂，1934，第219页。

士之间私下流传，几乎没有影响力。然而，适应近代天皇制军国主义的需要，沉寂200多年的《叶隐》，又于20世纪初重新出版，被作为宣传材料而死灰复燃，影响力非常之大。

兵学家大道寺友山（1639—1730年）是山城国伏见人，但其父仕奉越后高田侯松平忠辉。大道寺友山先是在江户向小幡景宪和北条氏长学习兵学，后又向山鹿素行学习，儒学修养极深。壮年时，寄居浅野家，并成为会津侯的客人。晚年应越前侯之招，备受恩遇。

“友山俭约大度，忠信待人，知义命，能容众。”其论述武士道教义的《武道初心集》，分为上、中、下3卷，上卷11篇，包括《总论》《教育》《孝行》《士法》《不忘胜负》《出家士》《义不义》《勇者》《礼敬》《马术》《军法战法》；中卷17篇，包括《治家》《亲族》《俭约》《家作》《武备》《从仆着具》《武士》《廉耻》《择友》《交谊》《绝交》《名誉》《大口恶口》《旅行》《戒背语》《阵代》《临终》；下卷16篇，包括《奉公》《臣职》《武役》《谨慎》《言辞》《谱牒》《陪从》《有司》《假威窃威》《聚敛》《豆支配》《懈惰》《处变》《述怀》《忠死》《文雅》。上卷《总论》篇开头便是“武士者，自元月元日晨以箸取杂煮糕饼之刻起，至岁末除夕，能日夜以死为常念、为本心而不懈奉仕者也。”《士法》篇将武士道分为二法四段，二法即常法、变法，常法分士法、兵法，变法为军法、战法。“所谓士法，即朝夕清洗手足，保持身体洁净，每朝结发，根据时节穿着相应的礼服，佩带肋差，腰不离扇子。与宾客相会，依尊卑之序尽相应礼义，慎说无益之言，食一碗饭，喝一杯茶，也要体现武士之风。读书写字，潜心武家古宝古法，行住坐卧的行仪作法，要无愧于武士身份。”“所谓兵法，即勤于修炼决定胜负的武技武艺，如刀术、箭术、骑术、枪术等。”“所谓军法，家中大小武士之义，称军兵士卒，身着甲胄、手执兵仗，向敌地进发的姿态即军阵。”“所谓战法，敌我双方交战夺取胜利之法。”《不忘胜负》篇强调：“身为武士，行住坐卧，心中日夜不忘胜负之气。……腰带刀剑，片刻不忘胜负之气”。《义不义》篇要求武士“要有专心务义、戒不义的觉悟，存善弃恶。”《勇者》篇写道：“武士道最重要的是忠义勇，忠勤的武士，节义的武士，勇刚的武士。”中卷《临终》篇认为：“武士临战场，决不当顾身家。出阵应有战死之决心，以生命付诸一掷，方得名誉。与敌骑决胜负，将被敌取首级时，敌必正色问我姓名，即应朗报己名，莞尔授颈，不可有懊丧畏缩之态。负致命伤时，若尚有气力，必向番头、组头或同伙报告，不露痛苦，处以冷静无事之色，方不失为武士第一要义。”① 大道寺友山倡导的武士道，涵盖了武士道的所有德目，影响也很大。

兵学家的代表性武士道著作，还有北条竹风的《士道心德书》②，其武士道教义共16项，内容如下：

第一，士之道即武也。常治以文，变治以武，士不能武道，则士亦游民也。第二，士之法虽多，基本之处有三，即谋、智、计。第三，士之体，士以威勇刚强为体，士不可以不刚毅。第四，士之用，士以正气为用，常用以正道，变用以诡道。第五，武士之术即军旅之道、战法也。第六，士之品：士有主、将、士分段，各有大小轻重之差别。第七，士之仁，仁之术即赏罚也，行士之仁情，明赏罚、以勤善惩恶为大要。第八，士之礼，士之礼有常变二个，即军礼和常礼。所谓军礼，即出军、出门之仪式。或胜利有欢呼，或验首级、战场、阵中、行军等礼仪。所谓常礼，即君礼、臣礼、亲礼、婚礼、迎礼、远座礼、退座礼、祝嘉礼、丧礼等。第九，士之心以存勇为大要，所谓勇，即心气不动摇，不失常，是英雄好汉。第十，士之大本忠孝节义。第十一，士之言：不假不伪。第十二，士之行，敬上、尊老、爱幼、怜下、不慢智者、不贱愚者、不变约；能惧不见处不闻处，以正和直进退动静。第十三，士之作法：以严厉为要，行住坐卧正威仪、行仪作法能慎。第

① ［日］井上哲次郎监修《武士道全书·第2卷》，国书刊行会，1998，第297-341页。

② ［日］井上哲次郎监修《武士道全书·第5卷》，国书刊行会，1998，第283-293页。

十四，士之心系，常备胜负之气，常怀必死之心。第十五，士之艺，从弓马到枪、剑术、柔术、铁炮等，士之职分。第十六，士之和：和朝风俗，学和歌之道。

在北条竹风《士道心德书》的武士道教义中，中国的儒家道德随处可见。

其他有影响的武士道理论家，还有斋藤拙堂、中村元恒、津轻耕道、力丸东山、井泽蟠龙、蟹养斋、林子平等。

伊势国津藩士斋藤拙堂在《士道要论》中明确指出：士以武为业，而其职必资于文，文所以知道也。士道虽广，不过文武。士大夫为四民之首，上事君，下临民，其风当正。所谓士风正，即心有礼义廉耻。质朴强毅乃士之本色，作为国家之爪牙，士风不能不正。士以死于君之马前为第一职分，首要之形象是常备士风，养勇气，闻雷霆而不惊，起风波而不疑，泰山裂前不变色。[①] 信浓国高远藩士中村元恒在《尚武论》中宣称："我邦是武国，西土是文国，文国尚文，武国尚武，固其所矣。""我邦固为武国，有武而国昌，无武则国衰；国之兴替，唯在武事之盛衰。""我邦武国，自有武士道，此不假儒道，不用佛意，我邦自然之道也。文国尚孝，武国尚忠。""我邦学者，勿为道学先生，恐其陷于佛也。勿为辞章，恐其流文人也。平日治武术，以识义理、养廉耻为要。武云、武云，戈矛之云乎哉。而不知义非武也，不辩廉耻非武也。又戈矛弓矢不备则非武也。米粟不多则非武也。" [②] 他主张将武士伦理中的儒教要素剥离出去，强调武力与国运盛衰的有机联系。

肥后国熊本藩士井泽蟠龙在《武士训》中要求武士"片刻不可忘记君恩，忘记君恩者，有如禽兽。""臣之事君，犹如妇之从夫。妇一生只守一夫，臣终其一生只事一君。""人臣当以事二君为耻。" [③] 弘前藩士津轻耕道轩（山鹿

---

① ［日］井上哲次郎监修《武士道全书・第 6 卷》，国书刊行会，1998，第 293-300 页。

② ［日］井上哲次郎监修《武士道全书・第 6 卷》，国书刊行会，1998，第 320-333 页。

③ ［日］井上哲次郎监修《武士道全书・第 4 卷》，国书刊行会，1998，第 259-260 页。

素行次女之子）继承其外公山鹿素行的衣钵，在《武治提要》中将武治分为“武治之本”和“武治之道”。上篇《武治之本》讲述了武德、武智、武义、武事、武备、武勇，下篇《武治之道》阐述了立志、修身、齐家、知人、举人、正职役、明事物、立规矩、民政、省察、讲武、赏罚、风化、大治、传玺。此外，他在书中明确指出，“武德有文武，治内以文，治外用武。”并且特别强调武勇，认为“武勇乃百行之基，立志为百行之渊源。勇簿其志难立，其志不立亦无勇。志立则勇，勇成志亦立，勇和志互为表里。”[①] 上述诸人的武士道教义，影响也相当深远。

学者的武士道根据幕府武士道的精神，以及近世武士作为执政者的社会职能、维护和巩固德川氏武家政权的使命、和平的时代需要，提出了儒学化和理论化、体系化的武士道，为重新构建武家等级秩序和确立武士高人一等的权威地位提供了必备的道德规范、自我修养的内容、应当履行的职责等，推动了中世实践的武士道向近世信仰的武士道转换。

德川氏主导的近世武士道以儒学为最主要的思想渊源，通过向战国武士道注入儒家朱子学的思想，清除武士身上从战国时代遗留下来的杀伐习气，将“武断”主义的战国武士道改造成为“文治”主义的近世武士道，为武士提供“治国平天下”的政治思想、文治主义的统治原则、忠孝为本的人伦道德，以及高人一等的行为举止、思想品格和综合素养，彰显武士政权的合理性和武士作为统治阶级的权威性。而且，让武士道由煽动侵略扩张的战争工具转变成了维护和平、防止下克上的思想意识。

极而言之，近世武士不是战争岁月征战杀伐的职业战士，而是和平时代治国理政的“带刀官僚”；近世武士道也不是在战争中产生的、煽动侵略扩张的战争工具，而是适应时代需要、人为改造的维护幕藩体制的意识形态。

---

① ［日］井上哲次郎监修《武士道集·上卷》，春阳堂，1934，第383-395页。

第五章 “布国威于四方”的近代武士道

镰仓、室町时代，战事频频，武士主要履行战士的职责，因而产生了武士作为职业战士的武士道。德川时代，天下太平，武士由职业战士转变为行政官僚，以维护幕藩制度为使命，执政者之道应运而生。

近代日本，内忧外患愈演愈烈，半殖民地化的民族危机日盛一日，摆脱内外危机特别是民族危机成了国家目标。1868年，明治政权成立之初，多次宣布要“开拓万里波涛，布国威于四方，置天下于富岳之安”(近代版的“八纮一宇”诏书、近代日本的国家目标),“恢复国家自立（修改不平等条约),实现强国并与欧美列强为伍，这是明治政府的目标”。①“养兵力使日本成为强国，富国强兵、与世界为伍，是明治日本的理想。”②而明治政府实现国家目标的途径，就是对中国、朝鲜等东亚国家进行侵略掠夺。

以“维新三杰”等为代表的军国主义“元勋”，不仅确立了近代日本依赖战争的国家目标、以战争促发展的发展方式，而且主导创建了极具侵略性的天皇制军国主义政权，以及塑造了煽动全体国民侵略扩张的军国主义精神支柱——天皇主义武士道，去贯彻实行依赖战争的国家目标和发展方式。

近代天皇制军国主义政权，通过神政与宪政的结合使之建立在广泛认同的基础之上，通过军权与君权的结合“使军权上升为一种至高无上的和绝对

---

① ［日］高桥昌明：《日本武士史》，黄霄龙译，社会科学文献出版社，2020，第225页。

② ［日］福地重孝：《士族和士族意识·序论》，春秋社，1956，第3页。

的权力”和“不受监督和制约的特殊权力”，通过宪法赋予掌握军权的军部以“恣意发动对外侵略扩张战争的权力”。元老重臣推荐、天皇任命的敕命内阁“充其量只不过是从属于天皇、军部的行政机构”①。与国家目标和发展途径相适应，近代日本的“军队由天皇统率之，使命是神武天皇即位之诏‘上答乾灵援国德，下弘皇孙养正志；然后兼六合以开都，掩八纮而为宇’宣布的精神”②，即武力征服世界。

军人精神，即天皇主义武士道，由传统武士道演变而来，《军人敕谕》将封建武士的忠诚、礼仪、武勇、信义、质素作为近代军人必须遵守的金科玉律，以武勇为日本国民必备的核心要素。国民的“军人敕谕”——《教育敕语》，最终要求学生奔赴战场，“辅佐天壤无穷之皇运”。随着全民皆兵制和《军人敕谕》《教育敕语》等全民武士化政策的推行，武士道由武士的道德规范演变成为全体国民的道德规范。中世纪的武士道经过继承、改造，最终演化为近代武士道，沿着为战争和军国主义、法西斯主义服务的轨道恶性膨胀。

极言之，近代日本希望以对外侵略扩张战争实现“布国威于四方”的目标。天皇主义武士道服务于侵略扩张的国家目标，煽动国民投身于侵略扩张战争，“战死海外成为国民唯一的忠孝两全之道”，充当军国主义的精神支柱。军国主义恶性膨胀，军国主义政权狂热鼓吹武士道，充分显示了天皇主义武士道为战争和军国主义服务的本质特征。

还须指出的是，发端于“记纪”神话的神国思想鼓吹“八纮一宇”、侵略有理。武士自产生以来，就以侵略扩张战争作为发展动力，将武士集团的侵略、掠夺视为天经地义，并以之为荣。历经漫长岁月的渗透，这种弱肉强食的思维方式和行为方式也成了日本民族的传统观念。

---

① 吴廷璆主编《日本史》，南开大学出版社，1994，第809页。

② ［日］福地重孝：《军国日本的形成》，春秋社，1959，第41页。

18世纪末以来，日本的幕藩制封建危机和西方列强的扩张压力不断加剧。1868年1月3日维新政权发布的《王政复古大号令》称："原自癸丑（1853年）以来，遭蒙未曾有之国难"。同年3月14日，即发布《五条誓文》的同一天，维新政权以天皇的名义宣布了"布国威于四方"的目标，明确表示要以战争手段摆脱危机，建立称霸东亚的大日本帝国，实现近代化。有史为证，"日本从明治维新以来就一直走的是通过海外扩张迈向现代化的独特道路。日本的现代化的高速推进是以牺牲东亚其余国家和地区的现代化为代价的。"①"从明治早期的征韩论开始，到出兵台湾、吞并琉球、发动对朝鲜的侵略、甲午战争、日俄战争以及到第二次世界大战中的全面侵略，日本发动的历次对外扩张侵略战争都是摆脱西方列强强加于日本的不平等条约和取得帝国主义地位的主要途径。"②总之，适应国家目标的需要，近代日本建立了穷兵黩武的天皇制军国主义政权，产生了煽动侵略扩张战争的新武士道。

第一节　内忧外患的双重危机

"幕末危机，大体可分为内因和外因，即封建制度的衰退和西洋资本主义诸国的影响。"③幕藩制封建危机愈演愈烈之际，寻找国外市场和原料产地的西方列强，将扩张矛头指向以中国和日本为中心的东亚地区，这就是天皇制军国主义政治体制（硬体制）和意识形态（软体制）产生的历史条件。近代

---

① 罗荣渠：《现代化新论续篇——东亚与中国的现代化进程》，北京大学出版社，1997，第73页；李文：《武士阶级与日本的近代化》，河北人民出版社，2003，第355-356页。

② 殷燕军：《近代日本政治体制》，社会科学文献出版社，2006，第646页。

③［日］坂本太郎：《世界各国史·14·日本史》，山川出版社，1982，第401-402页。

武士道因时代的需要而产生，服务于依赖战争的天皇制军国主义国家目标和发展方式。

一、内部危机与幕藩改革

内部危机主要指幕藩制封建危机、财政危机和统治危机，万峰先生概括为三个方面：一是幕藩统治基础的封建自然经济不断走向解体；二是在领主与生产者之间出现了中间环节的地主、商业高利贷资本家、工场手工业资本家。三是幕藩领主的统治随着封建经济的日趋解体而变得腐朽没落。[①] 事实上，危机的产生正是源于幕藩制统治体制这一“商品经济的温床”[②]。“幕藩体制确立的同时，也迈出了变质、崩溃的步伐，幕藩体制的财政破绽正存在于幕藩体制之中。”[③] 幕藩体制以一定程度的商品经济和交通的发达为前提，反过来又促进了商品经济的发展和商人势力的壮大，商业高利贷资本一边寄生于幕藩领主，一边破坏幕藩领主的经济。

建立在兵农分离基础上的幕藩体制，对社会资源进行多元分配，武士是统治者，独享政治和军事领域，退出土地、脱离经济领域；农工商三民是为武士阶级服务的被统治阶级，占有经济领域，分别独占农业、手工业和商业。“武士束缚在大小不等的藩内，农民束缚在几乎与外界隔绝的村内，町人按职业束缚在各个町内。”[④] 禁止武士当工商业者或农民，也禁止农民当工商业者。武士阶级中商品经济发展的结果：（1）形成了全国范围的商品交换和市场，形成了以米为中心、中央市场（“三都”——大坂、京都、江户）与各藩领域

---

① 万峰：《日本近代史》，中国社会科学出版社，1978，第 9-12 页。

② 娄贵书：《幕藩体制——商品经济的温床》，《贵州师范大学学报》（社会科学版）1998 年第 2 期；娄贵书：《论幕藩体制下的商人——商人是幕藩体制的“宠儿”和掘墓人》，《西南师范大学学报》（哲学社会科学版）1999 年第 5 期。

③ ［日］儿玉幸多：《近世史指南》，吉川弘文馆，1984，第 129 页。

④ 沈仁安：《试论幕藩体制的特点》，载北京大学日本研究中心编《日本学·第 6 辑》，北京大学出版社，1996，第 1-24 页。

市场（城下町）有机结合的商品流通体系和市场网络，日本被连接成一个市场体系。（2）武士的天下变成了商人的天下。在年贡米—货币—商品的交换过程中，商人因分享了武士收入的一部分而日益强大，掌握了全国的经济权，武士和商人的实力关系渐渐颠倒了过来。

“于法是武士治人而商民治于人，实际上而今是一个町人当家的时代。”[①]脱离了财富的源泉——土地，脱离了生产机能的武士阶级，“对农民的榨取力远不如町人对一般人民的榨取力，因而武士的天下变成了町人的天下”[②]。“由大坂的商人借给全国大名的钱有6000万两之多，由诸大名运到三都的市场去的米计有400万石，而其中的300万石是作为这6000万两的利息被取去的。”[③]“今世武士，大名以下全部垂首于富商面前，靠借贷度日。财主时常逼债，因此大名见了财主就畏之若鬼神，俯伏于町人面前。”[④]以至有“大坂商人一怒，天下大名为之震恐”[⑤]的说法。据江户中期的儒学家、政治家新井白石（1657—1725年）的《焚薪记》记载，18世纪初幕府年收46.7万，支出却在140万以上。[⑥]新井白石曾对将军德川家宣说：“若论金银，现在富豪大商人绝不在你之下。”[⑦]进入19世纪后，幕府财政日益拮据，1834—1836年，每年平均赤字达金59万两；1854—1856年，达70余万两。[⑧]显然，商品经济的发展瓦解了幕藩体制的财政基础，打碎了严格的身份制度。

---

① ［加拿大］诺曼·赫伯特：《日本维新史》，姚曾广译，商务印书馆，1992，第21页。

② ［日］《日本从封建制转向资本制》，校仓书房，1975，第14页。

③ ［日］服部之总：《明治维新讲话》，舒贻上译，生活·读书·新知三联书店，1957，第29页。

④ ［日］森末义彰、宝月圭吾、木村础编《体系日本史丛书·16·生活史·Ⅱ》，山川出版社，1981，第338页。

⑤ ［日］下村效编《日本历史小百科·武士》，东京堂，1993，第240页。

⑥ 吴廷璆主编《日本史》，南开大学出版社，1994，第257页。

⑦ ［日］历史科学协议会编《历史科学大系·6·日本封建制的社会和国家·下》，校仓书房，1979，第206页。

⑧ 周一良、吴于廑主编《世界通史·近代部分·上册》，人民出版社，1962，第411页。

总之，商品经济的发展导致武士阶级的政治权力与经济实力严重脱节，随着武士阶级的贫困化，士农工商的身份制度也遭到了破坏。

18世纪以来，从农民中间涌现出来的农村商人，则以农村为基地、以农民为顾客，使商品货币关系渗透于农村，瓦解了幕藩体制的经济基础——自然经济。货币经济侵入农村，是从元禄时代（1688—1703年）开始的，宽政（1789—1800年）到文化（1804—1829年）年间，随着时代的演进，货币经济在农村的发展，一方面造就了豪农、豪商，另一方面又扩大了贫民阶层。

在农村商人的积极推动下，18世纪和19世纪之交，农村工业的重要部门——丝业已经形成养蚕、制丝、织物三种生产分工，促进了商业性农业的发展和农村加工业的迅速崛起。农村商人还是转化为工业资本家的主要力量，他们通过包买主的方式，在产地将产品集中收购起来，再转销给城市大批发商，从中获取一部分商业利润。继而，又将小生产者直接置于自己的支配之下，组织起资本主义的家庭劳动，于是，在分散的家庭手工业的基础上产生了一种新的生产方式——问屋制手工业。到幕府末期，农村也出现了资本主义性质的手工工场。

开港之后，内忧外患加剧，幕府在15年间进行了三次幕政改革，即安政年间（1854—1859年）的安政改革、文久年间（1861—1863年）的文久改革、庆应年间（1865—1867年）的庆应改革。改革虽均以失败告终，但也并非毫无意义。政治上，突破了身份等级制度，一批中下级武士得以登上历史舞台；突破了外样大名不得参与幕政和天皇不得过问内政外交的限制，幕府支配全国的“一言堂”时代成了历史，天皇开始走向政治中心。军事上，效法西方近代军事制度，学习西方近代军事知识、军事技术和军事装备，有利于缩短与西方的差距；陆军讲武所、海军讲习所招聘西方军事教官，传授西方近代军事知识和军事技能，培养了一批军事人才，为明治时代的军事改革奠定了人才基础。文化上，学习西方近代先进的人文科学和自然科学，留学生教育更是扩大了西方文化对日本社会的影响，加深了日本民众对西方的认同感，为日本的近代化培育了人才，福泽谕吉、西周、加藤弘之等启蒙思想家都曾远赴欧美，沐浴西方文明。

幕府进行天保改革之际，许多地方藩国也相继进行了藩政改革，仅10万石以上的藩国就有30余家。藩政改革的动因主要是财政危机和西方列强的压力，目的是改善财政和加强军事力量。地方藩国大多能够正视现实、顺应潮流，打破门阀制度，起用长于理财和掌握近代军事技术的中下级武士参与藩政，实行顺应商品经济发展潮流的经济政策，因此，涌现出了一批摆脱财政危机的强藩。如，改革前分别有85000贯银和500万两黄金债务的长州、萨摩，不仅扭转了财政拮据，还略有富余，为发展军备奠定了经济基础。萨摩、长州、土佐、肥前等西南诸藩，统一藩内市场，利用藩内商品生产的收益，加强藩国的政治、经济和军事力量。又如，长州藩利用濑户内海活跃的贸易增加收入，萨摩藩通过粮食等专卖品生产和对外贸易开辟财源，等等。

1840年12月，在得知强大的中国清政府在舟山大败于英国的消息后，特别是1853年培利强迫日本开国后，日本随即掀起了"重振军备"运动。因各藩兵力不足，故而出现了农兵。据现在判明，"有54个藩设置了农兵。农兵大部分接受洋式枪队训练，完全列入各藩的军事力量"，"事实上已经放弃了传统的兵农分离的原则"。1853年，解除《大船停止令》，幕府和各藩争相购买大型舰船。"幕府购回军舰10艘、运输船30余艘，各藩共购买军舰5艘、配炮船（在运输船上装上大炮的战船）18艘、运输船75艘。重振军备的行动，首先从最要紧的海岸防御工事的构筑开始，而后扩大到陆战主力——洋式步枪队的整编，这些举措的确是建立近代化的陆海军的第一步。""萨、长两藩上下经受彻骨教训，体验到敌我交战实力的天壤之别，从而大步迈上'从理论走向大炮'的现实路线，赢得了明治维新的领导权。"[①] 总之，开国后

① ［日］梅村又次、山本有造编《日本经济史·3·开港与维新》，李星、杨耀录译，生活·读书·新知三联书店，1997，第16、18-19页。

的改革也带有摆脱民族危机的愿望，因而，都在重整军备、创建新式军队、培养急需人才。

概言之，日本被迫开国以来的改革，旨在摆脱幕藩制统治危机，应对西方列强的殖民扩张，主要内容：一是突破身份制度，二是发展经济，三是重整军备，四是学习西洋文化，为明治政府的改革提供了有益的借鉴。

二、不平等条约与民族危机

日本与西方国家的接触始于16世纪，“1542或1543年（准确日期现已不能确定），载有3个葡萄牙人的一艘沙船，在从暹罗驶往中国的途中，被暴风吹到日本西南部的种子岛。……这是日本人第一次认识了火药和火器。他们所得到的两支铳枪就成了制造新战争武器的模型。”[①]1544年，葡萄牙船再次来到种子岛，并向日本人传授鸟铳制造技术。到16世纪50年代后期，火枪已广泛使用。

“自17世纪起，欧人分两路侵略亚洲。一路自海路而来，由南向北，其侵略者是西洋海权国；一路自陆地而来，由北而南，其侵略者是俄罗斯。两路的侵略，合起来，形成剪刀式的割裂。全亚洲，连中国在内，都在这把剪刀口内。这是亚洲近代的基本形势，诚数千年来未有的变局。”[②]由于“日本实际上在俄罗斯与英国的政策中均不处于中心地位”，所以，敲开日本国门的是列强中的后起之秀——美国。

“美国为了给北太平洋繁荣的捕鲸船建立寄港地、补给基地，进而推进与中国的贸易，要求日本开港。”[③]1851年，美国总统专门为要求日本开国拟了一份国书。1852年，美国政府任命海军准将培利为东印度舰队司令，并委以

---

① ［美］马士、宓亨利：《远东国际关系史·上册》，姚曾广译，商务印书馆，1975，第29页。

② 蒋廷黻：《中国近代史》，群言出版社，2015，第126-127页。

③ ［日］武光诚、大石学、小林英夫监修《地图·年表·图解的日本历史·下》，小学馆，2012，第46页。

实现日本开国的重任。培利的任务有三：（1）取得对罹难美国人生命财产的保护；（2）开辟一两处口岸对外通商；（3）取得购办供应品的权利，尤其是购办煤的权利。[①]临行前，总统还对他下达了“严禁开炮”的命令，不允许主动向对方开炮。

1853年4月7日，培利舰队横渡大西洋，绕过好望角进入印度洋，穿越马六甲海峡和中国南海，经历137天的长途跋涉后抵达香港岛。5月26日率舰北上，7月8日率舰4艘驶进江户湾浦贺，要求幕府接受美国总统国书，7月14日，培利以下300名美国官兵全副武装，离舰乘划艇登陆，这是锁国以来外国军队第一次踏上日本本土，与幕府官员约定明年答复后离开日本。

1854年2月11日，培利率领庞大的舰队（仅军舰就有7艘）驶抵江户湾，到神奈川河口。经过4轮谈判，3月31日，日本与西方国家签署了第一个外交条约——《日美和亲条约》（也称《神奈川条约》）。5月12日又在下田缔结《日美和亲条约》的附件（即《下田条约》），主要内容有：（1）日本向美国开放下田、箱馆（即函馆）两港口，并提供必需品，下田（即时开放）成为美国开辟太平洋航线的中继站，箱馆（次年3月开港）成为美国捕鲸船的基地。（2）现今美国未被允许的条件，如果许给他国人，美国可不经交涉，享有同样待遇，即最惠国待遇。（3）“美国人服从日本正确的法令”。《日美和亲条约》仅完成了3项任务中的2项，即保护美国遇难船员，建立美国船的补给站。[②]随后，英、俄、荷等援引美国先例，缔结了条约关系。

1856年8月，美国第一任驻日本总理事兼外交代表哈里斯抵达下田。1857年6月17日，双方在下田签订《日本国美利坚合众国条约》，规定：日本向美国开放长崎港；美国可在长崎修船和得到柴、水、米、煤等供应；可在下田、箱馆派驻理事；美国在日本可享有领事裁判权。1858年7月29日，

① ［美］马士、宓亨利：《远东国际关系史·上册》，姚曾广译，商务印书馆，1975，第284页。

② 刘世龙：《美日关系：1791—2001》，世界知识出版社，2003，第70页。

双方经过13轮谈判在江户签订《日美友好通商条约》。主要内容有：（1）互派公使、领事，美国公使在江户的驻留权和日本国内的旅行权；（2）开放箱馆、神奈川、长崎、新潟、兵库五港，在江户、大阪开市；（3）实行自由贸易原则和协议关税制；（4）禁止鸦片贸易；（5）货币同种同量的通用；（6）制定外国人游览规程；（7）美国人信教自由；（8）承认领事裁判权和单方面最惠国待遇。同年7—9月，以《日美友好通商条约》为蓝本，英、俄、法、荷与日本签订航海通商条约，日本的锁国时代正式结束。

培利和哈里斯与日本签订的《日美和亲条约》和《日美友好通商条约》，奠定了日本与西方关系的基调。1861年，美国爆发南北战争，对日外交的主导权转移到英国手中。1865年11月—1866年5月，通过武力威慑等手段，终于在6月，日本与英、法、美、荷4国代表在江户签署《改税议定书》（12条），“作为同意兵库不开港的代价，结果终于将迄今平均为20%的进口税，降到平均5%”[①]，还废除了各种限制贸易的措施。至此，继中国之后，日本被纳入西方资本主义世界市场（自由贸易）及西方国际秩序（条约体系）之中。

以《日美和亲条约》的签订为标志，日本面临日益严重的半殖民地化的危机，首先表现为被迫签订了一系列损害日本独立主权的不平等条约，这也是列强奴役、掠夺日本合法化的法律依据。

第一个不平等条约《日美和亲条约》在国际上引起的连锁反应是，1855—1856年日本又被迫与俄国、英国、荷兰缔约了双边条约，各国从中取得某些特权，“加快了日本的半殖民地化速度”[②]。美国也分享其他列强从中获得的利益。《日英条约》开长崎、箱馆两港，获得片面最惠国待遇。而且，“协定的第四条虽然规定侨居日本的英国人要服从日本法律，但却规定违法者

① ［日］坂本太郎：《日本史概说》，汪向荣、武寅、韩铁英译，商务印书馆，1992，第352、364页。

② 刘世龙：《日美关系：1791—2001》，世界知识出版社，2003，第72页。

须交英国船长加以惩处，实际上放弃了日本方面的裁判权。这也可以说就是治外法权（领事裁判权）的萌芽。领事裁判权的承认，作为形成不平等条约的基础，后来酿成了外交上的重大问题。”①《日俄条约》要求：一是划定北方领土，“事实上使沙俄入侵千岛的殖民地扩张活动合法化”②。二是开放箱馆、下田、长崎三港，为俄国船只提供补给，“为俄国向日本进一步扩张提供了最必需的基地”③。三是获得了最惠国待遇和领事裁判权。《日荷条约》要求与俄、美同等待遇，开长崎、下田、函馆3港，并规定放宽加于长崎荷兰人的限制。1854—1856年，日本同美、英、俄、荷结成条约关系，以日本为中心的“条约体系”大体成型。

第二个不平等条约《日本国美利坚合众国条约》，进一步加剧了日本半殖民地化的危机。条约扩大了美国的特权，如规定长崎开港，在下田、箱馆派驻领事。条约第四条规定“日本人对美国人有犯法行为时，由日本主管部门按日本法律惩处，美国人对日本人有犯法行为时，由总领事或领事按美国法律惩处。”“这种领事裁判权在日英协定中初见萌芽，在日俄、日荷亲善条约中也只有一点影子，而今却对美国明确地承认下来。”④美国人享受领事裁判权和在开港地的久居权，以及允许日美货币交换等。

第三个不平等条约是《日美友好通商条约》，主要内容为：日本开放箱馆、新潟、神奈川、兵库、长崎五港以及江户、大阪两市，自由贸易、通货，在日常活动区域自由行动，拥有领事裁判权（实际上是治外法权）、信教自由，外交代表进驻江户、领事进驻开港地，美国人可以在日本国内旅行，采

① ［日］信夫清三郎编《日本外交史·上》，天津社会科学院日本问题研究所译，商务印书馆，1992，第64页。

② 万峰：《日本近代史》，中国社会科学出版社，1978，第31页。

③ 伊文成、马家骏主编《明治维新史》，辽宁教育出版社，1987，第234页。

④ ［日］信夫清三郎编《日本外交史·上》，天津社会科学院日本问题研究所译，商务印书馆，1992，第72页。

取关税协议制，享受单方面最惠国待遇，等等。总之，“在这里，旨在把日本纳入资本主义世界市场的‘自由贸易’的任务基本上得到了解决。”[①]条约还“确定了进出口商品的税率”，以及所谓的“日用品”不纳税。美国海军备用的军需品在长崎、箱馆等港口卸货入库由美国人看管时不纳税，船舶、船具、食品、房屋建材、蒸汽机、渔具修理用品、纺织品、锌和锡等只缴纳5%的税，“大大剥夺了日本的关税自主权”。此外，还规定：日本可以随意在美国采购军舰、轮船、捕鲸用具、大炮、军事装备、武器及其他必需物品，也可提出订货。甚至规定：由美国包揽日本同任何欧洲国家的争端。由此可见，“美国企图不仅在经济上，而且在军事、外交上将日本变成自己的属国。”[②]总之，条约损害了日本的独立和主权。

《日美友好通商条约》签订后，英、俄、荷、法等国很快与日本签订这类条约，即“安政五国条约”。在各开放港口建设外国人居住地，并给予外国居留者土地租借权。居留的外国人限定在方圆十里（约39千米）的范围内，贸易形式采用居留地贸易制度。“这五个条约，使日本不仅在政治上，而且在经济上也向国际社会敞开了大门。”[③]“这是以横滨、长崎、箱馆、新潟、兵库开港，片面的领事裁判权（治外法权）、协定税率（丧失关税自主权）、最惠国条款等为主要内容的不平等条约。”[④]这些条约加深了日本与欧美列强的不平等关系。

“安政五国条约”将日本置于半殖民地的地位，主要表现在：第一，它使西方列强对日本的殖民掠夺合法化，把日本变成其市场和原料产地。第二，

---

① ［日］信夫清三郎编《日本外交史·上》，天津社会科学院日本问题研究所译，商务印书馆，1992，第72页。

② 万峰：《日本近代史》，中国社会科学出版社，1978，第33页。

③ ［日］信夫清三郎编《日本外交史·上》，天津社会科学院日本问题研究所译，商务印书馆，1992，第80页。

④ ［日］永原庆二：《日本经济史》，岩波书店，1980，第251页。

日本被迫承认西方国家在日本享有领事裁判权，……日本丧失了国家对外侨的司法权。第三，日本被迫接受协定关税制，失去了保护本国工商业的关税自主权。第四，日本被迫给予欧美资本主义国家以最惠国待遇。第五，日本允许欧美国家在日本设置“居留地”（租界），外国人在居留地内享有永久租地权和自治权，这种权利与领事裁判权一起使租界成了日本的“国中之国”。第六，“安政五国条约”没有终止期。也就是说，西方列强对日本殖民掠夺没有时间限制。[①]“安政五国条约”使商贸网点遍布列岛，日本因此成为欧美在东北亚的新市场，它所包含的领事裁判权、协议关税制等集中反映了不平等条约特性的条款，严重损伤了日本的国家主权，加深了日本的民族危机。[②]美、英、荷、俄、法五国“取得自由贸易权、关税率协议权、领事裁判权等一系列殖民特权，日本则在贸易、关税、司法等方面丧失国家主权，濒临沦为半殖民地的危险边缘，处于被欧美列强压迫的从属地位和不平等条约的束缚之下”[③]。

1859年开港后，外国资本迅速控制了日本经济，主要表现为三个方面：首先，通过横滨等地的所谓“居留地贸易”（即不是直接和外国市场进行交易，而是以外国人居留地为根据地，外国商人与居住在通商港口的日本商人进行的商业贸易），掌握了日本的对外贸易；其次，外国资本直接控制日本的生产，外商直接投资建设制丝厂、制茶厂，雇佣日本人生产；最后，外国资本向各藩主放债，各藩有财政困难时，向外商借债，特别是借债购买武器舰船。[④]

---

① 吴廷璆主编《日本史》，南开大学出版社，1994，第321-322页。

② 宋成有：《新编日本近代史》，北京大学出版社，2006，第73页。

③ 汤重南、汪淼、强国、韩文娟主编《日本帝国的兴亡·上卷》，世界知识出版社，1996，第96-97页。

④ 伊文成、马家骏主编《明治维新史》，辽宁教育出版社，1987，第244页。

开国后外国资本的涌入，使幕府末期的社会经济发生了急剧变化，日本出现了被殖民化的种种征兆：一是“对外商权的丧失”。如前所述，居留地贸易的一大特点是日本商人不能直接与外国进行贸易，而是通过在日本的外商来进行，对外贸易的直接交易权掌握在外商手中。二是“外国资本对国内金融体系的破坏”。当时“国际金银比价是一比十五，日本是一比五，外商投机牟取巨利，金货大量流出”[①]，日本国内金融秩序陷于混乱。同时，还在日本设立银行，开展商业高利贷活动，瓦解着日本固有的金融体系的功能。三是“外资对幕藩财政控制的加深”。利用幕府和各藩财政困难之机，通过向各藩放贷控制藩国的财政，从而加速殖民地化。四是出现了“物价体系的紊乱”。开国后，由于外国商品的冲击，物价一路飞涨，民众生活益发困难，阶级矛盾日趋尖锐。[②]总之，“安政五国条约”加剧了日本半殖民地化的危机。

日本学者的研究认为，欧美外商以居留地为中心，对与出口有关的产业——制丝业、制茶业、煤炭业、造船业进行直接投资，其中就有由外商经营的大规模的出口茶生产厂。1867年，长崎有6家；1873年，横滨有15家，神户有11家制茶厂。据说，在繁忙季节，雇佣工人1500—2000人。此外，法兰西洋行鲁德维赫洋行以定购产出的生丝为条件，计划融资建设山梨县的机器缫丝厂，怡和洋行也于1869年向明治政府提交了建设缫丝厂的计划，结果没有成功。欧美外商的这种预付和直接投资行为是西欧列强实行殖民地化的例证。1870年，外商在日本设立的商站数分别为：美国33、英国101、法国39、德国45。从地域上来看，欧美商社集中在横滨、神户、大阪。1071年，通过电信把东亚与欧美市场直接联系起来。[③]美国学者安德鲁·戈登认为，这些不平等条约置日本于半殖民地的地位，从法律角度而言，日本在政治及经

① ［日］永原庆二：《日本经济史》，岩波书店，1980，第253页。

② 杨栋梁：《日本近现代经济史》，世界知识出版社，2010，第18-20页。

③ ［日］梅村又次、山本有造编《日本经济史·3·开港与维新》，李星、杨耀录译，生活·读书·新知三联书店，1997，第196、190-191页。

济上均成为外国政府的附庸。[①] 当然，欧美列强不只是控制日本经济，“安政五国条约”及其此后的不平等条约也是列强在政治上控制日本的结果。

“安政五国条约”使日本陷入更加深重的半殖民地化的危机之中，然而，西方列强并不以此为满足，此后又强迫日本签订了一系列不平等条约。例如：(1) 1860年9月，日本与英、法、美、葡、瑞（士）、德、比、荷等8国签订《长崎租地规则》，除重申治外法权外，主要确认外国人可以在居留地租借土地修建房屋和开设游乐场所等。(2) 1862年6月的日英《伦敦备忘录》，1864年6月的日法《巴黎协定》，扩大英、法的权利，缩小甚至废除对英、法的一些限制性规定，以再次承认自由贸易的原则作为英国同意延期的补偿。(3) 1866年日本与英、法、美、荷4国签订的《改税议定书》，规定关税率一律为从量税5%。《改税议定书》“事实上是对1858年条约的补充，反映了自由贸易原则也适用于日本的状况”，“可以说1866年的关税条款彻底完成了日本的对外开放”。[②]《改税议定书》的签订，标志着西方列强“对日不平等条约的体系遂告完成。从此，力量薄弱的日本工业就不得不同先进的资本主义列强进行‘平等’的竞争”[③]。于是，日本半殖民地化的民族危机和国内的各种矛盾进一步加深。

上述“条约虽然依据的是贸易自由原则，但它是一个包含领事裁判权、协定关税（缺少关税自主权）及单边最惠国待遇等条款的‘不平等’条约。废止这些‘不平等条约’，确立和条约国的对等关系，成了明治时期条约修改运动的核心。1894年（明治二十七年）的《日英通商航海条约》，于1899

---

① ［日］安德鲁·戈登：《现代日本史：从德川时代到21世纪》，李朝津译，中信出版集团，2017，第74页。

② ［美］马里乌斯·B. 詹森主编《剑桥日本史（第5卷）：19世纪》，王翔译，浙江大学出版社，2014，第283、284页。

③ ［日］信夫清三郎编《日本外交史·上》，天津社会科学院日本问题研究所译，商务印书馆，1992，第80页。

年（明治三十二年）对通商条约进行了修改，但关税自主权的恢复只限于一小部分，完全的关税自主权的确立在1911年。”[①]不平等条约的签订历时12年（1854—1866年）；不平等条约的废除，从1872年岩仓使团修约遭挫到1911年，历时40年。

1859年日本正式开放港口开展贸易，依靠上述不平等条约——西方列强奴役、掠夺日本的法律依据，日本很快就沦为列强的商品市场和原料产地。

开港后，日本的对外贸易迅速增长，大量西方的廉价工业品蜂拥而入，充斥日本市场；日本的农产品等原料源源输往海外。贸易方面，呈现“逐年增长之势”。商品种类方面，“输出方面生丝占全部输出价额的半数以上，高居首位，其次是茶和海产品；输入则以棉织品、毛织品为重要项目，还有金属、武器、舰船等。就国家来说，英国始终占总额一半以上，居于次位的最初是美国，1865年以后法国追上。至于贸易港口，则横滨经常占全部贸易额的80%。”[②]出口产品中，生丝、茶叶、蚕卵纸占80%以上，进口产品以棉纱、棉织物、毛织品等纤维产品和砂糖、武器类为主。可以说，幕府末期已经形成了明治时期贸易的基本结构。从各开放港口看，横滨占压倒性优势地位，1859—1867年平均占出口的80%—85%，占进口的60%—70%。各国的贸易额虽不明确，但不同国家的船舶贸易是：1863—1865年，英国船只占出口88%，占进口83%，也处于优势地位。不同国籍贸易商的贸易额，从1864—1865年、1865—1866年平均来看，出口：英国贸易商占59%，美国占15%，法国占19%，荷兰占4%；进口：英国占75%，美国占10%，荷兰占9%，法

① ［日］梅村又次、山本有造编《日本经济史·3·开港与维新》，李星、杨耀录译，生活·读书·新知三联书店，1997，第188页。

② ［日］守屋典郎：《日本经济史》，周锡卿译，生活·读书·新知三联书店，1963，第26-27页。

国占 3%。[①] 出口主要是农产品，进口以工业品为主，表明日本成了西方列强的销售市场和原料供应地。

“开港后（1860—1865 年）的贸易动向，输出方面，横滨的输出占全国输出额的 70%—90%，其中，60%—80% 是生丝，第二位的是茶，占 10% 左右。输入方面，横滨占全国输入额的 50%—70%，输入品中棉织物、毛织物、金属、棉纱等占最大比重。全国的输出、输入额，输出：1860 年是 471 万 4000 美元，1865 年是 1849 万美元；输入：1860 年为 165 万 9000 美元，1865 年为 1514 万 4000 美元。……输出原材料和粮食，输入工业品。”[②] 生丝、茶、蚕种和棉花大量出口，造成价格上涨，国内丝绸织业遭受生丝量少价高的双重打击。桐生地方的生丝价格，开港后 1859 年 10 月价格较开港前平年的价格上涨了 3 倍。[③] 一方面是生丝不足和价格高涨，导致以京都西阵为首的各地丝织业已经难以为继。另一方面是国外廉价的机制棉、毛织布大量进口，沉重打击了国内的棉织品业。

欧美外商还以居留地为中心，开设商行、建立仓库和开办工厂企业，金融资本家则开设银行。欧洲银行于 19 世纪 60 年代相继在日本设立了支行：有利银行（1854 年成立，总行在伦敦）于 1863 年，东方银行（1842 年成立，总行在伦敦）于 1864 年，汇丰银行（1865 年成立，总行在香港）于 1866 年，巴黎贴现银行（1848 年成立，总行在巴黎）于 1867 年分别在横滨开设了支行。1871 年，通过电信把东亚与欧美市场直接联系起来。1870 年，外商在日本设立的商站数分别为：美国 33、英国 101、法国 39、德国 45。从地域

---

① ［日］梅村又次、山本有造编《日本经济史・3・开港与维新》，李星、杨耀录译，生活・读书・新知三联书店，1997，第 204 页。

② ［日］永原庆二：《日本经济史》，岩波书店，1980，第 251-252 页。

③ 吴廷璆主编《日本史》，南开大学出版社，1994，第 324 页。

上年看，欧美商社集中在横滨、神户、大阪。[①]外国银行不仅通过投资办厂、支付预付款牟取暴利、控制日本经济，而且还通过向藩主放债，控制日本的经济命脉。1871年废藩置县时，37个藩举借外债，外国债主57人。

开港后，日本半殖民地化的危机不断加深，致使物价暴涨，农民和城市贫民的生活恶化，农民起义和城市贫民起义的次数剧增。而且，从1859年8月开始，"非理性的尊攘狂潮"频频发生。

适应摆脱幕藩制封建危机和民族危机的需要，特别是摆脱民族危机的需要，从18世纪末以来，一批又一批忧国忧民的思想家为国家和民族的出路苦思冥想，初步形成摆脱内外危机的方略，即依赖武力的"尊王倒幕论"（从"尊王敬幕"到"尊王攘夷"再到"尊王讨幕"）和"扩张补偿论"。

第二节 近代日本的国家目标

面对"癸丑以来""未曾有之国难"，明治政府确定的国家目标，一是修改不平等条约、摆脱民族危机，二是争取国家的富强并跻身于西方列强的行列。实现国家目标的途径，就是对外侵略扩张。

"日本朝野从军事角度来认识西方的挑战，又以武的立场寻求应战手段。""明治时期的'富国强兵'路线意味着选择了军国主义和对外侵略战争的道路。"[②]在军国主义历史传统和思想意识的基础上，成立不足百日的明治

---

① ［日］梅村又次、山本有造编《日本经济史·3·开港与维新》，李星、杨耀录译，生活·读书·新知三联书店，1997，第190-191页。

② 宋成有：《武士道精神与明治时期的日本现代化》，载罗荣渠主编《各国现代化比较研究》，陕西人民出版社，1993，第112页。

政府，在公布施政纲领《五条誓文》的同一天，发表了明治天皇“神圣”的《宸翰》(御笔信）——近代版的“八纮一宇”诏书，宣称“朕安抚尔等亿兆，终欲开拓万里波涛，布国威于四方，置天下于富岳（指富士山）之安。”由此可见，明治政府已经确定了以军国主义摆脱民族危机的基本国策。

近代日本“布国威于四方”的海外雄飞大略，发端于18世纪末的“海外雄飞论”，而其源头则可追溯至建国之初。

一、“海外雄飞论”的源头

日本的对外扩张和大国意识始于国家形成之初，东亚大陆中国分裂和朝鲜三国鼎立的时代，也是日本统一国家形成和对外扩张的时代。朝鲜的《三国史记·新罗本纪》记载，3世纪初以后，邪马台国曾多次出兵朝鲜半岛南部。①369年，大和朝廷平定比自炑（庆尚南道昌宁）以下7国②，建立任那地区，“设‘任那府’统治之”③。391年，日本又“入侵朝鲜半岛，破百济、新罗。”④高句丽的《好太王碑》(亦称《广开土王牌》）载：“倭以辛卯年（391）来渡海，破百残（百济）□□新罗，以为臣民。”⑤413年，即大和国在朝鲜被高句丽打败后的第6年，倭王主动与中国建交，在413—502年的近百年间，曾先后10余次向中国各朝遣使朝贡、请求册封。

478年，倭王武遣使上表，表文还称“封国偏远，作藩于外，自昔祖祢，躬擐甲胄，跋涉山川，不遑宁处。东征毛人五十五国，西服众夷六十六

---

① 吴廷璆主编《日本史》，南开大学出版社，1994，第25页；王金林：《简明日本古代史》，天津人民出版社，1984，第40页。

② ［日］森克己、沼田次郎编《体系日本史丛书·5·对外关系史》，山川出版社，1978，第13页。

③ ［日］日本历史大辞典编辑委员会编《日本历史年表》，河出书房，1962，第9页。

④ 李亚凡编《世界历史年表》，中华书局，2017，第29页。

⑤ 王辑五选译《1600年以前的日本》，商务印书馆，1983，第9页。

国，渡平海北九十五国，王道融泰，廓土遐畿，累叶朝宗，不衍于岁。”[①]“毛人”“众夷”和“海北”，指“虾夷”“熊袭”和“朝鲜”。“渡平海北九十五国”，即大和国对朝鲜半岛南端的侵略扩张。日本一再向中国请求封号，将包括新罗、百济在内的朝鲜半岛南端划为其势力范围，也向中国表明自己是拥有属国的帝国。日本一边向中国朝贡、称臣，一边又要百济、新罗向自己朝贡、称臣，建立自己的小帝国，并要中国给予帮助。由于中国未能完全满足日本的要求，于是，“在倭王武时，倭王决意脱离册封体制，与中国诀别，走向作为独自的‘天下’世界之王的道路。”[②]此后的日本，从请求“赐封”走向了“自封”的道路。

综上可见，日本在建国之初就开始了对外侵略扩张，萌生了大国意识，并图谋构建自己的国际秩序。在8世纪初的官撰正史《日本书纪》里，大国意识和以日本为核心的国际秩序都迈上了一个新台阶。

《日要书纪》是日本的第一部官撰正史，由2个亲王、4个王和6个大臣合作完成，地位相当于中国的《史记》。“《日本书纪》的内容，不仅是宣扬国威，而且，如书名所示，是体现国家意识之书。”[③]《日本书纪·神功皇后卷》的“神功皇后九年条”，借新罗王之口说：“吾闻，东有神国，谓日本。亦有圣皇，谓天皇。”高丽、百济二国王，“闻新罗收图籍降于日本国，密令伺其军势，则知不可胜，自来于营外，叩头而款曰：‘从今以后，永称西蕃，不绝朝贡’。”“神功皇后四十六年条”借卓淳（即任那）王之口，转述百济人的话说：“百济王闻东方有日本贵国，而遣臣等，令朝其贵国。”“神功皇后五十一年条”载，神功皇后派使节到百济，因以垂大恩曰：“朕从神所验，始开道路，平定海西，以赐百济。今复厚结好，永宠赏之。”是时百济父子，并颡至

① 沈约：《宋书·列传第五十七·夷蛮》，中华书局，1996，第2395页。

② ［日］熊谷公男：《日本的历史·3·从大王到天皇》，讲谈社，2014，第82页。

③ ［日］日本图书センター编《日本精神文化大系·第2卷·时代概说·解题》，日本图书センター，2001，第23页。

地，启曰："贵国鸿恩，重于天地，何日何时，敢有忘哉！圣王在上，明如日月。今臣在下，固如山岳，永为西蕃，终无二心。""应神天皇三年条"载，遣使责百济辰斯王立之无礼于天皇，于是，"百济国杀辰斯王以谢之"，使臣"纪角宿祢等便立阿花为王而归。""应神天皇二十八年条"载，"高丽王遣使朝贡，因此上表。其表曰：'高丽王教日本国也。'时太子菟道稚郎子读其表，怒之，责高丽之使以表状无礼，则破其表。""仁德天皇十七年条"载，新罗不朝贡，遣使责之。于是，"新罗人惧之，乃贡献调绢1460匹，及种种杂物，并80艘。"①

概言之，第一，8世纪初的日本以神国自居。第二，虽然朝鲜半岛各国并非日本的属国，但将日本描绘成拥有属国的帝国。"日本的神国观念已经派生了对外的大国意识。《日本书纪》已经在描述一个以日本为核心的国际秩序。"②这也是日本建国以来的不懈追求。

二、思想界的"海外雄飞论"

最早认识到俄国威胁并提出应对之策的，是博采众学之长的经世学派思想家工藤平助和林子平。

仙台藩士工藤平助（1734—1800年）以幕府的兰学家青木昆阳、野吕元丈为师，并通过与吉雄幸左卫门（长崎首席翻译）等著名兰学家和荷兰人的交往而眼界大开。针对俄国人从西伯利亚南下的动向，1781—1783年写成《赤虾夷风说考》（但未出版），并设法将《赤虾夷风说考》送呈幕府老中田沼意次，建议幕府开发虾夷地（今北海道）与俄国人开展贸易，较为隐晦地提出了开国主张。田沼意次1785年组建虾夷探险队，1786年派江户商人与俄通商。1786年田沼意次失势，开拓虾夷地与俄通商计划搁浅。

① ［日］舍人亲王：《日本书纪》，四川人民出版社，2019。

② 米庆余：《近代日本的东亚战略和政策》，人民出版社，2007，第4页。

仙台藩士林子平（1738—1793年）是日本“海防论”之第一人，1785年著《三国通览图说》，书中所指“三国”即朝鲜、琉球和北海道（虾夷地），详细介绍了三国的历史沿革、文物制度、风俗习惯、地理物产等，认为三国“与邦接壤，实为近邻之国”，“于国地理‘如能熟记’，于治乱可洞悉无疑，万机易施”。“写《三国通览图说》的意图，在于‘日本勇士率雄兵入此三国时，谙察情况而随机应变’”。林子平直接将邻国确定为日本侵略扩张的对象。1786年著的《海国兵谈》是日本第一部海防论著，被誉为“海国日本武备的百科全书”。他告诫国人“勿忘日本是四周为海洋环绕，与世界连在一起的‘海国’”，“军舰一日即可跨过二三百里，知日本武备防外寇之术乃当务之急。”明确主张“海国的武备在海边，海边的兵法在水战，水战之要在大炮，乃海国自然之兵制。”[①] 信夫清三郎剖析说：“其《海国兵谈》的特点是以大炮对抗西方大船，而非“以‘大船’来对抗‘大船’。”林子平希望日本出现“文武双全”的“将才”，像俄国女皇叶卡捷琳娜二世那样“有志于一统五洲，布德张武”，并宣称“神功皇后使三韩臣服，丰臣秀吉征伐朝鲜，使之至今仍服从于本邦，此皆武德之光辉”。[②] 此外，林子平还极力主张在俄国人之前抢占虾夷。

越后国藩士本多利明（1743—1820年）通晓兰学，将“俄国女皇叶卡捷琳娜二世看作理想的‘帝王’”，1798年前后写成富国之策——《经世秘策》，以欧洲国家特别是英国为榜样。他提出日本“富国之基本”的四大急务：一曰“火药”，为军事和民用大量生产和储存火药；二曰“储金”，开发金、银、铜等矿山以充实作为国家财富支柱的金属材料；三曰“船舶”，建立官营商船队进行海外贸易，“日本是海国，运输贸易乃当然之国务”，“国君的天职”；

① ［日］日本图书センター编《日本精神文化大系・第6卷・江户时代编》，日本图书センター，2001，第117、121页。

② ［日］信夫清三郎：《日本政治史・第1卷・西欧的冲击与开国》，周启乾译，上海译文出版社，1982，第73-74页。

四曰“开业”，对周边地区进行殖民扩张。他认为的富国之道是：首先，对外开放，学习欧洲的重商主义政策。“建立大量生产精巧奇器与名产之制度”和“建立以官船运输来通天下之有无、救万民之饥寒的制度”。以日本之物产换取外国之金、银、铜，获金、银、铜之利润，则日本终将成为大国，成为富饶强盛之国，西欧各国强大的原因就在于通天下之有无。“与外国之交易乃为提高自身之国力，亦与战争相同耳”，可使日本成为世界大国。“天下万国之国产宝物云集欧罗巴”，“成就天下无敌之国欧罗巴”。其次，对外开拓，建立属于日本的殖民地制度，“欧洲各强盛国家，本国虽小，但多有属国，亦堪称大国”。

本多利明的理想国是“本国小”而“属国多”的英国，期望“东洋有大日本岛，西洋有英吉利岛，在全世界，两者并列为大富大强之国”。他认为“即使侵犯他国，也应由此增强本国，是乃国务。”“无论东洋或西洋虽皆有可属于日本之诸岛，但首先值此虾夷诸岛将为莫斯科所夺之重要时刻，此乃急务中之急务。”[①]1799 年著的《西域物语》，主张“把大日本岛的首都迁到与伦敦同一纬度的堪察加，在与巴黎同一纬度的库页岛（日本称唐太或桦太）建筑大城廓，更加发展与山丹（滨海边疆区）和满洲（中国东北地区）的贸易，以完成‘大日本帝国’的建设。”[②]1801 年又著《贸易论》，将丰臣秀吉视为“顶天立地的大英雄”，认为“发动战争，谋求国家利益乃为君之道的秘密，贸易之道即合战之道”，鼓吹伺机“进攻外国并占领之”。[③]概言之，本多利明的“海外雄飞论”主要包含“内政改革论”“官营贸易论”“殖民地经营论”和

① ［日］塚谷晃弘、藏并省自校注《日本思想大系·44·本多利明、海保青陵》，岩波书店，1970，第 14、32、50、85 页；［日］信夫清三郎：《日本政治史·第 1 卷·西欧的冲击与开国》，周启乾译，上海译文出版社，1982，第 75-77 页。

② ［日］塚谷晃弘、藏并省自校注《日本思想大系·44·本多利明、海保青陵》，岩波书店，1970，第 133-134 页。

③ ［日］塚谷晃弘、藏并省自校注《日本思想大系·44·本多利明、海保青陵》，岩波书店，1970，第 182 页。

“称雄世界论”，核心是以富国为基础的“扩张论”。

兼学兰学和国学的经世学派的集大成者佐藤信渊以皇化全球、主宰世界为目标，并在其代表作《宇内混同秘策》（1823 年）中提出了皇化万国的理由、方式和计划。

佐藤信渊（1769—1850 年）是出羽秋田藩士之子，因父亲逃离本藩而成为浪人，曾就学于平田笃胤，1823 年著《宇内混同秘策》，以神国日本为“万国之祖国”，以天皇（神裔）为“万国之总帝”，将亚洲乃至世界各国均视为日本可以占领之地。他认为：“世界各国正处于恶政之际，救济世界各国使之免于恶政是我皇国的任务。方法是混同统一诸国，使之从属于我国。”① 《混同秘策》（前坊洋校注）开首便宣称：“皇大御国，大地之最初生成之国，世界万国之根本。故而若能善于治理其根本，则全世界悉为其郡县，万国之君长可为其臣仆。”他认为：“救济世界万国之苍生乃宏大的事业，当明辨万国之地理，从天意。”“察我日本国之形势，自赤道以北 35 度至 45 度，气候温和、土地肥沃，万种物产无不满盈，四边皆临大洋海，舶运便利，万国无双，地灵人杰，勇决殊于他邦。其优越之势堂堂八表，充分具备可天然鞭打宇内之实证。”甚至叫嚣“以神州之雄威征伐蠢尔蛮夷，则混同世界、统一万国有何难哉。盖造物主对皇大御国之宠爱。”进而具体论述道：“当今世界万国之中，皇国易于攻取之地，莫如支那国之‘满洲’。”“皇国征支那，若节制得当，不过五七年，必至彼国土崩瓦解。”“入支那之版图，其他，西亚、暹罗、印度诸国无不慕我之德、畏我之威，叩首匍匐而甘为臣仆。故皇国混同世界并非难事。”② 佐藤信渊将“皇大御国，大地之最初生成之国，世界万国之根本”作为皇化万国的理由；以武力扩张作为皇化万国的方式；皇化万国的计

① ［日］日本图书センター编《日本精神文化大系·第 6 卷·江户时代编·解题》，日本图书センター，2001，第 33 页。

② ［日］尾藤正英、岛崎隆夫校注《日本思想大系·45·安藤昌益、佐藤信渊》，岩波书店，1977，第 426、428、430 页。

划从中国开始，进而侵占亚洲。

近代著名军国主义政论家德富苏峰认为："日本近代帝国主义的急先锋虽然是丰臣秀吉，但'至为遗憾'的是，在德川幕府的统治下，日本国民的帝国主义'雄心'暂时地受到了压抑。不久，到了18世纪90年代，其'复兴的第一声'从本多利明的《西域物语》中有关入侵堪察加、库页岛、满洲的论调上发了出来。在下一代的佐藤信渊那里，'日本帝国主义这一只有在皇室中心主义之下才能被有效地和充分地付诸实践的真理'，得到了阐明。信渊在《宇内混同秘策》一书中宣称'皇大御国乃天地间最初成立之国，为世界各国之根本'。因此，'皇国号令世界各国之天理'是不言而喻的。"按照德富苏峰的观点，根据这一"天理"，"皇国要首先并吞满洲，继而将中国全部领土划入日本版图，而后从东南亚进军印度，'合并世界各国'。"[①] 在近代日本的侵略方针中，可以清晰地看到《宇内混同秘策》的影子。因此，佐藤信渊也被视为"大东亚共荣圈思想的先驱"。

与佐藤信渊一样，水户藩士会泽正志斋（1781—1863年）也是日本"一统宇内论"的拥护者，1825年写成的《新论》作为尊王攘夷的传世之作，将"攘夷论"推向极致。

《新论》是幕府末期志士几乎无人不读的经典之作。"日本民族主义的萌芽早在1825年会泽正志斋写《新论》时就已初见端倪。作为'尊王攘夷论'的始祖，他的思想对后来日本民族主义者及亚细亚主义者产生了重要的影响。"[②]《新论》"将儒学的秩序论、名分论和忠孝观，与神道和国学者所信奉的神国观综合在一起，力图使贯通《新论》全书的中心论点即尊王和锁国攘夷论更具有权威感，以期达到'远夷狄，使神国之人恶夷狄，夷人怨神国'的

---

① ［日］井上清：《日本帝国主义的形成》，宿久高、林少华、刘小泠译，人民出版社，1984，第1-2页。

② 王屏：《近代日本的亚细亚主义》，商务印书馆，2004，第303页。

目的。”[①] 这部“使武士作为志士而奋起”的著作，开首便提出日本是“神州”，是“大地之元首”“万国之纲纪。”认为日本负有“皇化”万国的任务，“神州者（日本）太阳所出，元气之所始。天日之嗣，世御宸极，终古不易，固大地之元首，而万国之纲纪也。诚宜照临宇内，皇化所及，无有远迩矣。而今西荒蛮夷，以胫足之贱，奔走四海，蹂躏诸国，藐视跛履，敢欲凌驾上国，何其骄也。”夸耀日本所谓万邦无比的“国体”优越性，“天胤君临四海，未曾有一个敢觊觎天位及至今日，绝非偶然。君臣之义乃天地之大义。”“昔者天祖肇建鸿基，位即天位，德即天德，以经纶天业。细大之事，无一非天意。比德于玉，经明于镜，比威于剑。体天之仁，则天之明，奋天之威，以照临万邦。迨以天下传于皇孙，而手授三器，以为天位之信，以象天德，而代天工治天职，然后传之于万世。天胤之尊，严乎不可犯，君臣之分定，而大义以明矣。”“民唯知敬天祖，奉天胤。”《新论》由五论构成，“一曰国体，以神圣（创建日本国之各神）、忠孝建国，而终于达到尚武与重民命（人民生活）之说；二曰形势，以论四海万国之大势；三曰虏情，以论戎狄觊觎（窥伺日本）之情实；四曰守御，以论富国强兵之要务；五曰长计，以论化民成俗之远图。此五论乃全为祈愿天定胜人（由天意做出决定以贯彻真理）之道。”[②]

信夫清三郎认为，《新论》对时代所起的作用主要有：第一，《新论》抓住了西欧冲击所带来的危机及其与日本存亡的关系，这部著作是在西欧的冲击下向着形成保卫日本的民族主义思想而迈出的第一步。第二，《新论》从“巨炮大舰”来认识西欧的冲击，提出将“富国强兵”作为对付西欧冲击的根本方法。他使武士——由于成为他的读者而意识到了危机——作为志士而奋起。第三，作为志士而奋起的武士，从《新论》中得到了攘夷的理论，《新论》为他们的危机感提供了议论的食粮，遂使“处士横议”的局面沸腾起来。

---

① 伊文成、马家骏主编《明治维新史》，辽宁教育出版社，1987，第201-202页。

② ［日］日本图书センター编《日本精神文化大系·第7卷·江户时代编》，日本图书センター，2001，第282-286页。

第四，作为志士而奋起的武士，其主张从正志斋的拥护幕府的国体论，转变为要求实现王政复古的国体论，由攘夷运动转向讨幕运动，进而发展为要求建立一个统一的国家。第五，正志斋所提出的“富国强兵之要务”，不能不从学习建造巨舰的技术开始，以权力政治下的技术学习而告终。[①] 同时，他还提出以“巨舰之制”和“水操之法”（航海技术）对抗西方的“巨舰大炮”，认为“富国强兵”是对抗西欧冲击的根本方法。

尽管后期水户学的核心“尊王”与“攘夷”，乃是“应对内外危机以及维护和改革幕藩体制的纲领”。不过，在民族危机加剧之时，它顺应反抗外部压力的历史潮流，对提高日本人的民族主义思想觉悟、鼓舞中下级武士走向政治斗争第一线等产生了巨大的影响。

工藤平助、林子平、本多利明、佐藤信渊和会泽正志斋以其思想直接影响幕府末期的维新志士，吉田松荫则从言传和身教两个方面影响维新志士。随着民族危机的加深，吉田松荫在前人的基础上提出了应对西欧列强的具体构想，其“扩张补偿论”被其门人——明治国家的领导人奉为圭臬。

吉田松荫（1830—1859 年）出生于长州藩萩松本村，1856 年开办松下村塾，倒幕维新的重要人物如高杉晋作、久坂玄瑞、吉田荣太郎、木户孝允、品川弥二郎、山县有朋、伊藤博文、野村靖、山田显义、前原一诚等，皆是松荫门人。吉田松荫的弟子直到明治后半期，一直占据高官显要的位置。[②]“道德文章叙彝论，精忠大节感神明。如今廓庙栋梁器，多是松门受教人。”由伊藤博文为松下村塾的题词，足见吉田松荫对近代日本的影响。

在外来危机的刺激下，日本武士军事扩张的野心迅速被激发。1854 年，吉田松荫在《幽囚录》里首次阐明其侵略亚洲邻国以对抗西方列强的思想。宣称“当务之急是修武备，备军舰和大炮，首先开垦虾夷（即北海道），封建

① ［日］信夫清三郎：《日本政治史 · 第 1 卷 · 西欧的冲击与开国》，周启乾译，上海译文出版社，1982，第 147-149 页。

② ［日］田中彰：《吉田松荫——转变的人物像》，中央公论社，2014，第 18-19 页。

诸侯；乘间夺堪察加、鄂霍茨克，晓谕琉球，如国内大名那样参觐幕府，攻朝鲜，纳质奉贡，如古盛时。北割满洲之地，南收台湾、吕宋（菲律宾）诸岛，渐示进取之势。”[①] 主张对西方列强以防守为主，对亚洲邻国以侵略为主，将侵略邻国作为积蓄实力、对抗西方列强的必要前提。“我与美、俄的媾和，既成定局，不可由我方决然背约，以失信于夷狄。但是必须严订章程，敦厚信义，在这期间养蓄国力，割据易取的朝鲜和中国东北，在交易上失之于美、俄的，应用朝鲜和中国东北的土地作为补偿。”[②] 强调“为今日计，莫如镇定疆域，严守条约，以羁縻两虏，乘间开垦虾夷，收琉球，取朝鲜，压支那，君临印度，以张进取之势，以固退守之基，使神功未遂者得遂，丰国未果者得果。”[③] 所谓“神功未遂者”，即传说中神功皇后征伐三韩；“丰国未果者”，指丰臣秀吉 16 世纪末两次入侵朝鲜。可见，吉田松荫的扩张构想不过是神功皇后和丰臣秀吉北进东亚大陆、变海洋国家为大陆国家这一传统道路的继承和发展。

“日本幕府末期所出现的这种‘海外雄飞论’，侵略中国东北和朝鲜的主张，是日本封建武士的领土扩张野心与西方强权政治的影响相结合的产物，他们企图通过模仿西方殖民主义者的对外扩张行径，侵略和掠夺弱小国家以臻富强，而达到参加欧美列强弱肉强食的殖民角逐的目的。明治维新以后日本对外侵略扩张的行径，无疑就是这种思想的继续和实施。”[④] 吉田松荫在世时，一再告诫木户孝允，要“把开拓朝鲜的郁陵岛作为向大陆发展的立足之地。”[⑤] 事实证明，吉田松荫的门徒将其“失之于欧美，补偿于鲜满”的侵略

---

① ［日］北影雄幸：《尊王名著十册》，勉诚出版，2013，第 244 页。

② ［日］吉田常吉等校注《日本思想大系・54・吉田松荫》，岩波书店，1978，第 193 页。

③ ［日］渡边几治郎：《日本战时外交史话》，转引自米庆余：《日本近现代外交史》，世界知识出版社，2010，第 11 页。

④ 崔丕：《近代东北亚国际关系史研究》，东北师范大学出版社，1992，第 94 页。

⑤ ［日］福地重孝：《军国日本的形成》，春秋社，1959，第 256 页。

扩张思想作为最高国策付诸实践，就连“朝鲜、满洲和支那”的“割取”顺序也一一遵从。

吉田松荫等人扩张构想的共同点，是将日本的独立和富强建立在侵略东亚邻国的基础之上，将侵略邻国作为摆脱民族危机、跻身列强行列的途径。换言之，就是以侵略邻国作为实现国家目标的手段。

三、明治天皇的“海外雄飞”大略

近代日本以武立国的依据：一是强权政治的国际环境，15 世纪末以来西方国家以战争谋求国家利益的发展方式，西方列强以东北亚国家为殖民扩张的主要对象；二是日本对外扩张的军国主义历史遗产，包括用“神国论”和“武国论”征服世界的军国主义思想；三是近代日本依赖战争的军国主义国家目标。

“神国论”的逻辑是日本是神国，是世界万国中最优秀的国家，因而要统治全世界；天皇是天照大神的后裔，是“万国之总帝”。丸山真男的研究指出：“基于日本国家体制特性的神国观念乃至民族性自恃，建国以来一直一脉相承地在国民的胸膛中回荡着。”[①]“神典”《古事记》和《日本书纪》不仅宣称日本是神国，是万邦无比的国家，天皇是天照大神的后裔；而且渗透着浓浓的霸权主义、扩张主义思想，编造了神武天皇东征、神功皇后征伐三韩的故事，尤其是神武天皇“掩八纮而为宇”（意即将西湖四海置于日本的统治之下）的“诏敕”。10 世纪初，“延熹式宣称以天皇为‘万国之总帝’，是天照大神的神意。”[②]北畠书房的《神皇正统记》（1339 年）开首便写道：“大日本，神

① ［日］丸山真男：《日本政治思想史研究》，王中江译，生活·读书·新知三联书店，2000，第 270 页。

② ［日］坂本加多雄：《明治国家的建设》，中央公论社，1999，第 63 页；［日］信夫清三郎：《日本政治史·第 2 卷·明治维新》，周启乾、吕万和、熊达云译，上海译文出版社，1988，第 192 页。

国也。天祖始肇基，日神传其统。唯我国有此事，异朝无此类，故云神国。"本居宣长（1730—1801年）在《古事记传》中说道："世界上有许多国家，但由神祖直接生出的，只有我日本国。"日本是天照大神的国家，因而是世界万国的本源，是最优秀的，天皇是天照大神的子孙，"世中万物皆变，唯我天皇的皇统永远不变。"[①] 佐藤信渊的《宇内混同秘策》甚至写道："皇大御国，乃大地最初生成之国，世界万国之根本。若善于治理其根本，则全世界可悉为郡县，万国之君长可悉为臣仆。"会泽正志的《新论》也在开首宣称："神州者（日本）太阳之所出，元气之所始。天日之嗣，世御宸极，终古不易，固大地之元首，而万国之纲纪也。诚宜照临宇内，皇化所及，无有远迩矣"。吉田松荫（1830—1859年）也是典型的"神国论"者，所著《士规七则》第2条写道："凡生于皇国，宜知吾所以尊于宇内，盖皇朝万世一统，邦国士大夫世袭禄位，人君养民，以续祖业，臣民忠君，以继父志，君臣一体，忠孝一致，唯吾国为然。"总之，在幕府末期日本已发展出"统治宇内"的思想。

以战争为职业的武士，将侵略扩张视为天经地义。丰臣秀吉侵略朝鲜，进而占领中国和印度称霸亚洲的扩张战争，集中体现了武士对外侵略扩张的野心和抱负。"神国论"是"皇化万国"思想的理论依据，"武国论"则以征服世界为主要内容。当然，近代日本以武力实现国家目标的关键，还在于近代日本的决策者是藩阀武士，他们是连接武家军国主义和天皇制军国主义的桥梁。武士从武力的角度认识东北亚国家与西方列强之间的差距、19世纪中叶东北亚地区的国际问题，并从以武为本的立场寻求应对方略和实现国家目标的方式。

明治政权建立之初，就以天皇的名义一再宣称要"布国威于海外"。1868年1月3日，以天皇名义发布的《王政复古大号令》宣称，"自癸丑以来，遭蒙未曾有之国难"，"圣意已决，挽回国威之基"，"诸事应按神武创业之始"，

① 朱谦之：《日本哲学史》，人民出版社，2002，第107页。

已暗含对外扩张之意。此后，政府的布告便明确宣布要“布国威于四方”，即践行“八纮一宇”的海外扩张计划。

1868年2月8日，明治政府的《外交布告》明确要“大力充实兵备，使国威光耀海外万国，以答祖宗先帝之神灵。天下列藩以至士民，皆当奉戴圣旨，竭尽心力而勤勉之。”[①]3月10日，政府发布的《开国和亲布告》宣称：“今日之急务，在于应乎时势，开启锐眼，脱从前之弊习，使圣德光耀于万国，置天下于富岳之安，奉慰列圣在天之神灵。举国上下，当承奉斯旨。”[②]3月21日，天皇对在京诸侯的敕谕称：“为天下万姓，朕欲凌驾万里波涛，身当苦难，誓振国威于海外，以对祖宗先帝之神灵。”[③]同日，明治天皇在《亲征德川幕府敕语》中宣布了“发扬国威”的意旨，要“内安抚列藩百姓，外耀国威于海外”，“开拓万里波涛”，“誓光耀国威于海外万国，以应答祖宗之神灵！”[④]4月6日，明治天皇在《宣扬国威宸翰》中再度宣告征服世界的“雄飞海外”大略。显然，从2月8日到4月6日，明治政权一再宣称要“大力充实兵备”，“开拓万里波涛，布国威于四方，置天下于富岳之安”，是要像神功皇后、丰臣秀吉那样对外扩张，称霸世界，使日本天皇成为“万国之总帝”。

之所以在维新政权成立不足百日，就迫不及待地宣布对外侵略扩张的基本国策。原因主要有：（1）历史积淀。维新政权是藩阀武士占据权力中心的“藩阀武士政权”，万峰先生所说的武士的两大基本指导思想，即“要实

① ［日］日本外务省编《日本外交文书・第1卷・第1册》，转引自米庆余：《日本近现代外交史》，世界知识出版社，2010，第6页。

② ［日］日本外务省编《日本外交年表并主要文书・上・文书部分》，原书房，1978，第33-34页。

③ ［日］日本外务省编《日本外交文书・第1卷・第1册》，转引自米庆余：《日本近现代外交史》，世界知识出版社，2010，第391-393页。

④ ［日］日本图书センター编《日本精神文化大系・第1卷・皇室编》，日本图书センター，2001，第101页；［日］陆军省编《明治天皇御传记史料：明治军事史・上》，原书房，1979，第6-7页。

现以日本为中心征服世界的野心”，“要实现‘武国’观念，以武力作为立国基础”，历经漫长的历史岁月，这种指导思想早已融入藩阀武士的血液之中。（2）先期探索。自18世纪末俄国人叩关以来，武士思想家就提出了“进攻型的武力海外雄飞论”，被维新领导人奉为师表的吉田松荫也提出了“扩张补偿”的方策。除理论探索外，还有先期富国强兵改革的实验。（3）“神国论”和丰臣秀吉的影响。藩阀武士无一不是神道信徒，“神国论”宣扬“日本是万国之本的国家”“天皇是万国之总帝”，同样是藩阀武士的思想主张；日本“军国主义的始祖”丰田秀吉创建“大日本帝国”的“丰功伟绩”（侵略战争），一直激励着武士阶级。（4）日本资源短缺，资本主义起步又较晚，对资源和市场的需求尤为迫切，侵略性特强，且英俄争夺霸权的激烈对抗，中国和朝鲜尚未完全沦为西方列强的殖民地、半殖民地和势力范围。因此，近代日本企图搭乘领土扩张的“末班车”，加入西方列强掠夺中国和朝鲜的行列。

日本军国主义基本国策和国家目标的确立，既表明日本选择了军国主义道路，也预示着日本将成为西方列强在东北亚的竞争者，东北亚邻邦则将成为日本侵略扩张的对象。

明治天皇的《宣扬国威宸翰》确定了近代日本要“布皇威于四方”——对外侵略扩张、经略大陆、威震四方的大政方针，以邻国为侵略对象的战略意图，也释放了要用武力征服世界的讯号。从某种意义上说，“八纮一宇”和“布皇威于四方”都表明日本决心以“神国论”和“武国论”来对抗西方，以强权对强权，以武力对武力，以战争手段实现“与万国对峙”的国家目标。

1868年4月，维新政府在给对马藩主的指令中明确了“布皇威于海外”的具体方向。该指令委任对马藩主宗义达继续负责“实际处理朝鲜事务”，但要求宗义达“尽力树立国威”，“一洗旧弊奉公”。5月，负责外交事务的小松带刀明确告诉对马藩，政府准备在俄国侵略朝鲜前“采取步骤”。[①]11月，伊

① ［日］井上清：《日本的军国主义·第2册》，尚永清译，商务印书馆，1958，第43页。

藤博文在《废藩置县建议书》中宣称："内以奉慰神武天皇之神灵，外以威慑万国，此乃今日在朝大臣之职责也。"[①]1869年1月，木户孝允提出"征韩论"，要求在朝鲜"大张神州之威"，将征伐朝鲜作为"国策"，还与主管军务的副知事大村益次郎商讨实施方案。

与武力扩张的国家目标相适应，负责兵制改革的"大村益次郎在创设近代常备军之初，已经考虑到国家军备的本质在于对外军备"[②]。继大村之后主持军制改革的山县有朋，1871年也在《军备意见书》中宣称："兵备当前之目标在于内，将来之目标在于外"，"立外备，则内事无忧"；他将国家机器"兵备"的"将来目标"定位于对外扩张。"'维新三杰'之一的木户孝允就任笔头参议——事实上的首相时强调说：'为了构筑独立的新日本，要优先军备。为此，应投入国费的六成'。"[③]可见，明治政府建立伊始，便确立了依赖武力的国家目标和发展方式，确定了军人的使命是"布皇威于海外"。

以战争谋求国家利益，必然导致日本近代史也是侵略扩张史。"近代日本的历史，除最近的20年外，是没有间断的战争的历史。不只是日中、日俄、第一次和第二次世界大战，还有以事变和出兵之名对台湾、朝鲜、中国和西伯利亚的侵略，用兵约80年，没有战争时，便为下一次战争做准备。""战争和战争准备、军国主义是近代日本历史的最大特征。政治、经济、思想、文化和国民意识、国民生活全部被军国主义所制约。学问和艺术从属于军事目的。……教育为培养忠诚的士兵、培养军国干部服务。"[④]为了实现"布国威于四方"的国家目标，明治政府在1871年废藩置县前后制定了以"富国强兵"为主体，以"殖产兴业"和"文明开化"为辅翼的"三大政策"。

崇尚武力、依赖战争的军国主义国家目标和发展方式，需要一个能够策

---

① 《世界历史》编辑部编《明治维新的再探讨》，中国社会科学出版社，1981，第171-172页。

② ［日］松下芳男：《明治军制史论·上卷》，有斐阁，1956，第118页。

③ ［日］伊藤正德：《军阀兴亡史·上》，文艺春秋社，1960，第71页。

④ ［日］藤原彰：《天皇制和军队》，青木书店，1998，第72页。

划、制定和推行侵略扩张政策的军国主义政权，动员和组织千千万万的国民奔赴海外战场；需要军国主义意识形态、道德规范和行为准则，驱使国民认同和支持侵略扩张战争，甘愿为实现国家目标战死海外。总之，军国主义的国家目标和发展方式决定了意识形态和道德规范旨在煽动侵略扩张。

第三节　“布国威于四方”的近代天皇制

为了实现“布国威于四方”的国家目标，以“维新三杰”（“前三杰”：西乡隆盛、大久保利通和木户孝允，“后三杰”：伊藤博文、山县有朋和松方正义）为代表的军国主义“元勋”，迅速建立起具有绝对权力和公认合法性的天皇制军国主义政权，“天皇制国家权力是维系日本军国主义制度的灵魂”[①]。“天壤无穷”神敕和《明治宪法》（即《日本帝国宪法》，也被称为“旧宪法”），赋予了天皇制军国主义政权合法性；神武天皇的“八纮一宇”诏敕和明治天皇“布国威于四方、置天下于富岳之安”的《宸翰》（御笔信）赋予了侵略扩张战争“神圣性”，从而使天皇制军国主义政权能够动员千百万民众走上战场。

一、武士与天皇相结合的天皇制

19世纪中叶的日本，最重要的政治资源是天皇和藩阀武士。不过，两者都不具备单独组建政权的条件。中下级武士拥有治国理政的能力、素养、资格、地位和武力，天皇拥有一国之主的正统性和号令天下的权威。因此，近代

① 万峰、蒋立峰、汤重南：《警惕日本军国主义死灰复燃》，《社会科学论坛》2005年第8期。

天皇制政权只能是天皇与藩阀武士的联合政权，即神权与武权相结合的政权。

1. 武士：掌握权力的军事贵族

武士是集政治、军事和文化于一身的精英，作为政治精英，长期治国理政的实践，磨炼了高超的政治能力、积累了丰富的政治斗争经验；作为军事精英，积累了丰富的军事知识，养成了不畏牺牲、敢于冒险的品格和善于把握时机的能力；作为文化精英，德川时代的武士普遍接受了较为系统的教育，是具有西方近代文化、了解海外大势的新型知识分子集团。无论是18世纪末列强叩关以来，揭露列强威胁，提出“富国强兵”之策，以及高举“尊王攘夷”大旗武力攘夷；还是民族危机不断加剧之时，从尊王攘夷转向开国倒幕，以及明治国家的创建，起主导作用的都是中下级武士。

日本的社会转型同样伴随着权力的调整，天皇制中央集权国家取代幕藩制国家，权力重心从上级武士转移到中下级武士。倒幕维新“这个划时代的变革的领导权是握在下级武士的手里的，那些下级武士逐渐取代上级武士和封建领主而成为当代的政治发言人。所以，就狭义的政治观点来看，维新不独意味着中央集权的统治权从幕府转移到宫廷，而且意味着政治重心自上级武士移转到下级武士。”[①] 幕府末期藩政改革和明治年间维新改革的过程，就是政治权力向中下级武士手中转移的过程，改革越深入，权力转移越彻底。

明治政权建立后，藩阀武士凭借能力、倒幕勋功和手中的军事力量成了政府官吏的主体。“在67名敕任官中，萨藩18人，长藩12人，土佐、佐贺各7人，合计44人，占65%；在2026名奏任官中，长藩345人，萨藩247人，土佐112人，佐贺96人，合计800人，占37%。”[②] 据统计，从明治四年（1871年）到明治十八年（1885年），即从官制改革到内阁制实施前，在93名省卿与大辅中，士族出身者占88名；在48名陆海军大将中，士族

① [加拿大] 诺曼·赫伯特：《日本维新史》，姚曾广译，吉林出版集团有限责任公司，2008，第42页。

② [日] 朝日新闻社编《明治大正史·第1卷》，朝日新闻社，1930，第49-50页。

有42名。[①] 在“《百官履历目录》集录的太政官时代担任政府要职的498名官员中，皇族8人（1.6%），华族83人（16.7%），士族399人（80.1%），平民3人（0.6%），不明5人（1.0%）。”“太政官时代的34名省卿中，宫家2名（5.7%），公家6名（17.0%），藩主2名（5. 7%），士族24名（70.6%）。”[②] 在幕府末期的藩政改革中，最先掌握藩政实权和军事力量的萨、长、土、肥四藩特别是萨、长两藩的中下级武士改革派，也是武力倒幕最主要的发动者、组织者、指导者、中坚力量和明治政权的缔造者。“根据1890年的统计，萨、长、土、肥四藩的人口不过仅占全国人口的7%，然而这四藩却向中央政界输送了人口比例4倍以上的政治精英。而且，他们集中于高级官僚和军事精英。根据1890年的样本，局长以上官僚有50%以上是这四藩的出身者。”[③]1885年成立的第一届伊藤内阁，长阀4人（伊藤博文、山县有朋、山田显义、井上馨）、萨阀4人（西乡从道、大山岩、松方正义、森有礼）、旧幕臣1人（榎本武扬）、土阀1人（谷干城）。其中，武官6人（陆军中将山县、山田、大山、西乡和谷，海军中将榎本）。

1885—1924年的23届内阁，萨长阀出任内阁首相的为16届（长阀10届：伊博4届、山县2届、桂太郎3届、寺内正毅1届，萨阀6届：黑田、松方和山本权兵卫各2届）；1888—1924年的12届枢密院议长，8届是萨长阀（伊藤4次、山县3次、松方1次）；日本近代的9位元老中有8位（即伊藤、黑田、山县、松方、西乡从道、大山岩、井上馨、桂太郎）是萨长阀。朝鲜、台湾、关东州的总督，也由伊藤博文、桦山资纪等萨长阀所把持。在近代日本的政治“三元素”——藩阀政治、军阀政治（军人政治或军部政治）和政党政治中，藩阀政治和军阀政治的主体是萨长武士，政党政治的开创者是藩阀武士。

① ［日］园田英弘：《西洋化的构造》，思文阁，1995，第192-193页。

② ［日］福地重孝：《士族和士族意识》，春秋社，1956，第322、327页。

③ ［日］高根正昭：《日本的政治精英》，中央公论社，1976，第108-109页。

高根正昭的研究成果认为，所谓政治精英，即进行政治决策的集团，还有实际行使政治权力的人。具体说来，占据行政机构高位的大统领、大臣、高级官僚以及国会议员和军事指导者等构成政治精英。在一定的场合，也包括有政治影响力的王族和贵族或者具有强大政治影响力的企业指导者。明治维新后，特别是《日本帝国宪法》实施后的日本社会，一是天皇、元老或者枢密顾问官等重要的天皇的助言者集团，二是首相和阁僚、局长以上的高级官僚、重要的军事指导者，三是议会、贵族院议员、众议院议员及政党指导者。在“新宪法”（即《日本国宪法》）实施后的日本社会，阁僚、高级官僚、国会议员、政治指导者等构成的政治精英的状态并未改变。1890、1920、1936和1969年，士族（不含大名）占日本政治精英的比例分别是63%、47%、28%、21%。[①] 赖肖尔认为：“日本社会的上层人物很多仍然来自占人口百分之六的武士阶级。据估计，直到20世纪30年代，上层人物中有一半出身于武士阶级，甚至到60年代末，仍然占五分之一左右。”[②] 可见，将明治政权称为“藩阀武士政权”并不为过。

明治、大正时代的军界更是萨、长两藩军阀势力称霸的时代。军阀大体可分为“藩阀的军阀”（传统军国主义军阀）和“学阀的军阀”（军国主义新军阀），前者由倒幕维新的功臣、封建武士的后裔构成，活跃于明治大正时代，甲午战争、日俄战争的策划者、组织者和高级指挥官，如陆军的山县军阀、寺内军阀、大山军阀，海军的西乡军阀、桦山军阀等；后者主要由陆军大学和海军大学的毕业生构成，他们在昭和时代取代藩阀的军阀，如宇垣军阀、荒木军阀、东条军阀等。“作为一种军国主义势力的日本军阀，是指控制军部中枢、左右政局的军人集团。简单地说来，军部指参谋本部（陆军）和军令

① ［日］高根正昭：《日本的政治精英》，中央公论社，1976，第16-17、24、37页。

② ［美］埃德温·O·赖肖尔、马里厄斯·B·詹森：《当今日本人：变化及其连续性》，孟胜德、刘文涛、汪绍麟译，上海译文出版社，1998，第149页。

部（海军）。"[1] 松下芳男认为："所谓军阀，即不当利用军制及军制惯例对国政施以重压的军部内的一批政治军人。"进而解释道：第一，"军阀是一批政治军人"，"他们关心国政，站在军人的立场或超越其立场关心政治、干预政治（这种情况当然是指将校）。"第二，"军阀是军部内有机会参与国政者"，"是以陆海军大臣为顶点的狭义的一批军政关系者。还应加上参谋本部及海军军令部的一批军人。他们通过陆海军大臣间接地参与国政。"第三，"军阀是在国政上对政治施加重压的一批军人。"第四，"不当利用或滥用军制及军制惯例的特权是其最大特征。如陆海军在用兵作战的行动上，以直属大元帅天皇的理由，发动天皇的军令大权。"[2] 近代日本的军阀其实就是军国主义的栋梁，直属天皇的军部则是军国主义的中枢机构。

明治时代的陆海军是以武士为主体建立起来的，陆军的前身是1871年由萨、长、土三藩的藩兵队组成的御亲兵，海军由幕府和诸藩的舰船以及购买的舰船组建而来。

陆海军的军官层，是军国主义的骨干力量。首先，是自幼接受军事训练、幕府末期出入于枪林弹雨的各藩武士，特别是萨、长、土、肥四藩倒幕战争的主力和实际指挥官。其次，是御亲兵和镇台兵中的骨干层。再次，是军事教育机构培养的学生。明治初年士官教育机构——兵学寮的入学者几为士族。"士官学校的入学者，在明治时期士族占压倒性多数，其次是华族。……与其说将校阶层是农村的地方出身者，不如说其中核是居支配层的武士团进行着将校团的再生产。""这个专门的军人集团，当然接受了武士阶级的思想和感情，并且具有作为专门军事官僚的性格。"[3] 总之，明治、大正时代的将校团几为藩阀武士，军部中枢也由他们独占。

---

① 万峰：《日本军国主义》，生活·读书·新知三联书店，1962，第47页；宋成有：《新编日本近代史》，北京大学出版社，2006，第177页。

② ［日］松下芳男：《日本军阀兴亡史·上卷》，芙蓉书房，2001，第15-16页。

③ ［日］藤原彰：《天皇制和军队》，青木书店，1998，第56页。

近代陆海军创建之初，已形成“萨摩的海军、长州的陆军”的格局。所谓“长州的陆军”，指近代陆军最初的创立者兵部大辅大村益次郎以及前原一诚、鸟尾小弥太，陆军卿和首任参谋本部长山县有朋，以及陆军大臣桂太郎、寺内正毅均为长州藩出身的陆军中心人物。所谓“萨摩的海军”，指日本近代海军最初的创立者，兵部省时代的川村纯一、桦山资纪，海军大臣西乡从道、桦山、山本权兵卫，海军军令部长桦山、伊东佑享、东乡平八郎等均来自萨摩藩。

明治时期的陆海军大将，即军国主义头子，主要出自萨、长阀，甲午、日俄战争后“论功行赏”，武功升官授爵者同样主要是萨派和长派军人。据统计，明治年间共任命陆军大将32名，包括皇族大将有栖川宫炽亲王、小松宫彰仁亲王、北白川宫能久亲王、伏见宫贞爱亲王4人。其中，长派有山县有朋等11名；萨派有西乡隆盛、大山严等9名，萨长合计20名，占总数的三分之二以上。海军大将15名，除有栖川宫威仁亲王外是14名，萨派有西乡从道、桦山资纪等13名，他藩出生者只有会津的出羽重远1人。海军大将几为萨藩独占。[①] 萨、长两藩占有的绝对优势，一目了然。

藩阀武士，作为德川时代的政治、军事和文化精英，虽然处于军事统治集团的中下层，但是最具活力的精华部分，早已养成善于学习、开拓进取、敢作敢为、注重诚信、勇于献身等品格，以及信奉军国主义的思维方式、行为方式和理想价值。“维新领导人几乎是武士出身，虽然他们在明治维新后分别成为政治指导者和军事指导者具有很大的偶然性，但是，由于他们的武士出身，和在维新内乱、新国家建设上的共同经历，因而在思维方式、价值观念方面具有很高的同质性。”“他们在封建体制下既是军事精英，又是政治和文化精英。他们的素养，是运用军队的兵学加上学习政治统治之术。山县、大山、川上、乃木这些军事领导人，不是维新以后在军事学校作为军事精英

① ［日］松下芳男：《日本军阀兴亡史·上卷》，芙蓉书房，2001，第231-232、249页。

培养出来的。伊藤博文、井上馨、松方正义等政治领导人，在政治和军事不分的时代度过青年时期，维新后由于各自的特性而分化在不同领域。”“他们作为政治领导人重视军事的作用，常常从军事角度认识和理解国际关系，在决策上注意军事合理性。另一方面，作为军事领导人，又具有一定的政治见识，明白军事力量的限度，清楚政治的优劣。”①世界近代史上，唯有日本的国家领导人几为信奉军国主义的军事贵族。

思想文化界的领袖也是武士。德川时代，武士垄断文化教育，是日本社会最庞大、最先进的知识群体和文化精英，活跃于日本社会，探讨救国之道。这个兼学东西方文化、顺应世界潮流的知识分子集团，既涌现出一批掀起思想解放运动的启蒙思想家，又产生了一批新闻界精英。当然，士族知识分子主要集中于教育领域，大学、中学和小学教师主要是武士出身者。总之，武士不仅是最为渴望改变现状的社会势力，也是最具治国能力、军事才干、文化素养、权威地位的跨时代的精英集团，共同特征是崇尚武力、信奉军国主义的思维方式和价值观念等。这些军事领袖掌握近代日本的国家大权，自然会选择武力政治及其制度，与西方列强争夺东亚乃至世界的霸权，武力掠夺东亚邻国以发展自己。

2. 天皇：权力合法性的源泉

在日本历史上，“权力的来源”，女王卑弥呼是基于“知神意”，天皇源于天照大神的“天壤无穷”神敕和“血统”（“神皇一体”，“神”即天照大神，“皇”即天皇，天皇是神的后裔和权威的继承者，是“现人神”），摄政、关白和幕府则是受“现人神”的委托。

天皇制神权政治始于7世纪末，“天武（673—686年在位）、持统（690—697年）朝是天皇权力极强的时代”，“这个时代的天皇带有强烈的作为祭祀日本神的司祭者的性格”，“形成了天皇作为国家最高司祭者的制度，确立了

① ［日］户部良一：《日本的近代·9·逆说的军队》，中央公论社，1998，第161-162页。

天皇作为现人神的宗教权威的制度”。[①]将神祇官作为直属天皇的最高中央机构，将神祇制度列为国家制度，以祭祀（神事）为国事，天皇对神灵的祭祀是最大的国事，形成了“祭政一致”的天皇制神权政治体制，以及所有“权力”不经“现人神”便没有正当性的政治准则。

7世纪末8世纪初，天皇作为“现人神”登上历史舞台，但1868—1945年的70余年间，则是国家利用行政权力从政治、文化教育和宗教制度、宗教思想、宗教仪式等方面，狂热鼓吹和强调天皇是“现人神”的时代，也是天皇最具神性、权威性和在国家政治生活、社会生活中发挥决定性作用的时代，还是全体国民都以天皇为唯一效忠对象的时代。

石井良助将天皇分为“亲政的天皇”和“不亲政的天皇”。受中国影响的“中国流皇帝”和受普鲁士影响的“普鲁士流国王”，他认为天皇亲政只存在于律令时代的“中国流皇帝”和明治时代的“普鲁士流国王”，其余时间是不亲政的天皇，“天皇不亲政才是天皇统治的传统”。同时，“特别强调天皇神格性的是大化改新时期、明治初年和昭和后期，都是出于强化国家统一的需要，为政者通过拥戴天皇以达到自己的目的。”[②]不过，在大权旁落、“在臣为政”的摄关、院政、幕府时代，天皇依然作为中央政权的元首而君临天下，天皇作为权力合法性的源泉、精神领袖和宗教权威的地位并未动摇；天皇所具有的威慑力、号召力和凝聚力不曾被替代。幕府的“征夷大将军”封号，必须通过“现人神”的授予才具有合法性；将军是天皇任命的，是天皇的臣子，天皇始终占据着“神主”的权威地位。

幕府的统治危机加剧之时，西方列强频频叩关。于是，“万世一系”的“现人神”天皇逐渐成了摆脱危机的希望。水户学派率先打出“尊王”旗号；会泽正志斋的《新论》明确提出天皇中心主义的思想主张及“尊王攘夷”的

① ［日］笠原英彦：《历代天皇总揽——皇位的继承·序言》，中央公论社，2006，第2-3页。

② ［日］石井良助：《天皇——天皇的生成及不亲政的传统》，讲谈社，2011，第3、328页。

口号。随着“尊王”思想的兴起，天皇也开始走出冷宫。1846年，天皇向幕府下达加强海防的教谕，“已是破坏‘大政御委任’所定的朝幕关系的事件”[①]。1853年，幕府将培利舰队来航一事上奏朝廷，并向大名和幕僚征询意见，打破了200多年来幕府独揽大权和将军专断的惯例，被幕府冻结了200多年的天皇和大名对外交政策有了发言权。1857年底，幕府请求天皇批准签约，天皇拒不批准签约，这也表明天皇才是国家的主权者，并将这一实事昭告天下。

1858年4月，井伊直弼就任幕府大老，不经天皇“敕许”便批准《日美友好通商条约》，朝野纷争由此加剧。9月，天皇向水户藩和幕府下达反对签约的敕令，“这份敕令的下达是朝廷干预政治的开端”[②]。同年10月，井伊直弼制造“安政大狱”；下级武士改革派则掀起新的政治浪潮——“尊王攘夷”运动，并于1860年3月刺杀了井伊直弼，天皇成了尊王攘夷志士进行尊王攘夷活动的旗帜。为了应对日益恶化的政治局面，幕府只得转而利用天皇传统的“神圣”权威，实行“公武合体”政策。1860年5月，幕府奏请朝廷将孝明天皇的皇妹和宫下嫁给将军德川家茂，以此实现朝幕合作、公武合体。

幕府愈来愈依赖于天皇的权威，天皇的政治发言权愈来愈大。1862年6月，天皇朝廷任命公卿大原重德为敕使，在萨摩藩主岛津久光的辅佐下到江户，传达改革幕政的敕令。敕令内容是根据长州、萨摩和公卿岩仓具视的要求提出的（起主导作用的是岛津久光），共3条，一是将军进京议定国是；二是以沿海五大藩——萨摩、长州、土佐、仙台、加贺为“五大老”，采取防御夷狄的措施；三是任命一桥庆喜和松平庆永为将军的监护人和大老。幕府接受朝廷旨意，也就是说天皇已开始干涉幕府的最高人事安排。同年12月，朝

① ［日］升味准之辅：《日本政治史·第1册》，董果良、郭洪茂译，商务印书馆，1997，第54页。

② ［日］安冈昭男：《日本近代史》，林和生、李心纯译，中国社会科学出版社，1996，第18页。

廷的攘夷敕使三条实美等到江户，向幕府传达攘夷敕旨。经三条实美与幕府交涉，接受天皇敕书的仪式将从前由敕使低头“奉上”敕书，再膝行退回下座，改为敕使先走到上座，然后，经敕使示意将军从中座走到上座“拜受”敕书。朝廷与幕府的地位发生逆转，并广为各藩所知。

1863 年 1 月 24 日，幕府提出“奉得敕命”的奉答书，答应“待与众人商议后即行上京，详细上报”。此举表明，决定开国和锁国的场所由江户转到了京都，日本的政治中心也随之转移到京都。“这样，朝廷已处于政权的中心地带，晋京的诸侯已达 70 余藩，使京都出现了前所未有的盛况。朝廷里设置了国事总管，广泛录用了皇族、公卿等各种人才，还设置了国事参政、参政寄人等职位，完善了政治机构。”[①] 尊攘派公卿控制了朝议，尊攘派志士领袖供职的学习院成为朝廷的议事厅。同年 4 月 21 日，将军遵照此前发出的敕令抵京进入二条城。次日，代理将军德川庆喜到皇宫御所参拜天皇，在朝堂上匍匐在地、连连叩首，天皇表示继续委以“征夷大将军”的称号，但需要建立攘夷之功。隔日，将军家茂进宫拜见天皇，向天皇行“臣子之礼”，天皇表示“庶政予以委任，但国事将根据情况由朝廷直接向诸藩下达命令”。这些都表明朝廷拥有向诸藩发布命令的权限。

1863 年 4 月 28 日，天皇采纳长州藩的建议为祈祷攘夷成功巡幸上、下贺茂神社，将军只得向皇威低头，陪同前往；5 月 28 日，天皇又听从长州藩建议巡幸石清水八幡宫，将军称病未去，由庆喜代表将军陪同前往。6 月 6 日，为体现公武合体，将军向朝廷保证：“攘夷之事，确定以五月十日（6 月 25 日）为期，对外夷加以拒绝”。6 月 25 日，长州藩在下关炮击美国商船“彭布罗克号”，继而又于 7 月 8 日和 11 日炮击了法国军舰“金沙号”、荷兰军舰“麦迪萨号”，打响培利来航日本后的第一次对外战争。8 月 15 日，萨摩藩也

① ［日］坂本太郎：《日本史概说》，汪向荣、武寅、韩铁英译，商务印书馆，1992，第 358-359 页。

与因"生麦事件"而前来"问罪"的英国舰队交战。在长州、萨摩两藩的鼓舞下，天皇于9月25日发布诏书，宣布为亲征攘夷而巡幸大和，命令各藩充当队列随从。天皇亲征，表示攘夷大权从将军转移到了天皇手中。此后，将军与天皇政治影响力的消长愈来愈快，距离"大政奉还""王政复古"愈来愈近。

概言之，天皇重回政治舞台固然与天皇是"现人神"密不可分，不过，天皇重回政治舞台的成功，乃是在内忧外患加剧之际，各种政治势力特别是中下级武士需要天皇及天皇制之政治价值的必然结果。

从幕府手中夺取政权后，当务之急就是确立新政权的来源和合法性。于是，"维新三杰"等维新领导人，利用天皇制"神权政治"和武家"武力政治"的遗产，并引进西方立宪政治的成果。以人为编造的"记纪"神话，特别是天照大神的"天壤无穷"神敕作为国家权力意识形态的基础，以民族宗教最高祭主、"神的权威的继承者"天皇的权威性为维新政权赋予了正统性、合法性，稳定民心、统一国家；以西方近代立宪政治的国家大法强化现行政治制度的合法性、正当性和统治基础，赋予天皇国家元首、军事统帅的权力和地位，确认军部直属天皇、独立于内阁的特权地位。

二、神政与宪政相结合的天皇制

近代"日本政体的根本原则是神政的、家长式的、立宪的。日本政体的这种三重性，体现着过去和现在的精心结合。"[①] 其实，"神政的""宪政的"和"家长式的"，都在突出天皇制政权的合法性。所谓神政与宪政的天皇制，即建立在"天壤无穷"神敕和宪法基础上的天皇制。

1. 神政的天皇制

"神政"，即神权政治，指政治统治者作为神的代表拥有绝对统治权。日

---

① ［日］信夫清三郎：《日本政治史·第3卷·天皇制的建立》，吕万和、熊达云、张健译，上海译文出版社，1988，第223-224页。

本式的神权政治表现为“祭政一致”，指祭祀神灵与国家政治相一致的思想和政治形态。1868年1月3日（庆应三年十二月初九日）发布的《王政复古大号令》宣称“圣意已决，实行王政复古，树立挽回国威之基”，“诸事应按神武创业之始”，要把“王政”恢复到“神武创业之始”这一神话的历史时代。

“王政复古”的根本原因在于，唯有“现人神”（天皇）才能赋予维新政权执政的合法性，进而彰显近代日本征服世界的国家目标、以战争促发展的发展方式的神圣性。于是，维新领导人根据“记纪”神话，以天皇为权力合法性的源泉，重树天皇的神性、神统。将“祭政一致”追溯到“东征创业”的神武天皇（虚构的第一代人皇），将权力的来源和合法性追溯至“记纪”神话，即《日本书纪·神代卷》中天照大神的“天孙降临”（或“天壤无穷”）神敕，“苇原千五百秋之瑞穗国，是吾子孙可王之地。宜尔皇孙就而治焉、行矣。宝祚之隆，当与天壤无穷矣。”[①]通过“记纪”神话突出“现人神”天皇的政治和精神权威，将一切权力归之于天皇，把所谓“神武天皇”开创的“祭政一致”天皇制神权政治奉为金科玉律。

“王政复古”既是历史的必然，也是现实的需要。历史上，天武、持统天皇确立的天皇制神权政治，直至倒幕维新前，天皇始终牢牢占据最高统治者的地位，天皇制政府（朝廷）从未中断。天皇的神权权威和天皇制政权，具有唯一性。在执政合法性上，天皇作为天照大神的“神孙”和宗教权威，是国家主权的拥有者和权力合法性的授予者，世俗统治者的统治权由天皇授予，只是天皇的臣子。天皇既可赋予现存政权正统性，也可推翻现存政权。自天皇制建立以来，“现人神”（天皇）一直是权力合法性的源泉，拥有天皇即拥有合法性，失去天皇即失去合法性，反对天皇便是“朝敌”“逆贼”和众矢之的。

---

① ［日］日本图书センター编《日本精神文化大系·第1卷·皇室编》，日本图书センター，2001，第3页。

与幕府将军一样，维新领导人未必相信天皇是“神”，但他们需要通过抬高天皇来抬高自己。以天皇的权力和权威作为维新政权的权力和权威的源泉，通过鼓吹天皇是“现人神”，重树天皇的神圣权威、重建天皇中心主义的神权政治，以树立维新政权的合法性、权威性。通过“亲祭”“亲政”“亲征”赋予天皇宗教领袖、国家元首、军事统帅的地位和权力，继而以天皇的名义行使统治大权。维新政权建立以来，天皇一直是政权建设的轴心，重大决策无不出自披着神权外衣、独享“至尊”荣光的天皇，防止反对派将维新政权视为“萨长联合”政权。

天皇和天皇制、天皇信仰和天皇崇拜，核心都是“神”。“记纪”神话和《大宝律令》《养老律令》的核心，同样在宣扬天皇是“神”。一方面，天皇的统治地位源于天照大神的“神敕”，天皇的宗教权威源于天皇生而为神的高贵“血统”——天照大神的“神孙”。因而，“天皇信仰与其说是对一般君权的崇拜，不如说是对神与神威的信仰与崇拜”。另一方面，构成民族凝聚力的轴心、寄托着全民族的希望，并且总是在针对“外族”之际焕发“神威”，形成以天皇为旗帜的全民动员体制。为了实现“布皇威于海外”的国家目标，天皇承认了近代日本以“国运”为赌注的侵略战争的神圣性，激起了“民族的疯狂”。无论是天皇信仰和天皇崇拜，还是号令天下的绝对权威，推翻德川幕府靠天皇的名义拥有了合法性，《王政复古大号令》、《五条誓文》、废藩置县、征兵制度、立宪制度等至大至难之事，一旦以天皇的名义或敕令下达，争议即刻停止。

“王政复古”的主要措施有：确立天皇是最高祭祀长的神主地位和以皇室祭祀为顶点的国家祭祀体制，确认天皇是神的权威的继承者，以天皇祭祀为最大的“国是”和最高地位的国家祭祀。神道教是祭祀（祭神）的宗教，天皇是天神大神的神裔、神道教的最高祭祀长，“祭政一致”是天皇制神权政治的象征。重树天皇的神统、恢复“天皇生而为神”的传统属性，开始于让天皇亲掌祭祀大权。“从本质上看，天皇首先是进行祭祀的人，长期作为这个国家的最高祭司的宗教权威而存在。”[①] 天皇是天照大神的“神孙”，生而为神，主持与天照大神等神灵沟通的祭祀是他的特权，通过与天神地祇对话、沟通而转身为“现人神”。为此，明治政府还创建了天皇主持国家祭祀的神社——贤所、皇灵殿、神殿，即“宫中三殿”——以天照大神为主神的神道设施。

与此同时，改革祭祀制度，确立以宫中祭祀为顶点的国家祭祀体制和以天皇作为“祭祀王”的神主地位，以神权支撑俗权。将古代大多委托专门祭祀职主持的祭祀，改为以天皇为祭祀长的亲祭；以天皇家的祖先祭祀“宫中祭祀”为核心构建国家祭祀体制，将古代由天皇担当祭司的皇室祭祀由新尝祭、神尝祭 2 个增加到 13 个，且几为天皇家的祖先祭。最引人注目的，首先是象征天皇与天照大神结合的大尝祭（也称践祚大尝祭、即位祭），其次是源于“记纪”神话的元始祭和纪元节祭。“‘记纪’神话的祭祀，明治初年创案的目的，就在于从宗教本源上确立天皇的政治权威。”[②] 每年 1 月 3 日举行的元始祭，是庆祝“天孙”琼琼杵尊降临即皇位伊始的祭祀。每年 2 月 11 日举行的纪元节祭，意味着第一代天皇（人皇）——神武天皇统治日本的国体在神话上的起点，是对近代天皇制国家在政治上发挥最大作用的、神圣的纪念日。通过对天孙降临、神武天皇、现任天皇等“万世一系”历代天皇的祭祀，鼓吹天皇是天照大神的后裔和“国体论”的核心概念“万世一系”，以及日本民族是优越于世界上其他民族的“天孙民族”。

近代日本之所以重视祭祀，原因在于“‘祭祀，是他们理论上的政权出处”[③]。“日本是神国”，天皇是“现人神”和大和民族是“神民”，都与祭祀密不可分。以天皇主持的“誓祭”发布政府的施政纲领，推行国家意志，突出天皇的统治地位来自天照大神，强化天皇作为“现人神”的神圣权威。

1868 年 4 月 5 日，太政官颁布《祭政一致布告》：“兹者王政复古，根

---

① ［日］村上重良：《天皇的祭祀》，岩波书店，1977，第 1 页。

② ［日］村上重良：《天皇的祭祀》，岩波书店，1977，第 75-76 页。

③ 戴季陶：《日本论》，海南出版社，1994，第 93-94 页。

据神武创业之基，诸事一新，恢复祭政一致制度。首先在恢复、建立神祇官之后，亦陆续举办各式祭典。”“普天之下，诸神社神主、祢宜、祝、神部等，嗣后均归由神祇官管辖。”[①] 天皇的统治地位、统治权力来源于神，“祭政一致”的神权政治自然以祭神为中心。

颁布《祭政一致布告》的次日，在京都的紫宸殿，根据总裁局顾问木户孝允的意见采用神道的形式——天皇祭“天地神祇”并向“天地神明”发誓，“至尊亲率公卿诸侯及百官向神明起誓”，发布大定国是的《五条誓文》。三条实美在宣读天皇的“御祭文”时强调：“‘自今开始遵照天津神的旨意执行天下大政’，表示天皇的统治权来自其祖先——神。并说‘有违今日之誓约者，转瞬之间便遭天神地祇惩以刑罚’，以遭天罚担保这一起誓，这是根据传统的‘誓文’。”[②] 仪式最后，三条实美以下依次拜神位和天皇的御座，并在“谨奉戴圣旨，誓死勤勉从事，以安宸襟”的文书上署名。可见，御誓祭也是向神发誓追随天皇的仪式，强调忠诚于天皇亲政的新国家。

《五条誓文》的发布仪式，以及誓文所附敕语，突出了天皇的神圣权威，规定了大权主义、神权主义和绝对主义天皇制的方向，也表明了神权政治的性格。1889 年《大日本帝国宪法》的发布式，不仅采取神道祭祀长（天皇）主持神道祭典的方式颁布宪法，体现神权政治的性格，而且通过宪法第 1 条“大日本帝国，由万世一系的天皇统治之”，第 2 条“天皇神圣不可侵犯”，确认神权政权的性格。以国家大法承认“天皇是神的权威的继承者”，总揽统治大权的国家元首，最终确立起大权主义、神权主义和绝对主义天皇制。

“王政复古”的措施还包括天皇参拜神社、与神沟通，体现天皇的神统形象；宣布“祭政一致”的天皇制神权政治体制，并为国民树立敬神的示范。

1868 年三月二十一日（旧历），天皇参石清水八幡宫（位于京都府缀喜

---

① ［日］村上重良：《国家神道》，聂长振译，商务印书馆，1990，第 75 页。

② ［日］铃木淳：《日本的历史·20·维新的构想和展开》，讲谈社，2011，第 19 页。

郡八幡町)，祈念平治“逆贼”，四海静谧。9月，先后参拜京都上贺茂神社和下贺茂神社，并在巡幸东京途中的9月27日参拜了供有三件神器之一——草薙剑的热田神宫(名古屋市热田区)；10月，在武藏国的冰川神社亲祭时，向冰川神社下的“敕文”开首就宣称：“崇神祇，重祭祀，乃皇国之大典，政教之基本。”“方今更始之秋，新置东京，亲临视政，将先兴祀典，张纲纪，以复祭政一致之道。”[①]1869年3月12日，明治天皇在还幸东京途中，参拜伊势神宫(位于今三重县伊势市，是皇室的宗庙)，这是持统天皇(686—697年在位)以后“史无前例的天皇亲拜”，将神宫(伊势神宫)作为全国神社的本宗(总本宫)，布下了神道国教化政策的基石。[②]伊势神宫包括内宫和外宫，内宫为皇大神宫，供奉天照大神；外宫为丰受大神宫，供奉丰受神。

神道国教化，崇神排佛，神化天皇，也是“王政复古”的措施之一。以天照大神的“神敕”支撑近代天皇制政权的合法性，以神权提升和强化俗权，明治政权致力于构建以忠于天皇为核心内容的国家宗教和国民道德。

神政的天皇制还表现为天皇制的仪式化，如即位、改元、奠都和天皇巡幸地方等，旨在炫耀日本是“现人神”统治的国家。

1868年10月12日(旧历八月二十七日)，在紫宸殿举行天皇的即位式。该即位式不是原来那种以上层公卿管理朝廷的传统的“百官”为主体，“而是作为新成立的明治政府的即位式来进行的”，参列者包含武士出身者的“现存百官有司”，即不是宫廷的特权公卿集团的仪礼，而是作为更开化祭仪举行的。将原来按唐制服饰、仪制的形式，改为“日本式”；天皇的诏敕中除“遵照天智天皇之不朽大典为政”这种千年一贯制的例文外，新增加了“根据神武天皇的创业以行大政”的文字。更吸引眼球的大胆革新是，在庭前的神案上放置了大地球仪。设置大地球仪的即位式，“被认为立足于天皇担负着作为

① [日]村上重良：《国家神道》，聂长振译，商务印书馆，1990，第79页。

② [日]村上重良：《慰灵和招魂——靖国的思想》，岩波书店，1974，第37-44页。

‘万国之总帝’统治世界的任务”。[①]而且，此前一天还发出布告，将天皇诞辰称为“天长节”，规定举国上下在这一节日都要庆祝。

1868年10月23日（旧历九月八日），修改年号，取《易经·说卦篇》中“圣人南面而听天下，向明而治”一句，将庆应四年改为明治元年，规定一代天皇只用一个年号（一世一年号），使之具有象征天皇在位的意义。同年11月，正式把东京定为首都。次年4月，终于实现定都东京。

大久保利通等让深居九重的天皇巡幸地方，彰显“天皇乃天下之天子”的形象，使百姓有机会仰天皇之“威光”，认识和接受天皇是国家元首的事实。“天皇作为国家的最高存在者，有必要让国民知晓其存在，并在国民面前展示其伟容。”[②]规模大、时间长的“六大巡幸”是：1872年巡幸近畿、中国和九州；1876年巡幸东北；1878年巡幸北陆道、东海道；1880年巡幸中央道；1881年巡幸东北、北海道；1885年巡幸山阴道。天皇在巡幸中常常身着大元帅军服，因而人们（特别是青少年）头脑中的天皇多为“现人神”和兵马大元帅。

天皇也为政府的改革措施赋予了绝对权威。1871年，为了废藩置县，加强中央集权，天皇的《废藩置县诏书》写道：“欲内以保安亿兆，外以与万国对峙，宜使名实相副，政令归一”，“故今更废藩为县，务去冗就简，除有名无实之弊，无政令多歧之忧，汝等群臣当体察朕意”。1872年，为了推行征兵制，天皇颁布的《征兵敕语》指出，今日“士已非从前之士，民亦非从前之民，均为皇国一般之子民，报国之道本应无别。”“全国四民凡年满20岁者，皆应编入军籍，以备应急之需。”针对自由民权运动的政治主张，1875年天皇颁布《树立立宪政体诏》，承诺“逐步树立国家立宪之政体”；1881年天皇颁布《召开国会敕谕》，宣布“以明治二十三年为期，集合议员，召开国会”，

---

① ［日］坂本多加雄：《明治国家的建设》，中央公论社，1999，第62-63页。

② ［日］福地重孝：《军国日本的形成》，春秋社，1959，第16页。

“至于其组织权限，朕将亲自裁决”。天皇的诏敕体现了天皇亲政、亲裁，平息了争议，稳定了社会，使政府掌握了主动权。

与天皇成为最高祭主和最高君主相并行的，是成为最高统帅，赋予讨幕战争合法性，承认“讨幕军”是“天皇军”的地位。1868年2月23日，维新政府决定御驾亲征；25日，天皇颁布亲征诏书。以天皇的名义为倒幕战争赋予“公意”，而非萨长与幕府之间的“私见”。3月3日，正式组成东征军，设立东征大总督府，以有栖川宫炽仁亲王兼任东征大总督，西乡隆盛、林玖一郎任参谋。3月8日，举行誓师仪式，天皇向炽仁亲王亲授节刀1口、锦旗2面，亲王上出师表，随后，亲王在西乡隆盛等人随同下，率领20余藩兵力组成的官军向江户进发。“炽仁亲王就任东征大总督，同时又是新政府的最高责任者——皇族率领讨伐前政权之头领的大军，将王政复古这种革命让日本知晓，是萨长等考虑的结果。”[①] 当然，实际指挥军事行动的是作为参谋配置在总督之下的西乡隆盛等，皇族作为天皇的“分身”在战争中代理天皇的权威。

从“尊王攘夷”“尊王倒幕”到“王政复古”再到天皇亲政，这一路走来，维新领导人始终将天皇奉为最高统治者。1868年1月，明治政府通过《王政复古大号令》，对内宣布天皇是国家元首。2月，明治政府将“王政复古”的国书递交各国驻日公使，对外宣布日本以天皇作为主权者的中央集权国家正式成立，“内外政事皆归天皇亲裁”，往昔以“大君”（将军）名义缔结之条约，今后皆以天皇的名义缔结。6月，公布《政体书》，规定“天下权力皆归太政官，使政令无出二途之患”，使“辅弼天皇”的体制开始具体化。

1869年8月，公布《职员令》，实行官制改革，仿效古代天皇制的大宝律令制，天皇之下的中央机构设立二官（神祇官、太政官）、六省（民部、大藏、兵部、刑部、宫内、外务）。9月，太政官制规则宣布：天皇“每日十时至十二时至小御所宸断万机”，宸断之时，左右大臣、大纳言、参议列席，由

① ［日］浅见雅男：《皇族和帝国陆海军》，文艺春秋，2010，第26、27页。

此“天皇作为‘宸断万机’的主权者在政体（宪法）上的地位明确了。”[①] 左右大臣的职责是“辅佐天皇、统理大政、敷奏宣旨”。1871 年 9 月，颁布《太政官职制并事务章程》，进行新的官制改革，将太政官分为正院、左院和右院，正院是天皇亲临“总理万机”之官厅，居三院之首，拥有立法、行政和司法等方面的决策权，确立了天皇的宸断机制。

简言之，“神政的天皇制”，以天照大神的“天孙降临”神敕为天皇制国体的依据，在形式上将一切权力集中于天皇，各省长官直接对天皇负责。

2. 宪政的天皇制

不言而喻，《日本帝国宪法》是宪政的天皇制确立的标志。不过，宪法的发布式，与《五条誓文》一样，采用天皇率领百官向天地神明宣誓的形式；《五条誓文》以天皇的名义发布，《日本帝国宪法》由天皇钦定；《五条誓文》指明了“天皇主权”的方向，《日本帝国宪法》则以国家大法确定“天皇主权”，使“天皇主权”建立在神政和宪政的基础之上。

在《明治宪法》的制定和宪政的天皇制的建设上，军国主义政治家、侵略中国和朝鲜的元凶伊藤博文（1841—1909 年）发挥了主导作用。伊藤博文是明治政府的第二代核心领导人，日本近代内阁制度和帝国议会的创立者，被誉为“明治宪法之父”和“日本的俾斯麦”。

“日本军国主义的元勋之一伊藤博文”[②] 系长州藩下级武士出生，1857 年入吉田松阴的松下村塾学习，1858 年到长崎入幕府办的炮术传习所学习军事。1859 年回长州，追随高三晋作和木户孝允参加“尊王攘夷”运动。1863 年，赴英国留学，次年回国后参加讨幕运动。1868 年明治政府成立后，紧随木户孝允和大久保利通，历任参与、外国事务局判事等职。1869 年入大藏省，历任大藏省少辅、民部省少辅、工部省少辅、参议兼工部卿等职。1870—

① ［日］信夫清三郎：《日本政治史・第 2 卷・明治维新》，周启乾、吕万和、熊达云译，上海译文出版，1988，第 228 页。

② 万峰：《日本军国主义》，生活・读书・新知三联书店，1962，第 23 页。

1872年间，除随岩仓使团出访欧美外，还多次赴欧美考察。1878年大久保利通死后，出任地位与作用相当于首相的内务卿，开始成为掌握政府实权的中枢人物。1885年4月，以特命全权大使的身份到中国，与李鸿章签订《天津条约》，为日本借故出兵朝鲜提供了依据。1885年12月，内阁制度创立，任第一任总理大臣，先后4次组阁，任职时间2720日，3次担任枢密院议长，主持制订《明治宪法》。1889年11月1日，与萨摩藩出身的黑田清隆一起被敕命赐予“元勋优遇”特权，并奉诏“匡辅大政”，成为位列政界最上层的第一代元老。第二任总理大臣期间（1892—1896年），发动日中甲午战争，其间以总理大臣的身份总揽政务，参与大本营会议，列席军事会议，战后亲任“和谈”全权代表，迫使清政府签订《马关条约》，索取“赔款”2亿3千万两白银。日俄战争后，日本彻底霸占朝鲜，伊藤任第一任朝鲜统监（1905—1909年），朝鲜完全沦为日本的殖民地。1907年，被封授公爵。1909年10月26日，被朝鲜爱国志士安重根击毙。

从宪法考察团回国至颁布宪法、召开国会，政府抢先采取了一系列加强天皇权力的制度改革，主要有：确定“皇室财产”，构建天皇制的经济基础；创建华族制度，设置“皇室之屏障”；建立内阁制度，清除藩阀武士担任政府最高官职的障碍；创建地方自治制度，防止地方政权成为政党势力的工具。

1889年2月11日，即纪念所谓神武天皇登基的纪元节，以天皇“御赐”的形式，在宫中举行宪法颁布仪式。发布仪式上，天皇发布并宣读了对皇祖皇宗的告文和对国民的敕谕。

告文宣称其统治权力来自神祖，“朕循天地无穷之宏谟，承继唯神之帝位”，宣告自己是神的权威的继承者，依祖宗之遗训制订皇室典范和宪法，祈求众神灵的庇护。敕谕向国民宣布天皇的地位来自神祖，并根据神授之皇权制定宪法。

《日本帝国宪法》共7章、76条。第一章《天皇》共17条，集中体现天皇主权的立宪原则和天皇主权的来源。第1、2、3、4条规定：“大日本帝国由万世一系之天皇统治之”，“皇位依皇室典范之规定，由皇族男系子孙继承之”，“天皇神圣不可侵犯”，“天皇为国家元首，总揽统治权，依本宪法条规行使之”，以国家根本大法赋予“万世一系的天皇”统治“大日本帝国”的神圣不可侵犯的权力。其余各条具体规定天皇是国家元首，总揽统治权。议会、内阁和法院等机构成为从属于天皇大权的附属机构，“三权分离”原则因而畸形化。

第 11 条和 12 条规定天皇统帅陆海军和决定陆海军之编制及常备兵额，军部独立于政府和议会之外，内阁失去了兵权和控制军队的职能。

与告文和敕谕一样，《日本帝国宪法》反映了天皇制意识形态，“宣扬天皇统治是日本国家和民族的根本，君民一体是日本国体的精华，天皇的统治地位和统治大权神圣不可侵犯”①。宪法条文和义解反复强调“天壤无穷”神敕，肯定天皇“继承神祖的权利”并掌握统治大权。

首先，以宪法确认源自“天壤无穷”神敕的天皇主权，巩固“万世一系”的“国体”和天皇的至尊权威，承认天皇的绝对性和神圣性，第 1、3、4 条等于将“国体论”写进了宪法。其次，以宪法保障“君神一体”的神权政治，承认皇权（神权）高于法权。宪法由天皇根据神授之皇权所制定，不过是为展示“皇祖皇宗贻赐后裔之统治洪范”。“朕……依承于祖宗之大权，对现在及将来之臣民，宣布此不灭大典”。天皇的统治地位是“承祖宗之遗烈，践万世一系之帝位。”“国家统治之大权，朕承之于祖宗，传之于子孙。”《皇室典范》第 10、11 条规定，天皇即位“继承祖宗之神器”（即所谓镜、剑、玺三大神器），“即位之礼之大尝祭必须于京都举行之”，以法律的形式，肯定天皇拥有祭祀大权（亲祭）的宗教权威。

《日本帝国宪法》依据“天壤无穷”神敕确立的近代天皇制的权力结构，以天皇为核心和根轴，一切权力都来源于天照大神的神胤、“现人神”。天皇

① 朱庭光主编《法西斯新论》，重庆出版社，1991，第 424 页。

是权力的拥有者，掌控内阁、军部等权力机关的藩阀武士是权力的行使者。

总理大臣由元老和重臣推荐，天皇任命，对天皇负责。由于战前内阁总理大臣的半数是军人出身者，政党出身者寥寥无几，且军部大臣拥有决定内阁命运的倒阁权，因而，“内阁充其量只不过是从属于天皇、军部的行政机构”[①]。而且，还建立了宪法并无明文规定，但实际上掌握最高决策的元老体制。1889 年 11 月，伊藤博文和黑田清隆被敕命授予“元勋优遇”的特权，负有“匡辅大政”之责，遇有政变，即由他们向天皇推荐继任总理。1891 年 5 月，山县被天皇敕命为元老。以后，又相继增加了松方正义、井上馨、西乡从道、大山岩、桂太郎、西园寺公望。在这九位元老中，伊藤博文、山县有朋、西园寺公望四大元老最具权威性。一旦被天皇敕命为元老，就具备了直接面见天皇、处理重大政务的职能，占据权力运作的枢要，有权决定继任首相的人选。这种制度之外的制度，占据了政治的制高点，开创了“元老政治”的惯例。较之黑田清隆任元老 11 年、伊藤博文任元老 20 年、松方正义任元老 23 年、井上馨任元老 14 年，山县有朋任元老 31 年，凌驾于内阁的时间最长。政界元老与军界元帅一样，都是军国主义的元勋。

近代“天皇制以握有作为绝对权力的大权的天皇为顶峰，由文武官僚——行政官僚和军事官僚以天皇名义行使统治权，以《军人敕谕》和《教育敕语》使臣民对天皇忠诚，由此使国家统一，天皇制就是这种靠制度和意识形态来支撑的庞大建筑。”[②] 根据《明治宪法》，天皇的军事大权分为军令大权和军政大权，军令大权为宪法第 11 条，“天皇统率陆海军”；军政大权是宪法第 12 条，“天皇决定陆海军之编制及常备兵额”。这样，国家大法就确认了统帅权的独立性，军部在宪法颁布前获得的“帷幄上奏权”也有了法律依据。与陆军参谋本部一样，1893 年成立的海军军令部也独立于内阁和

① 吴廷璆主编《日本史》，南开大学出版社，1994，第 809 页。

② [日] 信夫清三郎：《日本政治史·第 3 卷·天皇制的建立》，吕万和、熊达云、张健译，上海译文出版社，1988，第 225 页。

议会之外，超越立宪制度而成为军部的“牙城”，直属天皇的军部因宪法赋予的合法性而威力大增。

山县有朋、西乡从道等从组织上和思想体系上缔造了军部，伊藤博文则在法律上为军部独立奠定了基础。[①] 军部“在它降生的时候，第一个助产士正是伊藤博文”[②]。“统帅权独立原则与陆海军大臣现役武官专任制的实行，是由伊藤博文、山县有朋等维新派元老所制定的。”于是，“《明治宪法》的缔造者们又为军部设置了一道从法理上说不准逾越的藩篱。”[③] 以国家大法的形式承认了统帅权独立体制的合法性。

《明治宪法》的制定，标志着日本实现了政治制度的近代化，为专制主义天皇制披上立宪君主制的外衣，向西方列强显示日本是法治国家而非君主专制国家，总揽统治大权的天皇需要依“宪法条规行使之”；也确立了立宪主义和议会两院制体制，为政党内阁的产生提供了机会，因而在近代天皇制的政治形态中，除“藩阀元老政治”和“军部法西斯政治”外，还有“政党议会政治”。事实上，“政党内阁”不过是披着“政党政治”外衣的军国主义政府。

《明治宪法》的要害在于为军国主义政治体制提供法律保障。首先，确保军队是天皇的军队，天皇是最高统帅、陆海军大元帅，且拥有军令大权（统帅权）、军政大权（编制权）；其次，确保军令机关首长的帷幄上奏权，以及军部大臣的编制大权不受政府和议会制约，即“天皇大权”名义下的军部独立体制。极言之，与其说军国主义的根子是天皇制政治体制，不如说为这一政治体制赋予合法性的宪法。

《日本帝国宪法》建立的“专制君主制是军国主义赖以生存与发展的温床”，“军国主义体制则是专制君主制的变异”。“《明治宪法》体制（下）的政

① 吴廷璆主编《日本近代化研究》，商务印书馆，1997，第276页。

② ［日］井上清：《日本帝国主义的形成》，宿久高、林少华、刘小冷译，人民出版社，1984，第270页。

③ 朱庭光主编《法西斯新论》，重庆出版社，1991，第345页。

权运作都是以天皇为核心进行的”，“所有决策都须经过天皇批准，这也是该体制中天皇统治及统帅权在政治、法制、道义上的具体体现。”“在天皇大权不可侵犯的旗号下，明治宪政体制使天皇成为军国主义侵略政策的最大庇护者，成为军国主义侵略战争的总后台。”①《明治宪法》的历史局限性首先表现为：“‘天皇主权’的立宪原则，导致权力过于高度集中和特权化。”“军部独享帷幄上奏权，为军部随时发动侵略战争，提供了法律依据与便利条件，是《明治宪法》的致命缺陷。”②应该说，上述观点都是真知灼见。

宪法颁布后、生效前（1890年11月29日生效）的1889年12月24日，山县有朋在第一次组阁的当天，废除《内阁职权》，公布《内阁官制》。《内阁官制》第7条规定：“事关军机军令上奏者，除依照天皇旨意下付内阁外，陆军大臣海军大臣应报告总理大臣。”“以这一条作为军部大臣帷幄上奏的法的依据，是对该条的不当解释，并成为后世永远适用的惯例。”③总之，《内阁官制》第7条成了陆海军大臣拥有“帷幄上奏权”的依据。

《日本帝国宪法》以国家大法确认基于“记纪”神话的天皇制国体，承认了统帅权独立体制——军事体制独立于政治体制之外、不受政治体制监督和制约，以及军部特权地位的合法性，总理大臣也无权过问军队事宜，从而“为军部随时发动侵略战争，提供了法律依据与便利条件”。总之，宪法不是限制军部特权，而是为军部特权提供法律依据。

三、君权与军权相结合的天皇制

神政和宪政的天皇制，阐明天皇制政权来源于“记纪”神话和宪法，使之得以建立在广泛认同的合法性之上，强化天皇和天皇制的神圣性和凝聚力。《参谋本部条例》《军人敕谕》和《明治宪法》，则“把军权与君权直接联结在

---

① 殷燕军：《近代日本政治体制》，社会科学文献出版社，2006，第2、15、655页。

② 宋成有：《新编日本近代史》，北京大学出版社，2006，第159页。

③ ［日］松下芳男：《明治军制史论·下卷》，有斐阁，1956，第187-188、188-189页。

一起，使军权在权力的层次上，上升为一种至高无上的和绝对的权力。”“把军权置于议会、内阁、司法机构等等所共同组成的权力制衡系统之外，使军权成为一种不受监督和制约的特殊权力。……使军权在国家政治体制中成为一种最强有力，并且最具实质性权威的政治力量，使以军权——君权为核心和顶点而形成和运作的军国与军国政治，成为宪政体制的内在灵魂，成为最能够影响和左右整个宪政运作体系的内在的和实际的权力系统。”① 君权与军权相结合的天皇制，使“军权成为一种不受监督和制约的特殊权力”，使直属天皇的军部独立于政府之外，垄断战争权，不受制约地发动侵略战争。

1. 天皇与军部

“在军国扮演主体作用的是作为大元帅的天皇”，“其次是作为其股肱并发挥决定作用的军部”。② 不言而喻，近代“天皇制机构中占据最核心部分的是军部”③。井上清阐述道：“提起‘军部’一词，联想到的是依据陆军及海军的总体力量，恣意操纵全部国政的特殊而强大的势力。其实体由陆军省、海军省和参谋本部、海军军令部、关东军及其他军事机关，以及一群‘中坚将校’构成。……通常所说的‘军部’，指的是与政府对立的陆海军政治势力。”“山县有朋正是创立军部的最高指导者。”④ 军部是军国主义势力的大本营和军阀麇集的特权机关，“军部是指陆军参谋本部和海军军令部（海军总参谋部）。另外有陆海军省（部），是负责军政（有关军队的编制、管理等）的机关。参谋本部和海军军令部，则是负责军令（有关军队的统帅、指挥和调动等）的机关。”⑤ 军令机关的地位高于军政机关。

---

① 武寅：《近代日本政治体制研究》，中国社会科学出版社，1997，第 238 页。

② ［日］福地重孝：《军国日本的形成》，春秋社，1959，第 2-3 页。

③ ［日］藤原彰：《天皇制和军队》，青木书店，1998，第 101 页。

④ ［日］井上清：《新版日本的军国主义·3·军国主义的展开的没落》，现代评论社，1975，第 3、8 页。

⑤ 万峰：《日本近代史》，中国社会科学出版社，1978，第 331 页。

军部的主要创始人是日本“军国主义之父”山县有朋（1838—1922年）出身于长州藩下级武士家庭，是继西乡隆盛之后最大的军阀，明治、大正时代的军政巨头，日本殖民帝国的主要缔造者。

1877年9月，西南战争结束，对中国和朝鲜的侵略战争提上了行动日程。1878年12月，陆军卿山县有朋实行军制改革，12月5日颁布《参谋本部条例》，废除原陆军省参谋局，新设辅佐天皇的最高军令机关参谋本部。《参谋本部条例》的主要条款有：第1条，“设置参谋本部，统辖各监军部近卫各镇台的参谋部”；第2条，“本部长将官一人，依敕就任，司统辖部事、参划帷幄机密”；第5条，“凡属军中机密、战略动静、进军驻军转军之命令，行军路程的规定，运输方法，军队的派遣等有关军令，由参谋本部长掌管，参划亲裁后，下达给陆军卿执行”；第6条，“凡有关战争之军令，本部长参划亲裁后下达给监军本部长或特命司令将官，其将官直属于大旗之下”。[①]条例规定了天皇与参谋本部长的关系，即条例第2条：“本部长将官一人，依敕就任，司统辖部事、参划帷幄机密”，明确了“军令事项直属天皇”[②]，从制度上迈出了走向军国主义的关键性一步。

参谋本部是“陆军的军部”、统帅权的最高代行机构，参谋本部长是天皇的参谋长和军权实际上的最高拥有者、代行者。《参谋本部条例》的颁布是近代日本划时代的军制改革，其影响主要在于：

一是参谋本部作为最高军令（统帅权）专掌机关，参谋本部长直属天皇。除天皇外，任何人也没有命令参谋本部长的权力，参谋本部长则可以通过天皇发布违反太政大臣意旨的命令。“参谋本部长的最大权限，是就直属天皇即大元帅的军队统帅权，不经内阁而直接上奏天皇，获得天皇亲裁的权力，此即帷幄上奏权。”成为直属天皇的军令专掌机关后，“参谋本部可以不受政府

① ［日］历史科学协议会编《史料 日本近现代史·1》，三省堂，1985，第150页。

② ［日］陆军省编《明治天皇御传记史料：明治军事史·上》，原书房，1979，第384、388页。

的掣肘指挥军队。”[①] 参谋本部独立于政府而直属天皇，也意味着军权与君权的结合、统帅权的独立和军方获得了特权地位。

二是根据第 5 条：“（参谋本部长）参划亲裁后，下达给陆军卿执行”，参谋本部长的地位优越于陆军卿而与太政大臣并立，不受陆军卿和太政大臣管辖。“作为直属天皇、辅佐天皇有关军令之最高机关的参谋本部长，不仅独立于陆军卿，而且独立于太政大臣。辅翼天皇有关统帅的权限，从太政大臣转移到参谋本部长，在此意义上，可以说参谋本部长成了站在陆军卿之上的机关。”[②] 政府机关之一的陆军省从属于参谋本部，统帅权从政府部门独立出来。

三是强化军令专掌机关的倾向，如第 6 条规定：“凡有关战争之军令，本部长参划亲裁后下达给监军本部长或特命司令将官。”天皇不仅设立了军令专掌机关参谋本部，还预先设立了军令执行机关——监军本部。统帅权独立的意义在于，“以军政分开为前提，把军权（统帅权）从太政官掌管转归直属天皇的参谋本部掌管，从而纳入天皇手中，把天皇培养成亲自率领军队的政治君主，使军队绝对服从作为政治君主的天皇的命令，筑成对付自由民权运动的坚固城堡。”“统帅权独立是伊藤和山县描绘的立宪政体所不可或缺的前提”。[③] 当然，这也是实现国家目标的需要。

根据《参谋本部条例》，“在本来的指挥命令系统——军队指挥官的系列之外，从制度上构成指挥官的幕僚组织，即军的神经系统这种独自的系列。”“如果根据 1879 年制定的《幕僚参谋条例》第 1 条：监军部、近卫、镇台的幕僚参谋全部由参谋本部派出。这些派出参谋隶属监军部长、近卫都督、镇台司令官，奉命进行参谋事务。但是，《参谋本部条例》又规定各级参谋部的参谋的统辖权在参谋本部。包括人事，参谋将校的身份，均属天参谋本

① ［日］雨宫昭一：《近代日本的战争指导》，吉川弘文馆，1997，第 54 页。

② ［日］中野美登雄：《统帅权的独立》，有斐阁，1934，第 362-363 页。

③ ［日］信夫清三郎：《日本政治史·第 3 卷·天皇制的建立》，吕万和、熊达云、张健译，上海译文出版社，1988，第 86-87 页。

部。”[①] 于是，就形成了以参谋本部为顶点的军事指挥系统。

同年 12 月 13 日，即《参谋本部条例》颁布 9 天后，陆军又颁布了《监军本部条例》，设立与参谋本部配套的军令执行机关——监军本部。“《参谋本部条例》是我国最高参谋机关独立的起点，《监军本部条例》则构成军令施行机关独立的起点。”[②]“参谋本部长只是军令事项的策划，不是执行。实行一是陆军卿（《参谋本部条例》第 5 条），一是监军本部长。因此，监军部也称为军令执行机关。”“天皇的军令大权由参谋本部长辅佐发动，监军部长基于军令命令执行。”[③]1885 年 5 月修订《监军本部条例》，改组监军部。其中，第 2 条：各监军部设监军，由大中将任之，直隶大旗之下，掌管军令、出师准备、军队检阅等；第 3 条：有事之日，监军带军团长职，统辖管下二师团御敌。

参谋本部设置后，陆军省于 1879 年 10 月 10 日进行军制改革，规定“帝国日本陆军直属天皇”，明确划分陆军卿、参谋本部长、监军本部长的权力和职责，明确陆军军政及军令两机构的组织及其权限、镇台、侍中武官、陆军裁判所、学校等的组织及任务，确认军政与军令的分离原则，巩固统帅权独立体制。

“使军部专制成为可能的机关，正是 1878 年设立的参谋本部”[④]，在制度上使军队的统帅大权（军令）从政府部门独立出来，形成国务与统帅分离的二元体制，既标志着参谋本部成为帷幄上奏的机关，也标志着陆军开始采取对外军备的实质性行动。1888 年，设立陆军参谋本部和海军参谋本部；1893 年，属于海军省的海军参谋本部成为独立的、直属天皇的海军军令部，军部正式形成。这标志着统帅权独立体制——侵略扩张战争基本体制的确立，或者说，

① ［日］大江志乃夫：《日本的参谋本部》，中央公论社，1985，第 41 页。

② ［日］中野美登雄：《统帅权的独立》，有斐阁，1934，第 365 页。

③ ［日］松下芳男：《明治军制史论·下卷》，有斐阁，1956，第 52、56 页。

④ ［日］井上清：《新版日本的军国主义·1·天皇制军队的形成》，现代评论社，1975，第 233-234 页。

对中国和朝鲜的战争准备已经就绪。

“1882年，可以说是日本战时法制整备划时代的一年。1月4日向大山岩陆军卿‘下赐给陆海军人的敕谕’（《军人敕谕》），这是天皇亲率军队的宣言，和其后的《教育敕语》一样不采用法令的形式，作为遵照绝对君主天皇表明的最高意志这种超宪法的规范，与《日本帝国宪法》一起，构成近代天皇制的三大支柱。”①1880年，山县有朋提出以《军人训诫》的内容为基础发布“敕谕”的构想，并下令其“智囊”——西周起草明确表示天皇拥有陆海军统帅权的文书，草案提出后，经福地源一郎、井上毅和山县有朋修正完成。

1882年1月4日，以天皇名义颁布的《军人敕谕》，不经太政官的辅弼，由明治天皇直接下赐给陆军卿大山岩（海军卿出差在外）。“其他诏敕是宣奉给太政官，这份敕谕是将陆军卿召至宫中亲授，以此强调大元帅天皇与军队的直接联系。”②《军人敕谕》对《参谋本部条例》确立的统帅权独立制度赋予合法性和权威性，开创了“军事立法的敕令主义”，即军部以天皇的诏敕为“法”的体制。

《军人敕谕》作为天皇钦定的“军事宪法”，率先从“万世一系”国体的角度，确立起“现人神”（天皇）作为兵马大元帅、军人首脑的地位，为7年后的《日本帝国宪法》确立天皇作为国家元首、军事统帅的地位奠定了基础。其划时代的重大意义，具体表现在以下三个方面：

一是率先以“记纪”神话确立天皇掌握军事力量的“国体”，强调天皇的神统性。《军人敕谕》的《序文》开宗明义地宣称：“我国军队世世代代由天皇统率之。自昔神武天皇亲率大伴、物部之兵，以平中国（指神话中的‘苇原中国’）而即帝位，统治天下以来，凡二千五百余年矣。……古制军队为天皇所亲御”。通过将天皇的统帅权追溯到神话传说中的神武天皇，阐明了

---

① ［日］大江志乃夫：《日本的参谋本部》，中央公论社，1985，第45页。

② ［日］大滨彻也：《天皇的军队》，讲谈社，2015，第96页。

“天皇的统帅大权在国体上的绝对性，和天皇作为绝对制君主之上君临臣民乃至军人的绝对权威和权力。”[①] 当然，除传说中的古代之外，历史上天皇统率军队的事例几乎没有。

二是强调统帅权是不容侵犯的天皇大权。《军人敕谕》的《序文》还宣称：“朕将于此时变更兵制，使其为国增光，并于今年（1882 年）按现今形式确定陆海军之制度。朕统率兵马大权，委任臣下各司其职。统帅大权须由朕亲自总揽，此非臣下所宜过问者。朕之子孙须永远牢记此要旨，切记天子须掌握文武大权，不得再现中世以来体制之混乱局面。”“侵犯统帅权”即“侵犯天皇”，为军部坚持统帅权独立提供了依据，为防止议会政党势力介入军事构筑了坚固的防波堤。

三是军权等于君权，以及军权王国的建立。“朕乃汝等军人之大元帅，朕赖汝等为股肱，汝等仰朕为头首。”一方面强调陆海军是天皇的军队，“军队得到天皇的特殊的待遇，军人是国民中的选民。”[②] 另一方面表明天皇继承神武圣业，作为国君君临臣民、君临军人的权力和威望，确认《参谋本部条例》构建的军权与君权的结合，以及以天皇为顶点的军权王国，使军人成了直属天皇的特权政治势力，为军人政治（或称军阀政治、军部政治）创造了条件。

此外，《军人敕谕》还是军部无限制军备扩张的依据。“维护国权在于兵力，兵力之消长是辨别国运盛衰的标志。”通过无限夸大兵力与国运的互动关系，抬高军人特别是军阀的政治地位。

2. 天皇与军权王国

军部是直属天皇的军权王国，不受政府监督和制约，主要有陆军参谋本部、海军军令部、陆军省、海军省、教育总监部、元帅府、军事参议院等。陆军参谋本部长、海军军令部长和陆军大臣、海军大臣被称为“军部四巨

---

① ［日］信夫清三郎：《日本政治史·第 3 卷·天皇制的建立》，吕万和、熊达云、张健译，上海译文出版社，1988，第 116 页。

② ［日］松下芳男：《明治军制史论·上卷》，有斐阁，1956，第 521 页。

头”。其实，只要看一看军部机构及军部巨头的人员构成，军国主义机构之完备、军国主义势力之强大即可见一斑。

军部的上层咨询和决策机关，是作为天皇的军事大权的辅弼者元帅府和军事参议院。“日清战争至日俄战争的10年间，进行了为数众多的陆海军诸官制的修正和制定，其中，从军阀史的角度讲，首先要指出的是《元帅府条例》和《军事参议院条例》的制定。”①1898年，制定《元帅府条例》，设立天皇的最高军事顾问机构元帅府。《元帅府条例》第1条：“列入元帅府之陆海军大将，特赐元帅称号”；第2条：“元帅府于军事上为最高顾问”；第3条：“元帅得奉敕检阅陆海军”。②“元帅府相当于军事上的元老”，③地位有如政界的元老。从此，政界有元老，军界有元帅。首次列入元帅府的四名元帅，是陆军的小松宫彰仁亲王、山县有朋、大山岩和海军的西乡从道，除小松宫彰仁亲王外，其余三位都是享有“元勋优遇”特权、负有“匡辅大政”之责的政界元老。

元帅均为军阀巨头，“坐在军事上的最高位置，具有指示军政、军令两机关的权威。”二战战败前元帅府的17名陆军元帅是：小松宫彰仁亲王、山县有朋、大山岩、野津道贯、奥保巩、长谷川好道、伏见宫贞爱亲王、川村景明、闲院载仁亲王、寺内正毅、上原勇作、久迩宫邦彦王、梨本宫守正王、武藤信义、杉山元、寺内寺一、畑俊六；13名海军元帅为：西乡从道、伊东祐享、井上良馨、东乡平八郎、有栖川宫威仁亲王、伊集院五郎、东伏见宫依仁亲王、岛村速雄、加藤友三郎、伏见宫博恭王、山本五十六、古贺蜂一、永野修身。④元帅作为天皇的最高军事顾问，出将入相。

1903年设立的军事参议院是天皇的军事咨询机关，相当于国务上的枢密

① ［日］松下芳男：《日本军阀兴亡史·上卷》，芙蓉书房，2001，第187页。

② ［日］孟祥沛点校《新译日本法规大全·第三卷·上》，商务印书馆，2008，第139页。

③ ［日］藤原彰：《天皇制和军队》，青木书店，1998，第161页。

④ ［日］松下芳男：《日本军阀史兴亡史·上卷》，芙蓉书房，2001，第191-192页。

院。《军事参议院条例》第 1 条规定："军事参议院为在帷幄之下应对重要军务咨询之所"；第 4 条规定："军事参议官如下——元帅、陆军大臣、海军大臣、参谋总长、海军军令部长、特补军事参议官之陆海军将官"。[①] 军事参议院的职责是回答天皇的咨询，审议国防政策，统一和协调陆海军之间的政策及行动。明治时代的 20 位专任军事参议官，都是甲午、日俄战争中建有赫赫军功的战将，都是拥有巨大影响力的军阀巨头，如陆军的桂太郎和海军的山本权兵卫、东乡平八郎等。

军部的最高军事指挥机关是战时大本营。"所谓战时大本营，就是战时天皇指挥国军的最高统帅部。"[②] 为了发动对中国的侵略战争，1893 年 5 月 19 日，即海军军令部设置之日，制定《战时大本营条例》，其中第 1 条："天皇之大旗下设最高之统帅部，称大本营"；第 2 条："大本营参划帷幄机密，参谋本部长制定陆海军作战计划"；第 3 条："大本营幕僚由陆海军将校组成"。[③] 第 3 条将包括总理大臣在内的文官拒之于大本营之外，"开创了军部掌握作战领导权的先例"[④]。甲午战争时，大本营成员是天皇、陆军参谋部总长、海军军令部长和陆海军大臣等陆海军将官，以参谋总长炽仁亲王陆军大将为幕僚长，陆军幕僚是参谋本部次长陆军中将川上操六，海军幕僚是海军军令部长中牟田仓之助、桦山资纪海军中将。

军部执行机构，一是军令机构陆军参谋本部、海军军令部，二是军政机构陆海军省，以直属天皇的军令机构为核心。狭义的军部指的就是独立于政府的军令机构。

1878 年 12 月，陆军卿山县有朋创设辅佐天皇的最高军令机关参谋本部，将统帅权从政府部门独立出来而直接隶属于天皇，使"军部事实上成了优越

① ［日］孟祥沛点校《新译日本法规大全·第三卷·上》，商务印书馆，2008，第 140 页。

② ［日］森松俊夫：《日军大本营》，黄金鹏译，军事科学出版社，1985，第 41-42 页。

③ ［日］秦郁彦编《日本陆海军综合事典（第 2 版）》，东京大学出版会，2005，第 525 页。

④ 万峰：《日本军国主义》，生活·读书·三联书店，1962，第 48 页。

于政府的机构”，揭开了武权高于文权的序幕。1885 年内阁制度建立后，《内阁职权》第 6 条明确参谋本部长掌管的军令事项在内阁总理大臣的掌管之外，参谋本部长对内阁总理大臣的独立和军令权的独立获得了法制上的确认。同时，也明确了参谋本部是直属天皇的统帅机关，也是内阁之外的组织。

《参谋本部条例》颁布后，陆军又颁布《监军本部条例》，设立直属天皇的军令执行机关——监军本部，以确保各部队执行参谋本部的命令。1898 年 1 月废止监军本部，创设教育总监部，陆军由此形成直属天皇的军令、军政、教育的三元构造。参谋本部长负责作战计划、部队调动等，陆军大臣负责编制和管理等，教育总监部负责军事训练和教育等。

1893 年，经天皇敕许，颁布《海军军令部条例》，其中第 1 条：“海军在东京设立海军军令部”；第 2 条：“海军军令部长由海军大、中将任之，直属天皇，参与帷幄机务，管理部务”；第 3 条：“战略上有关海军军令事宜，制定规划，经（天皇）亲裁后，平时移交海军大臣，战时直接下达镇守府司令长官、舰队司令长官执行”。① 于是，陆军参谋本部、海军军令部分别成为陆、海军直属天皇的最高军令机构。

军政执行机构陆军省和海军省是军部在内阁的代表，由军部推荐，对军部负责，不受总理大臣制约。

在内阁机构中，“军部大臣的椅子是陆、海军二个，尽管与其他阁僚的比率从二比八到昭和初期的二比十一，但是军部大臣在阁内的势力非常强固。武官出身而成为文官大臣者的数量多，武官出身的宰相数也多。”② 原因是，在军部大臣现役武官专任制下，陆海军大臣作为军部的代表，包含四个职务：（1）作为国务大臣的职务，主要是辅弼天皇的职务和与议会交涉的职务；（2）作为各省大臣的职务，包括依据各省官制的职务、有关立法事项的

① ［日］松下芳男：《明治军制史论・下卷》，有斐阁，1956，第 190 页。

② ［日］福地重孝：《军国日本的形成》，春秋社，1959，第 61 页。

职务、有关预算的职务、依据防务条例的职务；（3）作为军事参议官的职务，依据《军事参议院条例》，军部大臣是当然的军事参议官，处于帷幄之下重要军务咨询的职务；（4）作为战时大本营职员的职务，甲午战争时的陆海军大臣大山岩、西乡从道和日俄战争时的陆海军大臣寺内正毅、山本权兵卫，都是作为当然的大本营成员参与枢机。[①] 由此可见，军部大臣的地位之高和作用之大。

侍从武官长和侍从武官是军部派往皇室的代表，因而侍从武官也隶属于军部。

随着日本军国主义的膨胀，军部机构也扩张到了海外，主要是直属天皇且由现役将官担任的殖民地总督，以及海外占领区军事指挥机构。

三、操纵国政的军部特权

军部不仅有以天皇为统帅的组织系统（构成天皇制国家的一大官僚机构），而且有种种操纵国政、制约政府的特权制度。不言而喻，这是近代日本依赖侵略扩张实现国家目标的必然结果。

（1）统帅权独立制度，政府不得侵犯天皇的统帅权，军令机关（统帅机关）不受政府制约。“所谓统帅权独立，意味着担当作战、用兵的军令机关从政府分离，独立进入天皇直接指挥下的制度。始于1878年（明治十一年）12月，参谋本部从太政官（政府）独立而成为直属天皇的统帅权机关，换句话说，就是军令机关（统帅机关）从政府独立。”[②] 国家行政系统无权过问军事，总理大臣获得的只是陆海军大臣的事后报告。反过来，军部则可以利用统帅权独立制干预、操控国家行政权。

（2）帷幄上奏权，超越宪法的军部特权。所谓“帷幄上奏权”（与1878年统帅权的独立同时产生），即军部就有关军令事项，可以不经过内阁而直

① ［日］松下芳男：《明治军制史论・下卷》，有斐阁，1956，第498-502。

② ［日］户部良一：《日本的近代・9・逆说的军队》，中央公论社，1998，第73-74页。

接上奏天皇，由天皇直接裁断，这也就是统帅权独立的原则。“帷幄”意即战时总司令官（这种场合系指天皇）的营幕，转而指统帅机关（参谋本部、军令部），陆海军大臣因与统帅的特殊关系也成为帷幄机关。本来是指参谋本部长就统帅事项向天皇进言、献策，《日本帝国宪法》制定前后，扩张到军部大臣。帷幄上奏权因有天皇的裁可而使军部意向具有绝对权威，因而军部不断扩大帷幄上奏的范围，“军部大臣的帷幄上奏权在日清战争前已渐次扩大”[①]。通过帷幄上奏权，排除政府对军部事宜的监督和干预，以天皇的“亲裁”操控政府。

（3）军部大臣现役武官专任制，军部掌握内阁的命脉。“除了统帅权独立之外，军部还有一张控制政府的‘王牌’，就是军部大臣武官专任制——政府的陆海军大臣专由现役军官充任。”“有了军部大臣武官专任制，任何人想搞一个同军阀作对的内阁是站不住脚的。”“任何一届内阁要想拒绝军阀的扩军备战计划是很困难的。”[②]第二次山县内阁时，军部修正陆海军官制，并于1900年5月19日以敕令第193、194号公布，“陆海军大臣，现役大将、中将任之；次官，现役中将、少将任之”，它使军部获得不向内阁推荐后任陆海军大臣的这种倒阁手段。松下芳男认为，“军部大臣现役武官专任制”是“立宪政治的最大癌症”，对宪政的影响：“一是政党组阁的困难”，“二是内阁瓦解的危险”，“三是军国主义政策的倾向”，“四是军人政治家辈出”，“五是军部政党化的危险”，“六是二重统治的矛盾”，“七是武官大臣的政治能力”。[③]元老是内阁的制造者，军部大臣则是内阁的捣毁者。军部大臣的倒阁权力，为军部操纵内阁提供了制度保障，并使军国主义军阀集团立于不败之地。

（4）军部独立的立法权——军令，军部优于内阁和议会的法律措施。所

① ［日］由井正臣：《军部和民众统合——从日清战争到满洲事变》，岩波书店，2009，第20页。

② 万峰：《日本军国主义》，生活·读书·新知三联书店，1962，第52页。

③ ［日］松下芳男：《日本军阀兴亡史·下卷》，芙蓉书房，2001，第146、503-506页。

谓“军令”，即有关军队的统帅事宜，经天皇敕定的命令。1907年9月12日制定的军令第1号规定：“有关陆海军之统帅经敕定的规程称为军令”（第1条）；“军令的公示，上谕（天皇）亲署后，钤御玺，由主管陆军大臣、海军大臣填写年月日，并副署之”（第2条）。[①] 这样，“统帅权独立”便完成了法律手续，它使军部想将什么当作军令就可以将什么变成军令。“军令”的制定，意味着军部获得了“维持特权的特权”，“对统帅权的独立给予法的依据”，“是蹂躏宪法的划时代的军制”[②]，也是“明治时代最后的大恶法”[③]。“但这是根据超越宪法的明治天皇的判断，作为天皇的意志制定的。”[④] 由此也可见，天皇凌驾于宪法之上。

神政和宪政的天皇制，从神国主义和立宪主义的角度，赋予了近代天皇制军国主义政权合法性，从不同的角度使侵略扩张战争神圣化和合理化，为军国主义战争政策保驾护航；君权与军权相结合的天皇制——军部作为军国主义政权的中枢机关，负责策划军国主义战争政策，发动侵略扩张战争。

“布国威于四方”的国家目标，以及以侵略战争摆脱民族危机、加速社会发展步伐的方式确定后，创建完成这一任务的政权成了当务之急。于是，以“维新三杰”为代表的军国主义分子，缔造了具有绝对合法性和权威性的天皇制军国主义政权，并且通过法律和相关制度赋予了军国主义势力的大本营——军部独立的、不受监督和制约的侵略扩张的战争权。

天皇制军国主义政权（硬体制）通过行政手段，组织全体国民完成摆脱民族危机、建设“大日本帝国”的任务。以武士道为核心内容的天皇制军国主义意识形态（软体制），则以效忠天皇、英勇战斗武装民众，从思想上煽动

① ［日］秦郁彦编《日本陆海军综合事典（第2版）》，东京大学出版会，2005，第729页。

② ［日］松下芳男：《明治军制史论·下卷》，有斐阁，1956，第594、601页。

③ ［日］松下芳男：《日本的军阀像》，原书房，1969，第45页。

④ ［日］井上清：《日本帝国主义的形成》，宿久高、林少华、刘小冷译，人民出版社，1984，第279页。

起千百万民众的好战意识，举全国之力实现摆脱民族危机、创建大日本帝国、跻身列强行列和称霸东亚的国家目标。换言之，近代日本的政治体制、国民道德都是为实现国家目标而专门打造的。

第四节 穷兵黩武的近代武士道

依赖战争手段废除不平等条约和创建殖民帝国、争当东亚霸主并与西方列强争夺世界霸权，不仅需要穷兵黩武的军国主义统治集团和政治体制（硬体制），制定和推行实现国家目标的军国主义战争政策，策划、组织和领导侵略扩张战争；而且需要煽动侵略扩张的军国主义精神支柱、道德规范和理想价值（软体制），特别是武士道，对国民进行效忠天皇、征服世界的军国主义教育，动员千百万人奔赴战场，进行“五年一小打，十年一大打”的侵略扩张战争。

《军人敕谕》《教育敕语》作为“天皇制军国主义思想的两大支柱”、武士道的经典，“以效忠天皇和好战的意识形态统合国民，贯彻教育和文化的军国主义化。日本国内成为一大兵营，……歌唱‘军国日本’和‘尚武之国日本’”[①]。通过培养和壮大军国主义势力，构建举国一致的战争体制，使对外侵略战争演变为大和民族的“圣战”。

一、《军人敕谕》与军人精神

近代日本的“军队由天皇统率之，使命是神武天皇的即位之诏‘上答乾灵援国德，下弘皇孙养正志；然后兼六合以开都，掩八纮而为宇’宣布的精

① ［日］藤原彰：《战后史和日本军国主义》，新日本出版社，1982，第8-9页。

神。”[①]军人肩负着创建日本殖民帝国、称霸东亚和征服世界的使命，要求绝对效忠天皇，继承和弘扬封建武士不要命的战争精神，以战死海外为人生的理想归宿。

近代日本的军人精神由封建的武士精神演变而来。“明治建军以来，军人精神的核心内容实际上是镰仓武士以来的武士道精神。”[②]“明治维新后的新陆海军，采取欧洲先进国家的兵制和军事装备，所谓军人精神则是基于日本七百年武家政治培育的武士传统，再加上二千年的神话，以明治天皇为中心构建起来的。”[③]近代日本军队与封建武士有着血肉联系，“皇军”的母体御亲兵由武士构成，藩阀武士长期独占军部中枢，把持军队的指挥权，这也决定了近代军人精神必然由封建的武士道精神演变而来。

1. 从《读法》(8 条）到《军人敕谕》

日本社会崇拜武士，以之为民族脊梁。甲午战争（1894—1895 年）之后日本又开始了针对沙俄的扩军备战，在此期间的 1899 年，新渡户稻造在美国出版《武士道》一书，这部旨在为野蛮、残暴的日本军国主义辩护的“大作”骄傲地向欧美国家介绍道：“过去的日本乃是武士之所赐。他们不仅是国民之花，而且还是其根。”“知识的以及道德的日本，直接间接地都是武士道的产物。”“在王政复古的风暴和国民维新的旋风中掌握我国船舵的大政治家们，就是除了武士道之外不知还有什么道德教诲的人们。”佐久间象山、西乡隆盛、大久保利通、木户孝允和伊藤博文、大隈重信、板垣退助等人的“思想以及行动都是在武士道的刺激下进行的。”“即使具有最进步思想的日本人，如果在他的皮肤上划上一道伤痕来看的话，伤痕下就会出现一个武士的影子。”[④]1984 年，相良亨在《武士的思想》中写道：“平安末期登场的武士在日

① ［日］福地重孝：《军国日本的形成》，春秋社，1959，第 41 页。

② ［日］松下芳男：《日本军阀兴亡史·上卷》，芙蓉书房，2001，第 21 页。

③ ［日］松下芳男：《明治军制史论·上卷》，有斐阁，1956，第 503-504 页。

④ ［日］新渡户稻造：《武士道》，张俊彦译，商务印书馆，2001，第 89、91、96、104 页。

本历史上最先明确提出其伦理思想，此后又长期占据社会精英的位置，成为人们效法的对象。除武士的伦理观外，日本的传统便无从说；抛开武士，就葬送了我们传统伦理意识的大半。”[①] 明治时代把持权力中枢的藩阀武士，本身就是联结武家主义武士道与天皇主义武士道的桥梁，他们先将武士道改造成为军人精神，继之把军人精神扩展为国民精神，从而使军人精神和国民精神都深深打上了武士道的烙印。

“军国主义之父”山县有朋也是近代军人精神和军国主义意识形态的主要缔造者，在创建“皇军”之初，就开始了军人精神和近代武士道的构建。1872 年 1 月，主持制定《读法》(8 条)［或称《军人精神基本》(8 条)］，1871 年 12 月制定时是《读法》(7 章)。

所谓“读法”，即“军人之法度”或“军人应该遵守之准则”。内容可分为三大类：一是建军文告，明确规定“发扬皇威、坚固国宪、保护国家万民”的建军宗旨。二是要求遵守的行为准则，如第 1 条：“以忠诚为本、重视名誉”；第 2 条：“守礼仪、重信义”；第 3 条：“服从长官命令，事无大小，坚决服从”。三是禁止和惩处条款，包括第 4 条“结党”，第 5 条“偷盗、赌博”，第 6 条“押买、押借”，第 7 条“喧哗、争斗、酗酒、欺诈、怠惰”，第 8 条“战场上的卑怯”，涵盖了武士道的主要德目，如忠诚、名誉、礼仪、信义、武勇（戒卑怯即武勇）等。

1882 年 3 月修正后的《读法》主要内容为：“军队为发扬皇威保护国家而设，加入军队者应坚决遵守以下条文，决不违背。”“1. 以诚心为本，尽忠节，不可有不信不义不忠之所为；2. 尊长上尽敬礼，与等辈致信义，不可粗暴倨傲；3. 长上命令，不问其年如何，立刻服从，不可抵抗、干犯；4. 尚胆勇，勤勉军务，不可胆怯、柔懦；5. 不可有夸耀无谋小勇、好争斗、藐视他人，招致世人厌忌等事。6. 修道德以素质为主，不可流于浮华、文弱等；7. 尚名誉、重

---

① ［日］相良亨：《武士的思想》，ぺりかん社，1984，第 5 页。

廉耻，不可有贱劣贪污事。上述之外，违反法律规则，获罪于国家，辱父祖、污家名，遗丑后世，此身耻辱。况且，如获重罪，个人天赋之公权被剥夺，不得立世之人对等的权利，尚名誉、重耻辱的军人，特别要慎戒。”[①]将武士道的忠节、信义、勇敢、服从、名誉、廉耻等作为近代军人必须遵守的行为准则，奠定了近代军人精神和近代武士道的基调。《读法》公布后，士兵在入伍的宣誓仪式上都要宣读，并署名按印，这一仪式一直持续到1934年。

《读法》（8条）公布的次月，即1872年2月，兵部省发布《海陆军刑律》（204条），规定严厉的刑罚。其中，对抗命和结党的惩罚最严。该刑律明显带有江户时代身份制和等级制的烙印，“第34条规定将校的六刑，有自裁（切腹）、罢官、回原籍、放逐、退职、降官、闭门禁闭，以自裁和闭门为特征。第41条的下士刑是死刑、徒刑、放逐、黜等、降等、禁锢。将校与江户时代的武士同样，处以刑罚时考虑其名誉与体面。”[②]以刑法的强制性维护军人精神的权威性。

继《读法》之后，确立军人精神的一大里程碑是《军人训诫》。制定《军人训诫》的根本原因是侵略中国和朝鲜的计划被提上了具体日程，军队的职能从“治安军”转为“外征军”。西南战争结束后，山县有朋就指示其“智囊”——西周起草新的军人的道德规范，“竹桥事件”发生时起草工作已大体完成。1877年11月，在日比谷陆军操练所（日比谷公园），天皇检阅参加西南战争凯旋的部分官兵，接着向文武百官授勋或发给赏金，但对士兵却未论功行赏。次年8月23日夜，因自由民权运动的影响，政府未能及时兑现西南战争论功行赏的诺言，再加上削减兵饷，驻屯在东京皇居附近竹桥的近卫炮兵第一大队260余名士兵，将大炮拉出兵营，袭击大藏卿大隈重信的宅邸，接着向赤坂的临时皇居进发，企图向天皇直诉。不久，政府出动镇台兵镇压，

① ［日］松下芳男：《明治军制史论·上卷》，有斐阁，1956，第424-425、540页。

② ［日］熊谷光久：《日本军的精神教育——军纪风纪维持对策的发展》，锦正社，2012，第18页。

叛乱兵悉数被逮捕。10月15日判处叛乱士兵53人死刑、115人流刑、其他轻刑，死刑于当日执行，史称“竹桥事件”。

“竹桥事件”后，“陆军卿山县有朋痛感有必要以彻底的天皇制意识形态教育将士、防止自由民权思想的渗透，同年10月，向全军发布《军人训诫》。《军人训诫》……以武士道作为军人精神，强调天皇的绝对神圣性和严守军队的秩序，禁止军人参与政治。”[①]《军人训诫》首先强调建军宗旨是“张扬皇军之威武”，认为“皇军”是“国家之干城”。《军人训诫》[②]的主要内容如下：

帝国陆军的创设 我帝国日本陆军在维新正盛之时，一改旧制度，采海外之所长而创立。时至今日，我军时刻待命，连年四处征讨，张扬皇军之威武，慑服丑类，使奸贼授首，迅速地上奏平叛之功，的确可称作是国家之干城（指保卫国家的军人、武士）。因而，上下同心，发扬国威，耀眼夺目。然而，退而内顾，尚不可说是达到了十全十美的境地。因此，对于我陆军整体而言，对其学术逐年精进、训练日益熟练的期待不需多言，为军人者，无论上下都应深刻体会此中意味，希冀我陆军的日新月异，不仅不可损我威名，还须图谋更进一步扬我皇威。然而，陆军法制规则虽然渐趋完善，却仅仅限于外形，内部之精神仍有多处不甚发达。毕竟维新以来仅仅度过一纪（十年）的岁月，诸多事务仍在创设之中。而三军的精神，也还未见其萌芽。国家培养士人须历经百年之久，因而此事之成也绝非一朝一夕之功。如果现今不忽视此事，则将来又要等到何时呢？诸事的成立就如同人之成长一般，年幼之时唯有以母乳喂养之，求其躯干健壮刚强之生长。待其稍长之时，就必须培养其精神，令其辨明方向。如今我陆军正如成长的少年一般，已经具备了强壮的外形，却未见其内部精神之充实。古人云，虽有智慧，不如乘势；虽有

① ［日］村上重良：《慰灵和招魂——靖国的思想》，岩波书店，1974，第126页。

② ［日］陆军省编《明治天皇御传记史料：明治军事史·上》，原书房，1979，第518-524页。吴佳欣博士翻译。

镃器，不如待时。今日正应以此为机，关注内部精神之事。外部的成形和内部的精神必须相称，不可偏废。如果偏废了一方，就如同片翼之鸟难飞，独轮之车难行。如果以兵刃为喻，铜鍮铭锡固然有其形，然而若无钢铁之品质则难堪大用。现在的规则操法就相当于外躯骨肉，而精神则是活用这副躯体的脑髓神经。

维持军人精神的三大要素 如果论及用什么来维持军人精神的话，那么忠实、勇敢与服从就是维持此种军人精神的三大要素。军人如果没有忠实，何以仕奉我大元帅皇上，何以报效国家。如果没有勇敢，便无从面对战斗，冒着危险而成就功名。如果不以服从为主，便无从统率三军如一体。应当知晓的是，此三者缺一，则军人的精神就有不完备之处，譬如人身缺少了耳目四肢一般，其活动便无法随心所欲。像这样，即使拥有百万之军势，授之以坚甲利兵，也是百无一用。维持这三种要素构成的军人精神，并形成德义，这是在我陆军之中自今日起必行之事。

忠勇 我国自古以来即是以武士的忠勇为主，这一点自不必多言。忠臣勇士的模范者们无不名垂青史、千载灼灼。至旧幕府时代为止，武士位于三民之上，以忠勇为宗旨，侍奉君上，并以名誉廉耻为主干。众所周知，如今的俚语俗谚中也对此称赞有加。维新以来，幸逢开明之治，不论何种人民均能位列军籍，这对三民而言是值得庆幸之事。而且，如今的军人，纵使不再是世袭了，在武门之习方面与武士别无二致，都是以忠勇为宗旨的，这一点毋庸置疑。况且我日本帝国之人民凭借忠勇和骁勇而名震四邻，这在彼此的史书中都是有明确记载的。故而，忠勇是继承自我们的祖先，是我们血脉中所固有的遗产，应当永世保存，直至子子孙孙，也不能以不忠和卑怯的污名玷污祖先的遗产，此种愿望便是我们的衷情。如今，要想将忠实与勇敢这两种品质作为我们祖先的遗赐，并使其存于人们的资质之中，并非是能够一蹴而就的。虽然如此，如果以此作为平素的志向，每时每刻都以不离此规为宗旨，那么哪里还算得上是难事呢？如此一来，故意企图不忠之事、行卑怯之举也就不可能了。

服从 至于服从，是人人都能够学好的。人如果抑制自我意志，对上官唯命是从，侧耳倾听经验之谈，询问不懂之处，然后再从事工作的话，也就走上了服从的道路，这是最容易做到的事了。的确，从一伍一队到六师三军的编制，服从就如同将其整齐联结起来的纽带一样。因此，如西方人所言，服从如同构筑大厦高堂时将每块砖瓦团结起来的石灰。如若缺少此物，就会沦落到土崩瓦解的境地。若以此树立军队服从之法，使得秩序有条不紊，则虽未战，而必胜之光已灿然于旗面了。反之，则气势消沉，只能坐而待戮。因此，要以上面所提的三大要素为本，令军人遵守规则，熟于运动，勉励其服役，如此则必然名誉加身、光耀门楣。如果缺失这一点，则一切都将成为徒劳。此三大约束，在陆军中应当不分上下、不分贵贱地服从。陆军整体的武德精神正是据此而成立。尤其是将校军官，若能将其当作精神之居所，成为武德之模范，就能提起部下之精神，任其感化之，培养之。率先应当注意的便是这一点。然而，此等军人精神之事与时时布告的陆军法度纪律各项规则并不相同。法度规则关系到外部具体之事，原本就便于知晓。违反（法度规则）者有相应的律法与处置伴随始终，然而对于精神维持的方法，由于（精神）存于军人的心术之中，本来就无法看到其具体的形态，如有违反也无法施以责罚。但如若心诚，则必然外显，些微的存在经过长久的蓄积，最终也会变得不可掩藏，自然就会被人注意到。遵守此约束者，必将成为为人所称道的模范，其结果就是得到众人的信赖和仰慕，并得到其自身的幸福。而违背该约束者则将为人所排斥，其结果就是招致众人的厌恶唾弃，招致其自身的不幸。虽然其只在冥冥之中潜藏于人们过往的举手投足间，但仍然不得不深深地畏惧警诫。然而，对于此种心术上的情况，一一揭示其细节甚是困难。而且，仅就三大约束的大要领而言，即使不列出其条目，有经验的老兵们原本就能洞悉之，然而少校新兵却难免会感到迷茫。我山县有朋接任此职，日夜惶恐担当大任而无成效。当此之际，或于实验中体验之，或借西洋制度考量之。有人认为，关于军人的日常行事进行的训诫已经足够了。现在，我将在下文中列举其中堪当功勋之行为并做详细叙述。

接着，军人训诫又专门阐明相关事项，如尊崇圣上，保持军纪，同官同级间的和睦，敬重文官，礼待平民，配备武器的意义，协助警官，尊重政府机关与公司，禁止妄议政治，对部下的宽严，部下的纠察与惩戒，老兵与新兵，同辈间的相互关爱，语言、容仪、动作、应对等，服从的要义，申诉，士兵的申诉、将校的申诉。上面的条目如前所述，是三大约束的延伸。但是，三大约束涉及军人的各种行为，并无界限，因而无暇尽皆明示之。

军人平常的行仪训诫　此处记载的仅与军人平常的行仪有关，对于参战等勇敢的事业并未涉及，仅能列举其梗概，明确三大约束要旨所及之处应当如何行事。各位军人若不能忠实地领会三大约束的意义，各自严格地注意言行，专一地遵照并施行之，则不堪有朋的一颗期望之心。若果真能够遵行此约束，三军能够切实地贯彻之，则何忧我日本陆军精神之不振？不仅如此，一旦出现战事，若要我三军之精锐挫敌于千里之外，永振我帝国之威风，辉煌灼目于四方，则必在于将、在于斯。各位军人若能遵守此约束，则奉献于我陆军之人将毕生受到人们的爱戴与尊敬。不仅如此，若能如服役时一般，将其作为习惯，则他日归乡之时，其德义、名誉也将成为一乡的模范，这是远远胜过一袭锦衣的东西。

明治十一年八月
陆军中将兼陆军卿　山县有朋　作

《军人训诫》以“忠实、勇敢、服从”为军人精神的三大要素。进而解释道：“军人如果没有忠实，何以仕奉我大元帅皇上，何以报效国家。如果没有勇敢，便无从面对战斗，冒着危险而成就功名。如果不以服从为主，便无从统率三军如一体。”其中的一大特征就是通过历史传统激励军人忠于天皇、崇尚武勇、服从长官。对“忠勇”（武勇）的阐述为：“我国自古以来即是以武士的忠勇为主，……武士位于三民之上，以忠勇为宗旨，侍奉君上，并以名誉廉耻为主干。……我日本帝国之人民凭借忠勇和骁勇而名震四邻，这在彼此的史书中都是有明确记载的。故而，忠勇是继承自我们的祖先，是我们血脉中所固有的遗产，应当永世保存，直至子子孙孙，也不能以不忠和卑怯的污名玷污祖先的遗产，此种愿望便是我们的衷情。”“忠诚”即绝对效忠天皇，“勇敢”即勇于为天皇战死，“服从”就是将天皇的旨意作为自己的神圣使命，将天皇与军人的关系比作幕府时代主君与从者的关系。

1880年以来，山县又提出在《军人训诫》的基础上发布《军人敕谕》的构想，下令西周起草，后经福地源一郎、井上毅、山县有朋修正而最终完成。1882年1月4日，明治天皇以大元帅的身份通过将陆军卿兼海军卿大山岩召到宫中，颁赐《军人敕谕》，强调大元帅天皇与军队的直接联系。《军人敕谕》[①]由《总论》《五条军人精神》和《结语》构成，全文如下：

天皇统率军队的由来 我国军队世世由天皇统率之。昔日神武天皇亲率大伴物部之军，平定中国而即天皇之位，制御天下以来，凡二千五百余年。其间因时代之变迁，兵制亦屡有变革。古时天皇亲率军制御，有时虽以皇后、皇太子代之，然未曾有以兵权委诸臣下之例。至中世，文武制度皆效唐风，置六卫府，建左右马察，设防人，兵制渐臻完备。然久习太平，朝廷政务渐流于文弱，兵农乃分而为二，古之征兵变为壮兵，遂成武士。其后兵马之权，遂归于武家栋梁之手，随世事纷乱，政治大权亦落其手，前后七百年间，遂成为武家之政。世事迁移，此非人力所能挽回，唯以有违我国之国体，有背我祖宗之制，殊堪浩叹。至弘化嘉永之际，德川幕府之政日衰，又值外邦多事之秋，其势必受其辱，朕之皇祖仁孝天皇、皇考孝明天皇，日夜忧虑。不遑宁处。朕冲年践祚。征夷大将军返还政权，大名小名奉还版籍，未及经年，

① ［日］陆军省编《明治天皇御传记史料：明治军事史·上》，原书房，1979，第525-528页。

成海内一统之世，恢复古来之制。此悉文武之忠臣良弼，辅朕成此功绩。虽系历世祖宗一意怜悯苍生之遗泽，亦是我臣民之心辨顺逆之理，知大义之重之故。于其时更迭兵制，欲扬我国光辉，此十五年间，规定今日陆海军之制度。夫兵马大权，乃朕所统率，各处所司委任臣下，其大纲朕亲揽之，并未委于臣下。望将此旨笃传子子孙孙，知天子执掌文武大权之义，勿复蹈中世以降之覆辙。

大元帅和军人的关系 朕既为汝等军人之大元帅，赖汝等为股肱，汝等亦当仰朕为头首，其亲尤深。朕能否保护国家，应上天之惠报祖宗之恩，悉在汝等军人能否各尽其职。我国威之不振，汝等当与朕共其忧。我武唯扬光耀四海，朕与汝等偕同其誉。汝等各尽其职，与朕一心，为保国家尽力，则我国苍生将享太平之福，我国威烈亦成世界之光华。朕之深望于汝等军人也如斯，故犹有训谕五条述之如左。

忠节 军人必须尽忠节。夫既享生于我国，谁人能无报国之心。况于为军人者，若不倚仗此心之固，岂可耀武扬威。军人若报国之心不固，任凭如何谙熟技艺、学识良优，亦与木偶一般。不知忠节之军队，纵然队列齐整、节制秉正，临事亦同乌合之众。保护国家，维持国权，唯兵力是赖。当明兵力之消长，既为国运盛衰之所系，须不惑于世论，不拘于政治，唯以守己本分之忠节为主，须知义有重于山岳，死有轻于鸿毛。慎勿丧失节操，而徒受无耻之污名可也。

礼仪 军人必须守礼仪。凡为军人者，上自元帅，下至士卒，其间不只依官职阶位统属，纵然同级同列亦有新旧之分，新任者自当服从于旧任者。须知下级者之承上命，实无异于承朕命。自己隶属之所，于上级自不待言，于较自己早入列者悉当礼敬。上级待下级亦不可稍有轻侮傲慢。若为公务以威严为主自然另当别论，其外当诚恳亲切，一意慈爱，上下一致，以勤王事。若军人乱礼仪，不敬上，不体下，失一致之和谐，是不啻为军队之蠹毒，亦为国家难赦之罪人。

武勇　军人必须尚武勇。夫武勇为我国古之所重，凡我臣民自非武勇不可。况军人以临战杀敌为职志，不可片刻遗忘武勇。然武勇有大勇小勇之分，拔剑而起，挺身而斗，难谓武勇。为军人者，当善明义理，锻炼胆力，殚精竭虑谋事。小敌不侮，大敌不惧，尽己武职，方为真正大勇。故尚武勇者，日常接人物温和第一，得诸人敬爱。好勇无谋，动辄肆威，势必至招人之忌，而使人畏之如豺狼也。

信义　军人必须守信义。守信重义本为人类之常道，尤其军人，无信义一日难列行伍。信者践己之言，义者尽己之责。欲尽信义，当自起始细思此事当为不当为。无把握之事，若轻易承诺，缔结不良之谊，而后如欲立信义，必致进退维谷，莫知所从，后悔不及。自起始能辨事之难逆，考虑是非，若知其言不可践，当逮止之。古者尝有守小节之信义，而大纲之顺逆，或惑于公道之是非者，守私情之信义者，惜英雄豪杰，遭祸灭身，身后遗污名于后世，其例非少，当自警戒。

质素　军人必须以质素为旨。盖不尚质素，则必流于文弱轻薄，好骄奢华靡之风，遂陷贪污之潭，其志天下之贱，节操武勇皆无，致遭世人所不齿。虽其身不幸，亦叹其何愚。此风一旦于军人之间兴起，使如疫病之蔓延，士风兵气必皆衰竭。朕深畏，先已出免黜条例，约略诫之，然犹忧恶习之出，于心难安，故又有此训。愿汝辈军人，切莫等闲视之。

诚心为五条精神的精神　以上五条，为军人者不可须臾忽者也。必须诚心实行。盖此五条，即为吾辈军人之精神，而诚心又为此五条之精神。若心不诚，虽嘉言善行皆为表面之装饰，一无用处，若心有诚意，则无事不成。况此五条，乃天地之公道，人伦之常经，易行易守，愿汝辈军人善体朕意，谨守此道，以尽报国之忠，则日本举国苍生皆欢欣鼓舞，朕亦为之欣慰焉。

《总论》是《军人敕谕》的灵魂，包括：（1）天皇统率军队的由来——天皇制国体。以“记纪”神话为依据强调天皇的统帅权，“我国军队世世由天皇统率之”，用“军事宪法”确立起天皇统率武装力量的国体，为《明治宪法》和《教育敕语》确立的天皇制奠定了基础。（2）大元帅天皇和军人之间头首与股肱的特殊关系——强化军权与君权的结合。“朕既为汝等军人之大元帅，赖汝等为股肱，汝等亦当仰朕为头首”，进一步强调统帅权独立。（3）规定军队的使命是“振我国之稜威”——对外扩张的建军思想。规定军队的使命是对外“振我国之稜威”，“将我国威烈光华于广大世界”，把建军思想规定为对外扩张。

《五条军人精神》的第 1 条：“军人必须尽忠节”，要求军人绝对忠诚于天皇，强调“保护国家，维持国权，唯兵力是赖”，“兵力之消长，既为国运盛衰之所系”，夸大战争与国家命运的互动关系，并使之成为军部无限制扩张军备的依据。第 2 条：“军人必须守礼仪”，通过“下级者之承上命，实无异于承朕之命”，将下级服从上级提升到服从天皇的高度。第 3 条：“军人必须尚武勇”，宣称日本自古以来就崇尚武勇，武勇是日本的宝贵传统；“军人以临战杀敌为职志，不可片刻遗忘武勇”，强调军人担负“布国威于四方”亲临战场对敌之职。第 4 条：“军人必须守信义”，“信者践己之言，义者尽己之责”，切勿因“小节之信义”而误“大纲之逆顺”，“遗污名于后世”。第 5 条：“军人必须以质素为旨”，骄奢华靡“一旦于军人之间兴起，则“如疫病之蔓延”，“士风兵气必皆衰竭”，“切莫等闲视之”。

《结语》部分强调“诚心”至关重要，“此五条，即为吾辈军人之精神，而诚心又为此五条之精神”。这五条精神是“天地之公道，人伦之常经”，军人应“谨守此道，以尽报国之忠”。如前所述，《军人敕谕》在宪法颁布之前率先确定了天皇掌握军事力量的国体，规定近代常备军是天皇的军队即“皇军”，并赋予军人高于一般国民的特权。

《军人敕谕》作为军事上的宪法，其意义主要是：（1）确立天皇掌握军事力量的国体，确认统帅权是不容侵犯的天皇大权，为军部坚持统帅权独立、防止议会政党势力介入军事提供了依据。（2）确认参谋本部的独立和参谋本部长的帷幄上奏权，帷幄上奏权与统帅权独立是军部优越于政府的两把“尚方宝剑”。（3）军权等于君权，以及军权王国的建立。“朕既为汝等军人之大元帅，赖汝等为股肱，汝等亦当仰朕为头首”。军权成为具有君权效力的特殊权力，军人成了直属天皇的特权势力。（4）军部无限制军备扩张的依据。维护国权在于兵力，兵力之消长是辨别国运盛衰的标志。（5）军人的金科玉律和兵士教育的圣典。[①]将武士道的忠节、礼仪、武勇、信义、质素，说成是“天地之公道，人伦之常经”。镰仓武士道要求从者必须有为主君献出生命的觉悟，近代武士道强调军人必须具有为天皇献出生命的觉悟。

对中国和朝鲜的战争被提上行动日程后，1878 年创设陆军参谋本部，使军令权独立于政府而直属天皇，创建了统治权独立的侵略扩张战争的基本体制。1879 年 10 月的陆军军制，第 1 条就规定“帝国日本陆军直属天皇”。1882 年的《军人敕谕》，专为“布国威于四方”的军人量身定制。以天皇的名义将忠节、礼仪、武勇、信义、质素作为军人必须遵守的金科玉律。高桥富雄的研究认为，“五条军人精神，即忠节、礼仪、武勇、信义、质素，是皇国武士道的纲领。”“通过《军人敕谕》，新的武士道——军人精神成为日本人的道和人伦。”“《军人敕谕》《教育敕语》进一步大力推进‘道的世俗化’”。这种“军人之道”，即“新武士道”，是“天皇之道”“日本之道”，武士道由此从效忠封建主君的武士道转为效忠天皇的武士道。[②]田中义能也认为，敕谕实为武士道之经典。[③]自甲午战争以来，“战死成为最大的忠义，爱国行为只出现在战争时或事变时”，“战死是忠孝两全的唯一之道”。[④]总之，《军人敕谕》旨在将军人铸造成效忠天皇、甘愿战死的杀人机器。

出自官方之手的“天皇主义武士道”经典，还有 1941 年 1 月 8 日以陆

① ［日］广田照幸：《陆军将校的教育社会史》，世织书房，2000，第 280 页。

② ［日］高桥富雄：《武士道的历史・第 3 卷》，新人物往来社，1986，第 150-155 页。

③ ［日］田中义能：《武士道概说》，日本学术研究会，1932，第 63-64 页。

④ ［日］福地重孝：《军国日本的形成》，春秋社，1959，第 299-301 页。

军大臣东条英机大将名义发布的《战阵训》（战场上的“军人敕谕”），井上哲次郎的《武士道全书·第1卷》将其排在《军人敕谕》之后，日本武士道学会编的《武士道入门》一书也将其放在开首第一篇。小泽富夫认为，《战阵训》发布的背景是《军人敕谕》确立的武士道愈来愈被从当政者的立场加以利用，这种倾向因昭和时期军国主义的抬头而日益强化，武士道“演变为所谓国家主义的武士道”，并且，随着昭和时代军国主义益发抬头和以大东亚共荣圈建设名义下的战争而进一步强化。[①]《战阵训》由《序》《本训一》《本训二》《本训三》和《结语》构成，具体规定了“皇军”在侵略战争中必须遵守的规范。《序》第1句就宣称：“夫战阵，以大命（天皇御命）为基，发扬皇军之神髓（指神武精神），攻必取、战必胜，遍布皇道，……临战阵者，须深刻体会皇国之使命，坚持皇道，将皇国之威德施于四海。”

《结语》宣称：“上述各条源自‘敕谕’，又归之‘敕谕’”，“以之实践战阵道义，力求完美践行圣谕”，“战阵之将兵，须体察此趣旨，愈发奉公至诚，克尽军人本分，报答皇恩”。[②]“生不受虏囚之耻，死不留罪祸污名”，是众多日本军人失败之际自杀的原因之一。

《读法》以“发扬皇威、坚固国宪、保护国家万民”为建军宗旨，《军人训诫》以“张扬皇军之威武”和“发扬国威”为建军宗旨；《军人敕谕》的建军宗旨则蜕变为“振我国之稷威”和“将我国威烈光华于广大世界”，即称霸世界、实现“八纮一宇”，直接将国运与兵力绑在一起；《战阵训》进一步蜕变为“皇恩遍万民，圣德光八纮”，“军队在天皇统率下，体现神武精神，显扬皇国威德，扶翼皇运”。

由传统武士道演化而来的近代军人精神、天皇主义武士道，适应军国主义国家目标的需要而产生，作为天皇制军国主义意识形态的奠基石，既是激

① ［日］小泽富夫：《作为历史的武士道》，ぺりかん社，2005，第240、253页。

② ［日］井上哲次郎监修《武士道全书·第1卷》，国书刊行会，1998，第7-17页。

发战争意识、煽起战争欲望的精神支柱，又是培育军国主义势力、构建举国一致战争体制的思想工具，还是支撑国民一心为战争做奉献的精神支柱。“明治、大正、昭和时代，日本政府出于国策的需要鼓吹武士道精神，广泛进行战争教育。”[①] 近代武士道作为培育军国主义势力和煽动侵略扩张的思想工具，乃是不争的事实。

2. 军事院校：军人精神和军阀的摇篮

明治政府在尚无中央政府直属的军队，以及“一般国民教育制度尚未确立之际，便早早地整备了士官养成机关。这种特殊的教育机关的一大特色，就是努力把幼年学生培养成为将来的士官。”[②] 在猪木正道看来，“日本近代化同时也是军国化是不争的事实。全部领域的近代化以军的近代化为机轴而推进。因此，说日本的近代化即军国化也不过言。”[③] 不言而喻，“日本最早的近代化（文明开化）的尝试是从兵学寮开始的。”[④] 陆海军将校养成机关的基础也在于此。

最早的军事干部养成机关，是 1868 年 8 月在京都设立的京都兵学校。次年 3 月，改称兵学所；9 月，在大阪设立兵学寮，京都兵学校并入大阪兵学寮。1870 年 10 月 19 日，颁布《兵学寮令》，规定：“兵学寮为陆海两军士官养成之所，分为幼年学舍和青年学舍两个。”“青年学舍着眼于学员的速成，以供今日之用，故以技艺为先。”“幼年学舍让学员充分学习学科，着眼于此后之大用，故以读书为先，技术为后。”“10 月 20 日，命令各藩，根据石高推荐陆军学员进大阪兵学寮，大藩 9 名、中藩 6 名，小藩 3 名。133 名入青年

---

① ［日］风间健：《武士道教育总论》，壮神社，2002，第 218 页。

② ［日］福地重孝：《军国日本的形成》，春秋社，1959，第 37 页。

③ ［日］猪木正道：《军国日本的兴亡——从日清战争到日中战争》，中央公论社，1995，第 6 页。

④ ［日］户部良一：《日本的近代·9·逆说的军队》，中央公论社，1998，第 86 页。

学舍，同月，又从幼年学员中选拔了 10 名。”① 由横滨语学所（其前身是幕府创立的法语传习所）演变而来的幼年学舍，是正规的士官养成学校。幕府创立的京都法式传习所迁入大阪兵学寮后，称为教导队（后改称教导团），培养下士官。

“新兵制下的士官志愿者多是所谓的士族子弟，成为士官（武职的职业军人）。……从前藩主与藩士的主从关系，演变成了职业军人对天皇尽忠诚的主从关系，原来的武士道精神被继承作为军人精神。”② 近代日本最初的军队和军校学员来自武士，是武士道演变成为近代军人精神的媒介。

1870 年 8 月，从欧洲考察军事归国的山县有朋任兵部少辅，主持陆军的兵制改革，军事教育步入正轨。“10 月，允许大阪兵学寮招收一般平民子弟入学，开辟了平民子弟可以成为军队干部的道路。”③ 不久，大阪兵学寮改称陆军兵学寮。1872 年 2 月，陆军兵学寮迁往东京，以后分化为陆军士官学校、陆军幼年学校和教导团，陆军干部教育组织由此形成体系化。教导团的前身是 1870 年大阪兵学寮内的教导队，1871 年迁往东京时改称教导团。学生考试合格后可进入陆军士官学校，初期经此路径升为大将者也不少，如田中义一、山梨半造，武藤信义等。1873 年 8 月，教导团从兵学寮独立出来，至 1898 年 11 月废止教导团时，毕业生总计有 19000 余人。

陆军幼年学校是陆军士官学校的预备学校，1875 年从兵学寮独立出来，并改名陆军幼年学校，每年招生 250 名左右，学制 3 年，实行全住宿制。“陆军幼年学校的出身者从少年时代起，就接受国家至上主义的、尚武的、封建的教育，因而思想偏狭，缺乏正常的情感，倾向于军国主义和武断主义，成为帝国主义政策的信徒，这里正是其军阀的思想渊源。”④ 陆军幼年学校的毕

① ［日］松下芳男：《明治军制史论・上卷》，有斐阁，1956，第 56 页。

② ［日］福地重孝：《军国日本的形成》，春秋社，1959，第 37 页。

③ ［日］户部良一：《日本的近代・9・逆说军队》，中央公论社，1998，第 30 页。

④ ［日］松下芳男：《日本军阀兴亡史・下卷》，芙蓉书房，2001，第 185 页。

业生，以后又成了陆军士官学校和陆军大学校的主要生源，因而昭和时代的军阀大多出于此，以致有“陆军幼年学校阀”一说。“1898 年（明治三十一年）8 月的《陆军幼年学校教育纲领》规定的教育目标是：（1）养成健全的身体，（2）养成尊皇爱国之心，（3）资文化养成知识，（4）养成军人之志操。1931 年（昭和六年）改为：（1）养成尊皇爱国之心，（2）养成军人之志操，（3）养成健全的身体，（4）资文化养成知识。”① 近代日本 134 名陆军大将中的 45 位、17 名元帅中 4 位（贞爱亲王、载仁亲王、守正王和上原勇作）出自幼年学校。

1874 年 10 月，制定陆军士官学校条例，11 月从兵学寮独立出来，培养初级和中级军官的陆军士官学校正式成立，直属于陆军省。每年招收新生 200—300 名，甲午战争之后的对俄扩军备战时期为 650 名左右，1907 年的新第 19 期为 1068 名。学制为步骑兵科 2 年，炮工兵科 3 年。1876 年修改条例后，步骑兵科 3 年，炮工兵科 4 年。“士官学校的入学者，在明治时期士族占压倒性多数，其次是华族。……与其说将校阶层是农村的地方出身者，不如说其中核是居支配层的武士团进行着将校团的再生产。”“这个专门的军人集团，当然接受了武士阶级的思想和感情，并且具有作为专门军事官僚的性格。”② 陆士毕业生大约 20 岁左右，经过见习士官后成为少尉，最高可升至佐级军官（联队长）。1889 年，日本学习普鲁士，将士官学生改为士官候补生制度。二战前，陆军士官学校的毕业生有：士官生 1285 名、士官候补生（至 61 期）50196 名、少尉候补生 12133 名。③ 陆军士官学校培养校级（佐官级）职业军人，陆军大学校培养将级（将官级）职业军人。

1882 年 11 月《陆军大学校条例》公布，1883 年 4 月陆军大学正式开校，属参谋本部管辖，学生的入学资格最初是 30 岁以下的中尉、下尉，后为具

① ［日］广田照幸：《陆军将校的教育社会史》，世织书房，2000，第 176-177 页。

② ［日］藤原彰：《天皇制和军队》，青木书店，1998，第 56 页。

③ ［日］秦郁彦编《日本陆海军综合事典（第 2 版）》，东京大学出版会，2005，第 774 页。

有2年以上队务经验的中尉、下尉，由所属联队长推荐，在校学习3年，毕业时30岁左右。甲午战争前，每年招生10余名，甲午战争后对俄扩军备战期间为40名左右，入学竞争非常激烈。1885年3月，聘请德国陆军大学教官麦克尔为参谋本部顾问和陆军大学教官，教授德国式军事教育、军事制度、战略战术等，1887年前后陆军军制逐步从“法国式”转变为“德国式”。

陆军大学从1883年招收19名首届生至二战结束，共培养了3007名毕业生。陆大毕业生，最初授予形似“天保钱”的毕业徽章，因此称“天保组”，非陆大出身者称为“无天组。”“在太平洋战争中担任军司令官的数十人中，‘无天组’只有3人。”[①] 秦郁彦的研究认为：“陆大毕业生的标准路线是，历任中队长、大队长等部队指挥官，陆大、陆士等学校教官、师团参谋，继而登上将军之位。最优秀的毕业者，天皇授予恩赐品（最初为双筒望远镜，后来是军刀），二至三年作为德国、法国、英国等先进国驻在员而留学。后来，也有大公使馆付武官。”[②] 陆大毕业生是陆军内部的精英，“军刀组”更是精英中的精英，日俄战争后开始进入陆军要害部门，大正时代的陆军省、参谋本部、教育总监部几为“军刀组”的天下。

据户部良一研究，“日俄战争开战半年后的1904年7月，38%的少将、55.7%的大佐、78.2%的中佐、85.4%的少佐是陆士毕业生。日俄战争开始时的30个旅团长中，7位是陆士毕业生，战争期间诞生了陆士毕业生的师团长（木越）。此外，日俄战争中的军参谋长、参谋副长、出征师团的参谋长几乎是陆士毕业生（而且军参谋副长和师团参谋长的大半毕业于陆军大学）。”[③] 日俄战争时，“陆大毕业生，上以少将任军参谋长，下以大尉任师团参谋长，立帷幄运筹之功。”[④] 日俄战争后，陆大毕业生开始成长为“学阀的军阀”——新

① ［日］松下芳男：《日本军阀兴亡史・下卷》，芙蓉书房，2001，第65-69页。
② ［日］秦郁彦：《统帅权和帝国陆海军的时代》，平凡社，2006，第127页。
③ ［日］户部良一：《日本的近代・9・逆说的军队》，中央公论社，1998，第167页。
④ ［日］松下芳男：《日本军阀兴亡史・下卷》，芙蓉书房，2001，第257页。

军阀，并在大正时代逐步取代山县等藩阀的军阀成为军部的主导者。

海军的军事教育机构，主要是海军兵学校和海军大学校。1869 年 9 月，在东京的筑地设立海军操练所，要求萨摩、长州、佐贺等 16 藩推荐学生，大藩 5 名、中藩 4 名、小藩 3 名，年龄在 18—20 岁，同年 11 月开课，是为海军职业军人培养之始。1870 年改称海军兵学寮，兵学寮规则规定：“兵学寮以培养海军将士、保护国家为目的”。1872 年，“陆海军省分离时，陆海军的兵力，陆军分为近卫、四镇台及兵学寮附属兵队，共有将兵 17096 名。同时期的海军，政府管辖下的舰船共 17 艘、13832 吨；海军人员：军人 1768 名、军属 873 名，合计 2641 名。”[①]1872 年，幼年生改为 2 年制预科生（1886 年废止预科生），壮年生改为 3 年制本科生。

根据 1870 年的兵式统一布告，陆军学习法国，聘请法国教官；海军学习英国，聘请英国教官。1873 年，聘请了以英国海军少佐道格拉斯（准舰长）为首的 34 名教官。1876 年又改名为海军兵学校，1888 年校址迁到广岛的江田岛（“海军江田岛”“陆军市之谷”。“江田岛精神”，即江田岛海军学校体现的武士道精神）。“第 1—21 期毕业生参加了甲午战争，第 1—32 期毕业生参加了日俄战争。到 1945 年日本战败海军兵学校废止，70 余年间共有毕业生约 11000 人，另有在校生（75—77 期生和预科生 78 期）约 15000 人。”[②]1888 年 7 月，根据敕令第 55 号制定海军大学校官制，培养海军将校，同年 11 月海军大学校开校，校址设在原海军兵学校。开校时的学生分为：甲号（海上勤务 1 年以上的大尉，修业 1 年）、乙号（修业 1 年）、丙号（海上勤务 1 年半以上的少尉，修业半年）3 种。1893 年修正后，学生分为将校科、机关科、军医科，另设选科生。1897 年又进行修正，学生分为将校科甲种学生、乙种学生、机关学生和选科生 4 种。至 1922 年，共培养了 755 名将校科甲种学生。

---

① ［日］松下芳男：《明治军制史论·上卷》，有斐阁，1956，第 186-188 页。

② ［日］秦郁彦编《日本陆海军综合事典（第 2 版）》，东京大学出版会，2005，第 712 页。

甲午战争前后开办的军事学校，还有陆军炮工学校、骑兵实施学校、野战炮兵射击学校、军医学校、兽医学校、户山学校、宪兵练习所等，以及海军的炮术学校、水雷学校、经理学校、军医学校等。此外，陆海军还有委托培养生，如陆军的东京帝国大学法经文部陆军派遣生、帝国大学理工学部陆军派遣生、东京外国语学校陆军委托生，海军的东京帝国大学法经文部海军派遣生、东京外国语学校海军委托生。总之，在甲午战争前，日本陆海军已经建成系统化、专门化的近代军事教育体系，培养陆海军各级各类军官的军事教育已经配套成龙，为侵略扩张战争提供了人才保障。

近代化军事教育机构培养的职业军官团——军国主义中坚力量，特别是将校军官团，长期接受严格的军国主义思想教育，不仅独占军国主义军部机构、军事领域，垄断军队的指挥权，而且，大举涌入政府机构，甚至出任首理大臣、内阁大臣，成为新一代军国主义军阀头子和领袖。

甲午战争、日俄战争的胜利提高了军部的威信，陆海军将士因战功或升官，或授勋章，或给赏金，高级将官则授予爵位或晋升爵位，大大提升了军人的社会地位和社会形象。以至于“这时的旧制高校（经帝大升向博士的经历）流行中途退学，入陆士、海兵，走成为大将的道路。”① 军事院校的毕业生，既是领兵作战的军事指挥官，又是军人精神的言传身教者。

3.“皇军”：国民精神的“楷模”

近代日本“创设之初的新军备，已经考虑到国家军备的本质在于对外军备。”②1872 年，山县有朋在《论主一赋兵》中将兵役作为国民教育的必修课程。“男子 6 岁入小学，13 岁转入中学、19 岁毕业、20 岁入军籍。时过数年，遂举国无一夫不为兵丁，无一民不为文事。是时，海内可看作是文武之一大学校。”③ 山县有朋始终以教育支撑军备，1890 年第一次组阁时，还强调“第

① ［日］秦郁彦：《统帅权和帝国陆海军的时代》，平凡社，2006，第 149 页。

② ［日］松下芳男：《明治军制史论·上卷》，有斐阁，1956，第 118 页。

③ ［日］大山梓编《山县有朋意见书》，原书房，1966，第 52-53 页。

一兵备，第二教育”的主张。

山县有朋的建军目标主要是：（1）效忠天皇的军队，（2）全民皆兵制军队，（3）“布国威于海外”。

1872年11月28日，政府发布《征兵令布告》和《征兵告谕》。《征兵告谕》宣称：“我朝上古之制，海内皆为兵员。有事之日，天子为元帅。”今日之“士已非从前之士，民亦非从前之民，皆为皇国一般之子民。”“苟有国，则有兵备，有兵备，则人人须服兵役。”“西洋各国以数百年之研究实践而定兵制，故其法极为精密。然而政体地理有异，不可全部沿用之。今者应取所长，补古昔之军制，备陆海两军。全国四民凡年满二十岁者，皆应编入军籍。”[①]1873年1月10日，发布《征兵之编制与细则》，正式着手组建西方式国民皆兵的常备军。“征兵系指征集年满20岁之国民，充任陆海两军。”陆军分为常备军、后备军、国民军3类，军种分步、骑、炮、工和辎重兵5种。常备军由当年所征之兵编成，服役3年；后备军由常备军服役期满3年者编成。后备军又分为第一后备军、第二后备军。第一后备军服役2年，发生战争时，立即召集加入常备军，可以补充兵员。每年入营一次，复习军事技术。第二后备军1年。国民军除常备后备二军外，男子17—40岁者均载入军籍。全国划分为东京、仙台、名古屋、大阪、广岛、熊本6个军管区，各军管区设置镇台，决定东京镇台1873年、大阪和名古屋镇台1874年、其他镇台1875年开始征兵。国民皆兵主义常备军的建立，标志着当兵由武士的特权演变为国民的义务，即兵源由武士扩大到了全体国民，实现了日本划时代的国防革命。

1877年的西南战争后，军队的目标从对内镇压转向对外扩张。于是，山县有朋又开始了对外的军备大扩张。1878年，创设独立于政府的军令机关参谋本部，山县有朋任参谋本部长。1879年进行征兵制改革，将1873年的常备军3年、后备军4年，共7年，改为常备军3年、预备军3年、后备军4年，

① 《世界历史》编辑部编《明治维新的再探讨》，中国社会科学出版社，1981，第179页。

共10年。同时，缩小免征范围。1880年，山县有朋向天皇上奏《进邻邦兵备略表》，先论述国际形势和国际规则，即扩充军备的理由："方今万国对峙，各划其疆域以自守，兵强则独立可守。今夫修好条规以期缔结交际，以万国公法判曲直，强者假名义以私利，弱者不过以口实诉其哀情。"继之，将武力作为国家独立富强之本。"殷鉴昭昭，今日兵备之急，犹如饥食渴饮，臣民乐于生计、安于富贵，开畅气胆，起爱国之志，进取之计，非兵力不能。""兵强国民志气始可旺，国民自由始可言，国民权利始可论，交际平行始可保，互市利益始可制，国民劳力始可积，国民富贵始可守。"①强权政治思想和对武力的迷信，一目了然。

1882年，决定进行针对中国的扩军计划。1883年，进行征兵制改革。其要点：一是兵役。军队分常备军、预备军、后备军和国民军，进而形成常备兵役、后备兵役及国民兵役，常备兵役分为现役和预备役。二是兵役年限。常备役3年、预备役4年、后备役5年，合计12年。三是决定兵种的条件。四是针对年满17岁、不满20岁者，创立志愿现役制。五是进一步缩小免征范围。由于1884年实施常备军倍增计划时，依然不能满足形成"战时大军"的需要。于是，1886年12月18日，参谋本部顾问麦克尔根据德国的征兵制，建议实行彻底的全民皆兵制度和预备役将校培养制度，即提出了"立足于军国主义思想的意见"②，扩充军备的步伐越来越快。

1888年1月，山县有朋提出《军备意见书》，从东洋的形势、我国兵备的现状、外交上兵力之必要三个方面，论述扩充军备乃最大的急务。1889年1月，明治政府对征兵制进行全面改革。主要内容有："废除种种免役规定和代人制度（以金钱雇人代替自己），官立中等学校以上的学生征集延期、中等学校以上的毕业生一年志愿兵制、师范学校毕业者六个月的短期现役制，服

① ［日］大山梓编《山县有朋意见书》，原书房，1966，第91-93页。

② ［日］松下芳男：《明治军制史论·下卷》，有斐阁，1956，第125页。

役年限按照1883年改正的，现役3年、预备役4年（现役结束后）、后备役5年（预备役结束后）。”①实行彻底的国民皆兵制度。而且，“1889年2月25日，又以敕令制定《陆军一年志愿兵条例》。根据该条例，一年志愿兵从入队开始，实施以养成预后备干部为目的的特别教育，终末考试及第者作为二等军曹编入预备役，……志愿军吏生、志愿军医生、志愿药剂生及志愿兽医生授予曹长同等资格，接受准兵科的终末考试。”②此次征兵制改革，贯彻名副其实的全民皆兵战略，创立起在知识阶层中培养预后备役干部的制度，确保了战时兵力的动员，实现了平时、战时的飞跃性军备扩张。

志愿兵制度，特别是师范学校生6个月的短期志愿兵制度，造就了一大批军人精神的鼓吹者，这些师范学校毕业生在学校教育中宣传军人精神，充当了把军部意识形态推广到全民的媒介。

山县有朋的建军目标，是使近代常备军成为天皇的军队——“皇军”，绝对效忠和服从天皇，不惜在“布国威于四方”的战争中流血牺牲。为此，山县等军国主义分子非常重视对军人进行效忠天皇的思想品德——“忠诚道德”教育。“明治维新以来的30多年间，政府倾注巨大力量的义务教育目标，培养了忠于天皇的兵士。”③1871年的《军人精神基本》(7条)，专门强调“军队为发挥皇威保护国家而设”，第1条明确规定：“以诚心为本，尽忠节，不可有不信不忠之行为”，要求军人绝对忠于天皇。1878年的《军人训诫》，声称：“今日之军人，虽非世袭，亦与武士无异，故应遵循武门之习，效忠我大元帅皇上，报效国家。”同年12月，陆军“设置参谋本部的最大意义，在于从‘政府’独立出来的军令机关及其‘天皇直辖’，直接意味着与君主的私兵相联系。”④1882年的《军人敕谕》，开首便论述了天皇与军人之间头脑与股肱

① ［日］藤原章：《日本军事史·上卷·战前篇》，日本评论社，1987，第62页。
② ［日］松下芳男：《明治军制史论·下卷》，有斐阁，1956，第141页。
③ ［日］藤原彰：《日本军事史·上卷·战前篇》，日本评论社，1987，第118页。
④ ［日］雨宫昭一：《近代日本的战争指导》，吉川弘文馆，1997，第64页。

的特殊关系："（朕）赖汝等为股肱，汝等亦当仰朕为头首，其情尤深。"第1条就是："军人必须尽忠节"，要求军人绝对效忠天皇。"《军人敕谕》的最大特征在于强调国军是天皇的军队。"[①] 敕谕既是近代军人精神形成的标志和军人教育的金科玉律，也意味着通过征兵制建立的近代常备军终于成了天皇的军队——"皇军"。

"皇军"是天皇制国家武力摆脱民族危机、称霸东亚的武装力量，军人精神（天皇主义武士道）的典范，由大元帅天皇亲自统帅，享有特权，是国民中的"选民"，战死海外的军人是"国事殉难者"、为国牺牲者，明治天皇专门建立靖国神社，将战死的军人作为"神"祭奠，并亲自祭拜，以之作为国民精神的模范践行者、"忠孝两全"的典范、国民效法的楷模。"皇军"（士兵）在服兵役期间，一方面接受现代战争的军事训练，一方面接受武士道精神的严格教育，退役后又在家乡传播武士道精神，对入营前的青年进行初步的军事训练。

4. 在乡军人会：军人精神全民化的媒介

"我国的军国主义不仅在兵营和小学校养成，而且广泛扩展到学生层、勤劳青年层。军队国民化、民众化的同时，加强与青年团、妇女会、在乡军人会等团体的横向联系，通过小学校—青年学校—兵营这种纵向的紧密关联的机制而完全形成军国主义体制，以小学教员和在乡军人充当指导者。"[②] 军部除通过向学生传播军国主义思想以及现役军人影响国民外，还通过在乡军人会这一军队与国民的媒介，使将军国主义政治的社会化渗透到家家户户，将侵略战争转化为全民族的"圣战"。

军部创建的在乡军人会既是支持军国主义战争政策的重要基础、军部的基层组织和军部势力扩大的标志，也是军部介入国民教育、军人教育连接国

① ［日］户部良一：《日本的近代·9·逆说的军队》，中央公论社，1998，第66页。

② ［日］福地重孝：《军国日本的形成》，春秋社，1959，第247页。

民教育的桥梁。

创建在乡军人会的动因，首先是《帝国国防方针》向大陆国家发展的最高国策，“以俄国为假想敌，益来益大地推进从朝鲜和满洲向中国扩大支配权的基本战略”[①]，即日俄战争后扩军备战的组成部分。其次是军部介入国民教育，通过军人教育国民化，与政党争夺民众，扩大军国主义社会基础。最后是作为战后扩军备战的一环，在国民中传播军人精神、传授军事知识和军事技能，培养和保持庞大数量的预备军成了当务之急，且“在乡的兵队”本身就是战时补充常设师团的兵力来源。日俄战争使军部认识到，“将来的大规模战争取决于在乡军人，平时具有振奋在乡军人军事能力的军事意义，……通过在乡军人会鼓吹军国主义的思想，军部以该组织为背景扩张政治势力也是不容否定的事实。”[②]从某种意义上说，创建在乡军人会，是军部扩军备战和军人教育国民化的重要步骤，目的是促进国民的军国主义化，使国民认同、支持和参与创建殖民帝国，以及发动侵略扩张战争。

在山县有朋、寺内正毅的领导和支持下，陆军省军务局军事课长田中义一陆军大佐（负责编制、动员计划，1909 年 1 月—1910 年 11 月），在步兵课长（负责兵役和征召业务）河合操陆军大佐的协助下，迅速完成了帝国在乡军人会的筹建工作。1910 年 11 月 3 日（明治天皇的诞生日），统一的帝国在乡军人会正式成立，陆军大臣寺内正毅任会长（1910—1918 年；第二任会长为陆军元帅，1918—1926 年；第三任会长为陆军大将一户兵卫，1926—1931 年；第四任会长是陆军大将铃木庄六，1931—1937 年；第五任会长是陆军大将井上几太郎，1937—1945 年），陆军大将伏见宫贞爱亲王（1914 年列入元帅府）任总裁，元帅山县有朋和大山岩任会老，陆军少将军务局长冈市之助任高级理事，田中义一任理事，分散在全国各地的在乡军人被纳入陆军大臣

① ［日］村上重良：《慰灵和招魂——靖国的思想》，岩波书店，2014，第 147 页。

② ［日］松下芳男：《日本军阀兴亡史·下卷》，芙蓉书房，2001，第 71 页。

的管辖之下，构成巩固天皇制军国主义政治体制的基础。

1912年，实行在乡军人强制加入制。1914年，海军在乡军人加入帝国在乡军人会，在乡军人会由陆军的组织发展为陆海军的共同组织。1917年，又在官营、民营企业内设立在乡军人会的分会，进一步加强军人与国民的联系。

“帝国在乡军人会在国民皆兵的征兵制下，将预备役下士卒、归休兵、第一补充兵、海军预备兵、第一国民兵役者及六周（短期）现役结束后而成为第二（一）国民兵役者（毕业于师范学校从事小学校教师者，括号内的制度改正）作为强制加入的正会会员，以一部分现役将校、同相当官作为特别会员，是陆军大臣及海军大臣监督下的军事组织。”[①] 不久之后的“大正二年5月，又把军人之外的町村长、小学校长等作为特别会员加盟在乡军人会。”[②] 通过控制町村长和小学校长，让其承担起向国民和学生普及近代军人精神的任务，推进天皇制军国主义国民精神的形成。在乡军人会创立之际有会员100万，1925年增至298万。通过控制在乡军人来控制其家庭和亲属，进而争取和控制数倍于在乡军人的民众，强化军部的社会基础。

在乡军人会有严密的组织系统，“在乡军人会的总部和分部分别设在中央和团管区司令部，分会和联合分会分别设在各市镇村和各郡。总部总裁由皇族担任，两名称作‘会老’的陆军高级将官担任顾问，陆军大臣和师长（殖民地是相当于长官的军人）分别监督总部和支部，分会也受团管区司令的监督。靠这个仿效陆军编制、单方面由上到下指挥命令的军事组织把复员的军官、下士官和士兵强行编入。当然，士兵的组织是其重点。分会定期对会员进行军事训练和军事报告。”[③] 关于在乡军人会的活动，“根据在乡军人会规约，在乡军人在地方的活动：（1）三大节的遥拜式和敕谕奉读式，（2）陆军纪念

---

① ［日］大江志乃夫：《靖国神社》，岩波书店，1984，第174-175页。

② ［日］雨宫昭一：《近代日本的战争指导》，吉川弘文馆，1997，第83页。

③ ［日］井上清：《日本帝国主义的形成》，宿久高、林少华、刘小冷译，人民出版社，1984，第289页。

日的祝典，（3）战殁者祭典，（4）废兵、战死者遗族的优遇，（5）军人恳谈会、击剑会、射击会，（6）保持有勋者的名誉，（7）会员死亡时的葬祭事，（8）会员或在营兵卒的家族救护，（9）简阅点呼（即临时召集）。”[①] 根据《帝国在乡军人会设立的趣旨》：“在乡军人会的目的在于‘军人精神的锻炼、军事知识的增进、会员的相互扶助与慰谢’。”“大正三年敕语的内容，对象是现役的归乡兵、预备役兵、后备役兵等称为在乡军人的陆海军人，‘锻炼军人精神、增进军事能力，在乡成为忠良的臣民’。”[②] 实质上，在乡军人会的活动不仅“在军是良兵，在乡是良民”，随时准备应召重返战场；而且推进了日本社会的军国主义化，发展了军国主义势力。

猪木正道的研究认为：“在乡军人会的一个使命是，虽然现役兵力处于低水平，但战时征召增加数倍兵力。其本来的重大任务是通过庞大的会员，使军国主义思想渗透到全国的家家户户。大正民本主义开花之时，通过在乡军人会的途径进行日本国民的军国主义化。”[③] 雨宫昭一说：“在乡军人会以‘成为联结军队和国民结合的最善良的纽带’（田中义一传）为目的，1910 年实质上完全是作为军部的外围团体而组织起来”，“充当将军人精神扩展到国民规模的媒介者”。[④] 也就是说，其主要职能：一是培养和造就庞大的后备兵力。有必要将依然具有战斗能力和战争意识的在乡军人组织起来作为兵力来源，同时，在乡军人在地域社会传播军人精神、普及军事知识等“入营前的教育”，预先为日俄再战和大陆国家的发展战略培养、动员庞大的后备军。二

---

① ［日］伊势弘志：《近代日本的陆军和国民统制——山县有朋的人脉和宇垣一成》，校仓书房，2014，第 136 页。

② ［日］熊谷光久：《日本军的精神教育——军纪风纪维持对策的发展》，锦正社，2012，第 256、259 页。

③ ［日］猪木正道：《军国日本的兴亡——从日清战争到日中战争》，中央化论社，1995，第 139 页。

④ ［日］雨宫昭一：《近代日本的战争指导》，吉川弘文馆，1997，第 83 页。

是“军队自身要扮演社会教育的主角。”① 以帝国在乡军人会作为军部介入国民教育的中介组织，“代替军部向国民灌输军国主义思想”，要求“接受军队教育的士兵，退营后在乡土作为在乡军人的约 15 年间，维持着军队教育的精神。……田中在 1910 年 11 月成立在乡军人会的目，在于‘军队教育与国民教育的一致’，以实现对社会的影响力。”② 在乡军人会，推进了地域社会的军事化和国民的军国主义化。

军方不仅通过在乡军人会把军事教育和军人精神的养成从兵营、学校扩大到社会，还“对小学教员实施军国主义教育，通过他们与军国主义兵营相联结”③。1913 年 2 月，制定《军队教育令》（军令第 1 号），“对小学教员进行‘六周的现役兵制度’……希望小学教员六周的现役兵教育，能让入队前的国民理解军人精神。《军队教育令》称：‘六周现役兵教育之要在于注入崇高精神，严正动作教习、得军事概要’”，“‘向国民介绍军队之价值，理解军队之实况’，目的是让体现军人精神的教育者立于教坛”。④ 由此也可见，军人引领国民精神、军队主导国民精神的塑造。

二、《教育敕语》与国民的军人精神

与依赖侵略扩张战争的国家目标和发展方式相适应，日本“近代的教育与战争紧密相连。在 1894—1945 年的半个世纪，5 年一小打、10 一大打的侵略战争乃是不争的事实。国家以学校为媒介巧妙地将地域社会推向战争，学校则通过支持国家的战争确保在地域社会的位置。”⑤ 学校教育旨在“扶佐皇

① ［日］户部良一：《日本的近代·9·逆说的军队》，中央公论社，1998，第 193 页。

② ［日］伊势弘志：《近代日本的陆军和国民统制——山县有朋的人脉和宇垣一成》，校仓书房，2014，第 129 页。

③ ［日］福地重孝：《军国日本的形成》，春秋社，1959，第 217 页。

④ ［日］伊势弘志：《近代日本的陆军和国民统制——山县有朋的人脉和宇垣一成》，校仓书房，2014，第 131 页。

⑤ ［日］高桥敏：《近代史中的教育》，岩波书店，1999，第 149 页。

运"，培育军国主义后备力量，推进民众的军国主义化。军国主义教育的特点是，以小学生和师范学校为重点，以忠于天皇、崇尚武勇为核心内容。

1. 皇国化和军国化教育

"日本海陆军除由天皇统帅外，不再隶属于其他的人，此乃是新宪法最令人注目的特点，日本人鉴于1853年丧权辱国的条约，决心建立一支强大的军力，一方面得以主宰其本国的命运，更可称霸于远东。不仅建立了征兵制度，而且使所有的学校成为军事训练基地及培养国家主义的温床。"[①]以学校为基地的皇国主义和军国主义教育，源源不断地为皇国主义和军国主义输送有生力量。

"明治初年的教育承担者是武士"，1872年箕作秋坪、福地源一郎、福泽谕吉等16名洋学士族在东京市内创办了16所外语私塾（学生916名），"学制颁布时第六大学区新潟县第八中学区蒲原郡新发田第六小学的18名教师中，士族16名、平民2名。""我国的小学教员，主要是幕府时代的武士出身者。"[②]据《日本帝国统计年鉴》记载，1882年日本全国国立公学（中学校、师范学校、小学校）的教职员队伍中，中学校的78%以上、小学校的40%以上均为士族。[③]武士作为学校教育的主要承担者，自然要向学生灌输皇国主义和军国主义思想，特别是武士道精神。明治中后期开始，中小学教师特别是小学校教师，主要是军事化师范学校的毕业生。

西南战争结束后，对中国和朝鲜的侵略扩张被提上了行动日程，教育领域益发向皇国主义和军国主义倾斜，天皇对教育的影响力愈来愈大。"对明治十年代的教育政策，特别是教育内容发挥重要作用的是明治天皇及近臣们（元田永孚等），'教育圣旨'（《教学大旨》和《小学条目》）是涉及全部国

① ［美］威尔·杜兰：《世界文明史：东方的遗产》，幼狮文化公司译，东方出版社，1999，第1072页。

② ［日］福地重孝：《士族和士族意识》，春秋社，1956，第9、175-176、231-232页。

③ ［日］园田英弘等：《士族的历史社会学研究》，名古屋大学出版会，1995，第90页。

民教育的最初的敕语，是《教育敕语》的原型。”[①]1879年8月，熊本藩士出身的宫廷官僚、天皇的侍讲元田永孚（1818—1891年），秉承天皇旨意发表《教学大旨》，宣称：“教学之要，在于明仁义忠孝，探求智识才华，以此而尽人道乃我祖训国典之大旨，上下一般所教之处。”“知君臣父子之大义，是我邦教育之根本。”[②]《教学大旨》也称“教学圣旨”，以“忠孝”为教育之本，强调对天皇尽“忠”和对父母尽“孝”，最大的孝是对天皇的“忠”。

1881年6月，制定《小学校教员心得》，7月制定《学校教员品行检定规则》。《小学校教员心得》将小学校教员的本分规定为：“振尊王爱国之士气，风俗淳美、民主富厚，增进国家安宁福祉。”制定《小学校教员心得》“是为了‘贯彻皇道主义的教育方针、精神’”。“《小学校教员心得》开头便说：‘导人善良，比多识更重要’，强调与知育相比，德育的重要性，‘教员者要特别用力于道德教育’。”[③]1885年12月，首相伊藤博文任命森有礼为初代文相，森有礼在用皇国主义、军国主义思想塑造学生上，贡献巨大，主要是：以“兵式体操”，即军事训练来培养学生的尚武意识，养成军人的习惯。“森有礼重视以兵式体操为中心的军事训练，其目的在于培养‘军人的第一至要习惯——服从.’这里也暴露了森的露骨的国家主义教育的破绽。”[④]森有礼“将军事教育全盘导入国民教育领域，可以认为是国民教育向军事教育发展的理论。”“森文相兵式体操的思想根底，在于爱国心的育成、尚武气象的振兴、国威的发扬。”[⑤]总之，“教育是军事训育”[⑥]。修身教育培养效忠天皇的思想意

① ［日］川合章、安川寿之辅等编《日本近现代教育史》，新日本出版社，1986，第37页。

② ［日］山本正身：《日本教育史——从历史考察教育的今天》，庆应义熟大学出版会，2014，第109页。

③ ［日］山田惠吾、贝塚茂树编《从教育史看学校、教师、人间像》，梓出版社，2010，第24、80-81页。

④ ［日］石田雄：《近代日本政治构造的研究》，未来社，1956，第16页。

⑤ ［日］坂口茂：《近代日本的爱国思想教育·上卷》，星云社，1999，第790-791、797页。

⑥ 戴季陶：《日本论》，海南出版社，1994，第96页。

识，军事训练则养成学生的尚武精神和服从的军人习惯。

更重要的是，“军队式师范教育”，即师范教育的军国主义化，将未来的小学教员培养成为军国主义的教化者。1886 年公布的《师范学校令》，其中规定：“师范学校的军队化，将顺良、信爱、威重作为教员的三德性，采用兵式体操和兵营训练，以山川大佐为师范学校校长，并以下士官任舍监。”[①] 森有礼将师范教育视为国家富强的基础、普通教育的本源，国家给予师范学校免除学费的恩典，学生（未来的教员）就要成为军国主义精神的布道者。

由于森有礼的种种改革，“师范学校学生的氛围为之一变，突出特征是军队式的师范教育，即兵营式的寄宿舍教育。”[②]1885 年 5 月，文部省对师范学校颁旨实施兵式体操。“最初，兵式体操在课外进行，后改为正课。这不只是武术，而是集团的军事教练，即把体操和军事教练结合起来，这在教育学上的体育也是特殊的。明治十九年，利用暑中休假，东京师范学校的学员进行长途修学旅行。”久而久之，“教师成为强兵的模范”。1886 年 3 月，会津藩武士出身的陆军总务规制课长陆军大佐山川浩兼任高等师范学校校长，不久改为专任，同年 12 月晋升为陆军少将。“森有礼请陆相大山岩将陆军少将的他委任为高等师范学校的校长，向师范教育输入会津武士道，使师范教育彻底军事化。”“师范教育以养成顺良、信爱、威重为目标，与《军人敕谕》的忠节、信义、礼仪、武勇、质素几无差别。而且，通过兵式教练进一步在寄宿舍锻炼集团生活。”“对小学教员实施军国主义教育，通过他们与军国主义兵营相联结。”“师范学校的毕业生开始是实行六周的现役，后来编入国民兵，专心于小国民的教育。于是，师范教育军国主义化了。”[③] 通过师范学校的军国

① ［日］伊ケ崎晓生、土屋基规：《日本近代教育史年表——以军国主义教育和远东审判为中心》，现代史出版会，1975，第 4 页。

② ［日］山田惠吾、贝塚茂树编《从教育史看学校、教师、人间像》，梓出版社，2010，第 84-85 页。

③ ［日］福地重孝：《军国日本的形成》，春秋社，1959，第 212-213、215、217、218 页。

主义化，特别是小学教师的军国主义化，让小学教师“在教育现场，贯彻军国思想，将小学校转化为军国日本的训练场”[①]。明治时代后期的小学教员，大部分是接受过军国主义教育的师范毕业生。

对师范学校毕业生进行军事教育是要他们向小学生鼓吹“八纮一宇”的军国主义思想。日俄战争后，“兵式体操”改称“军事训练”。1925年，开始在全国中等以上学校普遍实行军事训练，同年公布陆军现役将校学校配属令，向中等以上学校配置了约2000名陆军将校担任军事教官，军事训练成为学校的正式科目，加强教育的军国主义化，使全国成为一大兵营。“森有礼为了滋养学生的国家意识，将天皇、皇后的御肖像写真进行下发，在国家的祝日——神武天皇即位日（纪元节）、天皇诞生日（天长节）、元日实施礼拜式。还制作《纪元节歌》《天长节歌》，在礼拜之际进行演奏。”[②]通过在国家祝日向“御真影”的礼拜，培养学生对天皇的效忠精神。

2. 培育军国主义的《教育敕语》

“《教育敕语》以敕语具有的绝对权威确立了国民教育的方向，……将国民的道德意识统一到对天皇的忠诚上。”“《军人敕谕》和《教育敕语》一起，最终决定了国民道德或者国家观的内容。”“到明治二十三年，我国政事、军事、教育分别具有了钦点宪法的性质，《明治宪法》《军人敕谕》《教育敕语》三者作为立宪君主的、统帅权的、王道论的天皇观的具象，进而成为天皇制国家的支柱，在国家构造上具备了法、权力、道德三要素。”[③]《教育敕语》的颁布，标志着天皇制军国主义意识形态和教育体制的确立，国民教育完全走上了为侵略扩张战争服务的军国主义轨道。

---

① ［日］大滨彻也：《天皇的军队》，讲谈社，2015，第46页。

② ［日］山田惠吾、贝塚茂树编《从教育史看学校、教师、人间像》，梓出版社，2010，第30页。

③ ［日］梅溪升：《〈教育敕语〉成立史——天皇制国家观的成立・下》，青史出版，2000，第165-166、191页。

1890年10月30日，以天皇的名义颁发意义重大、影响深远的《教育敕语》。“山县有朋、元田永孚等人认为，与通过《军人敕谕》维持军队严格的秩序一样，通过教育上的敕谕确保国民强固的团结。其背景是国会开设后民权派势力增长，以及对中国关系的紧张动向，有必要以天皇的权威统一国民的意识。”[①]天皇下赐《教育敕语》的直接动因，是1883年文部省作为修身科教师的参考书发到各学校的《幼学纲要》，在朝野引发“德育论争”。1887年前后，地方府知县中有人提出德育要求。在1890年2月的地方官会议上，要求确定以德育为教育的基础。

根本动因有：(1) 西方列强加紧了对东亚的争夺。加拿大的太平洋铁路、俄国的西伯利亚铁路建设以及巴拿马运河的开通，山县等军部巨头认为俄国西伯利亚铁路一旦建成，东亚即处于俄国的军事威胁之下。(2) 日本侵略朝鲜和中国的战争准备。1878年，创设不受政府制约的参谋本部。1882年，以天皇名义颁布的《军人敕谕》确立起天皇在军事秩序中的统帅地位，以及军人精神，并且制定了针对中国的扩军计划。1885年，以内阁条例确认军事独立于政府之外的二元体制。1888年，确立到海外作战的“野战本位的师团制”。“明治二十二年修正的征兵令，名副其实地贯彻彻底的国民皆兵主义，为以清国为假想敌的大陆侵出做准备，企谋增大兵力。对应兵力大增的下级干部，对中等学校以上的毕业生通过一年志愿兵的途径，整备预备、后备役，以随时转化为兵力。”[②]1889年，颁布《日本帝国宪法》，为军部随时发动侵略战争提供法律依据。1890年2月，制定金鵄勋章，并授予立有战功的军人，“在广泛意义上进行对外战争的准备”[③]。1890年3月，山县有朋总理大臣的《外交政略论》抛出对外侵略扩张的基本方针“大陆政策”，其“主权线”“利

---

① ［日］山本正身：《日本教育史——从历史考察教育的今天》，庆应义熟大学出版会，2014，第143-144页。

② ［日］大滨彻也：《天皇的军队》，讲谈社，2015，第46页。

③ ［日］高桥典幸等：《日本军事史》，吉川弘文馆，2006，第319页。

益线”理论，“无疑是日本势力向亚洲大陆（譬如朝鲜）扩张的公开宣言”①。

在《教育敕语》的起草和发布上，发挥关键作用的是总理大臣山县有朋，以及文部大臣芳川显正、法制局长官井上毅和天皇的侍讲元田永孚。山县曾主持制定作为军人精神的《读法》(7章)、《军人训诫》和《军人敕谕》，井上毅曾参与起草《军人敕谕》，还是《明治宪法》的主要起草人，元田永孚曾起草《教育大旨》，芳川显正是山县专门提拔起来负责敕语起草的组织者。梅溪升的研究认为：“推进敕语发布计划具体化的，既非元田的封建儒教主义，也不是伊藤、井上的立宪君主主义，而是山县的军国主义的国家主义。明治二十年代初，山县已在考虑教育上的‘军人敕谕’，《教育敕语》的发布是其企图的实现。”“如山县有朋所愿，敕语将敕谕——军人社会固有的道德原理——向市民社会渗透，造成军人社会和市民社会的同质化结合。由此足见，《军人敕谕》和《教育敕语》的关联具有非常重要的历史意识。”②《教育敕语》指导下的军国主义教育，扩大了军国主义社会基础，推动日本从战争走向更大的战争。

“伊藤博文凭借《日本帝国宪法》实现了天皇制的制度，山县有朋则凭借《教育敕语》宣布了天皇制意识形态。”③《教育敕语》的发布，还标志着“以忠君爱国主义为中核的天皇制军国主义教育思想的确立”④。《教育敕语》⑤全文如下：

---

① ［日］丸山真男：《忠诚与反叛：日本转型期的精神史状况》，路平译，上海文艺出版社，2021，第228页。

② ［日］梅溪升：《〈教育敕语〉成立史——天皇制国家观的成立·下》，青史出版，2000，第161-162、166页。

③ ［日］信夫清三郎：《日本政治史·第3卷·天皇制的建立》，吕万和、熊达云、张健译，上海译文出版社，1988，第5页。

④ ［日］伊ケ崎晓生、土屋基规：《日本近代教育史年表——以军国主义教育和远东审判为中心》，现代史出版会，1975，第5页。

⑤ 《世界历史》编辑部编《明治维新的再探讨》，中国社会科学出版社，1981，第182页。

朕唯我皇祖皇宗肇国宏远，树德深厚。我臣民克忠克孝，亿兆一心，世济厥美。此乃我国体之精华，而教育之渊源亦实在于此。尔臣民应孝父母，友兄弟，夫妇相和、朋友相信，恭俭持己，博爱及众，修学习业启发智能，成就德器。进而扩大公益、开展世务，常重国宪、遵国法，一旦有缓急，则应义勇奉公，以辅佐天壤无穷之皇运。如是，不仅为朕之忠良臣民，亦以显扬尔祖先之遗风焉。

斯道实为我皇祖皇宗之遗训，子孙臣民俱应遵守，通于古今而不谬，施于内外而不悖也。朕庶几与尔臣民共同拳拳服膺，咸一其德。

《教育敕语》“重国宪、遵国法”，反映了其与《明治宪法》的内在联系。要求国民奉行“孝父母，友兄弟，夫妇相和、朋友相信”这些儒学德目的最终目的，是塑造出“朕之忠良臣民，亦以显扬尔祖先之遗风”的忠臣和孝子。而且，《教育敕语》作为国民的“军人敕谕”，所确立的道德规范与《军人敕谕》并无差异。例如，“克忠克孝”相当于《军人敕谕》的“忠节”，“一旦有缓急，则应义勇奉公”相当于《军人敕谕》的“武勇”。

1878 年对中国和朝鲜的侵略扩张被提上行动日程；1882 年确定针对中国的扩军计划；1887 年参谋本部管西局长小村又次（1848—1909 年）拟定《征讨清国策案》；1889 年《日本帝国宪法》“为军部恣意对外侵略扩张提供法律依据”；1890 年 2 月制定金鵄勋章授予“将来武功超群”者，3 月山县抛出对外侵略的基本方针——“大陆政策”，10 月颁布《教育敕语》进行“临战前的国民精神总动员”[①]。1894 年，甲午战争“开战后，三井、岩崎、涩泽等实业家组成了报国会，积极筹集军费；妇女们则从事恤兵运动。和政府严重对立的议会，在开战后也通过了巨额预算，做出了协助战争的决议。原计划募集 3000 万元的公债，实募数则达 7700 万元。”“佛教各宗随军布教，慰问军

---

① 宋成有：《新编日本近代史》，北京大学出版社，2006，第 228 页。

队（基督教各派也参加了）。《雪的进军》《妇人从军歌》等军歌在国民中广为流传，使军队斗志高昂。”“日本国内舆论一致，上下协力。”[①] 由此可见，至少从甲午战争开始，军国主义战争教育已经使对外侵略战争获得了国民的广泛支持，成了官民一致的战争。

新渡户稻造和井上哲次郎的武士道论，将日本在甲午战争中的胜利归功于武士道。1911（明治四十四）年山县有朋的扩军建言称：“维新大业以来已有40余年，细想起来，国运的发达主要依靠武备的力量。我武力之精华实在于将校的献身精神，特别是将校的大部分受封建时代之教，自持是国家之干城，武士道的精华。以体现武士道为己任，每遇国难，冲锋在前，挺身垂范，担国家干城之重任。”[②] 变相地将甲午、日俄战争胜利归功于武士道。

“明治二十三年下赐的《教育敕语》作为一般国民精神教育的根底，基础是明治十五年的敕谕——《军人敕谕》的精神，因此，国民的精神教育与军人的精神教育是密不可分的。”[③]《教育敕语》从皇国主义和军国主义的角度，规定了教育的渊源、教育的方向、教育的目的、国民的道德规范等。从教育学观点上看，《教育敕语》的直接对象是小学校的少年儿童；从内容上看，又是以全体国民为对象。也就是说，军国主义的培育从小学生开始，并逐步扩大到全体国民。《教育敕语》颁布后，“‘武士道教育’‘尚武主义’和‘武道教育论’在我国教育界再度复兴。”“在甲午战争爆发之际，进一步向国民大众宣称武士道是我国自古以来的民族精神。”[④] 井上哲次郎说：“《教育敕语》作为我国的德育方针，在唤起武士道精神上发挥了重要作用，特别是《教育敕语》列举的德目分为常时道德和非常时道德。非常时道德强调：‘一旦有缓急，则

① ［日］安冈昭男：《日本近代史》，林和生、李心纯译，中国社会科学出版社，1996，第327-328页。

② ［日］日本宫内厅编《明治天皇纪・第12卷》，吉川弘文馆，1975，第639-644页。

③ ［日］坂口茂：《近代日本的爱国思想教育・下卷》，星云社，2001，第206页。

④ ［日］坂口茂：《近代日本的爱国思想教育・上卷》，星云社，1999，第774-778页。

应义勇奉公，以辅佐天壤无穷之皇运’。”“维新后几度出现非常时期，日清战争、日俄战争和北清事变、世界大战、满洲事变、上海事变、支那事变以及今天的大东亚战争，都是必须实践非常时道德的场合。幸而我国协同一致对抗敌国，并取得优异成绩。”① “常时道德”培育天皇的忠良臣民，“非常时道德”要求国民走上战场“辅佐天壤无穷之皇运”，为侵略扩张战争做奉献。

《教育敕语》发布后，文相芳川显正提出撰写《敕语衍义书》(即《教育敕语》的解说书）的构想。1890 年 10 月，从德国留学归国就任帝国大学文科大学教授的井上哲次郎，受文部省委托起草《敕语衍义书》。草稿写成后，向中村正直、加藤弘之、西村茂树等著名学者征求意见，然后经芳川显正、井上毅等审阅并呈天皇御览。1891 年 9 月，《敕语衍义》以井上哲次郎著、中村正直阅的形式出版（芳川显正作《序》、井上毅作《自序》)，该书形式上是井上哲次郎的私人著作，实际上通过政府高官和众多学者的意见修正而成，进而经天皇御阅并许可出版，可以说是官定解说书。与此同时，井上哲次郎获得了作为国体主义和国民道德正统解说者的地位，开始成了天皇制军国主义国家意识形态的重要代言人。

《敕语衍义》以国体主义为基调，从家族主义的角度解说忠孝道德。《敕语衍义》对《教育敕语》第一句“朕唯吾皇祖皇宗，肇国宏远，树德深厚”的诠释为：“当太古之时，琼琼杵命奉天祖天照大御神之诏而降临，列圣相承。至于神武天皇，遂讨奸除孽，统一四海，始行政治民，确立我大日本帝国。故而我邦以神武天皇即位而定国家之纪元。神武天皇即位至于今日，皇统连绵，实经二千五百余年之久，皇威愈益高涨，海外绝无可以与相比者。此乃我邦之所以超然万国而独秀也。”对此，我国学者严绍汤先生剖析道：“(井上在）这里阐述的是最典型的‘日本大肇国观念’——所谓日本天皇，为‘天孙降临’，乃‘万世一系’；所谓日本国民，为‘天孙民族’，乃‘八

① ［日］井上哲次郎监修《武士道全书・第 1 卷》，国书刊行会，1998，第 53-54 页。

纮一宇'；故而，日本乃'神国'矣，为超然万国而独秀也。这是井上哲次郎把握的《教育敕语》的真精髓，是他在《衍义》中贡献于日本国民面前的'爱国'的真内容，这也就是近代日本儒学研究的真灵魂。"[①] 日本学者的研究认为："（井上的）国体观念：国君之于臣民，犹如父母之于子孙，即一国为一家之扩充，一国之君主指挥命令臣民，犹如一家之父母以慈心吩咐子孙，故我天皇陛下对全国呼唤尔臣民，亦如严父慈母对子孙，尔臣民皆应以子孙对严父慈母之心谨听感佩。""君主如心意（头首），臣民如四肢百体，四肢百体因心意（头首）而动。"[②] 此后，《敕语衍义》长期作为文部省检定的师范学校、中小学校的修身书而使用（1899 年略有修正，以《增订敕语衍义》之名出版）。

《教育敕语》立足于国体、国策，以走向战场、辅佐皇运为教育的最终目的，为培育军国主义发挥了不可替代的作用，主要有：（1）以国体为教育的渊源。所谓"国体"，即天皇继承"皇祖皇宗"进行神圣统治，国民自建国以来一直效忠天皇，要求臣民以生命"辅佐皇运"。（2）以"皇祖皇宗之遗训"为国民精神、国民道德的源泉。"斯道，实乃我皇祖皇宗之遗训，子孙臣民之所当遵守，使之通古今而不谬，施中外而不悖"，是永远无穷的绝对规范。（3）以走向战场辅佐皇运为教育的目的和国民的道德标准。平时"常重国宪、遵国法"，战时"则当义勇奉公，以辅佐天壤无穷之皇运。如是，不仅为朕之忠良臣民，亦以显扬尔祖先之遗风焉。"（4）对外侵略的依据。斯道"'通古今而不谬，施于内外而不悖者也'，超越时间，不只是日本，居于通用于全世界的人类的普遍道德的位置。……从这一点可以看出，《教育敕语》对天皇统治全世界的这种排外侵略思想，和具有征服世界使命的大和（日本）

---

① ［日］井上哲次郎著，刘岳兵主编《儒教中国与日本》，付慧琴、唐小立等译，中国社会科学出版社，2021，第 21 页。

② ［日］山本正身：《日本教育史——从历史考察教育的今天》，庆应义熟大学出版会，2014，第 153-154 页。

民族这种选民思想授予神圣依据。”[①]使“以天皇之名的战争，被称为向外光耀天皇的皇威、实现‘八纮一宇’的圣战”，“使对外战争正当化”。[②]（5）征服世界的军国主义思想。井上哲次郎在《敕语衍义》中写道：“所谓‘天壤无穷’，与神武天皇的‘八纮为宇’相辅相成，纵横皇运、光被世界，终将使世界全体成为理想的、优秀的一体，乃神国之目的”。[③]《教育敕语》鼓吹神国思想征服世界的侵略逻辑，培育造就了一代又一代军国主义新生力量，因此，有日本学者毫不避讳地揭露道：“《教育敕语》是培育日本军国主义的元凶”[④]。就连妇女也被组织起来，一心为侵略战争做奉献。

日本学者研究认为：“日本的教育史上，‘支持战争的意识形成’最切实进行的时期，是1890年10月30日明治天皇发布《教育敕语》后，至1945年日本败战的约55年间，这个时期‘支持战争的意识形成’，是通过五个综合性措施进行的。”具体包括：（1）教育目的的确定。为了天皇和国家而战死，扩大对亚洲的侵略战争和殖民地统治，这是育成日本人的最重要的教育目的。“我帝国于二十七八年役、三十七八年役获取空前胜利，说这是敕语鼓舞国民精神的结果绝不是过言。”（2）教育课程的统制。“‘修身基于《教育敕语》的旨趣’实施的教科，历史教授‘建国体制’‘皇运无穷’‘历代天皇的伟业’‘国民的武勇’，地理旨在‘养成爱国精神’。”（3）教科书的统制。“修身、历史、地理依据《教育敕语》编制教科书内容。”（4）教育评价的统制。“1900年开始编制小学校学籍簿，学业成绩栏的笔头位置是修身科各学年的评定

① ［日］村上重良：《慰灵和招魂——靖国的思想》，岩波书店，1974，第134-135页。

② ［日］村上重良：《天皇的祭祀》，岩波书店，1977，第155-156页。

③ ［日］行安茂：《道德“特别教科化”的历史课题——近代日本修身教育的展开和战后的道德教育》，北树出版，2015，第29页。

④ ［日］序—渡边·升监修、解题——宫坂宥洪《修身全资料》全季社平成八年，转引自［日］纲泽满昭：《作为思想的道德·修养》，海风社，2013，第114页。

栏。”（5）学校仪式的统制。“依据《教育敕语》的学校仪式制度化。”[①] 通过上述种种措施，使少年儿童成长为对侵略战争有用的人才。

简而言之，“原来在中世纪本为封建武士阶级专有的道德规范——武士道，到了近代日本，经过包括全民义务兵役制等在内的近代天皇制统治体制和《军人敕谕》《教育敕语》的强制推行，已迅速地渗透到全社会各个阶层之中。这样一来，中世纪的武士道经过继承、改造而演化为近代武士道。”[②] 近代武士道的经典《军人敕谕》和《教育敕语》作为战争教育的思想工具，使国民甘愿为天皇战死海外，支撑近代日本从战争走向更大的战争。

为了使国民广泛认同、积极参与侵略扩张战争，使构建日本殖民帝国、称霸东亚的侵略扩张战争成为举国一致的战争，“明治政治家们唯一要做的事情是让所有的日本人都在心中无条件地把‘忠’这个最高之德献给天皇”。《军人敕谕》和《教育敕语》“是日本真正的‘圣经’”，是赞扬“忠”的“圣经”，“捧读敕谕和敕语的人若读错一句就得引咎自杀”。[③] 不言而喻，《军人敕谕》和《教育敕语》在推动国民的军国主义化方面发挥了不可替代的作用。

《教育敕语》颁布后，明治政府又倾尽全力贯彻落实。1890 年 10 月 31 日，即敕语下赐的次日，文部大臣芳川显正下达训令：“谨制作敕语之善本，普颁于全国之学校，凡在教育之职者，须常体奉圣意，不怠研磨熏陶之务。”至 1891 年中叶，敕语善本已下发至全国近 3 万所学校。几乎与此同时，天皇及皇后的肖像“御真影”也“下赐”到全国的普通小学。[其实，政府早在明治七年（1874 年）已将“御真影”装饰在县厅供国民顶礼膜拜，接着是在官

---

① ［日］又吉盛清等编《靖国神社和历史教育——靖国、游就馆》，明石书店，2013，第 106-112 页。

② 万峰：《台湾学者的日本武士道观：评介林景渊著〈武士道与日本传统精神〉》，《世界历史》1994 年第 3 期。

③ ［美］本尼迪克特：《菊花与刀——日本文化的诸模式》，孙志民、马小鹤、朱理胜译，浙江人民出版社，1987，第 107、177-179 页。

立学校，从明治四十三年（1910年）起普及到私立学校］1891年1月9日，在第一高等中学的开学典礼上，发生了基督教徒内村鉴三在朗读敕语时，未向“御真影”礼拜，当日即被免除教师职务的“内村鉴三不敬事件”。4月，文部省在《小学校设备准则》中，要求“学校修建特定场所安置天皇陛下及皇后的御真影及敕语善本”，即奉安殿。6月，又以文部省命令的形式制定了《小学校祝日大祭日仪式规程》，具体规定了全国统一的仪式种类和内容。而且，“从19世纪90年代后期开始，天照大神的敕语、三种神器等被写进历史教科书。”[①] 通过礼拜“圣像”（御真影）、奉读“圣典”（《教育敕语》）、举行“圣礼”（节日大祭日）和修身、历史、地理等教科书，向学生灌输效忠天皇和进行“圣战”的军国主义思想意识，即以效忠精神和战争精神塑造小国民。而且，“敕语发布后，各道府县、市町村纷纷成立‘敕语奉读会’（各地名称不尽相同）并举行‘敕语奉读式’。……将敕语作为教育之大本、道德之标准，日本国民当铭记在心。”与此同时，“在全体国民中普及”。[②] 军国主义渗透校园的活动，还表现在直接为战争服务的学校仪式上。例如，欢送入营者、支持战争幻灯会、神社祈愿、战胜祝贺式、欢迎凯旋将士、归还将士介绍武勇的实战谈、战利品奉迎式、参加战殁者的葬礼、勋章传达式、军人慰问（慰问出征士兵的家属）等。

总而言之，《教育敕语》指导下的国民教育，通过将一代代小学生培养成走向战场“抚翼皇运”的忠良臣民，扩大军国主义社会基础，以支撑不断扩大的对外侵略战争。学校成为军国主义教育基地，教师成为军国主义思想的布道者，将小学生培养成为甘愿为天皇战死海外的新生力量。当然，在培育军国主义上发挥重要作用的，还有鼓吹“八纮一宇”侵略思想的靖国神社。

---

① ［日］岛薗进：《国家神道与日本人》，李建华译，社会科学文献出版社，2015，第142页。

② ［日］坂口茂：《近代日本的爱国思想教育・上卷》，星云社，1999，第346、349页。

还要补充的是，江户时代几乎不为人知的、战士的武士道典籍——《叶隐》(“武士道者，死之谓也”）也因为日本军国主义侵略战争的需要，在20世纪初重新出版，20世纪30年代被广为传阅。

三、为军国主义摇旗呐喊的武士道论

“明治三十年（1897）前后在思想界初露锋芒的‘武士道’热潮，……显然反映了甲午战争后的国家自负和军国色彩的复古风潮。”[①]甲午战争之后、日本举国“卧薪尝胆”对俄扩军备战期间，新渡户稻造和井上哲次郎分别在国外和国内为武士道和日本军国主义辩护，将武士道鼓吹为人类的理想道德。

1. 新渡户稻造的武士道

新渡户稻造（1862—1933年），是南部藩士新渡户十次郎的第三子，1884—1891年留学美国和德国，取得博士学位。1899年，在美国用英文写成《武士道》一书，同年由美国费城利兹和比德尔公司出版，随即被译成波兰、德国、俄国、意大利、西班牙、挪威等多国文字。从1900年至今，此书的日译本层出不穷，很受日本读者欢迎。

新渡户稻造在第1版《序》中宣称其写作动机为：一是为了回答比利时法学家德·拉德维尔的问题，“没有宗教！那么你们怎样进行道德教育呢？”一是“由于我的妻子经常问我如此这般的思想和风俗为什么在日本普遍流行、理由何在而引起的。”然而，真实动机并非如他所言。

1899年，正是日本对外扩军备战和大肆宣扬武士道、广泛进行战争教育时代，以及日本“民族主义势头大增的时代”和“充满好战风潮的时代”。[②]但是，此时的国际舆论却在抨击日本，特别是日军在甲午战争中的旅顺口大屠杀，给外国人留下了日本人野蛮、暴虐的印象。于是，“正在此时，博士在

① ［日］丸山真男：《忠诚与反叛：日本转型期的精神史状况》，路平译，上海文艺出版社，2021，第75页。

② ［日］高桥昌明：《日本武士史》，黄霄龙译，社会科学文献出版社，2020，第239页。

本书中以洋溢的爱国热情、赅博的学识和雄劲的文笔向世界广泛宣扬了日本道德的价值，其功绩是可同三军的将帅相匹敌的。”① 其写作的指导思想：一是通过将武士道美化成为“基于永恒真理之上”的理想道德，树立日本民族精神的崇高形象；二是通过为武士道辩护，为近代日本以侵略扩张战争谋求“国家利益”的基本国策辩护，为恶性膨胀的日本军国主义辩护。②

新渡户稻造《武士道》的内容，包括：《作为道德体系的武士道》《武士道的渊源》《义》《勇——敢作敢当、坚忍不拔的精神》《仁——恻隐之心》《礼》《诚》《名誉》《忠义》《武士的教育和训练》《克己》《自杀及复仇的制度》《刀——武士之魂》《妇女的教育及地位》《武士道的熏陶》《武士道还活着吗？》《武士道的将来》，共17章。该书的特点有：

（1）美化和拔高日本武士和武士道。“再也没有比卑劣的举动和狡诈的行为更为武士所厌忌的了。”（第三章）“就武士而言，仁爱并非盲目的冲动，而是适当地考虑到了正义的仁爱，而且并不仅仅是某种心状态，而是其背后拥有生杀予夺之权的仁爱。”（第五章）“克己的理想，在于保持心境的宁静，借用希腊语来说的话，就是达到德谟克里特称为至高至善 euthymia 的境界。”（第十一章）“（正如）武士把刀的正确使用看得至大且重一样，认为滥用它是不对的，而且憎恶滥用。”（第十三章）“就奉献的教义而言，武士道是基于永恒真理之上的。”（第十四章）。在其所论述的武士道德目中，第五章《仁——恻隐之心》篇幅最大，甚至超过第九章《忠义》。然而，“事实上，‘仁’在日本是被排斥在伦理体系之外的德目，丧失了它在中国伦理体系中所具有的崇高地位。”③ 森岛通夫也承认：“疏忽‘仁’和强调‘忠’，应被认为是日本儒教

① ［日］新渡户稻造：《武士道》，张俊彦译，商务印书馆，2001，第1页。

② 娄贵书：《日本武士道和军国主义的辩护词——评新渡户稻造的〈武士道〉》，《贵州师范大学学报》（社会科学版）2010年第6期。

③ ［美］鲁思·本尼迪克特：《菊与刀——日本的文化类型》，吕万和、熊达云、王智新译，商务印书馆，1990，第83页。

所独有的特征。""在日本，最重要的美德是'忠'而不是'仁'，随着日本逐渐接近现代时期，这一特点越发显著。"[①] 为了美化武士道，新渡户稻造置历史事实于不顾。

(2)"不是以文献的、历史的武士的实态为依据。"[②]"基本不依据第一手资料，严格说来并不是一本学术著作。"[③] 撇开历史、武士、真实的武士道，以140余位东西方（特别是欧美）有影响的政治家、著名学者、宗教领袖的著名论述、经典格言作为武士道理想化的依据，以西方的历史和文学典故作为衬托日本的道德价值丝毫不亚于欧美列强的素材。

（3）避开正宗本源的、煽动侵略扩张战争的中世"战斗者之道"，以近世儒学化的"执政者之道"为对象，掩盖武士道嗜杀成性、野蛮血腥的阴暗面。中世纪的武士道，分为17世纪以前的"战士的武士道"、17世纪以后"官僚的武士道"。前者鞭策武士投身于侵略扩张战争，后者要求武士做人伦之师。

（4）强烈的军国主义思想意识，赞美武士道为日本在甲午战争中的胜利赋予的力量。宣称"注入活力的是精神，没有它即使是最精良的器具几乎也是无益的，这种陈腐的话无须再重复了。最先进的枪炮也不能自行发射，最现代化的教育制度也不能使懦夫变成勇士。不，在鸭绿江，在朝鲜以及满洲，打胜仗的乃是指导我们双手，让我们的心脏搏动的、我们父辈祖辈的威灵。"只字不提"皇军"在甲午战争中灭绝人性的旅顺口屠城，甚至连妇女幼童也不放过的暴行。

日本学者南博认为，新渡户稻造等的"日本人论是以大和魂和武士道精神为基础，展现日本国民性的某个层面，战争时期的这些作品多以提高战争

---

① ［日］森岛通夫：《日本成功之路——日本精神和西方技术》，有非、陈星、高晶译，经济日报出版社，1986，第5页。

② ［日］时野佐一郎：《真实的武士道》，光人社，2008，第11页。

③ 唐利国：《近世武士道研究在日本——日本历史特殊性与连续性的探求》，载北京大学日本研究中心编《日本学·第13辑》，2006，世界知识出版社，第388-403页。

士气、效忠天皇为目的，具有鼓吹军国主义的强烈企图。”[①]高桥昌明也明确指出，新渡户稻造的《武士道》“和近世的士道、武士道完全是两码事。说起来新渡户稻造对日本的历史和文化并不了解，也没有读过《叶隐》的迹象。首要原因是，《叶隐》当时还没被世人所知。”新渡户稻造“创作出来的武士道是远离战斗的，和武士并没有什么关系，是对基本道德的概括。”“新渡户稻造的武士道论是‘披着武士道外衣的基督教’（菅野觉明），既能向欧美人献媚，又能对付来自本国的国家主义者的攻击”。新渡户稻造的《武士道》“刊行在日本经过了反欧化主义，在日清战争后的民族主义势头大增的时代，那是充满好战风潮的时代。日俄战争后，该书日文版出版了，日本国内外都把它当作一部能了解日本战胜清国和世界大国俄罗斯的原因的书。正是以日本的存在感剧增为时代背景，该书的内容也被赋予了某种真实感，起到了让外国人理解‘日本人’，让日本人自我满足的作用。”[②]当然，更起到了为武士道和日本军国主义辩护的作用，这也是他写作此书的主要目的。

2. 井上哲次郎的武士道

井上哲次郎是官方意识形态的重要代言人，主动在《军人敕谕》和《教育敕语》的指导下构建军国主义战争时代的日本道德，推动武士道的近代化转型，为近代日本“布国威于四方”的国家目标和以战争促发展的发展方式服务。

井上哲次郎（1855—1944年），1880年毕业于东京大学文学部哲学科，先是任职于文部省，继之在东京大学任职；1884年受文部省派遣留学德国，专攻哲学；1890年回国，次年获博士学位。回国之际，时逢“天皇主义武士道”经典——《教育敕语》的颁布，文部省委托其作《敕语衍义》（1891年），代表官方解读《教育敕语》。

---

① ［日］南博：《日本人论：从明治维新到现代》，邱琡雯译，广西师范大学出版社，2007，第148、151页。

② ［日］高桥昌明：《日本武士史》，黄霄龙译，社会科学文献出版社，2020，第238-239页。

井上哲次郎的武士道论著述虽多，但学术专著极少。其代表作：一是1901年受陆军教育总监部委托所做的讲演《谈谈武士道》，二是1942年八光社出版的《武士道的本质》(实为井上哲次郎的武士道论文集)，三是收入《武士道全书·第1卷》的《武士道总论》。

井上哲次郎的武士道论以近世武士道（特别是山鹿素行的士道论）解释官方的“天皇主义武士道”，服务于近代日本的军国主义战争政策，因而其武士道思想带有强烈的政治性和时代性，夹杂着皇道主义、国家主义和军国主义。主要内容如下：

第一，武士道的定义和特色。反复强调“武士道是日本民族的实践道德”，“从广义的日本精神的角度说，是日本精神在战斗方面的表现”，“是臣民奉天皇陛下之大诏的御精神在战斗时的实行之道。”“武士道本来就是‘神之道’在战斗方面的表现。”“武士道绝不仅仅是指肉体上的力量，而主要是指精神上的力量。如果只是肉体上的力量，那是蛮勇，是暴力而不是武士道。”抬高武士道，宣称欧洲的骑士道崇拜女性，日本的武士道抑强助弱，两者不可同日而语。还说，在大东亚战争中，英国虽有73000多兵力，仍在新加坡要塞向日本军投降。武士道的特色是绝不投降，要么胜利，要么灭亡，别无二途。

第二，武士道的历史“与日本民族同时产生”。分为五个时期：（1）神武天皇至佛教传入，（2）佛教传入至镰仓幕府，（3）镰仓幕府至德川幕府，（4）德川时代，（5）王政维新至今日（1942年）。第5个期“又恢复一君万民即天皇亲政的时代，一扫士、农、工、商的阶级观念，全民皆兵。”“武士道不限于武门武士，为了君国，帝国臣民以国防为己任。”“结果，不用说日清、日俄二役，即使是世界大战、满洲事变和上海事变、支那事变，进而大东亚战争，都取得显赫的效果，取得令任何人都不得不惊叹的结果。武士道越来越发展的形迹益发显著，今后的形势也必须使其得到更大的发展。”

第三，武士道的德目。“忠孝、节义、武勇、廉耻是早在封建时代就被承认的道德，特别是忠孝。”“在日本，忠孝一体，别无二途”，“忠君与爱国全然一致。”“日本始终是万世一系的国体，君臣大义古今不变。”“日本各个家族的户主是家长，而日本国家整体又构成为一个大家族，此大家族的家长就是天皇。”因此，“武士也只是对天皇尽忠义”。《军人敕谕》列举的“军人应该实行的五条德目的基础”是“诚心”。此“诚心就是古来神道的清明心，即真心。清明心即诚心，诚心即清明心”。《教育敕语》中的“‘一旦有缓急，则应义勇奉公，以辅佐天壤无穷之皇运’，作为非常时刻的道德，在实行时也要以‘诚心’为基础，其与武士道的精神并无二致。”“武士道的德目不少，但归根到底不外是以清明心即真心、诚心对天皇尽全忠”。

第四，儒、佛两教的影响。“儒教自应神天皇十六年输入我国，其后历经1650余年。儒教给予武士道巨大的影响，是因为儒教不仅与武士道的精神有一致之处，而且，进一步强化武士道的精神，并为其提供了基础。”“总之，儒教对原本发达的武士道进一步起到了推波助澜的作用”，“特别是禅宗在镰仓时代以后对武士道影响更大”。同时，将禅宗的影响归纳为五点，即仁慈、质素、练胆、勇猛、决心。“禅宗打破生死迷惘的思想在日本教育了武士，使其懂得重国体尊严，守忠孝大义。”

第五，武士道的将来。宣称“即使武士道的形骸消失了，武士道的精神毕竟还在日本民族的某一部分中存续”，“虽然日本军队的强大有种种原因，但是，最根本的就在于武士道。”“为了国家自卫，必须谋求武士道的存续发展。”“所谓将来的武士道，就是抓紧迄今为止的武士道主要精神，促进其与今天道德主义的调和发展。换而言之，今后的方针就是以武士道的精神为基础，使之与能够调和在一起的道德主义共同发展为一个整体。”“研究武士道，旨在发挥其精神，阐明其意义，传之后世。”

第六，推崇山鹿素行。在1901年受陆军教育总监部委托所做的讲演中，井上哲次郎宣称：“如果说武士道有祖师之话，那么就是山鹿素行。”“素行是武士道的化身，是不出世的人杰，素行之前没有素行这种水平的人，素行之后的德川时代也无素行这种水平的人。”他认为“《山鹿语类》的《士道》和《士谈》中有很多关于武士道的卓越见解，是金玉般的文字。”将吉田松荫视为素行武士道的继承人。

第七，日军胜利的原因。井上在1901年的讲演中宣称：“日本军队的强大虽有种种原因，最大的原因就在于武士道的存续。日本军队的强大，……起关键作用的是日本的武士道精神。”在1942年的《武士道总论》之《一致协力》中又强调：“在日清战争和日俄战争中，我国与敌国相比更好地体现了同心协力，这是取胜的重大原因。”“日本是一君万民的国家，一亿国民一心同体，遵循圣旨必然取得胜利乃是国民的信念。明治以来的诏敕都强调同心协力。”“与外国交战之际，一亿国民团结一心，共同对外。”

井上哲次郎的武士道论直接服务于军国主义战争政策，中国学者的研究认为：“井上哲次郎的武士道论有保守主义、国家主义和侵略主义三个特点，而这三方面都与法西斯主义有相通之处。”[①]“井上哲次郎从国家主义立场出发宣扬极具日本特殊性的皇道主义武士道，在日本近代思想史上产生了重要影响。”[②]1942年，年近90岁的井上哲次郎还在《武士道总论》结语部分赞美日军的肉弹攻击法，吹嘘日本独有的靖国神社，号召前线将士在靖国神社相会。

井上哲次郎的另一重大贡献是：为弘扬和研究武士道提供基础性文献资料，为日本国民道德建设发掘传统精神资源。1905年，将与有马祐政收集的有关武士道书籍整理成上、中、下3卷，以《武士道丛书》之名由博文馆出版。在井上哲次郎的推动下，不少人著书立说，赞美和宣扬武士道，如重野安绎的《日本武士道》(1907年)、蜷川龙夫的《日本武士道史》(1907年)等。

---

① 唐利国：《井上哲次郎的武士道论与法西斯主义》，载北京大学日本研究中心编《日本学·第10辑》，国际文化出版公司，2000，第114-136页。

② 卞崇道：《关于明治思想中武士道的一个考察——以井上哲次郎的〈武士道的本质〉为重点》，《延边大学学报》(社会科学版)2009年第3期。

1942年，井上哲次郎又监修了武士道宣传和研究史上具有重要意义的《武士道全书》(12卷，另有别卷1卷)。他在《武士道全书·序》中写道：自己曾与门人有马祐政一起在明治年间编辑发行《武士道丛书》(3卷)，然而，该书早已绝版。但是，最近支那事变已经持续了4年半以上，继而是大东亚战争，更加扩大、前所未有地展开，时代益发需要武士道研究，不仅在于今后研究发扬武士道精神，在将来的世界中维持皇国的权威，而且要将武士道精神传给子子孙孙。佐伯有义的《编者之辞》宣称：今天，我国与世界最强大之美英两国正面为敌，在海上、陆地和空中，粉碎敌之精锐，取得了世界历史上前所未有之伟大功绩。12月8日宣战大诏颁布以来，百日之间取得的伟勋，包括真珍港海战、马来半岛海战、香港的陷落、开始占领新加坡，各地的战绩不胜枚举，武士道精神发挥了重要威力。植木直一郎的《编者之辞》说道：今天，在确立东亚共荣圈、扫除非理不道之凶恶、建设世界安定之新秩序的伟业之际，武士道精神的磨炼、体悟、振兴，是我国民最紧要之事。不仅是今日最紧要之事，永远传之我等子孙后代，也是最为紧要的。井野边茂雄的《编者之辞》写道：武士道精神在武士消亡之后，又在陆海军人间传承。从日清、日俄战争到大东亚战争，在武士道的影响下，数次战役中，无敌之“皇军”显示了泣鬼神的壮烈行动。忠烈义勇、灭私奉公、博爱仁慈诸德，一死以殉国难的精神，举不胜举。[①] 井上哲次郎等人编纂《武士道全书》以支持侵略战争的动机，一目了然。

新渡户稻造和井上哲次郎的武士道论主要是宣扬和论证官方的“天皇主义武士道”，为天皇制军国主义推波助澜，以所谓“日本民族引以为自豪的传统精神资源”——武士道精神驱使国民走向战场。随着对外侵略战争的胜利，日本在明治末年解除了不平等条约和成为亚洲唯一的殖民帝国，军国主义势力在国家政治生活中的地位不断提高，军国主义社会基础益发巩固。第二次

① ［日］井上哲次郎临修《武士道全书·第1卷》，国书刊行会，1998，第1、5、13、15页。

世界大战期间，在天皇主义武士道的煽动下，就连妇女也被组织起来一心为侵略战争做贡献。

现代武士道“在二次大战后日本国民经济复兴及高度成长、实现日本现代化中又不断发扬光大”，“武士道至今仍对日本民族精神、民族文化有不可忽视的影响和作用”。[①] 还应注意的是，随着日本成为仅次于美国的资本主义经济大国后，“自信心与自负感日益增强”。在20世纪“80—90年代的日本社会中，有人打着弘扬日本文化特性、夸耀日本民族精神的旗号，借助大量再版战前的图书，越来越起劲地鼓吹武士道”[②]。战前武士道图书，包括新渡户稻造为日本军国主义辩护的《武士道》的大量再版，也表明武士道并未画上终止符。战后日本经济的高速发展、愈刮愈烈的军国主义翻案风，都与武士道有着不同程度的关系。[③]

① 万峰：《台湾学者的日本武士道观——评介林景渊著〈武士道与日本传统精神〉》，《世界历史》1994年第3期。

② 宋成有：《武士道精神与明治时期的日本现代化》，载罗荣渠主编《各国现代化比较研究》，陕西人民出版社，1993。

③ 关于二战后的现代武士道研究，可参见娄贵书：《武士道与日本现代社会的价值理想》，中国社会科学出版社，2014。

结　　论

日本历史上的武士，作为政治权威，在武国理念的指导下治理国家近 700 年，使日本成为重武轻文的国家，形成了侵略掠夺合理化的思想观念，及其以战争促发展的发展方式；作为文化的主要创造者，影响日本文化的构成及走向；作为民族脊梁，直到现代依然是日本国民效法和崇拜的对象。明治维新后，武士虽然不再作为一个阶级而存在，但一批与时俱进的士族继续占据政治舞台的中心位置，决定近代日本的国家目标和发展方式。明治政府的第一代和第二代核心领导人是士族，明治中期至昭和初期日本政界最上层的 9 位元老政治家中有 8 位是士族，“在朝政中拥有绝对强大的势力。”1885—1945 年的 29 位首相中，武士或武士出身者超过半数。甚至到 20 世纪 60 年代末，上层人物中武士出身者仍然占五分之一左右。

武士是以杀生为业的职业战士，日本将武士视为特殊技艺者——“职能人”的历史学者倾向于视之为职业杀者。[①] 武士道是武士在战争生活中产生的实践道德，反映武士以武力为谋生资本、以战场为人生舞台、以战争为财富源泉和发展动力的生活方式。武士道虽然是日本社会、思想文化中的独有现象，但是，其影响又不局限于日本。其积极因素——“忠诚与献身之道”，有力地促进了日本近代化和战后经济的高速发展；其消极因素——“杀人与战

① ［日］下向井龙彦：《讲谈社・日本的历史・4・武士的成长与院政：平安时代后期》，杜小军译，文汇出版社，2021，第 109 页。

争之道”，则将战争强加给中国等国家，使中国等国家长期陷于落后、沉沦的境地。因此，无论是从学术角度，还是现实角度，中国学术界都有必要弄清楚：（1）武士道是什么？（2）武士道为什么是这样？（3）如何看待武士道？即“是什么”“为什么”和“怎么办”。

本书的重点不在于阐明武士道是什么，而在于通过武士的生活方式弄清武士道为什么是这样。前面几章已论述了武士道是什么，特别是武士道为什么是这样，最后部分着重谈谈“怎么办”或“怎么看”，这也是武士和武士道的遗产。

一、武士以战争为职业的生活方式和使命

大体上讲，有什么样的生活方式，就有什么样的道德规范和行为准则。或者说，依靠什么满足生理需要、安全需要、感情需要、尊重需要、自我实现需要（即马斯洛的人类需求五层次理论），就有什么样的道德规范和行为准则。三百六十行，行行都有自己相对独特的道德规范。例如，医生靠医术为病人治病，满足生存和发展需要、体现自身价值，以治病救人为道德规范，即职业道德规范。武士道也是一种职业道德规范，即职业军人的道德规范。

8 世纪，武士作为天皇朝廷的反叛者和私人武装登场，12 世纪末成为执掌权柄的统治阶级，直至 1867 年德川幕府被推翻。平安时代处于在野地位的武士，完全是私人性的武装力量；幕府时代作为主宰国家命运的统治阶级，既是武家政治的权力支柱，又依然具有私人性武装力量的一面。按照武家社会的规则，“我的主君的主君不是我的主君”，武士只效忠于给予自己恩赏的直接主君。此外，在武士存在的 1000 多年间，以德川幕府的建立为分水岭，建立之前，“武士的职分首先在于武，以战场上的征战杀伐为最大的奉公，武力争夺生产手段（土地）和生产物。”建立之后，武士充当治国理政的行政官僚。

战争是武士的天职和生活方式，好战是武士的本性。从诞生之日起，武士就与战争结下了不解之缘，兴衰荣辱、生死存亡都与战争息息相关。他们

以夺取战争的胜利为使命任务，通过战场上的军功获取财富、权力和荣誉，满足利益需要。

武士道在武士的战争生活中产生，一方面源于武士依赖战争（武力掠夺）的生活方式。武士是世袭的职业军人，以武力为生存资本，以战场为人生舞台，以战争为财富源泉和发展动力。唯有通过战争将他人的领地及其他财富变为自己的战利品（据为己有），才能满足武士的生存和发展需要。同时，武士作为武士团的一员而存在，世世代代都生活在主从关系之中。所谓“主从关系”，主要表现为主君对从者施以恩惠，从者对主君奉公尽忠，即“施恩”与“报恩”的交换关系，或互惠关系、双务关系。武士的经济来源、权力地位和生命安全等，无一不是依赖于主君。“主从道德”就是在主从关系——“施恩”与“报恩”的基础上产生的道德规范。主君作为战争的组织者和战利品（恩赏）的分配者，根据家臣武士在战争中的军功给予相应的恩赏，即从者凭借战场上的军功获得以土地为核心的恩赏。

武士以弓矢刀剑等凶器为谋生工具，以征战杀伐、攻城略地的杀戮技能为谋生资本，家庭的贫富贵贱、武士团的兴衰荣辱统统取决于刀剑功夫；武士的权力、财富、荣誉和地位等都在战场，谁能夺取战争的胜利，就归谁。总之，唯有战争的胜利才能兴旺发达，唯有掠夺、征服和吞并其他武士集团才能使自己发展壮大。一部武士的发展史，就是一部侵略扩张史。武士团首领需要战场上的胜利，吞并战败者的土地和武装力量，扩大自身的经济利益、势力范围和军事实力；武士需要战场上的胜利，获得主君的土地封赏、职位提拔和价值认定。武士之所以将战争视为自己的神圣职责或使命，原因在于只有战争能给武士带来机会和利益。平安时代，武士通过频繁的战争，使敌对势力的土地成为自己的战利品，使国家的土地、贵族的土地变为自己的军事领地。幕府时代，武士又通过战争，使天下土地和权力尽归已有。

战争之事越多，武士的财富越丰、权力越大、发展越快。室町时代“战争如同家常便饭”，是武士发展的黄金时代，只要拥有足够的武力，别说三五千石恩赏，成为称霸一方的大名也不乏先例，如“下克上”的大名、织田信长和丰臣秀吉提拔的大名。德川时代天下太平，武士失去了用武之地，失去了在战场上立功增禄、扬名天下的机会，一步步走向形骸化、虚弱化。

武士在战争中求生存、求发展，生死荣辱全凭“三尺刀剑、一张劲弓”。每一次战争，都是实力的对决，都是生与死的较量。只有具备过人的武功，才能在战场上的生死搏杀中将生的希望留给自己，才能建立战功、获得新的封赏。武功越高强，生的希望和立功的概率越大，赢得主君的封赏也越多。为了守护和扩大祖上传下来的家业，并将家业、家名传之子孙后代，一代又一代武士都将武艺高超视为毕生所求。武士子弟作为未来的战斗者，肩负着武力守护和扩大家业、家名的重任，从少年时代就接受超“斯巴达式”的职业教育和武士道的思想品德教育；前者培养一击必杀的战争技能，后者培养忠诚尚武的武士精神。

概而言之，德川时代前的武士生活在战争年代，主要履行职业战士征战杀伐的职责，以夺取战争的胜利为使命任务，靠武力吃饭，以战争为财富的源泉和晋升的阶梯，依赖战争的胜利——战场上的军功获得恩赏、提拔和武名等。德川时代的武士生活在和平时代，主要履行官僚治国理政的职责，以维护幕藩体制的统治秩序为使命任务，由依赖战场上的军功转而依赖行政能力和知识水平。

武士道以武士依赖战争的生活方式、夺取战争胜利的使命任务为转移，17世纪前虽然没有武士道的说法，但在武士的战争生活中产生的武士道，却是正宗本源的、职业战士的武士道，即煽动侵略扩张的武士道。德川时代的武士道，是幕府和学者为武士阶级——统治者、官僚制定的儒学化道德规范，旨在提高武士作为统治者的综合素养、维护幕藩体制。由此可见，儒学化官僚武士道是德川时代才产生的。

武士作为职业战士，靠武力吃饭，唯有夺取战争的胜利才能获得“御恩”；作为主君的从者，只有绝对效忠和服从主君，才能获得主君的恩赏和庇护。也就是说，武士需要武勇和忠诚才能求得生存与发展。

二、武士是中世纪的军国主义力行者

如前所述，日本军国主义历史悠久，1185 年源赖朝在镰仓创建武家政权，1192 年被天皇任命为征夷大将军，“开创了日本的封建军国主义”，武士正是中世纪军国主义的身体力行者。

日本中世纪的军国主义主要表现为：（1）封建武士是崇尚武力、渴望侵略扩张的军国主义力行者；（2）武家政治坚持以武为本的立国理念，信奉军国主义的政治制度。

武士靠战争起家，其权力、财富、地位和名誉等在战场，唯有夺取战争的胜利，才能获得更大的权力、更多的财富、更高的地位和名誉。也就是说，侵略扩张、武力征服、暴力掠夺是武士作为职业战士的生活方式，只有不断夺取战争的胜利，不断将别人的土地等财富变为自己战利品，武士才能发家致富、出人头地、光宗耀祖。因此，武士秉承以战争促发展的发展方式，将武士集团以集体形式进行的侵略掠夺视为理所当然，以侵略、掠夺弱小者达到使自己兴旺发达的目的，将自己的利益建立在掠夺他人的基础之上。幕府末期，日本的进攻型“海外雄飞论”、明治天皇“布国威于四方”的“海外雄飞大略”，不过是日本封建武士的领土扩张野心与西方强权政治相结合的产物。

弱肉强食、依赖武争的生活方式和以战争促发展的发展方式，以武为本、视侵略掠夺为理所当然的思维方式和行为方式，表明封建武士已经具备军国主义力行者的基本特征，称其为“军国主义的先行者”并不为过。

源赖朝创造的武家政治，是重武轻文的军国主义政治，并使军国主义成为制度。“承久之乱”后，幕府凌驾于朝廷之上，武家军事贵族凌驾于公家文官贵族之上；“南北朝之乱”后，天皇无所作为，朝廷失去了作为一个政权而存在的实际意义；德川幕府建立后，天皇和公家势力均处于武家法律的制约之下。政治制度军事化，政治制度、政治组织由军事制度、军事组织演变而来，平时的政治组织战时原封不动地转为军事指挥系统，武家军事贵族掌握中央和地方的统治权力，各级官吏一身二任。

武士以杀生为业，武勇是武士立身存命之根本，也是建立军功、获取恩赏、显扬武名的本领。对武士来说，“有武则兴，无武必亡。”武家政治以军事立国，将军殚精竭虑的首要任务就是扩军备战、保持强大的军事力量。武士思想家山鹿素行在《谪居童问》一书中，以“尚武”作为“治国平天下之要法”。在《治平要录》一书中又强调：“窍维武乃今日柳营（幕府）当务之急。”“我朝以武兴，以武治，忘武则弃本失基。”[①] 中村元恒在《尚武论》中宣称：“我邦是武国，西土是文国，文国尚文，武国尚武，固其所矣。”“我邦固为武国，则有武而国昌，无武则国衰，国之兴替，唯在武事之盛衰。”“文国尚孝，武国尚忠。”[②] 近代日本继承和发展这种尚武思想，无限抬高武力与国家命运的有机联系。1880 年，参谋本部长山县有朋上奏的《近邻邦兵备略表》宣称：“兵强国民志气始可旺，国民自由始可言，国民权利始可论，交际平行始可保，互市始可制，国民劳力始可积，然后国民之富贵始可守”，“兵之多寡”重于“国之贫富”，扩充军备乃“燃眉之急”。[③]1882 年 1 月，天皇下赐给陆海军人的《军人敕谕》第 1 条“忠节”称：“兵力之消长，为国运盛衰之所系。”日俄战争后，山县有朋居然不无得意地说：“细想起来，维新大业成就以来 40 余年，国家的发达主要依靠武备的力量。”“战争毕竟是区分宇宙间一大原则，即优胜劣败的唯一审判方法。”[④]

武家政治以武为本的建国理念，集中表现为扩张军备、对外侵略、征服

---

① ［日］信夫清三郎：《日本政治史·第 1 卷·西欧的冲击与开国》，周启乾译，上海译文出版社，1982，第 108 页。

② ［日］井上哲次郎监修《武士道全书·第 6 卷》，国书刊行会，1998，第 320、324、329 页。

③ ［日］大山梓编《山县有朋意见书》，原书房，1966，第 93 页。

④ ［日］日本宫内厅编《明治天皇纪·第 12 卷》，吉川弘文馆，1975，第 640 页。

世界。以武力征服世界、建立军事帝国，一直是日本武士孜孜以求、锲而不舍的梦想。1592年和1597年，军国主义头子丰臣秀吉两次出兵海外，宣称要“乘日本船渡海，居守宁波府”，“遵圣意，占领天竺”。此后，一代又一代武士阶级的思想家、时代精英纷纷提出征服世界的思想、纲领和路线，奠定了明治以来日本侵略扩张基本国策的理论基础。本居宣长宣扬“八纮为宇”的对外扩张思想，梦想征服世界。林子平的《海国兵谈》明确将日本进攻的目标确定在日本的邻近国家。本多利明的《经世秘策》狂妄叫嚣武力征服世界，使日本成为世界第一强国；强调为君之道的秘诀，在于以军事侵略谋求国家利益。佐藤信渊对外侵略扩张的纲领性蓝图，从侵略中国东北入手，进而入关全面侵华，征服中国，然后征服亚洲，西侵和南进并行。吉田松荫的扩张补偿主张，后来成为明治政府的一大战略。

武士非人性的一面也非常突出，“皇军”更是有过之而无不及。如前所述，武士作为职业战士的生活方式，以杀人凶器为谋生工具，以杀人本领为立身之本，以战场上的军功博取功名利禄。请求恩赏的军功要求有相应的证据，例如，割取战败者的“首级”。平定“平将门之乱”后，藤原秀乡军举着将门的首级凯旋，向朝廷请求恩赏。随着割取战败者的首级成为战功和战利品的铁证，源赖义、源义家父子以战败者的首级作为战功证据的杀人竞赛，也发展到了疯狂的程度。在武士的装备中，还有专门用以装首级的所谓的“首级袋”。平安时代的合战中，取敌首级和“验首”（首实检，验证首级）已成为一种固定样式。笹间良彦在《图说日本战阵作法事典》（柏书房，2000年）一书中，详细介绍了“首实检”，并附有相应的插图。《川中岛合战图屏风》《长久手合战图屏风》和《关原合战图屏风》中，都有“首实检”的画面。关原古战场留下的“首实检”再现图里，德川家康还亲自进行“首实检”。为了让犯有杀生罪的武士死后顺利找到“往生之路”，南北朝合战中出现了许多随军阵僧（随军僧侣），专门为武士超度。

在近代日本，国民“在人性完全消失的那一刹那，也就变成了‘天皇陛下的士兵'。”[①]“皇军”人性泯灭，连英美的报刊也谴责说：“日本国为蒙文明皮肤，具野蛮筋骨之怪兽。”[②]1931—1945年，日本侵略者给中国造成的灾难，直接经济损失1000亿美元，间接经济损失5000亿美元，军民伤亡3500万人，奸淫妇女百万人次以上，这在人类历史上也是骇人听闻的暴行。然而，日本人却丝毫没有罪恶感，还妄图为军国主义翻案。

简言之，武士是日本中世纪的军国主义力行者，崇尚武力，以战争作为财富的源泉和发展的动力，将侵略、掠夺“合理化”，武士道就是武士在满足利益需要的战争中形成的。中世纪的武士和武士道，铸造了近代日本天皇制军国主义的疯狂性、残暴性、侵略性和冒险性。

三、武士道的要害在于军国主义

武士崇尚武力、信奉军国主义，他们作为中世纪的军国主义力行者，创建了以武为本、军人当权的军国主义政治、经济和军事制度，以及为战争和军国主义服务的意识形态和道德规范，即武士道。

8—17世纪初的武士道，是武士——职业战士（职业军人）的道德规范和武家军国主义政治的指导思想，在武士的战争生活中产生、在武家政治的实践中发展，反映武士靠武力吃饭、依赖战争满足利益需要的生活方式和弱肉强食的生存法则，反映武家政权军事至上的军国主义政治体制。

武士道源于武士“弱肉强食”的生存逻辑，崇尚武力、依赖战争的生活方式和发展方式，“弱肉强食的法则就是武士道的主张”[③]。武士只有不断侵略、征服、吞并和掠夺弱小者，才能使自己越来越强大。

武士作为武士团的一员而存在，具有多重身份：（1）战斗者，（2）主君

① ［日］岩崎昶：《日本电影史》，钟理译，中国电影出版社，1963，第233页。

② 范文澜：《中国近代史·上册》，人民出版社，1961，第256页。

③ ［美］马宾·吉·沃尔夫：《日本经济飞跃的秘诀》，胡振平、李国臣、庞玉林译，军事译文出版社，1985，第123页。

的从者，（3）共同体的一员。其使命任务或职责分别是：夺取战争的胜利，效忠和服从主君，谋求共同体的发展壮大。与武士的社会角色、使命任务相一致，武士道包含：（1）夺取战争胜利的“杀人与战争之道”，（2）效忠主君的“忠诚与献身之道”，（3）共同体优先的共同体道德。也就是说，武士道分为对外道德和对内道德，以弓矢刀剑和武勇的战争精神对其他群体，以忠诚信义和忘我的献身精神对自己生活的集团。按山鹿素行的话说就是：“内行君臣、朋友、父子、兄弟、夫妇之道，外用剑戟弓马之道”，即外用武勇——杀人与战争之道，内行忠诚——忠诚与献身之道。

如前所述，神道是日本的民族宗教和平安武士道的思想渊源，神道伦理的基本精神是强调发挥人的主动精神、敬业精神、创造精神和献身精神，强调人的使命感、责任感，宣扬“日本优越论”，鼓吹“圣战”，将武力征服并统治全世界作为日本民族的神圣使命。

武士道是“忠”的宗教[①]和忠实反映统治者意志的实践道德。“忠”是武士获得主君恩赏的生活方式，在武士看来，主君给予恩赏，必须为主君献出自己的一切，包括生命，这是武家社会的游戏规则。武士道“忠”的含义，意味着死的坚决意志，是将生命交给主君和群体的献身精神，甘愿为主君和所属武士集团献出自己的生命。

武士道是日本近代和战后经济高度发展的精神动力，森岛通夫的《日本成功之路——日本精神和西方技术》一书，将日本近代化的成功归结为日本精神与西方技术的结合，其“日本精神”就是“忠”的奉献精神、敬业精神和使命感、责任感。武士道的对内道德是强调忠诚和奉献的道德规范，它培养了大和民族的奉献精神、牺牲精神、敬业精神和使命感、责任感以及恪守职责、吃苦耐劳、敏学上进的民族性格，国家目标成了个人目标，国家利益

① 苏桂：《“忠”——武士道和日本精神的价值核心》，《贵州师范大学学报》（社会科学版）1999 年第 3 期。苏桂，系娄贵书笔名。

成了个人的首要利益，国民个人与国家的配合几近完美，时刻考虑为群体、社会奉献。

武士道的对内道德，充当日本现代化的精神动力；武士道的对外道德，构成“天皇制军国主义的灵魂”[①]。神道教的神国思想为侵略扩张战争提供思想依据，使侵略扩张战争成为全民族的“圣战”，武士道则充当军国主义精神支柱、思想渊源和战争工具，使国民甘愿为天皇战死海外。[②]

武士道作为军国主义的精神支柱，鞭策臣民献身于军国主义侵略扩张战争，勇于为天皇和侵略扩张战争卖命。主要表现为：（1）超越政治是非的愚忠、盲从，以生命效忠天皇的精神。（2）认同军国主义战争政策，追随天皇“布国威于四方”的精神。（3）追随军国主义战争政策，以军刀征服世界、以玉碎迎接死亡的精神。换言之，作为军国主义精神支柱，武士道使天皇的旨意成为国民的使命，将政府和国民的价值判断统一到日本的国家利益上，为军国主义扩张政策成为官民一致的共识奠定了思想基础。从而使国家得以动员和组织起全国的力量，发动军事侵略。20世纪三四十年代，妇女也被组织起来直接充当现代法西斯军国主义的帮凶。

武士道作为军国主义的思想渊源，崇尚武力和依赖战争的生活方式和以侵略扩张为天经地义的思维方式、行为方式，奠定了日本军国主义政策的思想基础。主要有：（1）信奉和依赖武力的军国主义思想；（2）极端民族利己主义和弱肉强食思想；（3）依赖军国主义摆脱危机和谋求发展的思想。简言之，作为军国主义的思想基础，武士道为近代天皇制军国主义和现代法西斯军国主义奠定了思想基础，在尚武主义、弱肉强食、极端利己主义和依赖军国主义的思想支配下，近代天皇制政权以军国主义摆脱危机、谋求国家利益的路线、方针和政策，日益成为官民一致的共识，使天皇制政权得以举全国

---

① 万峰：《日本近代史》，中国社会科学出版社，1978，第95页。

② 娄贵书：《武士道为虎作伥探析——日本军国主义的精神支柱、思想渊源和战争工具》，《贵州师范大学学报》（社会科学版）2006年第1期。

之力从战争走向更大的战争。

武士道作为军国主义的战争工具，主要是激发国民的战争意识、战争欲望，为军国主义战争进行思想动员和组织准备，将“皇军”训练成人性泯灭的、跨越生死之门的战争恶魔。具体表现为：（1）激发战争意识、战争欲望的工具。使民众在思想上高度认同军国主义战争政策，行动上踊跃充当炮灰，投身于军国主义侵略战争。（2）思想动员和组织准备的工具。武士道军国主义教育的思想动员和组织准备，为近代日本军国主义培植起强烈的军国主义意识、深厚的军国主义土壤，军国主义社会基础不断膨胀，军事侵略日益成为官民一致的共识和行动。（3）铸造人性泯灭的军国主义侵略战魔。武士道铸造的侵略战魔，将侵略战争作为自己的使命，战争意识、战争欲望恶性膨胀。“皇军”泯灭人性、断绝生死羁绊，以生命作为征服世界的工具，肆无忌惮地涂炭生灵，干尽了伤天害理的坏事，犯下了罄竹难书的罪行。

武士道军国主义的思维方式、行为方式和价值取向，源于武士崇尚武力、以战争作为财富源泉和发展动力的社会存在，反映武士的军国主义生活方式。武士道是实践道德，具有强大的物质化能量。受武士道崇尚战争、信奉军国主义正邪善恶和思维定式支配的，不仅包括幕府时代和近代日本的统治阶级，还包括明治维新以后的广大国民，从而使武士道军国主义思想、观念和战略，极易成为官民一致的共识，并且转化为现实的军国主义行动。因此，万万不可低估武士道军国主义的破坏性、劣根性。

而且，在二战后的现代日本，一方面，“过去的军国主义分子重新掌握了军政实权”，岸信介等“A级战犯及嫌疑人回归政界，在战后政治中扮演重要角色”。另一方面，战后日本从未对武士道军国主义思想进行清算，现代日本人的思想意识、人生观、价值观与战前并无根本区别。战后日本在短时间内实现了经济大国化的目标，国民的献身精神功不可没。吉田茂时代重新抬头的大国主义，国家将二战期间的海外阵亡者定义为为国捐躯者，参拜靖国神社，修宪扩军，等等，都表明武士道劣根性依然在起作用。

参考文献

一、日文

（一）资料类

1. 日本图书センター编《日本精神文化大系》（第1—7卷），日本图书センター2001年版。

2. 日本宫内厅编《明治天皇纪》（第2、4、5、7、12卷），吉川弘文馆1969—1975年版。

3. 大久保利谦等编《近代史史料》，吉川弘文馆1985年版。

4. 历史科学协议会编《史料 日本近现代史》（1、2、3），三省堂1985年版。

5. 陆军省编《明治天皇御传记史料：明治军事史》（上、下），原书房1979年版。

6. 井上哲次郎监修《武士道全书》（第1—12卷），国书刊行会1998年版。

7. 井上哲次郎监修《武士道集》（上、中卷），春阳堂1934年版。

8. 《新订增补国史大系·第32卷》，吉川弘文馆2000年版。

9. 青木和夫等校注《日本思想大系·1·古事记》，岩波书店1982年版。

10. 家永三郎等校注《日本思想大系·2·圣德太子集》，岩波书店1975年版。

11. 大隅和雄校注《日本思想大系·19·中世神道论》，岩波书店1977年版。

12. 石井紫郎校注《日本思想大系·27·近世武家思想》，岩波书店1974年版。

13. 田原嗣郎、守本顺一校注《日本思想大系·32·山鹿素行》，岩波书店1970年版。

14. 塚谷晃弘、藏并省自校注《日本思想大系・44・本多利明、海保青陵》，岩波书店 1970 年版。

15. 尾藤正英、岛崎隆夫校注《日本思想大系・45・安藤昌益、佐藤信渊》，岩波书店 1977 年版。

16. 吉田常吉等校注《日本思想大系・54・吉田松荫》，岩波书店 1978 年版。

17. 日本外务省编《日本外交年表并主要文书》(上、下)，原书房 1978 年版。

18. 大山梓编《山县有朋意见书》，原书房 1966 年版。

19. 秦郁彦：《战前期日本官僚制的制度・组织・人事》，东京大学出版会 1981 年版。

20. 秦郁彦编《日本陆海军综合事典》(第 2 版)，东京大学出版会 2005 年版。

21. 日本历史大辞典编辑委员会编《日本历史年表》，河出书房 1962 年版。

22. 吉川弘文馆编辑部编《日本军事史年表・昭和、平成》，吉川弘文馆 2012 年版。

23. 伊ケ崎晓生、土屋基规：《日本近代教育史年表——以军国主义教育和远东审判为中心》，现代史出版会 1975 年版。

24. 高石史人编《“靖国”问题关联年表》，永田文昌堂 1990 年版。

25. 武光诚、大石学、小林英夫监修《地图・年表・图解的日本历史》(上、下)，小学馆 2012 年版。

26. 下村效编《日本历史小百科・武士》，东京堂 1993 年版。

27. 大石学编《近世藩制、藩校大事典》，吉川弘文馆 2006 年版。

（二）研究类

1. 石井进：《日本历史・12・中世武士团》，小学馆 1974 年版。

2. 石井进：《镰仓武士的实像》，平凡社 1991 年版。

3. 石井进著作集刊行会编《石井进的世界・1・镰仓幕府》，山川出版社 2005 年版。

4. 安田元久：《源赖朝》，吉川弘文馆 1986 年版。

5. 安田元久：《武士世界形成的群像》，吉川弘文馆 1986 年版。

6. 川上多助：《武士的勃兴》，岩波书店 1934 年版。

7. 元木泰雄：《武士的成立》，吉川弘文馆 1994 年版。

8. 高桥昌明：《武士的成立、武士像的创出》，东京大学出版会 1999 年版。

9. 中村吉治：《日本封建制的源流・下・身份和封建》，刀水书房 1984 年版。

10. 中村吉治：《武家和社会》，培风馆 1953 年版。

11. 奥田真启：《武士团和神道》，白扬社 1939 年版。

12. 关幸彦：《武士的诞生》，日本放送出版协会 1999 年版。

13. 五味文彦：《日本的时代史・8・京、镰仓的王权》，吉川弘文馆 2003 年版。

14. 冈田清一：《镰仓幕府和东国》，续群书类从完成会 2006 年版。

15. 奥富敬之：《镰仓北条氏的兴亡》，吉川弘文馆 2003 年版。

16. 阿部猛：《镰仓武士的世界》，东京堂 1994 年版。

17. 野口实：《武家栋梁的条件》，中央公论社 1994 年版。

18. 丰田武：《武士团和村落》，吉川弘文馆 1963 年版。

19. 丰田武：《中世的武士团・丰田武著作集・第六卷》，吉川弘文馆 1982 年版。

20. 河合正治：《中世武家社会研究》，吉川弘文馆 1973 年版。

21. 上横手雅敬：《镰仓时代》，吉川弘文馆 2006 年版。

22. 上横手雅敬、元木泰雄、腾山清次：《院政、平氏和镰仓政权》，中央公论社 2002 年版。

23. 福田以久生：《骏河相模的武家社会》，清文堂 2007 年版。

24. 福田以久生：《武者之世・东和西》，吉川弘文馆 1995 年版。

25. 小松茂美：《后三年合战绘卷・日本的绘卷》，中央公论社 1988 年版。

26. 森茂晓：《战争的日本史・8・南北朝内乱》，吉川弘文馆 2007 年版。

27.《战乱的日本史（合战和人物）・5・南北朝内乱》，第一法规出版株式会社 1988 年版。

28. 新田一郎：《〈太平记〉的时代》，讲谈社 2001 年版。

29. 历史科学协议会编《历史科学大系·6·日本封建制的社会和国家·下》，校仓书房 1979 年版。

30. 小林正信：《织田、德川同盟和王权》，岩田书院 2006 年版。

31. 桑田忠新：《武国武将三十人》，新人物往来社 1996 年版。

32. 小田和哲男：《培育战国武将的禅僧们》，新潮社 2007 年版。

33. 笹间良彦：《图说日本战阵作法事典》，柏书房 2000 年版。

34. 笹本正治：《战国大名的日常生活：信虎、信玄、胜赖》，讲谈社 2000 年版。

35. 笠谷和比古：《近世武家社会的政治构造》，吉川弘文馆 1993 年版。

36. 儿玉幸多：《日本历史·18·大名》，小学馆 1975 年版。

37. 栗田元次：《江户幕府政治·1》，岩波书店 1935 年版。

38. 藤井让治：《日本的近世·3·统治体制》，中央公论社 1991 年版。

39. 朝尾直弘：《日本的近世·7·身分和格式》，中央公论社 1992 年版。

40. 藤野保等编《德川家康事典》，新人物往来社 2007 年版。

41. 中村孝也：《江户幕府的政治·2》，岩波书店 1933 年版。

42. 桑田优：《日本近世社会经济史》，晃洋书房 2000 年版。

43. 辻达也：《日本的近世·2·天皇和将军》，中央公论社 1991 年版。

44. 进士庆干：《近世武家社会和诸法度》，学阳书房 1989 年版。

45. 进士庆干：《江户时代武士的生活·生活史丛书·1》，雄山阁 1980 年版。

46. 柴田纯：《江户武士的生活》，讲谈社 2000 年版。

47. 武士生活史研究会编《图说近世武士生活史入门事典》，柏书房 1991 年版。

48. 福地重孝：《士族和士族意识》，春秋社 1956 年版。

49. 福地重孝：《军国日本的形成》，春秋社 1959 年版。

50. 猪木正道：《军国日本的兴亡——从日清战争到日中战争》，中央公论社 1995 年版。

51. 田中义能：《武士道概说》，日本学术研究会 1932 年版。

52. 平泉澄：《武士道的复活》，至文堂 1943 年版。

53. 桥本实：《日本武士道史》，地人书馆 1940 年版。

54. 武士道学会编《武士道入门》，ふたら书房 1941 年版。

55. 小泷淳：《武士道和武士训》，日本公论社 1943 年版。

56. 多田显著，永安正幸解说《武士道的伦理・山鹿素行的场合》，丽泽大学出版会 2006 年版。

57. 小泽富夫：《作为历史的武士道》，ぺりかん社 2005 年版。

58. 古贺斌著，香内三郎解说《武士道论考》，岛津书房 1974 年版。

59. 高桥富雄：《武士道的历史》（第 1—3 卷），新人物往来社 1986 年版。

60. 新渡户稻造著，奈良本辰也翻译、解说《武士道》，三笠书房 2008 年版。

61. 新渡户稻造著，佐藤全弘翻译《武士道》，教文馆 2000 年版。

62. 时野佐一郎：《真实的武士道》，光人社 2008 年版。

63. 中本征利：《武士道的考察》，人文书院 2006 年版。

64. 樱井庄太郎：《名誉与耻辱》，政法大学出版局 1971 年版。

65. 西国直二郎：《日本的武士道》，岩波书店 1934 年版。

66. 中村彰彦：《会津武士道》，PHP 研究所 2007 年版。

67. 俵本浩太郎：《新・士道论》，筑摩书房 1992 年版。

68. 家永三郎：《日本道德思想史》，岩波书店 1984 年版。

69. 风间健：《武士道教育总论》，壮神社 2002 年版。

70. 梅溪升：《〈教育敕语〉成立史——天皇制国家观的成立・下》，青史出版 2000 年版。

71. 坂口茂：《近代日本的爱国思想教育》（上、下卷），星云社 1999、2001 年版。

72. 堀勇雄：《山鹿素行》，吉川弘文馆 1987 年版。

73. 坂本太郎：《世界各国史・14・日本史》，山川出版社 1982 年版。

74. 宫地正人：《新版世界各国史・1・日本史》（上、下），山川出版社 2008 年版。

75. 高桥典幸等：《日本军事史》，吉川弘文馆 2006 年版。

76. 藤原彰：《日本军事史》（上卷），日本评论社 1987 年版。

77. 藤原彰：《天皇制和军队》，青木书店 1998 年版。

78. 雨宫昭一：《近代日本的战争指导》，吉川弘文馆 1997 年版。

79. 三谷太一郎：《近代日本的战争和政治》，岩波书店 1997 年版。

80. 户部良一：《日本的近代・9・逆说的军队》，中央公论社 1998 年版。

81. 北冈伸一：《日本的近代・5・从政党走向军部・1924—1941 年》，中央公论社 1999 年版。

82. 井上光贞、藤木邦彦编《体系日本史丛书・1・政治史・Ⅰ》，山川出版社 1982 年版。

83. 石井良助编《体系日本史丛书・4・法制史》，山川出版社 1982 年版。

84. 中村吉治编《体系日本史丛书・9・社会史・Ⅱ》，山川出版社 1982 年版。

85. 川山庸之、笠原一男编《体系日本史丛书・18・宗教史》，山川出版社 1981 年版。

86. 朝日新闻社编《明治大正史・第 6 卷》，朝日新闻社 2000 年版。

87. 朝日新闻社编《明治大正史・第 1 卷》，朝日新闻社 1930 年版。

88. 松下芳男：《日本军阀兴亡史》（上、下卷），芙蓉书房 2001 年版。

89. 松下芳男：《明治军制史论》（上、下卷），有斐阁 1956 年版。

90. 永井和：《近代日本的军部和政治》，思文阁 1993 年版。

91. 八幡和郎：《历代总理通信簿》，PHP 研究所 2006 年版。

92. 井上清：《日本军国主义・第 3 册》，现代评论社 1975 年版。

93. 井上清：《日本军国主义的形成》，岩波书店 1968 年版。

94. 鹤见俊辅：《战时日本精神史・1931—1945 年》，岩波书店 1982 年版。

95. 松尾章一：《日本法西斯史论》，政法大学出版社 1977 年版。

96. 园田英弘：《西洋化的构造》，思文阁 1995 年版。

97. 园田英弘等：《士族的历史社会学研究》，名古屋大学出版会 1995 年版。

98. 高根正昭：《日本的政治精英》，中央公论社 1976 年版。

99. 每日新闻图书编辑部编《日本人物事典》，每日新闻社 1952 年版。

100. 永原庆二：《日本经济史》，岩波书店 1980 年版。

101. 石田一良：《日本文化史——日本的心和形》，东海大学出版社 1989 年版。

102. 北影雄幸：《尊王名著十册》，勉诚出版 2013 年版。

103. 小林弘忠：《历代首相》，实业之日本社 2008 年版。

104. 相良亨：《武士的思想》，ぺりかん社 1984 年版。

二、中文

（一）日本学者

1. 安万侣：《古事记》，周作人译，上海人民出版社 2015 年版。

2. 舍人亲王：《日本书纪》，四川人民出版社 2019 年版。

3. 赖山阳：《日本外史》，北京大学出版社 2015 年版。

4. 佚名：《平家物语》，周启明、申非译，人民文学出版社 1984 年版。

5. 家永三郎：《日本文化史》，刘绩生译，商务印书馆 1992 年版。

6. 山本七平：《日本资本主义精神》，莽景石译，生活・读书・新知三联书店 1995 年版。

7. 丸山真男：《日本政治思想史研究》，王中江译，生活・读书・新知三联书店 2000 年版。

8. 井上哲次郎著，刘岳兵主编《儒教中国与日本》，付慧琴、唐小立等译，中国社会科学出版社 2021 年版。

9. 井上哲次郎著，刘岳兵主编《日本古学派之哲学》，王起译，中国社会科学出版社 2021 年版。

10. 安冈昭男：《日本近代史》，林和生、李心纯译，中国社会科学出版社 1996 年版。

11. 信夫清三郎：《日本政治史》（第 1、2、3 卷），周启乾等译，上海译文出版社 1982、1988 年版。

12. 升味准之辅：《日本政治史·第1册》，董果良、郭洪茂译，商务印书馆1997年版。

13. 村上专精：《日本佛教史纲》，杨曾文译，商务印书馆1999年版。

14. 源了圆：《德川思想小史》，郭连友译，外语教学与研究出版社2009年版。

15. 岩崎昶：《日本电影史》，钟理译，中国电影出版社1963年版。

16. 若规泰雄：《日本的战争责任》，赵自瑞等译，社会科学文献出版社1999年版。

17. 张荫桐选译《1600—1914年的日本》，生活·读书·新知三联书店1957年版。

18. 王辑五选译《1600年以前的日本》，商务印书馆1983年版。

19. 高桥昌明：《日本武士史》，黄霄龙译，社会科学文献出版社2020年版。

20. 《讲谈社·日本的历史》（第1—10卷），文汇出版社2021年版。

21. 五味文彦：《岩波日本史·第四卷·武士时代》，杨锦昌译，新星出版社2020年版。

22. 今谷明：《岩波日本史·第五卷·战国时期》，吴限译，新星出版社2020年版。

23. 北岛正元：《江户时代》，米彦军译，新星出版社2019年版。

24. 南博：《日本人论：从明治维新到现代》，邱琡雯译，广西师范大学出版社2007年版。

25. 新渡户稻造：《武士道》，张俊彦译，商务印书馆2001年版。

26. 森岛通夫：《透视日本："兴"与"衰"的怪圈》，天津编译中心译，中国财政经济出版社2000年版。

27. 速水融、宫本又郎编《日本经济史·1·经济社会的成立：17—18世纪》，厉以平、连湘译，生活·读书·新知三联书店1997年版。

28. 新保博、斋藤修编《日本经济史·2·近代成长的胎动》，李瑞、淡建中、江帆译，生活·读书·新知三联书店1997年版。

29. 梅村又次、山本有造编《日本经济史・3・开港与维新》，李星、杨耀录译，生活・读书・新知三联书店 1997 年版。

（二）欧美学者

1. 雷奈・格鲁塞：《东方的文明》（上、下册），常任侠、袁音译，中华书局 1999 年版。

2. 约翰・惠特尼・霍尔：《日本——从史前到现代》，邓懿、周一良译，商务印书馆 1997 年版。

3. 鲁思・本尼迪克特：《菊与刀——日本的文化类型》，吕万和、熊达云、王智新译，商务印书馆 1990 年版。

4. 贝拉：《德川宗教：现在日本的文化渊源》，王晓山、戴茸译，生活・读书・新知三联书店 1998 年版。

5. 埃德温・O・赖肖尔、马里厄斯・B・詹森：《当今日本人：变化及其连续性》，孟胜德、刘文涛、汪绍麟译，上海译文出版社 1998 年版。

6. 马宾・吉・沃尔夫：《日本经济飞跃的秘诀》，胡振平、李国臣、庞玉林译，军事译文出版社 1985 年版。

7. 康拉德・托特曼：《日本史》（第 2 版），王毅译，上海人民出版社 2008 年版。

8. 康拉德・希诺考尔、大卫・劳瑞、苏珊・盖伊：《日本文明史》，袁德良译，群言出版社 2008 年版。

9. 弗兰克・吉布尼：《日本经济奇迹的奥秘》，吴永顺、吴立夫、佘国森、马细松译，科学技术文献出版社 1985 年版。

10. 迈克尔・维尔特：《极简日本武士史》，贺平、魏灵学译，北京日报出版社 2021 年版。

11. 诺曼・赫伯特：《日本维新史》，姚曾广译，商务印书馆 1992 年版。

12. 马士、宓亨利：《远东国际关系史》（上、下册），姚曾广译，商务印书馆 1975 年版。

（三）中国学者

1. 戴季陶：《日本论》，海南出版社 1994 年版。

2. 万峰：《日本近代史》，中国社会科学出版社 1978 年版。

3. 万峰：《台湾学者的日本武士道观：评介林景渊著〈武士道与日本传统精神〉》，《世界历史》1994 年第 3 期。

4. 万峰：《日本军国主义》，生活·读书·新知三联书店 1962 年版。

5. 王家骅：《儒家思想与日本文化》，浙江人民出版社 1990 年版。

6. 汤重南等：《日本文化与现代化》，辽海出版社 2006 年版。

7. 汤重南、汪淼、强国、韩文娟主编《日本帝国的兴亡》（上、下卷），世界知识出版社 1996 年版。

8. 蒋立峰、汤重南主编《日本军国主义论》（上、下），河北人民出版社 2005 年版。

9. 蒋立峰主编《日本政治概论》，东方出版社 1995 年版。

10. 蒋立峰：《日本天皇列传》，东方出版社 1991 年版。

11. 宋成有：《武士道精神与明治时期的日本现代化》，载罗荣渠主编《各国现代化比较研究》，陕西人民出版社 1993 年版。

12. 宋成有：《江户、明治武士道异同刍议》，载《周一良先生八十生日纪念论文集》编委会编《周一良先生八十生日纪念论文集》，中国社会科学出版社 1993 年版。

13. 宋成有：《新编日本近代史》，北京大学出版社 2006 年版。

14. 李卓主编《日本家训研究》，天津人民出版社 2006 年版。

15. 林景渊：《武士道与日本传统精神》，台湾自立晚报社文化出版部 1993 年版。

16. 武寅：《近代日本政治体制研究》，中国社会科学出版社 1997 年版。

17. 武寅：《中日关系的历史分期与转折》，《世界历史》2014 年第 2 期。

18. 殷燕军：《近代日本政治体制》，社会科学文献出版社 2006 年版。

19. 唐利国：《井上哲次郎的武士道论与法西斯主义》，载北京大学日本研究中心编《日本学·第10辑》，国际文化出版公司2000年版。

20. 唐利国：《武士道与日本的近代化转型》，北京师范大学出版社2010年版。

21. 杨曾文：《日本佛教史》，人民出版社2008年版。

22. 王金林：《日本天皇制及其精神结构》，天津人民出版社2001年版。

23.《世界历史》编辑部编《明治维新的再探讨》，中国社会科学出版社1981年版。

24. 范文澜：《中国近代史》（上册），人民出版社1961年版。

25. 沈仁安：《德川时代史论》，河北人民出版社2003年版。

26. 李文：《武士阶级与日本的近代化》，河北人民出版社2003年版。

27. 胡澎：《战时体制下的日本妇女团体（1931—1945年）》，吉林大学出版社2005年版。

28. 李建军：《军国之女——日本女性与"大东亚战争"》，贵州人民出版社2001年版。

29. 王炜：《日本武士名誉观》，社会科学文献出版社2008年版。

30.《简明日本百科全书》编委会编《简明日本百科全书》，中国社会科学出版社1994年版。

31. 李威周：《中日哲学思想论集》，齐鲁书社1992年版。

32. 韩东育：《关于"武士道"死亡价值观的文化检视》，《历史研究》2009年第4期。

33. 韩东育：《日本对外战争的隐秘逻辑（1592—1945）》，《中国社会科学》2013年第4期。

34. 高增杰：《东亚文明的撞击——日本文化的历史与特征》，广西教育出版社2001年版。

35. 卞崇道：《关于明治思想中武士道的一个考察——以井上哲次郎的〈武士道的本质〉为重点》，《延边大学学报》（社会科学版）2009年第3期。

36. 鲍刚：《日本传统国民性的基本特征》，《日本学刊》1996年第5期。

37. 伊文成、汤重南、贾玉芹主编《日本历史人物传·古代中世篇》，黑龙江省人民出版社 1984 年版。

38. 伊文成、马家骏主编《明治维新史》，辽宁教育出版社 1987 年版。

39. 刘世龙：《日美关系：1791—2001》，世界知识出版社 2003 年版。

40. 吴廷璆主编《日本史》，南开大学出版社 1994 年版。

41. 吴廷璆主编《日本近代化研究》，商务印书馆 1997 年版。

42. 崔丕：《近代东北亚国际关系史研究》，东北师范大学出版社 1992 年版。

43. 朱谦之：《日本的朱子学》，人民出版社 2000 年版。

44. 朱谦之：《日本哲学史》，人民出版社 2002 年版。

45. 米庆余：《近代日本的东亚战略和政策》，人民出版社 2007 年版。

46. 朱庭光主编《法西斯新论》，重庆出版社 1991 年版。

后　　记

2020年，国家社科基金项目“日本军国主义政治研究与批判”顺利结项，本人历经30余年的日本武士研究终于画上了句号。

回顾数十年来的研究历程，我要感谢恩师项英杰先生帮助确定研究领域，感谢帮助我完成武士研究的贵州师范大学的张祥光先生、朱健华先生、汤跃先生和贵州大学的闵军先生。也就是说，我取得的一点点成绩都是老师和朋友们支持、帮助的结果。

2014年12月，《武士道与日本现代社会的价值理想》出版后，一直想找机会进行必要的修订。2021年11月，《日本军国主义政治研究与批判》获中国社会科学出版社出版立项。于是，《武士道与日本现代社会的价值理想》的修订工作被提上了日程。不过，修改几乎变成了重写。

此次修订的重点不在于阐明武士道是什么，而在于通过武士崇尚武力、依靠武争的生存和发展方式，探究各历史时期的武士道为什么是这样。

虽然已经竭尽全力，但肯定会有许多意想不到的错漏。看来，想令自己满意，还是要“慢工出细活”。

最后，感谢我的妻子邓琳女士数十年来的关心、爱护与支持，感谢她帮助我保持书生本色，以学术为根柢。

娄贵书

2023年1月16日于贵阳市中天花园